Y Ffordd GADARN

Ysgrifau ar lên a chrefydd
gan R. Geraint Gruffydd

Wedi eu dethol a'u golygu gan
E. WYN JAMES

GWASG BRYNTIRION

Cynlluniwyd y clawr a dyluniwyd y gyfrol gan
Rhiain M. Davies (Cain)

Cefnogwyd y gyfrol hon gan
Gyngor Llyfrau Cymru

Cyhoeddwyd gan Wasg Bryntirion
Bryntirion, Pen-y-bont ar Ogwr CF31 4DX
Argraffwyd gan Wasg Dinefwr, Llandybïe

Y Ffordd GADARN

Ysgrifau ar lên a chrefydd
gan R. Geraint Gruffydd

Yr Athro R. Geraint Gruffydd

Llun: Robin Griffith

*i Gaius
ac i gofio Emyr*

Y Ffordd

Y mae ffordd gadarn dros ir feddalwch y gors,
Ffordd garegog, anesmwyth i'r pererin draed;
Union a chul yw ei chwrs dros y gorwel blin
Hyd yr afon sy'n llafn rhwng y gors a'r wenwlad draw.
O'i deutu, dan haul, y mae llawer llannerch las,
A Phlu'r Gweunydd yn amneidio'u gwahodd yn y gwynt:
A liw nos y mae'r llewyrn lledrith yn cynnau'n wan,
Gan addo i'r crwydr groeso ac anwes cors.
Dydi a osododd y ffordd, a'i cherdded gynt,
Friw fugail y cadw, dorchog dywysog y llu,
Bydd di'n golofn niwl y dydd, yn golofn dân y nos
Rhag ein colli, a phan ddelom hyd y cerrynt oer,
Rhag rhuthr a rhaib, rhag llam a llaib y lli,
Ein Bendigeidfran, ein Pen, bydd yn bont i ni.

R. Geraint Gruffydd

Cynnwys

Rhagair

gan E. Wyn James

Yr Athro R. Geraint Gruffydd yw un o ffigyrau amlycaf y bywyd diwylliannol Cymraeg a byd astudiaethau Celtaidd heddiw. Y mae ei yrfa ddisglair yn dangos hynny'n eglur: yn Athro'r Gymraeg yn y Brifysgol yn Aberystwyth, yna'n Llyfrgellydd ein Llyfrgell Genedlaethol, ac wedyn yn Gyfarwyddwr cyntaf Canolfan Uwch-efrydiau Cymreig a Cheltaidd Prifysgol Cymru. Er iddo ar hyd ei yrfa ganolbwytio'n arbennig ar ymchwilio i gyfnod y Dadeni Dysg a'r Diwygiad Protestannaidd, un o'r pethau nodedig am Geraint Gruffydd fel ysgolhaig yw iddo lwyddo i ysgrifennu'n helaeth ac yn awdurdodol ar bob cyfnod yn hanes llenyddiaeth Gymraeg. Yn ogystal â bod yn ysgolhaig o'r radd flaenaf, y mae'r Athro Gruffydd hefyd yn Gristion o argyhoeddiad dwfn, ac y mae nifer dda o'i gyhoeddiadau dros y blynyddoedd wedi canolbwyntio ar ddadansoddi a dehongli agweddau ar y dreftadaeth Gristnogol Gymraeg. Ond nid ysgolhaig y 'twr ifori' mo'r Athro Gruffydd; ac ar hyd y blynyddoedd lluniodd ysgrifau poblogaidd ym meysydd ei ddiddordebau, yn ogystal ag erthyglau mwy arbenigol ar gyfer y gymuned academaidd. Yn y gyfrol hon, cawn ddetholiad lled gynhwysfawr o'r ysgrifau mwy 'poblogaidd' a 'newyddiadurol' hynny a gyhoeddwyd ganddo ym maes llên a chrefydd yn ystod ei yrfa hir a chynhyrchiol.

Mae'r gyfrol yn ymrannu'n dair. Yn yr adran gyntaf, 'Y Ffydd a roddwyd', cawn ysgrifau yn trafod materion y gellir eu galw, er hwylustod, yn rhai 'uniongyrchol grefyddol'. Fe'u trefnwyd yn fras yn ôl pwnc, gan ddechrau yn y lle mwyaf priodol un, sef gyda'r Drindod. Yn yr ail adran, cawn ysgrifau ar wahanol agweddau ar lên a diwylliant

Cristnogol Cymru o'r Diwygiad Protestannaidd ymlaen. Trefnwyd ysgrifau'r adran hon yn gronolegol yn ôl testun. Ynddynt fe welir Geraint Gruffydd yn trin a thrafod pob cyfnod yn hanes ein llên o ganol yr unfed ganrif ar bymtheg hyd at ganol yr ugeinfed, ac yn gwneud hynny'n feistraidd. Fe welir yn eglur yma hefyd, fel yng ngweddill y gyfrol, y ddawn neilltuol sydd gan yr Athro Gruffydd yn ei ysgrifeniadau i wisgo ei ddyfnddysg yn ysgafn ac i ddweud llawer mewn ychydig. At y ddwy adran gyntaf, penderfynwyd cynnwys trydedd adran o atgofion ac o deyrngedau i rai o athrawon, cyd-weithwyr a chyfeillion agos yr Athro. Yn ogystal â rhoi cip ar fywyd yr Athro Gruffydd ei hun, y mae ysgrifau'r adran hon yn rhoi golwg inni ar ddigwyddiadau a datblygiadau o bwys yn y bywyd diwylliannol, academaidd a chrefyddol Cymraeg yn ystod ail hanner yr ugeinfed ganrif.

Yn 1973 cyhoeddwyd *Meistri'r Canrifoedd*, casgliad o rai o ysgrifau pwysicaf Saunders Lewis ar hanes llenyddiaeth Gymraeg, wedi eu dethol a'u golygu gan R. Geraint Gruffydd. Mae'r Athro Gruffydd yn adrodd peth o hanes cyhoeddi'r casgliad hwnnw yn yr ysgrif 'Genesis cyfrol!' a ailgyhoeddir yn nhrydedd adran y gyfrol bresennol. Fel y mae'n digwydd y mae peth tebygrwydd rhwng hanes cynnull *Meistri'r Canrifoedd* a hanes *Y Ffordd Gadarn*. Fel yr eglurodd Geraint Grufffydd, bu oedi anorfod am rai blynyddoedd rhwng cael cydsyniad Saunders Lewis i gyhoeddi casgliad o'i ysgrifau a chyhoeddi'r gyfrol derfynol; a'r rheswm dros ailymaflyd yn y gyfrol i'w chyhoeddi erbyn 1973 oedd am fod Saunders Lewis yn dathlu ei bedwar ugeinfed pen-blwydd y flwyddyn honno. Bu oedi tebyg yn achos *Y Ffordd Gadarn*, a rheswm tebyg hefyd dros ailymaflyd yn y bwriad yn awr, sef am fod R. Geraint Gruffydd yntau yn dathlu ei ben-blwydd yn bedwar ugain mlwydd oed eleni. Ac fel y bu'r oedi yn fantais ar un olwg yn achos *Meistri'r Canrifoedd*, am fod nifer o ysgrifau pwysig wedi ymddangos yn y cyfamser, felly y mae hi hefyd yn achos y gyfrol bresennol. Y mae'r Athro Gruffydd yn nodi, er i Saunders Lewis gynnig gwneud popeth i'w helpu wrth iddo baratoi *Meistri'r Canrifoedd*, ei fod wedi mynnu gadael pob penderfyniad terfynol i'r golygydd; a gallwn ddweud yr un peth am *Y Ffordd Gadarn.* Er imi, wrth reswm, drafod y cynnwys a'r egwyddorion golygyddol gyda'r Athro Gruffydd, ac er iddo ddarllen proflenni, mynnodd adael pob penderfyniad golygyddol i mi, gan gynnwys yr union ddewis o ysgrifau a threfn eu hymddangosiad yn y gyfrol.

O ran canllawiau'r dewis, fel y nodwyd uchod, y bwriad oedd cynnwys detholiad lled gynhwysfawr o ysgrifau mwy 'poblogaidd' a 'newyddiadurol' yr Athro Gruffydd ym maes llên a chrefydd. Golygai hynny hepgor nifer o astudiaethau pwysig ar agweddau ar lên a chrefydd yn y cyfnod modern oherwydd eu hyd a manylder y drafodaeth. Fel y noda'r Athro Bobi Jones yn ei air o gyflwyniad i'r gyfrol hon, y mae'n fwriad casglu'r erthyglau hyn ynghyd mewn ail gyfrol. Y mae gan yr Athro Geraint Gruffydd rai ysgrifau ar lenorion yr ugeinfed ganrif, megis Gwenallt, Saunders Lewis a Waldo Williams, y gellid fod wedi eu cynnwys yn *Y Ffordd Gadarn* o ran y canllawiau dethol; ond penderfynwyd yn y diwedd eu hepgor o'r gyfrol bresennol, er mwyn eu cynnwys maes o law (gobeithio) mewn casgliad o ysgrifau gan yr Athro Gruffydd ar lenyddiaeth yr ugeinfed ganrif.

Bu'r Athro Geraint Gruffydd yn cyfrannu'n gyson i'r *Cylchgrawn Efengylaidd* oddi ar ei ymddangosiad cyntaf yn 1948, a bu'n cydolygu'r cylchgrawn hwnnw am y rhan fwyaf o'r cyfnod o ganol yr 1950au i ganol yr 1970au. Y mae'r blynyddoedd rhwng 1964 ac 1971, pan fu ef a Dr Gaius Davies yn cynorthwyo'r Parch. Emyr Roberts i olygu'r *Cylchgrawn Efengylaidd*, yn cael eu hystyried nid yn unig yn oes aur yn hanes y cylchgrawn, ond hefyd yn un o uchelfannau newyddiaduraeth grefyddol Gymraeg ail hanner yr ugeinfed ganrif. Yn y cyfnod hwnnw dechreuodd Geraint Gruffydd a Gaius Davies gyhoeddi colofn materion cyfoes ar y cyd yn *Y Cylchgrawn Efengylaidd* o dan y ffugenw 'Meirchion'. Y bwriad ar un adeg oedd cynnwys detholion o golofn 'Meirchion' yn *Y Ffordd Gadarn*, ond yn y diwedd penderfynwyd peidio, yn rhannol oherwydd natur 'ddyddiedig' anorfod llawer o'r deunydd (er bod yr egwyddorion a fu'n sail i'r trafodaethau mor gyfoes ag erioed) a hefyd am nad oedd yn bosibl gwybod yn bendant erbyn hyn ba un o'r ddau awdur a fu'n gyfrifol am ba rannau o'r erthyglau hynny.

Ar fater egwyddorion golygyddol, y peth cyntaf i'w bwysleisio yw mai bwriad *Y Ffordd Gadarn* yw ailgyflwyno, mewn un gyfrol ar gyfer darllenwyr dechrau'r unfed ganrif ar hugain, ddetholiad o ysgrifau 'poblogaidd' a gyhoeddwyd yn wreiddiol dros gyfnod o drigain mlynedd ac mewn amrywiaeth o gyhoeddiadau. Yr oedd, felly, gryn wahaniaethau o ran 'arddull tŷ' a dulliau golygyddol rhwng gwahanol ysgrifau'r gyfrol hon yn eu ffurf gyhoeddedig wreiddiol. Ar ben hynny, cynnyrch sgyrsiau radio yw nifer dda o'r ysgrifau, rhai ohonynt wedi eu gadael yn fwriadol lafar eu harddull wrth eu cyhoeddi am y tro cyntaf, ond eraill wedi eu llenyddoli. Wrth olygu'r gyfrol bresennol, ceisiwyd cysoni'r arddull i'r cywair mwy llenyddol a cheisio hefyd gysoni'r amrywiaeth arferion golygyddol rhwng y gwahanol ysgrifau gwreiddiol.

Nodir man a dyddiad cyhoeddi gwreiddiol pob ysgrif yn union o dan bennawd yr ysgrif yn y gyfrol hon. Gan mai'r bwriad yma yw ailgyflwyno'r ysgrifau i ddarllenwyr dechrau'r unfed ganrif ar hugain, yn hytrach nag atgynhyrchu'r fersiynau gwreiddiol yn fanwl, bu diwygio ac addasu 'ysgafn' ar destun yr ysgrifau yma a thraw yn ôl y galw. Mewn ambell achos rhan yn unig o ysgrif a gynhwysir yma ac mewn ambell achos arall, er mwyn osgoi peth ailadrodd, mentrwyd cyfuno rhai ysgrifau ar yr un pwnc a llunio un ysgrif gyfansawdd o'r deunyddiau crai: nodir hynny'n glir yn y manylion cyhoeddi sydd uwchben pob ysgrif. O gofio fod yr ysgrifau wedi ymddangos dros gyfnod o drigain mlynedd, yr oedd yn anochel fod rhai o'r ysgrifau cynharach yn cynnwys ambell ddyddiad, ffaith neu osodiad yr oedd galw am eu diwygio neu eu dileu yng ngoleuni ysgolheictod diweddarach. Er enghraifft, lluniwyd yr ysgrif ar y Ficer Prichard yn wreiddiol yn 1949, ymhell cyn cyhoeddi ymchwil bwysig gan bobl fel Nesta Lloyd, Eiluned Rees a Siwan Non Richards ar y Ficer a'i waith. Mewn achosion o'r fath, ceisiwyd ymgynghori â gweithiau diweddarach a diwygio yn ôl yr angen; ond penderfynwyd peidio ag ychwanegu cyfeiriadau llyfryddol at gyhoeddiadau diweddarach yn y maes, gan nad cyfrol 'academaidd', yn cynnwys llyfryddiaethau a throednodiadau ac yn y blaen, mo hon yn ei hanfod. A chan nad bwriad y gyfrol hon yw atgynhyrchu'r ysgrifau yn eu ffurf wreiddiol, ond yn hytrach eu hailgyflwyno i gynulleidfa gyfoes, gwneir pob diwygio, diweddaru a dileu golygyddol yn 'ddistaw', heb nodi hynny yn y testun.

Bu nifer yn cynorthwyo mewn gwahanol ffyrdd wrth i'r gyfrol hon fynd ar ei thaith, gormod i geisio eu henwi oll yma. Rhaid diolch i'm gwraig, Christine – sydd, fel minnau, yn un o gyn-fyfyrwyr yr Athro Gruffydd – am sawl cymwynas. Cyhoeddwyd llyfryddiaeth o gyhoeddiadau Geraint Gruffydd hyd 1995 gan Dr Huw Walters o'r Llyfrgell Genedlaethol yn *Beirdd a Thywysogion* (gol. Brynley F. Roberts a Morfydd E. Owen, 1996), y gyfrol deyrnged a gyflwynwyd i'r Athro Gruffydd yn dilyn ei ymddeoliad. Bu'r llyfryddiaeth honno'n amhrisiadwy wrth imi fynd ati i ddethol eitemau ar gyfer y gyfrol bresennol. Ar ben hynny, rhaid diolch i'r Dr Walters am roi imi gopi o'i restr atodol anghyhoeddedig o gyhoeddiadau'r Athro Gruffydd hyd 2005 ac am ei gymorth yn dod o hyd i rai cyhoeddiadau diarffordd. Rhaid diolch hefyd i'r Athro Bobi Jones am gytuno i lunio ysgrif gyflwyniadol i'r gyfrol ac i Rhiain M. Davies (merch y diweddar Barch. J. Elwyn Davies) am gynllunio'r clawr a chysodi'r gyfrol. Diolch i gyhoeddwyr gwreiddiol yr ysgrifau am eu cydweithrediad parod ac i'r BBC am ganiatâd i ailgyhoeddi eitemau a ddarlledwyd yn wreiddiol gan y Gorfforaeth. Ysgwyddodd Dr Gethin Rhys y gwaith mawr o droi'r ysgrifau gwreiddiol yn destunau electronig ac o lywio'r gyfrol trwy'r wasg mewn modd effeithiol a diffwdan. Ef a fu'n gyfrifol am ddethol y lluniau a gynhwysir yn y gyfrol, a diolchir yn arbennig i Mair Eluned Davies, John Emyr, Robin Griffith, Luned Gruffydd, Bobi Jones, Rina Macdonald, Geraint Tudur, Gruffydd Aled Williams a Llinos Myfanwy Williams am eu cymorth yn y cyd-destun hwnnw.

Ond y mae'r diolch pennaf, wrth gwrs, i'r Athro R. Geraint Gruffydd ei hun, am y fraint o gael golygu'r gyfrol hon, am bob rhyddid a rhwyddineb wrth imi ddethol a golygu'r eitemau, ac am bob cymorth ar y daith. Mewn ysgrif a ailgyhoeddir yma, dywed yr Athro Gruffydd am J. E. Daniel, 'Mewn dyddiau anodd fe safodd yn gadarn dros y wir ffydd Gristnogol a thros ei wlad, a phrin y gellid dweud yn well am unrhyw un na hynyna.' Mae cynnwys y gyfrol hon yn un amlygiad yn unig o ymdrechion glew yr Athro Gruffydd yntau o blaid y ffydd Gristnogol a'r genedl Gymreig dros flynyddoedd lawer, a manteisiwn ar y cyfle hwn i ddiolch iddo am ei ymroddiad diflino dros 'y winllan wen a roed i'n gofal ni'.

Ganed yr Athro Robert Geraint Gruffydd ar 9 Mehefin 1928 mewn fferm o'r enw Egryn yn Nhal-y-bont, Meirionnydd. Mae Egryn, yn ôl Peter Smith (*Houses of the Welsh Countryside*), yn dyddio o'r bymthegfed ganrif. Tybid bod y seiliau'n mynd yn ôl o leiaf i 1391, pryd yr oedd yn ysbyty 'annibynnol' yn ôl David Williams (*Atlas of Cistercian Lands in Wales*). O dan arweiniad tad William Owen-Pughe yn y ddeunawfed ganrif, datblygodd y cartref yn ganolfan ddiwylliannol ym Meirionnydd yn 'sŵn y delyn a'r anterliwt', yfed medd a chanu penillion. Gweddus iawn oedd geni o Geraint mewn cartref mor wâr. Er bod y math o ddiwylliant yn ystod blynyddoedd cynharaf Geraint yn bur wahanol i'r cenedlaethau cynt, ac yn persawru o'r dyfodol, gellid synied bod cywair y sgwrsio gwleidyddol a diwylliannol ar yr aelwyd heb fod yn llai egnïol, a rhai o'r bobl a alwai yno, Saunders Lewis a J. E. Daniel o bosib, yn meddu ar fedrau deallol uchel iawn. Rhyfedd beth bynnag oedd bod un o'r rhai mwyaf dibynadwy o'n hysgolheigion mawr wedi cael ei eni yn y tŷ a fu'n gartref ynghynt i'r lleiaf dibynadwy o'n hysgolheigion, William Owen-Pughe.

Mab yw Geraint i Moses Griffith, a oedd yn wyddonydd amaethyddol, a'i wraig Ceridwen, gwraig raddedig mewn Cymraeg a Lladin a fu'n athrawes yn yr Wyddgrug am gyfnod. Ffigur amaethyddol pwysig oedd Moses Griffith. Bu'n Gyfarwyddwr Tiroedd yn y Cynllun Gwella Tir Mynydd i Gymru gyfan; ac erbyn diwedd ei yrfa, aeth yn Ymgynghorydd preifat. Bu hefyd yn un o'r hanner dwsin a gyfarfu yn

Eisteddfod Genedlaethol Pwllheli yn 1925 i sefydlu Plaid Genedlaethol Cymru; ac ef oedd Trysorydd cyntaf y Blaid, o 1926 ymlaen. Ef, gredaf, yw'r cyfaill gorau a gafodd Saunders Lewis erioed.

Heblaw ei deulu, Saunders fu'r dylanwad mawr cyntaf ar feddwl Geraint. Daeth Saunders fel J. E. Daniel yn ymwelydd cyson ar yr aelwyd, yn sicr ar ôl i'r teulu symud i Geredigion; a'r ddau yna a roes ysgogiad i Geraint yn gymharol gynnar i ymholi ynghylch rhagdybiau'r rhyddfrydiaeth ddiwinyddol ddyn-ganolog a aeth yn rhemp yng nghrefydd Cymru rhwng 1859 ac 1918. Cynrychiolai'r ddau, Daniel a Lewis, y feirniadaeth ar yr encilio gwleidyddol a seicolegol a ymffurfiodd yng Nghymru yn bennaf yn ystod yr unfed ganrif ar bymtheg, a'r feirniadaeth ar y rhagdybiau naturiolaidd yn y bedwaredd ganrif ar bymtheg a esgorodd ar y trai aruthrol sydd wedi gwacáu eglwysi'n gwlad.

Geraint, maes o law, a olygai gerddi Saunders Lewis, yn gyntaf i Wasg Gregynog (1986), ac yn ail yn yr argraffiad rhatach i Wasg Prifysgol Cymru (1992). Yn llanc, sgrifennodd soned er clod i Saunders yn 1946, a chyhoeddodd saith erthygl ar ei farddoniaeth rhwng 1983 ac 1999. Geraint a wahoddwyd gan Saunders Lewis i fod yn ysgutor i'w waith yn y diwedd. Ef hefyd a olygodd *Meistri'r Canrifoedd* (1973), y casgliad o ysgrifau beirniadol gorau gan Saunders Lewis. Ceid hefyd atgof a nodyn ganddo am J. E. Daniel yn 1979 ac 1994 (a ailgyhoeddir yn y gyfrol bresennol). Dyma felly, yn arbennig ar ôl symud o Feirionnydd i Geredigion, ddau, sef Saunders Lewis a J. E. Daniel yn galw'n rheolaidd ar aelwyd Geraint: yn Babydd ac yn Galfinydd. Diau yng Nghymru fod Saunders yn cynrychioli traddodiad Acwin, a J. E. Daniel yn un o brif ladmeryddion traddodiad Calfin yn ystod yr 1930au hyd yr 1950au. Dyma ddau o ddeallusion pennaf Cymru, dau a oedd wedi gweld yn dreiddgar i graidd yr ysictod a orthrechodd seicoleg cylchoedd gwleidyddol a diwinyddiaeth pwlpudau'n gwlad.

Pan aeth Geraint maes o law i ymchwilio yn Rhydychen ac i ymuno â chylch o Gristnogion ifainc eang eu diddordebau a oedd gan mwyaf

yn Gatholig eu gogwydd, er bod yna atheistiaid hefyd yn bresennol, ac
yntau'n efengylaidd Galfinaidd ei brofiad ifanc, diau ei fod wedi gorfod
ymholi gryn dipyn ynghylch perthynas y ddau ddraddodiad: traddodiad
Acwin a thraddodiad Calfin, yr hyn a eilw Alvin Plantinga, yr
athronydd Calfinaidd bydenwog, yn 'A/C model': hynny yw
Acwin/Calfin. Gwêl Plantinga undod o fath yn seiliau sylweddol
Awstin/Luther, y Fam Teresa/Sant Maximus y Cyffeswr, hwythau.
Dyma gredu cytûn mai personol yw'r Duw tragwyddol, sy'n meddu
ar ewyllys a deall, serchiadau a chasinebau, yn hollwybodol a holl-
alluog. Ac y mae'r dyn naturiol, sydd wedi ei gaethiwo mewn pechod
a marwolaeth, yn medru profi angen gwaredigaeth ynddo o du Duw
felly drwy farwolaeth ac atgyfodiad Iesu Grist, ail Berson y Drindod.
Hynny yw, ceid eciwmeniaeth glasurol mewn cynnwys cadarnhaol
beiblaidd canolog, beth bynnag oedd yr anghytundeb yn y syniadaeth
am nodweddion aelodaeth ac eglwysyddiaeth.

Hyn a oedd yn gefndir uniongred i Geraint, nid yn unig yng ngrŵp
Sheldon Vanauken ac eraill yn Rhydychen, ond wrth ymgodymu fel
ysgolhaig â'r Dadeni Dysg (ffenomen a gynhwysai, yng Nghymru,
Brotestaniaid canol-y-ffordd, a Phiwritaniaid, a Gwrth-ddiwygwyr).
Ond gwyddai Geraint cyn cyrchu i Rydychen fod a wnelo â rhywbeth
arall, am ben y Deunydd diwinyddol crediniol mewn Cristnogaeth.
Yng ngrŵp y Deffroad ym Mangor yn yr 1940au, cawsai eisoes
Fethodistiaeth (yn sgil Piwritaniaeth) yn ogystal â Chalfiniaeth. Hynny
yw, yn ogystal â chael gafael o'r newydd — wedi'r diffeithwch dyn-
eiddiol — ar y credoau mawr, bu'n rhaid iddo wynebu profiad ei hun.
Nid 'A yw'n wir?' yn unig, ond 'A yw wedi digwydd i mi?' ac 'A wyf
yn eiddo i Grist?' ac 'A yw fy mywyd yn glod i Dduw ac yn ddim arall?'
Dyma'r gwahaniaeth rhwng 'credu bod' a 'chredu yn'.

Bid a fo am hynny yr wyf wedi rhagredeg y disgrifiad o addysg
Geraint: Ysgol Gynradd Dyffryn Ardudwy tan 1936, wedyn i Ysgol
Cwmystwyth tan 1939, yna i Ysgol Ardwyn, Aberystwyth, yna i Ysgol
Gordonstoun yn 1941 (a oedd wedi ei symud ar y pryd i Landinam),
ac ymlaen oddi yno i'r Brifysgol ym Mangor yn 1945. Wedi graddio

gydag anrhydedd yn y dosbarth cyntaf, symudodd i Goleg yr Iesu,
Rhydychen lle yr aeth ati dan gyfarwyddyd Syr Idris Foster i lunio
traethawd DPhil ar 'Religious prose in Welsh from the beginning of
the reign of Elizabeth to the Restoration' – testun rhagluniaethol a
fu'n fodd i feithrin ei weledigaeth o lenyddiaeth Gymraeg ar ei hyd.

Ar y pryd yr oeddwn innau hefyd yn ymchwilio yng Nghaerdydd ac
yna yn Nulyn. A dyna'r pryd y deuthum i adnabod Geraint yn
bersonol am y tro cyntaf, a hynny – o bob man – ar iard ei hen ysgol
yn Nyffryn Ardudwy. Fe'm cyflwynid iddo, mi gredaf, gan D. J.
Bowen. Yr oeddem ni'n tri yn mynychu Ysgol Haf y Blaid, a gynhelid
yno yr un flwyddyn ag y cynhelid yr Eisteddfod Genedlaethol wedyn
yn Nolgellau, 1949, a phryd y cynhaliodd y Mudiad Efengylaidd (gyda
Geraint yn un o'r tîm) ei ymgyrch gyntaf ar Faes yr Eisteddfod.

Yr wyf wedi crybwyll dau le a fu'n bur bwysig yn hanes ysbrydol
Geraint, sef Bangor a Rhydychen.

Ym Mangor yn ystod gwyliau Nadolig 1947–48, fe gafodd Geraint
(a'i wraig, maes o law, Luned) eu bod ill dau yn rhan o ddeffroad
ymhlith pobl ifainc, deffroad a fyddai'n gadael ei ôl ar hanes crefyddol
Cymru am weddill yr ugeinfed ganrif, ac yn sicr ar eu bywyd hwy.
Gallai fod yn gyfrwng i lenwi gwacter yr unfed ar hugain.

Mae gwreiddiau ffydd Geraint Gruffydd i'w cysylltu yn benodol ac
yn ddwys â chyffro efengylaidd eithriadol a brofwyd ym Mangor pan
oedd ef yn fyfyriwr yno. Ar draws rhyddfrydiaeth ystrydebol gysurus
myfyrwyr, digwyddodd yr anghyffredin. Disgrifiwyd yr hyn a ddig-
wyddodd gan Dr Gwyn Davies yn ei gyfrol *Golau Gwlad* (2002):

> Yn ystod ail hanner y pedwardegau a dechrau'r pumdegau gwel-
> wyd math o ddeffroad ysbrydol yn ardal Llanelli a Cross Hands
> yn y de, ac – yn hollol annibynnol a digymell – ymhlith myfyrwyr
> ym Mangor. Nid oedd graddfa'r deffroad hwn i'w gymharu â'r
> adfywiadau ysgubol yn ystod y ddwy ganrif flaenorol, ond fe
> newidiwyd bywydau ugeiniau o bobl ifainc a bu'n elfen bwysig yn
> adferiad y ffydd efengylaidd ymhlith y Cymry. Un canlyniad

ymarferol oedd i rywrai fynd ati i ddechrau cyhoeddi'r *Cylch-grawn Efengylaidd* a maes o law i ffurfio Mudiad Efengylaidd Cymru.

Ym Mangor hefyd, wrth gydactio mewn drama, y cyfarfu Geraint â Luned, merch brydferth o Gaergybi. Daeth Luned yn Gristion o flaen Geraint. Ond byth wedyn, ar ôl i J. Elwyn Davies arwain Geraint i adnabyddiaeth bersonol o Iesu Grist, tyfu a wnaeth perthynas y ddau gan gyd-gynnal a chyd-fwynhau cwmnïaeth felys ei gilydd hyd heddiw.

Roedd y symudiad crefyddol hwn yn wahanol i'r adfywiad a gafwyd yn 1904. Yn y De, o leiaf, pur denau oedd diwinyddiaeth o ran y pwyslais ar ddechrau'r ugeinfed ganrif, ac yr oedd yr apêl at deimladau a phrofiadau goddrychol yn amlycach. Roedd adfywiad 1904 wrth gwrs – yn allanol o leiaf – yn fwy grymus o lawer na'r un a ddôi ddiwedd yr 1940au. Ond bu'r parhad a gafwyd i'r symudiad diweddarach yn feddylgar amlycach yng Nghymru mewn cyhoeddiadau Cymraeg, cynadleddau, coleg diwinyddol, gwersylloedd, ac astudio beiblaidd, yn gymaint felly fel y gellid honni yn deg fod yr hyn a ddigwyddodd i griw o fyfyrwyr Bangor (ac eraill) wrth ymgynnull gyda'i gilydd, ac yn arbennig yn ystod encil yn nhrydedd flwyddyn Geraint, ym Mhlas-y-nant, Betws Garmon, dan arweiniad J. P. Davies a J. Elwyn Davies, yn un o ddigwyddiadau pwysicaf hanes crefydd Cymru yn yr ugeinfed ganrif. Yn ddeallol, gyda thwf diwinyddiaeth Barth a Brunner efallai, a diwinyddion Amsterdam a Princeton (a Westminster), miniogwyd a chynheswyd yr holl fudiad dan bregethu beirniadol Martyn Lloyd-Jones.

Er mai deffroad Bangor oedd y cyfnod diffiniol ym mywyd ysbrydol Geraint, ar ôl iddo ddechrau ar ei ymchwil yn Rhydychen y flwyddyn wedyn, daeth i ganol cwmni arall o Gristnogion, a hynny yn ei ail Brifysgol. Roedd y rhain yn wahanol o ran cefndir i bobl Bangor, ond bron yr un mor ddifrif yn eu ffydd. Sheldon Vanauken, mae'n ymddangos, oedd arweinydd y grŵp bychan hwn o fyfyrwyr amrywiol o ran enwadaeth, rhai'n atheistiaid, yn dod o Loegr ac America gan mwyaf. Roedd amryw ohonynt yn feirdd. Cyfarfyddent i drafod llyfrau a rannent, ac i ddarllen yn uchel gerddi ganddynt hwy eu hunain, ac i drafod Cristnogaeth a phethau eraill. Uchel-eglwysig oedd osgo amryw.

Ac yn ystod cyfnod Geraint yno, C. S. Lewis oedd y pennaf dylanwad ar y grŵp, er na chyfarfu Geraint ag ef yn bersonol. Adwaenai arweinydd y grŵp, Sheldon Vanauken, C. S. Lewis yn dda iawn, a byddai'n darllen yn uchel lythyrau difyr a dderbyniai gan Lewis, rhai a gofnododd yn ddiweddarach mewn cyfrol hunangofiannol, *A Severe Mercy* (1977).

Dyma fan briodol, felly, imi dynnu sylw at ddwy eitem gan Geraint am Vanauken a'i wraig a gynhwysir yn y gyfrol hon, ac at y gyfrol *A Severe Mercy* lle y sonia am 'the bushy-headed Welshman, Geraint Gruffydd, who could read poetry in his vibrant voice so magnificently that it would send chills down the back of a statue'. Ysgrifennodd Geraint farwnad nodedig i wraig Vanauken, Jean, a gyhoeddwyd yn *Y Cylchgrawn Efengylaidd* yn 1960 ac wedyn yn *Blodeugerdd o Farddoniaeth Gymraeg yr Ugeinfed Ganrif* (1987).

———————————

Dechreuodd Geraint ei yrfa fel ysgolhaig gyda'i waith ymchwil yn Rhydychen ar ryddiaith grefyddol y Diwygiad Protestannaidd, y Gwrth-ddiwygiad, a'r Piwritaniaid.

Mae a wnelo'i nodiadau academaidd cyntaf cyhoeddedig (yn *The Journal of the Welsh Bibliographical Society* yn 1951–53) â llyfrau prin iawn sy'n hyrwyddo'r Diwygiad Protestannaidd yn y Gymraeg. Cyfieithiadau sydd dan sylw yn y nodiadau hyn, sef 'Catecism y Deon Nowell yn Gymraeg' a 'Dau Lyfr Cymraeg Prin'. Yn yr olaf, disgrifir dau lyfr mewn modd technegol lyfryddol, y naill gan Anhysbys a'r llall gan Thomas Lloyd, Llanfechain, 1622. Gyda'r grŵp hwn o gyhoeddiadau, mae angen crybwyll 'Two letters from Richard Parry of Anmer

to John Wynn Edward of Bodewryd', a ymddangosodd yn yr un cylch-
grawn yn 1954, sy'n rhoi tipyn o gefndir i'r nawdd a'r dull o gyhoeddi
yn y cyfnod. Beth bynnag am natur ddiarfordd y rheini, dyma
ddechreuadau prif thema ei yrfa ysgolheigaidd. Hyd heddiw, a phob
blwyddyn ers bron trigain mlynedd, bu'n gweithio'n ddygn ar y maes
hwn. Yn y blynyddoedd cynnar, dyma gyfnod o ymgydnabod â'r
llawysgrifau a'r llyfrau print Protestannaidd mewn rhyddiaith gyda
manylder nas cafwyd gan neb arall ynghynt nac wedyn.

Ceir ganddo adolygiad nodweddiadol wylaidd yn 1951 yn *Y Llenor.*
Ond yma y gellir ymwybod am y tro cyntaf ag ymddangosiad ysgolhaig
diogel a thrylwyr, manwl ac awdurdodol. Yn y sylwadau hyn, sef ar
Rhagymadroddion yn 1547–1659 (gol. Garfield H. Hughes), fe gyfar-
fyddwn â beirniad llenyddol hefyd, gwreiddiol o feddylgar, sy'n agor
sylwadau newydd nid yn unig ar ffurf y 'Rhagymadrodd', eithr hefyd
ar ei darddiad, a'i fwriad 'gwrthbwysol' i'r 'Cyflwyniad', yn ogystal â
dosbarthiad ei arddull yn ôl anghenion newydd pur wrthgyferbyniol y
dysgedigion a'r werin.

Mae priffordd ei yrfa, felly, yn ymagor. Mae'n ymwneud ag un o
gyfnodau pwysicaf, ond un o'r cyfnodau mwyaf anodd i ymdrin ag ef
yn hanes llenyddiaeth Gymraeg, sef rhwng 1546 (dyddiad cyhoeddi'r
llyfr print Cymraeg cyntaf) ac 1659 (blwyddyn olaf y Weriniaeth).

Beth oedd 'pwysigrwydd' y cyfnod? Dyma gyfnod safoni'r iaith (ac
y mae ef yn awgrymu fod safoni o leiaf ar yr orgraff a'r ieithwedd wedi
digwydd rhwng 1621 yng ngramadeg John Davies, Mallwyd, a'r Beibl
Bach, 1630); dyma gyfnod sefydlu rhyddiaith aeddfed fodern yng
nghyfieithiad y Beibl gan William Morgan, a chyfieithiadau medrus
fel *Llyfr y Resolusion* John Davies, *Llwybr Hyffordd* Robert Lloyd,
Deffynniad Ffydd Eglwys Loegr Morris Kyffin a *Llyfr yr Homilïau* Edward
James, ac yng ngwaith mwy gwreiddiol Gruffydd Robert a Thomas
Wiliems; ac yn drydydd, dyma gyfnod sefydlu ysgolheictod modern,
gan bobl fel William Salesbury a Siôn Dafydd Rhys, ynghyd â dat-
blygu ganddynt y medr i sgrifennu'n ddeallol academaidd fodern. Ar
ryw olwg yng Nghymru, nid cyfredol yn unig oedd y Dadeni Dysg â'r

Diwygiad Protestannaidd (a'r Gwrth-ddiwygiad): yr un peth oeddent
o ran ysgolheictod.

Pam y dywedwn fod hwn yn un o'r cyfnodau 'mwyaf anodd' yn ein
llên? Roedd yn gyfnod o chwalfa. Dyma gyfnod hefyd sefydlu is-
raddoldeb seicolegol, cyfreithiol, a chymdeithasol Cymru mewn dyfnder
helaeth. Rhan o'r strwythur hwnnw oedd yr holl gyfieithu a'r
fframwaith Anglicanaidd. Chwelid yr Eglwys Gatholig yn groes i
ewyllys y rhan fwyaf o'r bobl. Chwelid y plasau, sef noddfannau tradd-
odiadol ein llenyddiaeth uchaf. Dirywiodd y canu caeth yn enbyd, gan
ddechrau tua 1547. Hyd yn oed mewn rhyddiaith, prin heblaw am
waith Morgan Llwyd yw'r gwaith gwreiddiol. Ac oherwydd y canoli
seicolegol ac eglwysig y tu allan i Gymru, a'r methiant o'r herwydd i
sefydlu prifysgol, anodd pwysleisio'n ddigonol y lle allweddol sydd i
ysgolheictod yn hanes crefydd, llenyddiaeth, a chenedlaetholdeb.

Peth braidd yn unigryw yw'r lle a rydd Cymru i ddysg wrth drafod
llenyddiaeth. Yma ym mhob cyfnod, o'r Oesoedd Canol hyd yr ugein-
fed ganrif, bu 'dysg' yn elfen anghyffredin, ac abnormal o arwyddocaol
yng nghynhaliaeth llenyddiaeth, a hynny am resymau gwleidyddol,
seicolegol, a chymdeithasol. 'Pwysig' oedd felly, yn ddi-os, yn ddeallol
yn ogystal ag yn grefyddol.

Wedi 1955 o'r braidd bod blwyddyn yn pasio heb i Geraint wneud
cyfraniad ar ei brif briffordd academaidd. Roedd yn ddiarbed yn ei
gysondeb, o'r sylw i Humphrey Llwyd, yr aelod seneddol a arweiniodd
at y ddeddf ynghylch cyfieithu'r Beibl i'r Gymraeg (1956/57, 1970),
hyd at Morgan Llwyd (1959), y Pabyddion – 'Gwasg ddirgel yr ogof
yn Rhiwledyn' (1958) ac *Argraffwyr Cyntaf Cymru* (1972); Edward
Dafydd (1959, 1964, 1971) – 'Wales and the Renaissance' (1960),
John Penry (1961), Rowland Lewis o Fallwyd (1962), adolygiad ar
gyfrol Glanmor Williams, *Dadeni, Diwygiad a Diwylliant Cymru*
(1965), dau destun Protestannaidd cynnar mewn llawysgrif (1966),
Edmwnd Prys (1968), *Yny lhyvyr hwnn* 1546 (1969), William Morgan,
Richard Parry a John Davies, Mallwyd (1970), Siôn Dafydd Rhys

(1971), y Piwritaniaid cynnar (1976), y Diwygiad Protestannaidd yn sir Gaernarfon (1977); ac o hyn ymlaen y mae'r amlhau'n cryfhau.

Ef a wahoddwyd, wrth reswm, i grynhoi yn rheolaidd mewn arolwg holl ddatblygiad y Dadeni yng Nghymru: 'Wales and the Renaissance' yn *Wales through the Ages*, cyfrol 2 (1960) a 'The Renaissance and Welsh Literature' yn *The Celts and the Renaissance* (1990); ac i weithredu fel Golygydd i *A Guide to Welsh Literature c. 1530–1700* (1997). Ond carwn ddisgrifio un flwyddyn. Gadewch imi ddisgrifio un gwasanaeth ysgolheigaidd amlochrog ond unplyg a oedd yn angenrheidiol i genedl y Cymry. Rhan o'i weithgarwch ymarferol. Ar ryw olwg, efô yn bennaf a arweiniodd ddathliad pedwarcanmlwyddiant cyfieithu'r Beibl gan William Morgan yn 1588. Ef a draddododd y prif anerchiad yng ngwasanaeth y dathlu yn Eglwys Gadeiriol Llanelwy (a gyhoeddwyd yn *Taliesin*, ac a ailgyhoeddir yn y gyfrol hon). Ef a olygodd brif gyfrol y dathlu, *Y Gair ar Waith*, a gyhoeddwyd gan Wasg Prifysgol Cymru. Ef a roddodd y Ddarlith Radio, 'Y Beibl a droes i'w bobl draw', a gyhoeddwyd yn ddwyieithog. Ef a olygodd y farwnad i'r Esgob Morgan gan Huw Machno, a gynhwyswyd yn llyfr y gwasanaeth dathlu yn Abaty Westminster. Lluniodd ysgrif ar 'Yr Esgob William Morgan (1545–1604) a Beibl Cymraeg 1588' ar gyfer *Cof Cenedl III* (1988) a 'Campwaith William Morgan / The achievement of William Morgan' i lyfr ar *Tŷ Mawr Wybrnant, Gwynedd* a gyhoeddwyd gan yr Ymddiriedolaeth Genedlaethol yn yr un flwyddyn. Wedyn, ar raddfa fwy cwta a mwy 'cyffredin', gofynnwyd iddo am ysgrif yn yr un maes ar gyfer y *Western Mail*, 1 Mawrth 1988. Yr oedd yn barod i bob angen. Gweithredodd hefyd fel golygydd i gyfrol briodol a gyhoeddodd Gwasg Gregynog i'r un perwyl a dathliad, *Llyfr Ionas*. Dilynwyd y rhain oll gan *William Morgan: Dyneiddiwr* (sef Darlith Goffa Henry Lewis am 1988), ac erthygl ar William Morgan yn *Llên Cymru*, 16 (1989), sy'n canoli ar wybodaeth newydd am ran gymharol anhysbys o'i yrfa.

Er nad dyna'r cwbl o'i waith ysgolheigaidd o bell ffordd a gyflawnwyd yn y flwyddyn honno, roedd yn hollol addas bod y fath ddigwyddiad yn cael sylw mawrygol ganddo ef yn anad neb. Ac nid oes neb a fuasai wedi gallu gwneud hyn oll gyda newydd-deb ac egni meddyliol a chorfforol ond Geraint Gruffydd.

Cyfnod rhyfedd oedd y Dadeni Dysg yng Nghymru, yn gwbl wahanol i Loegr a Ffrainc. Dywed y *Gwyddoniadur*: 'Rhwng 1546 [dyddiad y llyfr print Cymraeg cyntaf] ac 1660 cyhoeddwyd ar gyfartaledd 15 o lyfrau y degawd (cyfanswm o 173).' Prin onid e? Rhwng 1661 ac 1700 cynyddodd y cyfartaledd i 29 y degawd (cyfanswm o 112 mewn 39 mlynedd). Er lleied o lyfrau, roeddent yn fwy o lawer nag yn y gwledydd Celtaidd eraill. Ac eto, gellid hawlio, ar ryw olwg, eu bod yn ymddangos yn llai nag y dywedent gan mai un llyfr rywsut a deyrnasai. Yng Ngwlad y Basg yn niwedd yr ugeinfed ganrif, gwelid graffiti ar waliau: $5 + 3 = 1$, sef cyfeiriad at y gwahanu a wnaethpwyd ar diriogaeth Gwlad y Basg oherwydd diddordeb dwy wlad gyfagos mewn imperialaeth. Nid annhebyg dweud am lyfrau Cymru rhwng 1546 ac 1700, $173 + 112 = 1$. Hynny yw, *un* llyfr oedd asgwrn cefn y cyfnod oll. O'r braidd bod llyfr yn cael ei gyhoeddi heb ganolbwynt disgyrchiant hwn. Nid oes cyfnod arall yn hanes Cymru pryd y bu un llyfr mor draarglwyddiaethol ei ddylanwad. Nid oes mewn llenyddiaethau Cristnogol eraill at ei gilydd gyfnod mor unplyg o'r fath. Diwygiad Protestannaidd oedd y Dadeni Dysg ei hun, i raddau helaeth. Gwthiwyd yr hen chwedlau i'r naill ochr. Gwthiwyd Cerdd Dafod i'r ymylon. Cyfeiriwyd yr holl feddwl a'r bywyd deallol tuag at un pwynt, un llyfr. Roedd hwnnw'n imperialaidd ddeallol, ac yn llesol i fywyd er yn niweidiol o safbwynt llenyddiaeth. Difethwyd llenyddiaeth, ac fe'i hachubwyd. Gan y Beibl.

Eto, drwy'r gyfrol honno hyfforddwyd yr iaith lenyddol fodern a'i gwneud yn offeryn dysg a rhyddiaith ddatblygedig. Sefydlwyd y Canu Rhydd fel cyfrwng o werth esthetig. Ac ar ddiwedd y cyfnod, dechreuwyd addysgu'r werin mewn modd anghyffredin o broffesiynol nes dod yn batrwm i wledydd eraill. Dyfnhawyd hefyd amgyffrediad ac egni ysbrydol y bobl.

Cyfnod rhyfedd iawn ac unigryw oedd hwn yn hanes llenyddiaeth, heb sôn wrth gwrs am y budd crefyddol. Digwyddodd mewn pryd yr oedd y wlad wedi cyrraedd ei gwaelod yn seicolegol: roedd canolbwynt yr economi a'r fasnach, y ddeddf a'r addysg, y drafnidiaeth a'r awdurdod gwleidyddol wedi symud i ymganoli y tu allan i'r wlad. Ymfudo i Loegr neu ddirywio gartref a wnaeth nawdd yr uchelwyr i lenorion. Yn yr union awr pryd y digwyddodd y cymhlethdod a'r cyfoeth seicolegol a diwylliannol unplyg hwn, rhoddwyd trefn a disgyblaeth, penderfyniad ac egnïon annisgwyl ym mywyd y wlad fel y llwyddodd dwy ganrif i hwylio yn eu blaen mewn modd rhyfedd o Feibl-ganolog. Er bod llawysgrifau'n dal yn ddigon niferus yn ystod y Dadeni, yn arbennig wrth gofnodi cyfoeth y gorffennol, bellach daeth yr argraffwasg a meddiannu'r ffordd i'r dyfodol tan chwyldro'r unfed ganrif ar hugain.

Byddaf yn synied, gyda llaw, fod y term Gwrth-ddiwygiad braidd yn anaddas. Mae'n briodol ar gyfer yr elyniaeth ymosodol benodol yn erbyn Protestaniaeth. Ond beth sydd a wnelo *Gramadeg Cymraeg* Gruffydd Robert a llawer o'r gwaith arall â hwnnw? Dyna'n hytrach y 'Diwygiad Catholig' neu'r 'Dadeni Catholig'.

Yn y cyfnod hwn yn ein llenyddiaeth, y mae gweledigaeth a myfyrdod Geraint Gruffydd yn ddigystedlydd. Ar yr olwg gyntaf, bid siŵr, y mae Geraint yn ysgolhaig solet, trwyadl, gweithgar, a disglair. Ond y mae ganddo hefyd gyfrinach (os un hysbys). Mae ysgolheictod Geraint am y Diwygiad Protestannaidd a'r Diwygiad Catholig yn cuddio o'r tu mewn i brofiad, fel y mae profiad yn ymguddio o'r tu mewn i'w ysgolheictod. Mae'n gwybod beth yw'r cwestiynau gwir arwyddocaol i'w gofyn, beth yw'r dadleuon difrif, beth yw'r problemau ysbrydol. Mae ganddo werthoedd angerddol. Mor aml yn niwedd yr ugeinfed ganrif y bu ambell gronolegydd galluog efallai yn holi'r cwestiynau dibwys. Y meddwl cartŵn poblogaidd sy'n disodli'r treiddgarwch angenrheidiol. Mae crefydd Cymru yn dipyn o faen tramgwydd i rai cronolegwyr ymholgar. Enghraifft burion o hyn yw pwyslais rhai ohonynt ar 'uffern' a'r dychryn tybiedig i gynulleidfa. Prin yw'r ystadegau

pregethwrol a llenyddol sy'n cyfateb i'r honiadau. Mater pwysig ac
eto eilradd yw hyn. Ond gweithia ar sail cartŵn deallol. Yr un modd,
drwy arwyddion dethol allanol, neu drwy enghreifftiau sy'n ymddangos
(i bob golwg) yn ddiffyg deallusrwydd, collir canol deallol y mudiad
ynghyd â'r canol profiadol. Y rhagdyb ddyn-ganolog sy'n tanseilio
amgyffrediad ac yn gorseddu gwerthoedd newyddiadurol.

Tuedd haneswyr seciwlar o'r herwydd yw bod ychydig yn brennaidd,
yn un dimensiwn, yn sylfaenol syniadol ddiffrwyth, hyd yn oed y
deallusaf a'r mwyaf dychmyglon ohonynt. Soniant am brofiad y bobl,
ond y maent yn hwylio ar sail gwawdlun o'r profiad hwnnw, heb sylw i
gyfundrefneg diwinyddiaeth afieithus. O ganlyniad, nid ydynt yn
hwyliog iawn wrth olrhain undod a chysondeb twf y meddwl Cymraeg.

Mae'r profiad hwn o eiddo Geraint Gruffydd, sut bynnag, yn all-
wedd i fwy o lawer na'r Dadeni Dysg yng Nghymru; mae'n ffactor
unol yn ei ddealltwriaeth ar y naill law o'r traddodiad Cymraeg ar ei
hyd ac o fethod beirniadol ar y llall.

Bu Geraint yn y Gadair Gymraeg ac yn Bennaeth ar Adran Iaith a
Llenyddiaeth Gymraeg, Coleg Prifysgol Cymru, Aberystwyth o 1970
hyd ddiwedd 1979, pryd y symudodd i fod yn Bennaeth ar Lyfrgell
Genedlaethol Cymru o 1980 hyd 1985. Ychydig flynyddoedd ar ôl
iddo ymadael â'r Coleg, ddydd Gŵyl Ddewi 1983, gwnaeth Coleg
Prifysgol Cymru gais i Bwyllgor Grantiau'r Prifysgolion am arian i
gyflogi staff parhaol i'r ganolfan ymchwil a oedd eisoes ar waith ar
ddull 'amaturaidd', yn ddi-grant dan ofal Caerwyn Williams, yn
Aberystwyth. Bwriedid iddi droi'n sefydliad o fewn Prifysgol Cymru'n
gyffredinol. Cafwyd ateb cadarnhaol ar 2 Chwefror 1984; ac agorodd
y sefydliad newydd – Canolfan Uwchefrydiau Cymreig a Cheltaidd
Prifysgol Cymru – ar 1 Hydref 1985 gyda'r Athro Geraint Gruffydd
yn Bennaeth (tan 1993). Ef yw'r unig un erioed i gynnal y tri

phenaethdod yna. Fel ysgolhaig, roedd 1985 yn flwyddyn chwyldro-
adol iddo. Roedd yn gyfrifol nawr am sefydlu cynllun gwaith, a chynllun
prosiect enfawr, a cheisio arian ar gyfer cyhoeddi ffrwyth aruthr y
Ganolfan. Efô a ddewisodd Feirdd y Tywysogion yn bwnc i'r brosiect
gyntaf. Iddo ef yn bersonol, golygai am gyfnod fod yr ail o'i dri phrif
gyfraniad personol i'r byd ysgolheigaidd yn awr yn cymryd ei le ochr
yn ochr â'r Dadeni Dysg. Efô hefyd a sefydlodd y gronfa ar gyfer cy-
hoeddi'r brosiect fawr nesaf – Beirdd yr Uchelwyr.

Soniwyd am olygu holl waith Beirdd y Tywysogion (1100–1283).
Yr oedd ar gael dros 12,500 o linellau o waith y rhain, yn ganu mawl,
canu crefyddol a chanu serch, y rhan fwyaf heb ei golygu. Heblaw
rhagymadrodd cyffredinol ar waith pob bardd unigol, darperid ar gyfer
pob cerdd unigol dri nodyn rhagymadroddol byr yn ymwneud ag (a)
cefndir y gerdd, (b) ei phatrwm mydryddol, (c) y llawysgrifau yr oedd
yn digwydd ynddynt. Yna, ceid testun, a diweddariad o'r gerdd ynghyd
â geirfa.

Rhan o Ddadeni'r Ddeuddegfed Ganrif Ewropeaidd oedd y symud-
iad barddonol mawr hwn yng Nghymru, ac y mae iddo bwysigrwydd
esthetig, hanesyddol ac ieithyddol anghyffredin. Y mae'r gyfres nobl
gyflawn hon o chwe chyfrol fawr yn fwy na chyfanswm y rhannau.
Ymgymerwyd â chylchu cyfnod ac â chyflwyno corff o brydyddiaeth
gelfydd unigryw. Oherwydd undod a safon y golygu, fe geid un o
gampweithiau mwyaf ysgolheictod Cymraeg erioed.

Beirdd y Tywysogion oedd y beirdd mwyaf proffesiynol a gafodd
Cymru. Roeddent yn fwy dethol gyflogedig na Beirdd yr Uchelwyr, eu
hyfforddiant o bosib yn hwy, cyfoeth eu noddwyr yn fwy sylweddol,
a'u hawdurdod mae'n debyg yn ddyfnach ac yn lletach. Hwy oedd
ffynhonnell creadigaeth y Gynghanedd, un o gynhyrchion gorchestol
anrhydeddusaf llenyddiaeth Gymraeg. Rhaid oedd i'r Golygydd Cyff-
redinol wneud tri pheth: yn gyntaf, meistroli'r cyfnod a'r gwaith oll o'i
gwr; yn ail, hyfforddi ac arwain ac arolygu gwaith y tîm disglair o
ysgolheigion (ifanc iawn gan mwyaf); ac yna, ymgymryd ei hun â'r

gwaith golygu personol mewn rhai achosion fel rhan gynhenid o'r profiad cywaith. Roedd hyn yn gamp olygu ddihafal yn hanes Cymru. Heblaw'r golygu hwn, a'i orffen, yr oedd yn naturiol hefyd fod y golygu yn cydredeg â pheth wmbredd o waith cyhoeddi achlysurol perthnasol.

Llai hawdd yw sylwi ar ei drydydd cyfraniad, nad yw'n llai na'r ddau arall yn y bôn. Mae ysgolheigion llenyddol Cymraeg mawr yn y gorffennol, fel Geraint, wedi arfer ymgymryd â chyfnod arbennig – dyweder y Cynfeirdd, Rhyddiaith Cymraeg Canol, y Ddeunawfed Ganrif neu'r Ugeinfed Ganrif. Bydd ambell un fel John Morris-Jones neu Ifor Williams, heblaw eu priffordd, wedi gallu gwneud gwaith ar-loesol a phwysig mewn ambell faes ychwanegol. Ond un o orchestion Geraint oedd iddo gyflawni gwaith ymchwil newydd ac awdurdodol *ym mhob cyfnod* yn ein hanes — y Cynfeirdd, y Gogynfeirdd, Rhydd-iaith Cymraeg Canol, Dafydd ap Gwilym a Beirdd yr Uchelwyr, y Dadeni neu'r Diwygiad Protestannaidd, y Ddeunawfed Ganrif a'r Bedwaredd ar Bymtheg, a'r Ugeinfed Ganrif. Roedd hyn yn golygu meistroli'r cefndir cymdeithasol a chrefyddol, gan adnabod natur y farddoniaeth a'r rhyddiaith a gwybod am gysylltiadau deallol a chrefftwrol y llenorion unigol, gan ymgymhwyso i gyd-deimlo ag arddull-iau a syniadaeth dra amrywiol. Nid yw'r fath amlochredd yn gwbl angenrheidiol i Bennaeth Adran Gymraeg yn y Brifysgol drwy dru-garedd. Ond y mae'r ffaith fod Pennaeth yn medru cyd-drafod gwaith mewn modd gwybodus gydag unrhyw un o'r staff sy'n ymwneud â llenyddiaeth yn ei Adran, a bod yn ysbrydoliaeth iddynt, yn amheuthun o beth. Cofier wedyn, oherwydd ei flynyddoedd fel is-olygydd i'n Geiriadur Cenedlaethol, a'r parhad hyd heddiw fel Golygydd Ym-gynghorol, fod y gwaith bythol hwnnw'n ernes o'i gefndir ieithyddol hefyd. Mewn cyflawnder o gyfnodau y mae'n medru cyfrannu gwreiddioldeb lle bynnag y bydd yn troi.

Ystyr y diddordeb gwasgarog hwn oedd nid yn unig amrywiaeth, ond yn fwy penodol meithrinai olwg ar undod. Nid damwain oedd ei ddiddordeb yng Nghanu'r 'Bwlch' (y Cynfeirdd). Nid damwain chwaith oedd cydio ym Meirdd y Tywysogion fel prosiect. Dyma, ar y pryd, y bwlch mwyaf arwyddocaol enfawr yn ein testunau, ac fe'i cyfannwyd gydag arddeliad. Ond nid cyfannu ac unoli oedd ei ysfa yn destunol yn unig. Pennaf gorchest beirniad llenyddol 'pur' i mi, yw goleuo un gerdd (neu un darn o ryddiaith neu o ddrama). A chyhoeddodd Geraint gyfresi o'r rhain am Ddafydd ap Gwilym, Saunders Lewis, Waldo Williams, a llawer eraill. Yn yr unigolion hyn, dadlennai Geraint y parhad. Yn ei gyfrol orchestol ar *Dafydd ap Gwilym* (1987), ceir cynnig unigryw i gyflwyno'r bardd yn ôl safonau cyfoes; a chanfyddir nifer o brofion ynddi o'm haeriad ynghylch y modd y diffinia faterion gwerthfawrogol drwy gymariaethau trawsgyfnodol.

Oherwydd amlder y cyfnodau ac awduron y mae ganddo feistrolaeth arnynt, y mae ef wrth drafod llenor neu gyfnod yn medru'i osod mewn cyd-destun treiddgar a'i ddiffinio drwy gymhariaeth gyrhaeddgar a ffrwythlon. Nid yw cylchu gwahanol lenorion na chyfnodau fel hyn yn chwalfa o gwbl i'w ysgolheictod. Undod yw yn hytrach sy'n cadarnhau'r gwerthusiad o bob un elfen drwy gyffredinoli'r unigolyn a thrwy unigoli'r cyffredinol. Mae gan Geraint ddawn i ddadlennu sylfeini unol y traddodiad. Hynny yw, oherwydd amlder y cyfnodau yn ei gynhysgaeth a lled ei gysylltiadau, geill gyfrannu at adnabyddiaeth helaethach o wth cyd-unol y dreftadaeth drwy'r elfennau gwahân. Hyn fel y canfuwyd bellach, yw priod ateb yr unfed ganrif ar hugain i *différance* a 'thanseilio' ac amhenderfyniadaeth diwedd yr ugeinfed ganrif.

Cymodwr yw Geraint, wrth natur. O ran anianawd, mewn pwyllgor gwêl y ffordd drwodd mewn undod a chyfannu. Bu Geraint yn gredwr cryf yng ngwaith tîm, cydweithio, golygu cyfrol ar y cyd, fel y bo modd cyflawni gwaith sylweddol a allai fod y tu hwnt i waith unigolyn. Ceid peth olion o'r dull tîm ymhlith ysgolheigion yn yr union gyfnod hwnnw, sef y Dadeni Dysg, yr arbenigodd ef arno. Fe'i gwelid wrth gyfieithu'r Testament Newydd, gan William Salesbury yn 'arwain'

Richard Davies a Thomas Huet i gwblhau'r dasg honno. Yna, yn llai dadleuol, yn achos Edward Lhuyd yn sicrhau cydweithrediad Humphrey Foulkes a chriw o 'ohebwyr' gwerthfawr. Ac felly, i raddau, y cyflawnwyd prif waith unedol Geraint hyd yn hyn.

Bwriad Dr E. Wyn James yw cynnull dwy gyfrol o'i waith. Yn gyntaf, y gyfrol hon o ysgrifau byrion, pytiau weithiau, ei gyfrol 'boblogaidd' fel petai. Dyma'r Geraint sy'n ymwybodol o'i ymrwymiad yn y gymdeithas yn gyffredinol. Adlewyrcha hefyd ei allu diamheuol i gyfathrebu'n ddifyr ac eto'n sylweddol yr un pryd. Bwriedir i'r ail gyfrol gynnwys rhai o'r ysgrifau neu'r astudiaethau sydd wedi sicrhau enw'r Athro Geraint Gruffydd fel prif ysgolhaig ein cyfnod mewn amlochredd ac yn rhychwant cytbwys ei drwythiant ym mhob gwedd ar lenyddiaeth Gymraeg.

Yn rhyfedd iawn, mae'r gyfrol gymharol ysgafn hon yn gyflwyniad allweddol i ysgolheictod R. Geraint Gruffydd fel yr oedd *Yr Ysbryd Glân* (1972) – cyfrol a gyflwynwyd i Geraint a Luned Gruffydd – yn gyflwyniad i ysgolheictod R. Tudur Jones. Cynorthwya yn y dasg o ddeall arbenigrwydd ei adnabyddiaeth hanesyddol o Gymru. Cwestiwn o ddeall yn bennaf yw hyn.

Cyn amgyffred prif ffigurau Cymru yn 1536–1736, rhaid canfod bod yma gyfnod a luniwyd yn gymhleth, yn amlochrog, yn amherffaith, ac yn feirniadol o gwmpas un llyfr. Y maen prawf. Canolbwynt disgyrchiant deall. Yn ddeallol – yn syml, o ran ei her a'r amgyffrediad dwfn – y sialens i'r hanesydd academaidd treiddgaraf yw codi uwchlaw dadleuon tsiep a phoblogaidd, i sylweddoli bod a wnelo ef â dwyster cyfansawdd a chwbl gatholig ei arwyddocâd, a ffydd gyflawn a ganfuwyd hyd at gyfadeiladaeth wrthrychol feddyliol. Hynny yw, dyma ffenomen hanesyddol hollol ddieithr. Ac oni all hanesydd godi ychydig oddi ar ei 'uwchraddoldeb' a'i ragdybiau hunan-ganolog i sylwi bod yr hunan yn diflannu yn y Gwaed i'r bobl hyn y mae'n eu trafod, nid yw wedi dechrau o ddifri ar ei daith academaidd.

Bydd y darllenydd yn sylwi nad Geraint ei hun sydd wedi dethol, na chwaith sy'n cyflwyno'r ysgrifau (a'r cerddi) hyn. Yn wir, yr wyf yn gwbl siŵr, pe gadewid y dasg iddo ef, na welai reswm dros eu casglu at ei gilydd byth. Ac y mae hyn yn dweud rhywbeth amdano. Bydd hefyd lawer o'i ysgrifau dysgedig yn yr ail gyfrol yn dechrau drwy dalu teyrnged a diolch helaeth i'r ysgolheigion eraill a lefarodd yn y maes dan sylw ar y pryd, y rhai y mae ef yn ddyledus iddynt. Ac y mae hyn drachefn yn datguddio rhywbeth amdano: yr un peth yn wir... Ei wyleidd-dra.

Gwaith llafar yw'r rhan fwyaf – o lawer – o'r gyfrol gyntaf, a llafar yw llawer o'r holl weithgaredd hyd yn oed yn yr ail gyfrol gan hwn, yr hoff-usaf o'n hysgolheigion. Adlewyrcha hyn ei ymrwymiad yn y gymuned Gymraeg a'i ymdeimlad o'i ddyletswydd fel gŵr llên i fod yn rhan o'i gyfnod ac i wasanaethu'r bobl yn ymarferol. Gŵr encilgar yw a fyn fod i lawr yn yr arena.

Bu'r daith i'r plentyn bychan hwnnw o Egryn gynt hyd at y fan yma heddiw yn un werthfawr i Gymru. Ond wedi darllen y casgliad cadarn hwn, gobeithio y bydd llawer un yn gallu canu gyda T. H. Parry-Williams yn ei gerdd '1904':

> Cariadon y Crist a glewion yr Ysbryd Glân
> Yn gweled yng 'ngolau Egryn' eu Duw yn dân.

Gair o ddiolch
gan R. Geraint Gruffydd

Fel cynigion ar ysgrifennu newyddiaduraeth y bwriadwyd y darnau canlynol, gan un nad yw'n newyddiadurwr (er ei fod yn parchu'r proffesiwn hwnnw yn fawr). Fy nghyfeillion Mr John Emyr a'r Dr E. Wyn James a dybiodd fod ynddynt ddeunydd cyfrol, ac yr wyf yn ddiolchgar iawn iddynt am eu hynawsedd – a'u hysbryd anturus! Yn ogystal fe ymgymerodd Dr James â'r dasg drom o ddethol a golygu'r cyfan, a'r Dr Gethin Rhys yntau â'i ailgysodi. Braint oedd cael artist o safon Rhiain Davies i ddylunio'r clawr a'r gyfrol. Y mae portread yr Athro R. M. Jones ohonof mor garedig ag i beri imi lwyr wyleiddio; ac y mae cyflwyniad y gyfrol yn coffáu hen gymrodoriaeth yr wyf yn ddyledus iawn iddi. Eithr erys fy nyled bennaf i'm gwraig a'm plant.

1. Egryn, ger Tal-y-bont, Ardudwy

2. Pwllpeiran, Cwmystwyth, Ceredigion

3. R. Geraint Gruffydd yn ystod ei ddyddiau ysgol

4. Dosbarth Anrhydedd Adran Gymraeg Coleg Bangor, 1946–47. *Yn sefyll:* Olwen Williams, T. E. Jones, Rona Jones, W. J. Davies, Joan Williams, Llinos M. Williams, Gwynedd O. Pierce, Winifred Roberts, Aled Hughes, Elfyn Jenkins, R. Geraint Gruffydd. *Yn eistedd:* Yr Athro Ifor Williams, Mary Lloyd.

5. Encil Undeb Cristnogol Coleg Bangor ym Mhlas-y-nant, Betws Garmon, Ionawr 1948. *Rhes gefn:* Mair E. Humphreys, Arthur W. Williams, Brian Holding, Gwilym Humphreys, William Crimmin, Kurt Mayer, Eirian Williams. *Rhes ganol:* Gwylfa Davies, Eirwen Pritchard, T. Arthur Pritchard, Emily Roberts, J. Elwyn Davies, June Maxwell, John Jackson. *Rhes flaen:* Glanville Price, Bryn Davies, Joan (merch Plas-y-nant), Harold Jones, R. Geraint Gruffydd.

6. Emyr Roberts

7. Jean Vanauken

8. Cwmni pabell gyntaf *Y Cylchgrawn Efengylaidd* yn Eisteddfod Genedlaethol Dolgellau, 1949. *Yn sefyll:* Gwylfa Davies, Ifor Williams, Rina Jones, Arthur W. Williams, Joyce Davies, William Crimmin, Nancy Perrot, Gwilym Humphreys, Morwen Thomas, Beth Williams, Geraint Morgan, Emlyn Jones, Harold Jones. *Yn eistedd:* J. Elwyn Davies, Mwynwen Edwards, Emily Roberts, Megan Walters, R. Geraint Gruffydd.

9. R. Tudur Jones

10. R. Geraint Gruffydd gyda'i gyfeillion Mair a Gwyn Walters. Yr oedd Dr Gwyn Walters, a fu farw yn 1993, yn amlwg yn nechreuadau Mudiad Efengylaidd Cymru. Bu'n dysgu yn Athrofa Ddiwinyddol Gordon-Conwell, Massachusetts, am 36 o flynyddoedd.

11. Priodas Geraint a Luned Gruffydd, 1953. *O'r chwith i'r dde:* Mr a Mrs Moses Griffith, Gaius Davies, William Crimmin, Geraint a Luned Gruffydd, Gwilym Humphreys, Meinir Griffith, Mr a Mrs John Roberts. *(Llun: Robin Griffith.)*

12. Dosbarth Anrhydedd
Adran Gymraeg Coleg
Aberystwyth, 1971.
Rhes flaen:
J. R. F. Piette,
E. G. Millward,
D. J. Bowen,
R. Geraint Gruffydd,
R. M. (Bobi) Jones,
Brynley F. Roberts,
Derec Llwyd Morgan.

13. Pedwar Llyfrgellydd Cenedlaethol: David Jenkins, Thomas Parry, E. D. Jones, R. Geraint Gruffydd. *(Trwy ganiatâd Llyfrgell Genedlaethol Cymru.)*

14. F. W. Ratcliffe (Llyfrgell John Rylands, Manceinion) ac R. Geraint Gruffydd gyda Llyfr Gweddi Cymraeg 1567, a roddwyd ar fenthyg i Lyfrgell Genedlaethol Cymru yn 1980. *(Trwy ganiatâd Llyfrgell Genedlaethol Cymru.)*

15. Saunders Lewis, Catrin Daniel a J. E. Daniel yn 1942.
(Trwy ganiatâd Mair Saunders a Chyngor Celfyddydau Cymru.)

16. Luned a Geraint Gruffydd.
(Trwy ganiatâd Marian Delyth a Chyngor Celfyddydau Cymru.)

1

Y Ffydd
a roddwyd

Pwy yw Duw?

Cyfres o bum sgwrs a ddarlledwyd ar y rhaglen foreol
'Munud i Feddwl' ar BBC Radio Cymru yn 1980,
ac a gyhoeddwyd yn *Y Cylchgrawn Efengylaidd* yn 1981

1. Mae Duw'n bod

Fe hoffwn edrych yn frysiog ar yr hyn y mae'r Testament Newydd yn ei ddweud ydyw Duw. Nid yr hyn y mae'n ei ddweud *am* Dduw – fe gymerai hynny gyfrolau – ond yr hyn y mae'n ei ddweud ydyw Ef. A'r man cychwyn, wrth gwrs, yw'r ffaith fod y Testament Newydd yn cymryd yn ganiataol *fod* Duw yn bod, ac yn cymryd yn ganiataol hefyd fod pawb call yn gallu gweld hynny. Digon hawdd iddynt hwy'r adeg honno, meddech chwi, pan oedd pawb yn credu mewn rhyw fath o dduw neu dduwiau sut bynnag. Ond y mae'n wahanol iawn yn ein hamser ni pan yw gwyddoniaeth wedi dangos y gall fod y bydysawd a'r byd a bywyd a dyn ei hun, y cwbl yn gynnyrch siawns.

Wel, y mae'n berffaith wir y gellir defnyddio rhai o gasgliadau gwyddoniaeth – er mai pethau digon amodol ydyw'r rheini – i gynnig esboniad gwahanol ar bethau rhagor na'r esboniad Cristnogol, ond yn bôn mater o ddewis personol ydyw hynny. Pan ystyriwch ryfeddod y bydysawd, pan ystyriwch ryfeddod bywyd sy'n cyrraedd ei anterth ym mywyd dyn, fe ellwch yn hawdd iawn ofyn y cwestiwn sut y gallai neb call ddod i'r casgliad fod hyn oll yn gynnyrch siawns. Ac wrth feddwl ymhellach am faint anhygoel y cread hwn a'i oed annirnad – 14,000 o filiynau o flynyddoedd, yn ôl un amcangyfrif diweddar – fe ellwch ddod i'r casgliad hefyd fod y Crëwr yn un nag ydyw pellter nac amser na chyfyngiadau felly yn cyfrif dim iddo: Un y mae mil o flynyddoedd, neu filiwn o flynyddoedd, neu fil o filiynau o flynyddoedd, yn ei olwg Ef ond fel un dydd, ac un dydd fel mil o flynyddoedd.

Ond nid yw'n ddigon chwaith inni gredu'n syml ym modolaeth y Duw hwn, er mor rhesymol ydyw hynny. Yn ôl y Testament Newydd y mae'n rhaid inni gredu hefyd ei fod â diddordeb personol, gweithredol a chariadus ymhob un o'i greaduriaid. A dyfynnu'r Llythyr at yr Hebreaid: 'Rhaid yw i'r neb sydd yn dyfod at Dduw, gredu ei fod Ef, a'i fod yn wobrwywr i'r rhai sydd yn ei geisio Ef.' Neu yng ngeiriau William Williams, Pantycelyn:

> Er dy fod yn uchder nefoedd,
>   Uwch cyrhaeddiad meddwl dyn,
> Eto mae'th greaduriaid lleiaf
>   Yn dy olwg bob yr un:
>   Nid oes meddwl
>   Ond sy'n olau oll o'th flaen.

Duw fel yna ydyw Duw'r Testament Newydd.

2. Ysbryd yw Duw

Yr oeddwn yn sôn y tro diwethaf am y ffaith fod Duw'n bod a'i fod hefyd yn ymddiddori yn ei greaduriaid. Yn yr adran hon a'r tair sy'n dilyn hoffwn ystyried yr hyn a ddywedir ydyw Duw yn y Testament Newydd. A dyma un peth a ddywedir: mai Ysbryd ydyw. 'Ysbryd yw Duw,' meddai Crist wrth y wraig o Samaria yn Efengyl Ioan, ac y mae yna ddigonedd o adnodau eraill yn y Testament Newydd sy'n dweud yr un peth mewn geiriau gwahanol.

Ond beth ydyw ystyr y dywediad? Pan glywn y gair 'ysbryd' yr ydym yn meddwl ar unwaith am straeon am fwganod a phethau diddorol felly, ond nid yw'r rheini gymaint â hynny o help inni yn cyswllt hwn. Yn fyr, yr hyn a feddylir wrth ysbryd yn y Testament Newydd ydyw rhywbeth na ellir ei weld â'r llygad, na ellir yn wir ei ganfod â'r un o'r synhwyrau. Ac un felly ydyw Duw – 'ni welodd neb Dduw erioed', na'i glywed na'i deimlo chwaith. A pheth felly ydyw byd Duw hefyd, lle y mae'r angylion ac ysbrydoedd y rhai cyfiawn yn byw – heb sôn am fyd gelyn Duw a'i ddeiliaid yntau.

Mae Duw a'i fyd felly drwy ddiffiniad y tu hwnt i gyrraedd gwyddoniaeth. Os dywedodd y cosmonawt o Rwsia, Yuri Gagarin, nad oedd wedi gweld Duw yn y gofod, dangos ei anwybodaeth yr oedd. A'r un modd yr arweinydd Sofietaidd, Nikita Khrushchev, pan ychwanegodd gyda'i hiwmor trwm arferol nad oedd Gagarin wedi taro yn erbyn unrhyw angel ar ei deithiau. Mae'n ffaith syn – i mi o leiaf – na fedr anghredinwyr ddeall y peth y maent yn ei anghredu.

Ond os ysbryd ydyw Duw, ac os ydyw hynny'n golygu na all neb ei weld â llygaid y cnawd, sut felly y gall ddod i gysylltiad â dyn, sut y gall fynegi'r diddordeb mewn dyn a'i gyd-greaduriaid y soniais amdano'r tro diwethaf? Wel, y mae ganddo ei ffordd ddirgel ei hun o wneud ei feddwl yn hysbys i ddynion, sef, yn ôl y Beibl, drwy ei Ysbryd. Drwy ei Ysbryd fe all, fel petai, siarad â dynion arbennig a chyfleu ei feddwl drwyddynt. Dynion felly oedd proffwydi'r Hen Destament. Ond fe aeth Duw ymhellach na hynny. Drwy ei Ysbryd daeth yn ddyn yn Iesu o Nasareth. 'Duw, wedi iddo lefaru lawer gwaith a llawer modd gynt wrth y tadau trwy'r proffwydi, yn y dyddiau diwethaf hyn a lefarodd wrthym ni yn ei Fab,' meddai'r Llythyr at yr Hebreaid. Yn y Mab daeth y Duw anweledig yn ddyn gweledig. 'Y neb a'm gwelodd i', meddai Crist, 'a welodd y Tad.' Ac felly y gallodd William Williams, Pantycelyn ddweud, yn y llinell gyntaf fwyaf syfrdanol i emyn y gwn i amdani, 'Anweledig! 'r wy'n dy garu.'

3. Goleuni yw Duw

Yn yr adran gyntaf yr oeddwn yn sôn am fodolaeth Duw, ac yn yr ail adran am Dduw yn ysbryd. Y tro hwn fe hoffwn ystyried dywediad arall am Dduw yn y Testament Newydd, sef ei fod yn oleuni. Yr apostol Ioan sy'n dweud hyn: 'Goleuni yw Duw, ac nid oes ynddo ddim tywyllwch.' Beth ydyw ystyr dywediad fel yna?

Un ystyr yn ddiamau ydyw mai yn Nuw y mae'r gwir – amdano'i hun, am ddyn, am fywyd – a bod popeth sy'n groes iddo yn gelwydd. Wrth droi ato y cawn olwg gywir ar bethau fel y maent. 'Yn dy oleuni di y gwelwn oleuni,' meddai Salm 36. Mae'r olwg hon yn gwneud mwy na goleuo'r meddwl yn unig – yn pen draw y mae'n trawsnewid bywyd yn ogystal. Eto nid dyma ystyr ddyfna'r dywediad fod Duw'n oleuni chwaith.

Ystyr ddyfna'r dywediad ydyw fod Duw'n sanctaidd, neu'n hytrach yn sancteiddrwydd, yn llawn purdeb moesol perffaith, 'yn trigo yn y goleuni ni ellir dyfod ato', chwedl yr apostol Paul. Mwy na hynny, fe'n dysgir ei fod hefyd yn hawlio sancteiddrwydd cyfatebol yn ei greaduriaid: 'Byddwch sanctaidd; canys sanctaidd ydwyf fi.' A chystal inni gofio, gan mai Ef *ydyw* sancteiddrwydd, Ef – ei natur Ef – sy'n penderfynu beth sy'n sanctaidd a beth sy'n ansanctaidd. Os ydyw Ef yn dweud 'Na ladd' ac yna'n ychwanegu fod casáu brawd yn gyfystyr â lladd, yna felly y mae. Os ydyw Ef yn dweud 'Na wna odineb' ac yn ychwanegu fod edrych ar wraig i'w chwennych yn gyfystyr â godineb, yna felly y mae.

Os ystyriwn hyn o ddifrif, buan iawn y down i sylweddoli fod rhyw-beth hanfodol ansanctaidd yn nodweddu ein bywydau i gyd. Yng ngoleuni Duw yr ydym ar unwaith yn ein gweld ein hunain yn dywyll iawn. Ac y mae'r fath groesineb rhwng natur Duw ac ansancteidd-rwydd neu dywyllwch fel ein bod ar unwaith yn teimlo'n wrthodedig, yn wir yn atgas gan Dduw. Meddai'r proffwyd Habacuc, 'Ydwyt lanach dy lygaid nag y gelli edrych ar ddrwg, ac ni elli edrych ar anwiredd.'

Os ydym yn teimlo felly, gwyn ein byd. Oherwydd teimlo felly – nad ydyw'n ddim mwy na dim llai na gweld pethau fel y maent – ydyw dechrau iachâd. Os down at Dduw yng Nghrist, er bod ei oleuni'n dangos fod ein gweithredoedd yn ddrwg, y mae Ef yn siŵr o'n hiacháu. Yng ngeiriau un o emynau cynhara'r eglwys, 'Deffro di yr hwn wyt yn cysgu, a chyfod oddi wrth meirw, a Christ a oleua i ti.'

4. 'Ein Duw ni sydd dân ysol'

Y mae Duw'n bod, y mae Duw'n ysbryd, y mae Duw'n oleuni – dyna dri pheth, fel y gwelsom, a ddywedir am Dduw yn y Testament Newydd. Peth arall a ddywedir amdano ydyw ei fod yn dân. Y Llythyr at yr Hebreaid, gan adleisio Llyfr Deuteronomium, sy'n dweud hyn: 'Ein Duw ni sydd dân ysol.' Mae'r frawddeg honno, gyda llaw, yn ffurfio llinell o gynghanedd eithaf cywrain: dyna pam y mae'n disgyn mor esmwyth ar y glust. Ond, ysywaeth, nid yw ei neges yn esmwyth o gwbl.

Dweud y mae nad rhyw fod digynnwrf, dicra, ydyw Duw, yn edrych ar annhebygrwydd ei greaduriaid iddo'i hun, eu diffyg sancteiddrwydd, eu diystyrwch o'i ddeddfau, ac yn derbyn y cwbl yn fodlon braf heb falio dim am y peth. I'r gwrthwyneb, y mae ei holl natur yn danbaid ac yn derfynol yn erbyn drygioni a phechod o bob math. Dro ar ôl tro yn y Beibl y mae barn Duw ar bechod yn cael ei ddarlunio fel tân, sy'n difa ei holl wrthwynebwyr. 'Yr Arglwydd a ddaw â thân, ac â'i gerbydau fel trowynt, i dalu ei ddicter â llidiowgrwydd, a'i gerydd â fflamau tân,' meddai'r proffwyd Eseia. A dyma'r proffwyd Nahum wedyn: 'Ei lid a dywelltir fel tân.' Ac fe gofiwn i gyd ddisgrifiad Crist yn yr efengylau o drigfan y rhai anghyfiawn wedi dydd y farn fel 'tân tragwyddol'. Nid oes rhyfedd i'r proffwyd Eseia ofyn mewn anobaith: 'Pwy ohonom a drig gyda'r tân ysol? pwy ohonom a breswylia gyda llosgfeydd tragwyddol?'

Cam enbyd â'r datguddiad o Dduw yn y Beibl, a cham enbyd â ni'n hunain hefyd, ydyw anwybyddu'r agwedd hon ar ei gymeriad. Ond nid dyna'r gair olaf amdano chwaith. Oherwydd drwy Iesu Grist fe all tân ei ddicter droi'n dân serch, yn dân sy'n cynhesu ac yn pureiddio

ac yn dyrchafu, heb ddinistrio. A gofiwch chwi beth a sgrifennodd
Blaise Pascal, y mathemategydd mawr o Ffrainc, ar damaid o bapur
a ddarganfuwyd wedi ei wnïo yn ei lawes wedi iddo farw?

> Y trydydd ar hugain o Dachwedd, 1654. O oddeutu hanner awr
> wedi deg y nos hyd tua hanner awr wedi hanner nos. Tân. Duw
> Abraham, Duw Isaac, Duw Jacob. Nid Duw'r athronwyr a'r
> doethion. Sicrwydd llwyr tu hwnt i bob rheswm. Llawenydd.
> Tangnefedd. Anghofio'r byd a phopeth ond Duw. Nid adnabu'r
> byd Dydi, eithr myfi a'th adnabûm. Llawenydd, llawenydd,
> llawenydd. Dagrau o lawenydd.

Neu fel y dywedodd Williams Pantycelyn yn llawn mor gofiadwy:

> 'R wy'n dy garu er nas gwelais;
> Mae dy gariad fel y tân;
> Ni all nwydau cryfa' f'natur
> Sefyll mymryn bach o'th fla'n,
> Fflam angerddol
> Rywbryd ddifa'm sorod yw.

5. 'Duw, cariad yw'

Wedi sôn am fodolaeth Duw, amdano fel ysbryd, fel goleuni
ac fel tân, dyma ni bellach wedi cyrraedd calon y gwirionedd
amdano, sef ei fod yn gariad. Mae'n debyg mai'r adnod
gyntaf a ddysgodd pob un ohonom oedd 'Duw, cariad yw'. Yr apostol
Ioan piau'r geiriau, ond y mae holl ysgrifenwyr y Testament Newydd
yn dweud yr un peth yn eu ffyrdd eu hunain. Eto, er mor gynefin ydyw'r
adnod, y mae'n un hawdd iawn ei chamddehongli, yn enwedig yn ein
dyddiau ni, ac fe all ei chamddehongli fod yn beryglus.

Beth ydyw ystyr dweud fod Duw'n gariad? Yn fyr, y mae'r adnod
yn golygu fod Duw'n ewyllysio daioni pennaf ei holl greaduriaid bob
amser. Wel ardderchog, meddem ni i gyd. Ond arhoswch funud. Nid
yw'r ffaith fod Duw'n gariad yn golygu ei fod yn peidio â bod yn ysbryd

ac yn oleuni ac yn dân, yn peidio â bod yn Fod cwbl sanctaidd sy'n llawn digofaint diderfyn yn erbyn pob drygioni – ac fe wyddom ni i gyd yn ein calonnau fod drygioni'n rhan o'n natur ni bob un. Pa obaith sydd felly y gall cariad Duw ein cyrraedd ni o gwbl? Yr ateb rhyfeddol ydyw fod Iesu Grist, Mab Duw, rywfodd wedi cymryd ein drygioni ni arno'i hun a dwyn ein cosb ni yn ein lle, ac y mae Duw felly'n gallu cynnig cymod inni ynddo Ef heb fradychu ei natur ei hun, yn gallu caru a pharhau'n sanctaidd. Croes Mab Duw sy'n dangos gymaint y carodd Duw'r byd. Ond y mae'n dilyn wedyn mai yn Iesu Grist yn unig y mae Duw'n caru. Y tu allan i Iesu Grist nid oes ond ei sancteiddrwydd a'i ddigofaint ar waith yn difa pob drygioni o'i flaen (er bod ei amynedd yn aml yn atal ei law rhag taro).

I fwynhau cariad Duw felly y mae'n rhaid inni droi at Iesu Grist a gofyn iddo eiriol trosom; rhaid inni ei dderbyn yn Waredwr inni ac yn Arglwydd ein bywyd – hynny ydyw, rhaid inni gymryd ei orchmynion yn rheol ein bywyd a dibynnu ar ei Ysbryd am help i'w cadw. Gan bwyll felly fe ddown nid yn unig i brofi cariad Duw, ond hefyd i'w ddangos i ryw raddau i'r byd o'n cwmpas.

Williams piau'r gair olaf:

> Wel dyma'r cariad sydd yn awr
> Yn curo pob cariadau i lawr,
> Yn llyncu enwau gwael y llawr
>   Oll yn ei enw'i hun:
> O! fflam angerddol gadarn gref
> O dân enynnwyd yn y nef;
> Tragwyddol gariad ydyw ef
>   Wnaeth Duw a minnau'n un .

Pwy yw Iesu Grist?

Cyfres o bum sgwrs a ddarlledwyd ar y rhaglen foreol
'Munud i Feddwl' ar BBC Radio Cymru yn 1984,
ac a gyhoeddwyd yn Y Cylchgrawn Efengylaidd yn 1985

1. Y cwestiwn pwysicaf un

Y mae llawer o gwestiynau yn ein poeni'r dyddiau hyn. 'A ddaw fyth heddwch arhosol i'r byd?' 'A fydd economi'r byd, ac economi'r wlad hon, yn troi ar wella?' 'A fydd modd pontio'r bwlch rhwng y gwledydd tlawd a'r gwledydd cyfoethog?' 'A fydd Cymru'n gallu dod o hyd i drefn wleidyddol a fydd yn gwarchod ei bywyd hi ei hun yn well?' 'A fydd yr iaith Gymraeg byw?' Y mae'r rhain i gyd yn gwestiynau mawr a phwysig, ond fe hoffwn awgrymu fod un cwestiwn mwy a phwysicach na'r rhain, hyd yn oed. A'r cwestiwn hwnnw ydyw, 'Pwy yw Iesu Grist?' Na, nid wyf yn gwamalu. Yr wyf yn credu o ddifrif fod hwn *yn* gwestiwn pwysicach na'r lleill i gyd, a bod yr atebion i'r lleill i raddau yn dibynnu ar ein hateb i hwn. Gadewch imi geisio dweud wrthych pam yr wyf yn credu ei fod yn gwestiwn mor bwysig.

Yn y lle cyntaf, yn ôl y Testament Newydd, ar y ffordd yr ydym yn ateb y cwestiwn hwn y mae ein tynged dragwyddol yn dibynnu, hynny yw, sut y bydd hi arnom nid yn unig yn y bywyd hwn ond am byth. Nid wyf am geisio ymhelaethu ar y pwynt hwnnw, dim ond ei nodi.

Yn yr ail le, unwaith eto yn ôl y Testament Newydd, y ffordd yr ydym yn ateb y cwestiwn 'Pwy yw Iesu Grist?' a fydd yn penderfynu sut siâp fydd ar ein byw. Hyd yn oed os atebwn y cwestiwn yn gywir y mae'n bosibl na fydd dim llawer o siâp, ond fe fydd y siâp hwnnw'n wahanol ac yn well na'r fel y byddai petaem wedi ateb y cwestiwn yn anghywir (neu – sy'n golygu'r un peth – wedi ceisio osgoi ei ateb yn gyfan gwbl).

Yn drydydd, os bydd digon o bobl mewn gwlad yn wynebu'r cwestiwn hwnnw ac yn ei ateb yn gywir, y mae tynged y wlad honno'n newid ac fel canlyniad y mae hanes y byd i gyd yn newid i ryw raddau. Peidiwch â'm camddeall. Nid dweud yr wyf fod gwlad â llawer o Gristnogion ynddi yn rhyw fath o Iwtopia – y mae hanes yn dangos yn wahanol, a beth bynnag nid oes yr un Iwtopia ar fap y byd hwn. Y cwbl yr wyf yn ei ddweud ydyw fod gan wlad â llawer o Gristnogion ynddi siawns i fod yn lle gwahanol a gwell na gwlad lle nad ydyw'r ffydd Gristnogol yn cyfrif fawr ddim.

Fe ddylwn ymhelaethu ar bob un o'r cwestiynau hynny mewn gwirionedd, ond nid oes amser. Efallai, fodd bynnag, fy mod wedi dweud digon i awgrymu pam y mae'r cwestiwn 'Pwy yw Iesu Grist?' mor dyngedfennol bwysig. Y tro nesaf, fe hoffwn ddechrau meddwl am rai atebion i'r cwestiwn.

2. 'Hwn yw fy Mab'

Y tro diwethaf yr oeddwn yn ceisio dweud pam yr oeddwn yn ystyried fod y cwestiwn 'Pwy yw Iesu Grist?' mor anhraethol bwysig. Y tro hwn fe hoffwn ddechrau meddwl am rai ffyrdd o ateb y cwestiwn yna. Yn rhyfedd iawn, yr unig ddau dro yn y tair Efengyl gyntaf lle y dywedir fod Duw ei hun yn siarad, ateb y cwestiwn hwnnw y mae. Y tro cyntaf oedd adeg bedydd Crist gan Ioan Fedyddiwr yn afon Iorddonen: pan ddaeth Crist i fyny o'r dŵr fe welodd y nefoedd yn agor a'r Ysbryd Glân yn disgyn arno fel colomen ac fe glywodd y geiriau, 'Ti yw fy Mab, yr Anwylyd; ynot ti yr wyf yn ymhyfrydu.' Yr ail dro oedd ar Fynydd y Gweddnewidiad, sef yn ôl pob tebyg Mynydd Hermon. Yr oedd tri disgybl – Pedr, Iago ac Ioan – gyda Christ, ac yn ôl y stori fe'u gwelsant Ef yn siarad â Moses ac

Elias a chlywed llais yn dweud wrthynt o'r cwmwl, 'Hwn yw fy Mab, yr Anwylyd' – yr un geiriau, fel y cofiwch, ag a lefarwyd adeg y Bedydd, ond y tro hwn gydag ychwanegiad: 'Hwn yw fy Mab, yr Anwylyd: gwrandewch arno.' Yn ôl awduron y tair Efengyl gyntaf felly, fe ddywedodd Duw ddwywaith pwy oedd Iesu Grist, sef ei Fab ei hun yr oedd yn ymhyfrydu ynddo; a'r ail waith fe ychwanegodd anogaeth neu orchymyn i'w ddisgyblion i wrando arno.

Y mae hyn yn f'atgoffa ar unwaith am stori yn Efengyl Luc am Fair a Martha. Pan ddaeth Crist i'w tŷ, eisteddodd Mair wrth ei draed – arwydd ei bod yn fodlon cymryd ei dysgu ganddo – a gwrando ar yr hyn a oedd ganddo i'w ddweud. Pan brotestiodd Martha, ateb Crist oedd mai un peth yn unig a oedd yn gwbl angenrheidiol, sef yr hyn yr oedd Mair yn ei wneud: ei gymryd yn athro a gwrando arno.

Yng ngweddill y gyfres hon, felly, fe glustfeiniwn ar rai o'r pethau a ddywedodd Crist amdano'i hun. Drwy ddamhegion a darluniau yr oedd yn hoffi llefaru, wrth gwrs, ac y mae arnom angen help mwy na help dynol i ddeall ei eiriau'n iawn, ni waeth pa mor alluog ydym. Un peth sy'n fy nharo bob amser wrth ddarllen y tair Efengyl gyntaf: yr oedd yr angylion yn gwybod yn iawn pwy oedd Crist; yr oedd yr ysbrydion drwg hefyd yn gwybod yn iawn pwy oedd; ond nid oedd dynion yn gwybod. A phan fentrodd Pedr yng Nghesarea Philipi yngan y geiriau tyngedfennol 'Ti yw'r Meseia, Mab y Duw byw', ateb Crist oedd nad cig a gwaed a oedd wedi datguddio hynny i Bedr, 'ond fy Nhad, sydd yn y nefoedd'. Wyneb yn wyneb â'r cwestiwn 'Pwy yw Crist?' y mae arnom i gyd angen yr un help ag a gafodd Pedr.

3. Y Ffordd

Hyd yma yr wyf wedi ceisio dweud pam yr wyf yn meddwl fod 'Pwy yw Iesu Grist?' yn gwestiwn mor bwysig, a hefyd wedi nodi'r ffaith fod awduron y tair Efengyl gyntaf yn dweud fod

Duw ei hun wedi tystio'n glywadwy mai Crist oedd ei Fab annwyl ac wedi annog y disgyblion i wrando arno. Beth sydd gan Grist ei hun, felly, i'w ddweud am yr hyn ydyw? Y gosodiad mwyaf cryno, efallai, ydyw hwnnw ar ddechrau'r araith fawr yn Efengyl Ioan lle y mae Crist yn ceisio paratoi'i ddisgyblion ar gyfer ei ymadawiad o'r byd hwn. 'Myfi', meddai, 'yw'r ffordd a'r gwirionedd a'r bywyd.' Fe rydd y dywediad hwnnw lawn digon inni i feddwl amdano weddill y gyfres hon!

Pam y galwodd Crist ei hun yn ffordd? Y mae'n mynd ymlaen i egluro pam ar unwaith: 'Nid yw neb yn dod at y Tad ond trwof fi.' Dweud yr un peth yr oedd, mewn dull ychydig yn wahanol, pan alwodd ei hun yn ddrws y defaid, ac yn wir yn fugail da'r defaid hefyd. Nid oes yr un ffordd i ddyn ddod at Dduw ond trwy Grist. Heb Grist, y mae agendor rhwng dyn a Duw na all dyn mo'i bontio. Y rheswm am yr agendor ydyw fod dyn, pob dyn, wedi gwrthryfela yn erbyn Duw a chan hynny wedi ei gau ei hun i ffwrdd oddi wrth Dduw. A chan mai Duw ydyw ffynhonnell pob bywyd a daioni a gwirionedd a harddwch a hyfrydwch, fe welwch mai canlyniad cau dyn i ffwrdd oddi wrth Dduw ydyw marwolaeth a cholled dragwyddol. Ond – a dyma ydyw'r efengyl Gristnogol – y mae Crist wedi ei gwneud yn bosibl inni ddod unwaith eto at Dduw, y mae'n ei gynnig ei hun inni fel ffordd at Dduw.

Fe wnaeth hynny yn y bôn, drwy farw yn ein lle, drwy gymryd arno'i hun y farwolaeth a oedd yn ddyledus i ni ar gyfrif ein gwrthryfel yn erbyn Duw. Oherwydd i Grist farw, y mae cymod yn bosibl rhwng Duw a dyn. Bellach, dim ond inni ymwrthod â'r gwrthryfel a throi'n ffyddiog ato Ef, fe wna Ef ein dwyn at y Tad. Fel y gorweddodd Bendigeidfran ar draws afon Llinon yn Iwerddon yn stori Branwen er mwyn i'w filwyr allu ei ddefnyddio fel pont, fe orweddodd Crist ar draws yr agendor sy'n gwahanu Duw a dyn er mwyn i ddynion gael cerdded drosto at Dduw. Dyna efallai ystyr ddyfnaf dywediad Crist mai Ef oedd y ffordd.

4. Y Gwirionedd

'Myfi yw'r ffordd a'r gwirionedd a'r bywyd.' Dyna a ddywedodd Iesu Grist amdano'i hun yn Efengyl Ioan. Fe fuom yn ceisio dyfalu y tro diwethaf beth oedd ym meddwl Crist pan alwodd ei hun yn ffordd. Y tro hwn fe ystyriwn yr ail derm a ddefnyddiodd, sef gwirionedd. Beth yn y byd mawr yr oedd Crist yn ei olygu pan ddywedodd, 'Myfi yw'r gwirionedd'?

Fe fyddwn yn arfer dweud fod dywediad neu osodiad yn wir, ond ni fyddwn yn arfer dweud fod *person* yn wir. Yn y cyswllt hwn fe all fod yn help inni gofio fod Crist hefyd wedi sôn amdano'i hun – dair gwaith i gyd – fel goleuni'r byd, a bod y goleuni hwnnw'n disgleirio mewn tywyllwch. Wrth ddweud mai Ef ydyw'r gwirionedd, hawlio y mae ei fod yn personoli neu'n corffoli y gwirionedd terfynol am Dduw ei hun, a hefyd ei fod yn datguddio'r gwirionedd hwnnw. 'Y mae'r sawl sydd wedi fy ngweld i wedi gweld y Tad,' meddai ychydig yn ddiweddarach. Ac y mae gwirionedd Duw yn groes i wirionedd dyn, hynny ydyw, ffordd dyn o feddwl yn naturiol am Dduw a'i bethau: y ffordd honno ydyw'r tywyllwch y mae goleuni Crist yn disgleirio ynddo. Y rheswm am y croesineb hwn ydyw'r agendor a'r dieithrwch rhwng Duw a dyn yr oeddwn yn sôn amdanynt y tro diwethaf.

Yr ydym yn nofio mewn dyfroedd dyfnion yma! Ond y mae'n holl bwysig inni sylweddoli fod gwirionedd Duw amdano'i hun yn groes i wirionedd dyn am Dduw. Ac y mae gan ddyn allu dihysbydd i'w amddiffyn ei hun yn erbyn gwirionedd Duw. Un ffordd sydd ganddo o'i amddiffyn ei hun ydyw gwadu bodolaeth Duw ar sail rhyw wyddoniaeth neu athroniaeth neu'i gilydd – er bod llawn cymaint ar gyfartaledd o wyddonwyr galluog yn Gristnogion ag sydd o unrhyw garfan arall o'r boblogaeth, a llawn cymaint o athronwyr galluog hefyd, sydd efallai yn fwy arwyddocaol. Ffordd arall, fwy cyfrwys, sydd gan ddyn o'i amddiffyn ei hun yn erbyn gwirionedd Duw yng Nghrist ydyw drwy wyrdroi'r gwirionedd hwnnw, dewis a gwrthod rhannau ohono, ei newid fel ei fod yn fwy tebyg i'r hyn y mae dyn yn naturiol yn hoffi'i gredu. Y mae'r ddwy ffordd mor ddinistriol â'i gilydd. Yr unig ffordd waredigol ydyw cydnabod y gwyriad meddyliol sydd ynom a gwrando, clustfeinio ar y gwirionedd y mae Crist yn ei gorffori ac yn ei gyfleu; gan weddïo y cawn ninnau, fel Simon Pedr yng Nghesarea Philipi, ddod i sylweddoli pwy ydyw mewn gwirionedd.

5. Y Bywyd

'Y ffordd a'r gwirionedd a'r bywyd.' Dyna oedd Crist, meddai Ef amdano'i hun. Y tro hwn yr ydym wedi cyrraedd yr olaf o'r termau hyn: bywyd. 'Myfi yw'r bywyd.' Beth ydyw synnwyr dweud peth felly?

Nid sôn am fywyd y corff y mae yn gymaint ag am fywyd yr ysbryd. Wrth gael eu torri i ffwrdd oddi wrth Dduw drwy eu gwrthryfel (fel yr oeddem yn sôn wrth feddwl am Grist fel y ffordd), y mae dynion wedi colli bywyd yr ysbryd. O ran eu hysbrydoedd y maent yn farw. Nid yw marwolaeth y corff ond fel petai'n amlygu marwolaeth yr ysbryd. Ond un o'r pethau pwysicaf ynglŷn â Duw ydyw ei fod yn fyw, ac y mae'r un peth yn wir am Fab Duw, Iesu Grist. Yn wir, y mae Ioan yn dweud amdano fod ganddo yntau, fel ei Dad, fywyd ynddo'i hun a'i fod yn gallu rhoi bywyd i'r sawl a fyn. Pan fu Crist farw drosom, nid oedd modd i farwolaeth ei gadw'n gaeth ac ymhen tridiau yr oedd wedi codi'n fyw o'i fedd. A'r un modd fe all roi ei fywyd ei hun i bob un ohonom, ein gwaredu ni bob un o'r farwolaeth ysbrydol y'n ganwyd iddi.

'Sut y gall peth felly ddigwydd?', meddech. Fe all ddigwydd – fe wna ddigwydd – pan fyddwn yn gwrando ar eiriau Crist ac yn eu credu. 'Y mae'r sawl sy'n gwrando ar fy ngair i ac yn credu'r hwn a'm hanfonodd i yn meddu ar fywyd tragwyddol.' Bywyd ydyw hwn nad yw marwolaeth y corff yn mennu dim arno, bywyd sy'n cael ei nodweddu – neu a ddylai gael ei nodweddu – gan gariad a chan

lawenydd. Yr wyf yn dweud 'a ddylai gael ei nodweddu' oherwydd fy
mod yn ymwybodol iawn mor ddiffygiol ydyw'r gorau o ddilynwyr
Crist wrth ddangos a mynegi'r bywyd hwnnw. Ond nid yw'r diffyg yn
newid dim ar y ffaith fod y bywyd yn eu meddiant.

'Myfi yw'r ffordd a'r gwirionedd a'r bywyd.' 'Hwn yw fy Mab, yr
Anwylyd; gwrandewch arno.' Nid rhyw eiriau diystyr o gyfnod pell yn
ôl ydyw'r rhai yna. Y maent mor llawn o rym heddiw ag a fuont erioed,
dim ond i ni roi cyfle iddynt. Y peth hanfodol ydyw ein bod ni, fel
Mair, yn fodlon eistedd wrth draed Crist a chymryd ein dysgu ganddo,
gwrando ar ei eiriau. Os gwnawn hynny, y mae gobaith inni. Heb
hynny, nid oes dim gobaith. Ganddo Ef y mae geiriau'r bywyd trag-
wyddol, a chan neb arall, heddiw fel erioed.

Yr Ysbryd Glân

Cyfres o bum sgwrs a ddarlledwyd ar y rhaglen foreol
'Munud i Feddwl' ar BBC Radio Cymru yn 1986,
ac a gyhoeddwyd yn *Y Cylchgrawn Efengylaidd* yn 1986–87

1. Bywyd a goleuni

Fe hoffwn sôn ychydig am yr Ysbryd Glân, er fy mod yn sylweddoli y byddai'n anodd cael neb llai cymwys i sôn amdano. Erbyn hyn y mae carfanau pur niferus yn yr eglwys yn rhoi cryn sylw i'r Ysbryd Glân a'i waith, ond y tu allan i'r carfanau hyn cymharol ychydig a glywir amdano o hyd. Ac eto yr Ysbryd Glân a elwir yng Nghredo Nicea – un o gredoau sylfaenol yr eglwys – yn Arglwydd a Bywiawdwr, hynny yw, rhoddwr bywyd, ac y mae'r disgrifiad hwnnw ynddo'i hun yn ddigon i beri inni sefyll ac ystyried. Peth arall, y mae'r Arglwydd Iesu Grist ei hun yn dweud fod maddeuant ar gyfer pob cabledd a phechod a gyflawnir gan ddynion ond un: nid oes maddeuant i'r sawl sy'n cablu yn erbyn yr Ysbryd Glân – ac os oes unrhyw beth a ddylai ein sobri i gymryd yr Ysbryd Glân o ddifrif, hwn'na ydyw.

Fe gofiwch i Ann Griffiths gyfaddef unwaith ei bod yn 'meddwl am Berson y Tad a'r Mab yn ogyfuwch; ond am Berson yr Ysbryd Glân, ei olygu fel swyddog islaw iddynt', ac wrth wneud hynny fe roddodd ei bys ar duedd sy'n demtasiwn inni i gyd.

Pam y duedd hon, ynteu, i anwybyddu neu iselhau'r Ysbryd Glân yn ein meddwl? Yn rhyfedd iawn, y mae rheswm da dros y duedd. Mae'n hollol amlwg wrth y Testament Newydd fod yr Ysbryd Glân yn berson dwyfol, gogyfuwch â'r Tad a'r Mab (a defnyddio termau Ann Griffiths a Chredo Athanasius). Ond y mae'r un mor amlwg mai ei swyddogaeth ydyw, nid tynnu sylw ato'i hun ond yn hytrach gyfeirio sylw at Grist. Gweithredu fel llifolau, fel y sgrifennodd cyfaill imi un tro, a'r llifolau hwnnw wedi ei gyfeirio at Grist. Neu yng ngeiriau gwell yr apostol Ioan, y mae'r Ysbryd Glân yn cymryd o'r hyn sy'n eiddo i Grist ac yn ei fynegi i ni.

O hyn ymlaen yn y gyfres hon, felly, yn lle gofyn cwestiynau di-winyddol astrus am berson yr Ysbryd Glân, fe ystyriwn yn hytrach yr hyn y mae'r Ysbryd Glân yn ei wneud, ac yn arbennig y gwahaniaeth tyngedfennol y gall ei beri yn ein bywydau ni bob un.

2. Gwaith yr Ysbryd

Yr ydym am sôn ychydig y tro hwn, hyd y gallwn, am waith yr Ysbryd Glân. Beth y mae'r Ysbryd Glân yn ei wneud? Un peth y mae'n ei wneud, a pheth pwysig iawn hefyd, ydyw peri ein bod yn anfodlon arnom ni ein hunain. Ffordd y Testament Newydd o fynegi hyn ydyw dweud fod yr Ysbryd Glân yn argyhoeddi'r byd ynglŷn â phechod a chyfiawnder a barn.

Y gwir ydyw ein bod ni wrth natur yn wrthwynebus i'r ffordd a ordeiniodd Duw ar ein cyfer – dyna pam y mae'n cymdeithas ni a'r byd yn gyfan yn y fath stad druenus – ond ein bod ni'r un pryd yn amharod iawn i gydnabod hynny. Fe all yr Ysbryd Glân, yn sydyn neu'n raddol, danseilio'r amharodrwydd hwnnw a gwneud inni ddechrau anesmwytho ynglŷn â'n cyflwr. Pan ddigwydd hynny, ein hymateb greddfol ydyw ceisio'n hamddiffyn ein hunain yn erbyn yr wybodaeth newydd anghysurus hon a chodi pob math o ragfuriau yn ei herbyn – yr hyn y mae'r Testament Newydd yn ei alw'n geisio ein cyfiawnder ni'n hunain.

Fe all y rhagfuriau hyn gynnwys pethau mor amrywiol ag ymbleseru gwyllt, ymroi i waith yn ddiarbed, ymgolli mewn gweithredoedd da o bob math ac yn anad dim efallai, grefydda diwyd. Ond y mae gan yr Ysbryd Glân y gallu i dwnelu dan yr holl ragfuriau a pheri iddynt gwympo, peri inni orfod ein hwynebu ein hunain yn ein holl hagrwch a chael cipolwg arnom ein hunain fel y mae Duw yn ein gweld.

Er mor annymunol – ac ingol weithiau – ydyw'r profiad hwnnw, y mae'n gam cyntaf angenrheidiol tuag at iachawdwriaeth, hynny yw, tuag at ailennill iechyd ysbrydol. A gwaith yr Ysbryd Glân ydyw, gwaith na all neb ond yr Ysbryd Glân ei wneud.

3. Agor llygaid y meddwl

Ceisio sôn yr ydym am yr Ysbryd Glân a'i waith – tipyn o gontract, a dweud y lleiaf! Fe welsom eisoes mai rhan o waith yr Ysbryd Glân oedd gwneud inni fod yn anfodlon arnom ni ein hunain, agor ein llygaid i'n gweld ein hunain fel yr ydym mewn gwirionedd. Yn awr fe hoffwn ddweud gair am ran arall o'i waith, sydd eto'n golygu agor ein llygaid, ond y tro hwn agor llygaid ein meddwl.

Y gwir ydyw fod ein meddyliau yn naturiol yn ddall i wirionedd Duw. Mae bodolaeth Duw yn broblem inni. Mae ei waith yn creu a llywodraethu'r byd yn fwy o broblem fyth. Ond y broblem fwyaf oll ydyw'r efengyl ei hun, sef y cyhoeddiad fod Duw wedi caru'r byd gwrthryfelgar gymaint fel y bu iddo anfon ei unig Fab i ddod yn ddyn a marw er mwyn prynu dynion o farwolaeth dragwyddol, sef canlyniad eu gwrthryfel. I'r meddwl naturiol y mae hyn yn nonsens pur. Ffordd yr apostol Paul o ddisgrifio'r peth ydyw dweud fod llen neu orchudd yn gorwedd ar feddwl pobl wrth glywed y Beibl fel na allant ddirnad yr efengyl, pa mor alluog bynnag ydynt. (Yn wir, yn y cyswllt hwn fe all gallu meddyliol fod yn rhwystr, gan ei fod yn magu balchder.)

Ond fe all yr Ysbryd Glân dynnu ymaith y gorchudd a pheri ein bod yn gweld ac yn deall trefn Duw ar gyfer ein cadw: gweld, er gwaethed ein cyflwr, fod aberth Iesu Grist yn ddigon i'n cymodi â Duw, i'n codi o'r pydew erchyll yr ydym wedi syrthio iddo, i osod ein traed ar graig ac i hwylio ein cerddediad, chwedl y Salmydd. Gwaith yr Ysbryd ydyw hyn, meddai Paul, a rhan bwysig o'i waith hefyd: agor llygaid y meddwl, symud ymaith y gorchudd ar y deall, galluogi dyn i weld am y tro cyntaf pwy ydyw Iesu Grist – gweld yn glir am y tro cyntaf.

4. Credu o'r galon

Fel y gwelsom y tro diwethaf a'r tro cynt, dau beth y mae'r Ysbryd Glân yn ei wneud ydyw peri inni fod yn anfodlon arnom ni'n hunain a hefyd oleuo'n meddwl i weld pwy ydyw Iesu Grist – y gweld pwysicaf a ddaw i ran yr un ohonom fyth. Ond nid ydyw gweld pwy ydyw Iesu Grist yn ddigon i'n cadw; nid ydyw'n ddigon i achosi'r tro tyngedfennol yn ein bywydau. Mae'n rhaid inni hefyd allu credu ynddo Ef fel Ceidwad ac fel Arglwydd i ni'n bersonol. Ystyr hynny ydyw ein bod yn ymddiried – yn trystio – fod y gwaith a wnaeth ar y groes yn ddigonol i symud pob rhwystr ar y ffordd rhyngom ni a Duw, yn ddigon i ennill inni faddeuant llawn a rhad; a hefyd ein bod yn bodloni i ufuddhau i'w ddymuniadau Ef ar ein cyfer, fel y mae'r rheini'n cael eu dangos inni'n ddigon eglur yn yr Efengylau a thrwy'r Epistolau. Os deuwn i ymddiried ac ufuddhau fel hyn fe fydd ein crefydd wedi esgyn o'n dealltwriaeth ac i'n calonnau, chwedl William Williams o Bantycelyn: fe fydd y cyfnewidiad mawr wedi digwydd.

Ond – a dyma'r pwynt yr wyf yn dod ato – ni ddeuwn byth yn dragwyddol i ymddiried ac ufuddhau fel hyn yn ein nerth ni ein hunain, yn syml drwy ewyllysio gwneud hynny. Na, i gredu yng Nghrist o'r galon y mae'n rhaid wrth yr Ysbryd Glân. Fel y dywedodd yr apostol Paul unwaith (er mewn cyswllt ychydig bach yn wahanol), ni all neb ddweud 'Yr Iesu yw'r Arglwydd' neu 'Yr Arglwydd Iesu' yn ei galon ac o'i galon, ond trwy'r Ysbryd Glân. Yr ydym yn dechrau gweld, felly, mor gwbl ddibynnol yr ydym ar y Person dwyfol rhyfedd ac encilgar hwn, mor gwbl ddibynnol am bopeth sydd o bwys inni yn pen draw. Y mae gweddi Rowland Fychan o Gaer-gai, 'Tyrd, Ysbryd Glân, i'n c'lonnau ni, / A dod d'oleuni nefol', yn gwbl berthnasol i bob un ohonom.

5. Bywyd newydd nefol

Yn y pedair llith flaenorol buom yn ceisio meddwl ychydig am yr Ysbryd Glân a'i waith. Fe welsom fod yr Ysbryd Glân yn datguddio'n cyflwr anghenus inni; yn dangos inni pwy ydyw Iesu Grist a sut y gall Ef gyfarfod â'n hangen; yn ein galluogi hefyd i gredu o'r galon yn Iesu Grist a thrwy hynny gyflawni'n hanghenion dyfnaf, ein hangen am faddeuant ac am gychwyn newydd i'n bywydau. Ond y mae gwaith yr Ysbryd Glân yn mynd ymhellach na hyn, hyd yn oed.

Pan fydd person yn credu fel yna – o'r galon – yn Iesu Grist, fe ddigwydd iddo'r hyn y mae'r Testament Newydd yn ei alw'n ailenedigaeth. Y mae bywyd newydd, bywyd ysbrydol, yn cael ei eni ynghanol ei hen fywyd naturiol. Yr Ysbryd Glân sydd yn rhoi'r bywyd hwn, ac yn wir, Ef ydyw'r bywyd. O hynny ymlaen fe fydd yn bresennol ym mywyd y crediniwr yn dysgu, yn cyfarwyddo, yn ysgogi, yn rhybuddio, yn ceryddu, yn calonogi. Dyna ran o'r hyn a olygai'r Arglwydd Iesu Grist yn Efengyl Ioan wrth alw'r Ysbryd Glân yn Ddiddanydd; rhan arall o'r hyn a olygai ydyw fod yr Ysbryd Glân yn gweddïo ynom a thrwom, yn dadlau'n hachos, fel petai, gerbron Duw.

Weithiau y mae'n gwneud ei bresenoldeb yn hysbys gyda sicrwydd a llawenydd mawr, sy'n ymylu ar ecstasi. Dro arall y mae fel petai'n cilio, yn aml (er nad bob amser) oherwydd ein hanufudd-dod a'n diffyg ymateb ni; mae'r Testament Newydd, wedi'r cwbl, yn sôn am dristáu'r Ysbryd a hyd yn oed am ddiffodd yr Ysbryd. Ond trwy'r cwbl y mae'n dwyn ei waith i ben, a'i waith yn y pen draw ydyw ein cael yn debycach i'r Arglwydd Iesu Grist, ein cael i fyw bywyd nad ydyw'n gwbl estron i fywyd y nefoedd ei hun.

Mae dweud hyn ynddo'i hun yn ddigon i ddangos mai gwaith goruwchnaturiol ydyw hyn, a gwaith sy'n llwyr y tu hwnt i'n gallu ni i'w gyflawni. Ond fe all yr Ysbryd Glân ei gyflawni, dim ond i ni glustfeinio arno ac agor ein calonnau iddo. 'R wy'n gofyn i chi ac yn gofyn i mi fy hun, 'Beth amdani?' 'Heddiw, os clywn ei lais Ef, peidiwn â chaledu ein calonnau.'

Beth yw'r efengyl?

Rhan o sgwrs a ddarlledwyd ar y rhaglen *Llais y Lleygwr* (BBC Radio Cymru) yn 1965, ac a gyhoeddwyd yn *Y Cylchgrawn Efengylaidd*, Mehefin/Gorffennaf 1965

Beth ydyw'r efengyl? 'R wy'n meddwl mai John Calfin a ddywedodd unwaith nad oedd yr efengyl yn ddim byd ond datganiad fod Duw yn Iesu Grist yn maddau i bechaduriaid. Erbyn meddwl, 'doedd yntau ond yn ailadrodd yr hyn a ddywedwyd ganrifoedd lawer o'i flaen gan awdur y llythyr cyntaf at Dimotheus yn y Testament Newydd, sef fod Iesu Grist wedi dod i'r byd i gadw pechaduriaid – gan ychwanegu, fel y mae'n briodol i bob Cristion ychwanegu, mai ef ei hun oedd y pennaf o'r rheini. 'Daeth Iesu Grist i'r byd i gadw pechaduriaid, o ba rai, pennaf ydwyf fi.' Mewn brawddeg ichi, dyna'r efengyl.

Felly, mae cyhoeddi'r efengyl hon yn golygu gwneud dau beth. Mae'n golygu i ddechrau ddangos i bobl eu *bod* nhw'n bechaduriaid – hynny yw, yn rhai sy'n anufudd i Dduw, yn torri ei orchmynion, yn elyniaethus tuag at ei hawliau arnynt, yn ei gasáu yn eu calonnau. A rhaid mynd ymhellach na hyn, rhaid dangos iddynt hefyd fod eu pechod yn golygu eu bod dan ddigofaint a chondemniad Duw ac wedi eu dedfrydu ganddo i farwolaeth dragwyddol – ac nid marwolaeth y corff yn unig ond mawrolaeth ysbrydol hefyd. Mewn gair, nid pechaduriaid yn unig ydynt, ond pechaduriaid *colledig*.

Wedyn, wedi gwneud hyn, fe ellir mynd ymlaen i ddangos fod yna Geidwad i'r colledig, fod Iesu Grist wedi dod i'r byd i gadw pechaduriaid. Ac fe wnaeth hynny, yn y pen draw, drwy farw drostynt, marw eu marwolaeth yn eu lle. 'I mi y perthyn y diwedd yna ar grocbren', meddai Karl Barth am farwolaeth y groes. Ond nid marw'n unig a wnaeth Iesu Grist ond atgyfodi hefyd, a heddiw y mae'n cynnig inni faddeuant a bywyd newydd o gymod â Duw, ond inni droi cefn ar ein pechod a'n hymddiried ein hunain iddo Ef – ac nid oes terfyn byth ar y bywyd newydd hwn: y mae'n fywyd tragwyddol.

Moriae encomium: pwt o bregeth

Fe'i cyhoeddwyd yn Dewi Z. Phillips (gol.),
Saith Ysgrif ar Grefydd (Dinbych: Gwasg Gee, 1967)

> Chwi'n ffel sy'n dychan ffoledd:
> Rhaid i mi eu moli a'i medd!
> *Edmwnd Prys*

R hai blynyddoedd yn ôl, yn y gyfrol *Cerddi Cadwgan*, fe gyhoeddodd D. R. Griffiths emyn na welir ei debyg yn aml, 'emyn a roddes y Parch. Heracleitos Hopkins allan i ganu ar ôl bod yn darllen *Efrydiau Athronyddol*'. Dyma bedair llinell gyntaf yr emyn hynod hwn:

> O Arglwydd, dyro dechneg,
> A honno'n dechneg gref,
> A wna fy epistemeg
> Fel epistemeg nef ...

Gwaetha'r modd, y mae'r pedair llinell hyn yn unig yn ddigon i ddangos nad oedd myfyrdodau'r Parch. Heracleitos yn yr *Efrydiau* ddim eto wedi llwyr oleuo'i feddwl am y dirgelion oll, oherwydd yn sicr iawn nid trwy dechneg o unrhyw fath y cyrhaeddir at 'epistemeg nef', neu (a rhoi'r peth mewn geiriau ychydig mwy diriaethol) y ffordd i ddod i adnabod Duw.

Locus classicus yr epistemeg Gristnogol yw penodau agoriadol llythyr cyntaf yr apostol Paul at yr eglwys yng Nghorinth. Tebyg mai poblogrwydd syniadau Gnosticaidd ymhlith rhai o Gristnogion Corinth a fu'n achlysur sgrifennu'r penodau yma, ond y mae'r hyn a ddywedir ynddynt o arwyddocâd cyffredinol. Pum prif bwynt sydd gan Paul:

1. Er bod rhai pethau am Dduw yn amlwg yn y greadigaeth naturiol, fe fethodd y byd trwy ei ddoethineb â'u darganfod yno.

2. Wyneb yn wyneb â'r methiant hwn, ac yn farn arno, fe ddewisodd
   Duw ei ddatguddio'i hun yn derfynol er iachawdwriaeth dyn mewn
   Meseia a gafodd ei groeshoelio. Fe wnaeth hyn gan wybod (neu'n
   fanylach, yn rhannol oherwydd ei fod yn gwybod) y byddai'r ffordd
   a ddewisodd yn ymddangos yn gwbl ffôl a diystyr i'r sawl a fyddai'n
   barnu yn ôl doethineb y byd hwn, ac yn enwedig i'r athronwyr
   Groegaidd, cynrychiolwyr amlycaf y ddoethineb honno ar y pryd.
   (Yr oedd y ffordd hon yn dramgwyddus hefyd i'r Iddewon, gan mai
   am Feseia a fyddai'n arweinydd gwleidyddol pwerus y disgwylient
   hwy.) I'r rhai a 'alwyd' ac a 'gredodd' yn unig yr oedd y ffordd yn
   ymddangos fel amlygiad o ddoethineb (a gallu) Duw.

3. Fe benderfynodd Paul fod y newydd da hwn am Feseia croes-
   hoeliedig i'w gyhoeddi mewn dull a fyddai'n cyfateb i ddistadledd y
   newydd yng ngolwg y byd; ac felly fe ymwrthododd â phob dyfais
   rethregol ac ymresymu athronyddol wrth bregethu.

4. Ymhlith y rhai a ymatebodd i'w bregethu, sef y rhai a 'alwyd' ac a
   'gredodd', ychydig a gyfrifid yn ddoeth neu'n alluog yn ôl safonau'r
   byd; Duw a ordeiniodd hyn er 'gwaradwyddo' doethineb a gallu
   dyn.

5. I'r sawl o blith y credinwyr a gyrhaeddodd radd o aeddfedrwydd
   ysbrydol, fe ddatguddir doethineb ddirgel Duw, pethau ymhell y
   tu hwnt i bob canfyddiad dyn wrth natur, pethau'n ymwneud â hanfod
   y Duwdod ei hun. Ysbryd Duw – a edwyn Dduw fel yr adwaenir
   dyn gan ei ysbryd ei hun – sy'n datguddio'r pethau hyn i'r rhai
   aeddfed. Wrth reswm, ni all dyn naturiol, y dyn na dderbyniodd
   rodd yr Ysbryd, dderbyn a deall pethau hyn: 'Ffolineb ydynt iddo […]
   yn ysbrydol y canfyddir hwynt.'

Fe grynhoir holl symudiad meddwl Paul ynghylch y pynciau hyn
mewn un epigram nerthol tua diwedd trydedd bennod ei lythyr: 'Os
oes unrhyw un yn eich plith yn ei dybio ei hun yn ddoeth ym marn y
byd hwn, eled yn ffŵl, fel y delo yn ddoeth!'

Mae hyn oll yn eglur ddigon. Ond rhag i neb apelio at y gwahaniaeth tybiedig rhwng Paul a Christ – 'y syniad twp hwnnw a oddefwyd yn rhy hir ymhlith ymchwilwyr diwinyddol', chwedl Eduard Thurneysen – cystal nodi fod amryw o'r pwyntiau yma yn cael eu cyfleu'n fwy eglur a diamwys fyth yn yr Efengylau Cyfolwg. Pan oedd Crist un tro yn ymhyfrydu yn arwyddion dyfodiad ei deyrnas yng ngweithgarwch ei ddisgyblion, fe weddïodd fel hyn (a dilyn dehongliad Joachim Jeremias):

> 'R wy'n diolch iti, O Dad, Arglwydd nef a daear, am iti guddio'r pethau hyn oddi wrth y doethion a'r deallusion, a'u datguddio i rai bychain; ie, O Dad, oblegid felly yr ewyllysiaist. Fe drosglwyddwyd popeth i mi gan fy Nhad. Ac fel nad oes neb ond Tad yn adnabod ei Fab, felly nid oes neb ond Mab yn adnabod ei Dad – a'r sawl y mae'r Mab yn ewyllysio ei ddatguddio iddo.

Fe geir yr un pwyslais yn union ar ddatguddiad ynglŷn â chyffes enwog Pedr yng Nghesarea Philipi. Pan ddywedodd Pedr wrth Grist, 'Ti yw'r Meseia, Mab y Duw byw', ateb yr Arglwydd oedd, 'Gwyn dy fyd di, Simon fab Jona, oherwydd nid cig a gwaed a ddatguddiodd hyn iti, ond fy Nhad, sydd yn y nefoedd' (neu, a dilyn aralleiriad y Beibl Saesneg Newydd, 'Ni ddysgaist ti hynny gan yr un dyn meidrol; fe'i datguddiwyd i ti gan fy Nhad nefol'). Tebyg mai'r un, yn y pen draw, yw ergyd y dywediadau na ellir mynd i mewn i deyrnas nefoedd ond fel plentyn bach.

Yn llenyddiaeth Ioan, yn yr un modd, fe ddaw dysgeidiaeth gyffelyb i'r golwg. Rhaid i bob dyn – gan gynnwys Nicodemus ddysgedig – gael ei eni eilwaith, oddi uchod, cyn y gall ganfod teyrnas Dduw a mynd i mewn iddi. Ni all neb ddod at Grist heb i'r Tad ei dynnu. Mab Duw ei hun sy'n rhoi inni synnwyr i'w adnabod.

O safbwynt dyfod yn Gristion (ac fel y dangosodd Søren Kierkegaard yn helaeth, y mae pob cwestiwn arall ynglŷn â'r ffydd Gristnogol mor eilradd ag i fod yn ddibwys), y mae i hyn i gyd ymhlygiadau amlwg. Mae'n wir mai'r meddwl a'r deall a gyferchir yn y *kerygma* – y neges am Grist – ond heb eu goleuo 'oddi uchod', ni wêl y meddwl a'r deall yn y *kerygma* ddim ond ffolineb. Fel canlyniad, nid yw gallu a deheurwydd meddyliol yn fantais yn y byd i'r sawl sy'n cael ei wynebu â'r dewis rhwng derbyn Crist a'i wrthod. Y mae'r dulliau a'r technegau a ddyfeisiodd dyn i ennill gwybodaeth a'i chyfundrefnu – er eu bod yn effeithiol ddigon yn eu meysydd eu hunain – yn ddirym ac amherthnasol yn y maes hwn. Nid yw'r method gwyddonol, er enghraifft, o ddim help yma: cyfyng iawn yw ffiniau ei deyrnas ef, er bod llawer o bobl – a rhai gwyddonwyr, ysywaeth, yn eu plith – yn dewis anghofio hynny. Mwy gwacsaw fyth yw ymddyfalu metaffisegol heb awdurdod datguddiad y tu ôl iddo, arfer y mae athronwyr bellach yn tueddu i ymwrthod â hi er bod rhai diwinyddion yn glynu wrthi o hyd. Mae'n amheus a fynegwyd diymadferthedd y meddwl 'Groegaidd' wyneb yn wyneb â hawliau Crist yn eglurach erioed na chan David Hume ar derfyn yr adran ar wyrthiau yn yr *Enquiry*:

> *The Christian Religion not only was at first attended with miracles, but even at this day cannot be believed by any reasonable person without one. Mere reason is insufficient to convince us of its veracity; and whoever is moved by Faith to assent to it, is conscious of a continued miracle in his own person, which subverts all the principles of his understanding, and gives him a determination to believe what is most contrary to custom and experience.*

Gwawdio Cristnogaeth y mae Hume yma, wrth reswm. Ond fe welodd Johann Georg Hamann y darn fel prawf y gall dyn gyhoeddi'r gwirionedd hyd yn oed wrth fwrw gwawd arno, yn ddiarwybod iddo'i hun a heb fwriadu gwneud dim o'r fath. Ac fe fyddai'n anodd iawn i unrhyw Gristion anghytuno ag ef.

Eithr nid digon dweud nad yw gallu meddyliol yn fantais o safbwynt dyfod yn Gristion. Y gwir yw fod gallu meddyliol yn debyg o fod yn anfantais pendant o'r safbwynt hwn. 'Po gyflawnaf fo dyn o wybodaeth a diwylliant,' meddai Kierkegaard, 'anhawsaf yn y byd fydd iddo ddod yn Gristion.' Gan hynny, lleiafrif bychan o'r deallusion ym mhob cenhedlaeth a ddisgwylid eu cael yn gredinwyr Cristnogol mewn gwirionedd. Mae'r rheswm sylfaenol am hyn yn ymddangos yn weddol amlwg: y mae gallu meddyliol, fel pob golud arall, yn tueddu i fagu balchder a hunan-ddigonolrwydd, cyflyrau sy'n atgas gan Dduw ac sy'n cau allan bosibilrwydd ffydd. 'Mor anodd yr â'r rhai y mae golud ganddynt i deyrnas Dduw [...] Mor anodd yw i'r rhai sydd a'u hymddiried yn eu golud fyned i deyrnas Dduw [...] Gyda dynion, amhosibl yw!'

'Gyda dynion, amhosibl yw, ond nid gyda Duw.' Nid yw sefyllfa'r deallusion yn gwbl anobeithiol chwaith. Fe wnaeth rhai Groegwyr gredu, meddai Paul; fe gafodd rhyw ychydig o 'ddoethion yn ôl y cnawd' eu galw. Heblaw'r ffaith efengylaidd sylfaenol nad yw Crist yn gwrthod y sawl sy'n dod ato, fe ddisgwylid bob amser gael digon o ddeallusion ymhlith y credinwyr i wrthbrofi'r haeriad na *all* gŵr deallus fod yn grediniwr. Ond cyn y gall hyn ddigwydd, rhaid i'r gŵr deallus gytuno i newid ei feddwl a'i gyflwr. Ys dywedodd Paul, rhaid iddo fynd yn ffŵl – yng ngolwg y byd ac yn ei olwg ei hun yn ogystal. Neu, a derbyn y categorïau a ddefnyddiai Crist, rhaid iddo gael ei droi o fod yn un o'r 'doethion a'r deallusion' i fod yn un o'r 'rhai bychain'. Rhaid iddo ddysgu gostyngeiddrwydd meddyliol. 'Sylfaen ein hathroniaeth ni', meddai S. Ioan Chrysostom, 'ydyw gostyngeiddrwydd.'

Eithr beth yn hollol a olygir wrth ostyngeiddrwydd yn y cyswllt hwn? Gellid awgrymu deubeth o leiaf:

1. Rhaid i'r 'ymofynnydd deallus' gydnabod anallu ei ddeall i'w arwain i'r penderfyniad cywir ynglŷn â Christ. 'Cam ola'r rheswm yw cydnabod fod pethau di-rif y tu hwnt iddo,' meddai Blaise Pascal (ac fe arferai Hamann ddweud mai swyddogaeth y rheswm oedd datguddio anwybodaeth, fel mai swyddogaeth y Ddeddf Iddewig oedd datguddio pechod). Os yw deall yr ymofynnydd yn dedfrydu'r neges am Feseia croeshoeliedig yn nonsens, rhaid iddo wrthod derbyn dedfryd ei ddeall. Rhaid iddo weld mai'r cwbl y mae dedfryd o'r fath yn ei brofi yw ei fod ef ei hun yn perthyn i ddosbarth 'y rhai sydd yn trengi', chwedl Paul. Yn y maes hwn rhaid iddo gyfaddef na ŵyr ddim ohono'i hun.

2. Wedyn, rhaid iddo fod yn fodlon cael ei ddysgu. Meddai John Calfin unwaith, ar un o'r adegau prin pan soniai am ei bererindod ysbrydol gynnar, 'Fe wnaeth Duw, trwy dröedigaeth sydyn, ddarostwng fy meddwl a'i ddwyn i gyflwr parod i dderbyn addysg' – ac felly y troes y dyneiddiwr ifanc disglair yn un o ddiwinyddion mwyaf y Gorllewin, onid yn wir y mwyaf oll. Yr hyn a olyga parodrwydd i ddysgu yn ymarferol yw 'gwrando ufudd ar ddieithrwch y Beibl', chwedl Oscar Cullmann: gwrando ar yr hyn sydd gan Grist a'i apostolion i'w ddweud wrthym, gan adael iddynt hwy ein barnu ni yn hytrach na'n bod ni yn eu barnu hwy. O wrando felly, fe fydd yr hyn a glywn yn ddieithr ddigon: gair o gondemniad i ddechrau yn ddieithriad, condemniad trylwyr a therfynol ar ein holl fodolaeth a'n holl weithgarwch. Ond os derbyniwn y gair hwn heb wingo nac ymesgusodi dim, siawns na chlywn gydag ef yn y man air gwahanol: gair o faddeuant a gollyngdod, o adferiad ac o fywyd. Fe ŵyr y sawl a glywodd ac a dderbyniodd y gair hwnnw wynned eu byd.

'Ar dy liniau, reswm llipa!', meddai Pascal (un o fathemategwyr mawr y byd, fel y cofir). Eithr yn yr economi Cristnogol, y mae'r sawl sy'n ei ddarostwng ei hun yn cael ei ddyrchafu. Wedi ymwrthod â'i ddeall fel cyfrwng digonol i'w ddwyn at Dduw, ac wedi derbyn yn ufudd y gair am Grist a'i gredu, fe gaiff yr ymofynnydd fod ei ddeall bellach wedi ei adfer iddo gyda egni a chyfeiriad newydd. Fe gaiff – os pery'n ufudd – fod ei ddirnadaeth foesol yn raddol yn cael ei dyfnhau. Fe gaiff fod y neges am Feseia croeshoeliedig wedi peidio â bod yn nonsens iddo ond yn hytrach wedi mynd yn synnwyr pur yn ei olwg. O dro i dro fe gaiff gipolwg hyd yn oed ar yr hyn a alwod David Charles yn 'Uchelderau mawr ei Dduwdod, / A dyfnderoedd ei ufudd-dod'. Fe ddaw i amgyffred fwyfwy drefn Duw yn holl weithgarwch ymddangosiadol ddidrefn y byd, ac i amgyffred hefyd ei le personol ef yn y drefn honno. Dyma yn wir adfer ystyr i fywyd.

Byw ar y Beibl

O'r daflen *Yr Amserau a'r Diamser*, a gyhoeddwyd gan Fudiad Efengylaidd Cymru ar gyfer Eisteddfod Genedlaethol Aberafan, 1966

Yn 1967 fe fyddwn yn dathlu pedwerydd canmlwyddiant cyfieithu'r Testament Newydd i'r Gymraeg gan William Salesbury a'r Esgob Richard Davies. Yn ei 'Epistol at y Cymry' ar flaen y cyfieithiad fe ddywedodd Richard Davies hyn:

> Dyn, oherwydd llwgr ei natur, ni ŵyr ddim oddi wrth Dduw onis cyrch o'r Testament hwn. Yma yn unig y ceir gwybodaeth am ordinhad, llywodraeth a thragwyddol ewyllys Duw: pa anrhydedd, addoliant a gwasanaeth a fyn; pa grefydd, pa orchmynion a pha fuchedd a eirch.

Wrth ddweud hyn nid oedd Richard Davies yn honni dim byd newydd. Yr un oedd barn y Diwygwyr Protestannaidd eraill i gyd (a'r farn honno, yn y pen draw, wedi ei seilio ar y Beibl ei hun). Ni fedr dyn wrth natur weld Duw. Os yw dyn i weld Duw a'i gydnabod, rhaid i Dduw ei ddangos ei hun iddo. A dyna a wnaeth (a mwy na hynny) yn ei Fab, Iesu Grist. Mae tystiolaeth y llygad-dyston gwreiddiol i'r hyn oedd Iesu Grist, a'r hyn a wnaeth, i'w gael yn y Testament Newydd, ac yn y Testament Newydd yn unig. Ac i ddeall y Testament Newydd yn iawn rhaid ei ddarllen yng ngoleuni'r Hen Destament.

Dyna sut y gallodd Vavasor Powell, y dewraf o'r Piwritaniaid Cymreig dri chan mlynedd yn ôl, ddweud am y Beibl: 'Nid oes unrhyw ysgrifeniadau eraill pa bynnag (pe sgrifennid hwy gan y dynion mwya gwybodus a sanctaidd) i'w cystadlu o ran awdurdod, anffaeledigrwydd a mawrhydi dwyfol â'r rhain.' Yr oedd ffrindiau Powell yn tystio amdano, ei fod yn gwybod y Beibl mor dda fel mai prin y gallech ddyfynnu gair neu ddau ohono heb iddo fedru nodi'r llyfr, y bennod a'r adnod!

Ac nid gwybodaeth pen yn unig oedd gan ein tadau o'r Beibl, ond gwybodaeth profiad hefyd: profiad o'r Ysbryd Glân yn ategu ac yn egluro geiriau'r Beibl yn eu calonnau. Meddyliwch am Williams Pantycelyn ar ei wely angau yn cyffesu:

Mi ddysgais yn y deg wythnos hyn fwy ohonof fy hun ac o ddaioni Duw nag a ddysgais mewn deugain mlynedd aeth heibio. Mi ddes yn awr i ddarllen y Beibl, ag oeddwn o'r blaen yn ei ddarllen mewn rhan fawr i adeiladu eraill, yn awr i gyd i mi fy hunan, megis yr unig lyfr wrth ba un yr oeddwn i gael fy nhreio yn y Farn fawr.

Neu meddyliwch am lythyrau rhyfeddol Ann Griffiths, yr emynyddes: mor aml y mae'r ymadrodd yn digwydd ynddynt, 'Y gair hwnnw ar fy meddwl' – ac yna adnod yn dilyn. Yr oedd Ann Griffiths, a'r saint Methodistaidd oll, yn byw ar eu Beiblau.

Ond mae'r byd wedi newid erbyn hyn, a'r Beibl wedi mynd yn hen ffasiwn, meddir. Mae dynion clyfar wedi ymosod arno, yn wyddonwyr ac yn 'uwchfeirniaid' – ac wrth gwrs, mae llawer o bobl yn ddigon balch o esgus i beidio â'i ddarllen! Ond ni fu erioed gamsynied mwy trychinebus. 'Fedr gwyddoniaeth ddweud dim am y problemau dyfnaf sy'n poeni dyn: 'Pwy ydw i?', 'I ble'r wy'n mynd?', 'Sut y gallaf gael gwared o'r euogrwydd sy'n fy mhoeni?' Ac ni fedr yr uwchfeirniaid, ar ôl eu holl lafur (llawer ohono'n ddigon buddiol), newid dim ar y ffaith syml mai yn y Testament Newydd y cawn y dystiolaeth ddilys i'r hyn oedd Iesu Grist, a'r hyn a wnaeth – yr unig ateb i'r problemau dyfnaf i gyd.

Beth am droi'n ôl at y Testament Newydd ynteu, a'i ddarllen unwaith eto heb ragfarn, ei ddarllen yn wir gan fod yn barod iddo ein beirniadu ni? Mae miloedd di-ri, a'n tadau ni yn eu plith, wedi cael bywyd ac iechyd i'w henaid wrth wneud hyn. Efallai y digwydd y wyrth fawr yn ein hanes ninnau hefyd, a'r geiriau moel ar y papur yn troi'n 'beraidd dafodiaith yr Ysbryd Glân ei hun yn y galon isel'.

Dylanwad y Beibl

O *Gorwelion: Cylchgrawn Eglwys Efengylaidd Llangefni,*
Ebrill/Mai 1988

Gofynnwyd imi sôn am ddylanwad y Beibl arnaf fi'n bersonol.
Y geiriau o'r Beibl a'i dug ef yn fyw gyntaf i mi oedd tair
adnod olaf unfed bennod ar ddeg Efengyl Mathew:

Deuwch ataf fi bawb sydd yn flinderog ac yn llwythog, a mi a
esmwythâf arnoch. Cymerwch fy iau arnoch a dysgwch gennyf,
canys addfwyn ydwyf a gostyngedig o galon; a chwi a gewch
orffwystra i'ch eneidiau. Canys fy iau sydd esmwyth, a'm baich
sydd ysgafn.

Fe glywais y geiriau hyn fel gwahoddiad personol i mi gan fy mod
ar y pryd *yn* flinderog ac yn llwythog, yn ymwybodol iawn o'm methiant
moesol wyneb yn wyneb â gofynion Duw, ac yn ymwybodol hefyd nad
oedd y methiant hwnnw heb ei ganlyniadau. Yr oedd clywed Mab
Duw yn addo gorffwystra i'r blinderog a'r llwythog yr adeg honno yn
allwedd i fywyd newydd. Ac yr oedd ei glywed Ef yn ei ddisgrifio'i
hun fel un addfwyn a gostyngedig o galon yn cynnig yr union falm yr
oedd ar enaid clwyfus ei angen. Yr oeddwn yn rhyfeddu ar y pryd at
raslonrwydd y geiriau hyn, ac nid wyf wedi peidio â rhyfeddu.

Wrth gwrs y mae'r geiriau nid yn unig yn cynnig gorffwystra o ddod
at Grist ond hefyd yn gwahodd y sawl sy'n dod i gymryd arno iau Crist
a dysgu ganddo, gan ei sicrhau'r un pryd fod yr iau'n esmwyth a'r
baich yn ysgafn. Hynny'n sicr fu fy mhrofiad i, er fy mod yn gorfod
cyfaddef imi fod yn araf iawn i ddysgu ac yn chwannog iawn i osgoi
beichiau. Ond wrth draed Crist, ac yno'n unig, y dysgir 'yr un peth
angenrheidiol', fel y dywedodd Ef ei hun wrth Fartha.

Amhosibl ar ôl y profiad hwn oedd peidio â chymryd y Beibl yn
llwyr o ddifrif. Gallwn gymhwyso at y cwbl ohono eiriau'r athronydd

galluog Owen Barfield (sydd, gyda llaw, o dras Cymreig) am yr
Efengylau: 'Yr wyf yn eu derbyn fel y maent, gan eu hystyried yn
gofnodion dilys wedi eu gadael gan ddynion doeth a thra chyfrifol.'
Drwy'r llyfr hwn fe ddewisodd Duw lefaru wrth ddynion. Sarhad ar
Dduw, yn ogystal ag eithafrwydd twpdra, fyddai ei anwybyddu. Canys
fel y dywedodd yr Esgob Richard Davies o Dyddewi wrth gyflwyno'r
Testament Newydd Cymraeg cyntaf i'w gyd-Gymry dros bedair canrif
yn ôl: 'Canys yma y cei ymborth yr enaid, a channwyll i ddangos y
llwybr a'th ddwg i wlad teyrnas nef.'

Ffydd Richard Davies

O'r daflen *Yr Amserau a'r Diamser*, a gyhoeddwyd gan Fudiad Efengylaidd Cymru ar gyfer Eisteddfod Genedlaethol y Bala, 1967

Yr ydym yn dathlu eleni [1967] bedwarcanmlwyddiant cyfieithu'r Testament Newydd i'r Gymraeg. William Salesbury a wnaeth y rhan fwyaf o'r gwaith, ac ef felly sy'n haeddu'r rhan fwyaf o'r clod. Ond mae'n debyg, serch hynny, na fyddai Salesbury fyth wedi gallu dwyn ei faen i'r wal heb help Richard Davies, Esgob Tyddewi. Rhoddodd Davies bob cefnogaeth i Salesbury, gan roi lletty iddo am ddwy flynedd yn ei blas yn Abergwili ger Caerfyrddin a chyfieithu pump o'r Epistolau yn ei le. Yn bwysicach fyth, ysgrifennodd rag-ymadrodd hir i'r gyfrol yn cymeradwyo'r ffydd Brotestannaidd i'w gyd-Gymry.

Ef oedd y cyntaf i amddiffyn Protestaniaeth mewn print yn Gymraeg. Mae llawer o'r amddiffyniad wedi ei seilio ar ddadleuon hanesyddol a gyfrifid heddiw yn simsan i'r eithaf. Prif amcan Davies oedd ateb cyhuddiadau'r Pabyddion fod Protestaniaeth ar y naill law yn 'ffydd newydd' ac ar y llaw arall yn 'ffydd Saeson'. Fe wna hyn drwy ddangos fod y Cymry wedi derbyn y ffydd uniongred yn bur drwy bregethu Joseff o Arimathea yn fuan wedi'r croeshoeliad, a'u bod wedi cynnal y ffydd honno'n ddi-lwgr am yn agos i chwe chant o flynyddoedd yn nannedd erlid a heresi. Yna fe ddaeth Awstin Fynach o Rufain a throi'r Saeson at grefydd ddirywiedig ac ofergoelus Eglwys Rufain, ac o dipyn i beth fe fu raid i'r Cymry hwythau, drwy rym arfau, dderbyn y grefydd lygredig honno. Felly, meddai Davies, nid Protestaniaeth (a oedd iddo ef yn gyfystyr â ffydd Joseff o Arimathea a'r Eglwys Fore) oedd y 'ffydd newydd' a'r 'ffydd Seisnig' mewn gwirionedd, ond yn hytrach grefydd Eglwys Rufain ei hun: yn ddiweddar y daeth i Gymru, ac o Loegr y daeth!

Fel ateg i'w ddadl, y mae Davies yn ceisio profi fod gan yr hen Gymry Feibl yn eu hiaith: amhosibl oedd meddwl am grefydd bur heb Feibl yn iaith y bobl. Mae undeb ffydd y merthyron, tystiolaeth yr haneswyr eglwysig, amlder enwau beiblaidd ymhlith yr hen Gymry, a gwaith y beirdd cynnar i gyd yn dangos hyn, meddai Richard Davies, ond y prawf pennaf yw rhai o'r hen ddiarhebion Cymraeg. Mae'n manylu ar dair o'r rhain: 'A Duw a digon; heb Dduw, heb ddim'; 'A gair Duw yn uchaf'; 'Y Mab rhad'. Mewn gwirionedd, yr hyn y mae'n ei wneud yw cymryd y tair dihareb yn destunau i dair pregeth fer ar rai o brif athrawiaethau'r Diwygiad: yr athrawiaethau am Ragluniaeth, am awdurdod y Beibl, ac am gyfiawnhad trwy ffydd. O'r tair, y drydedd efallai yw'r bwysicaf a'r fwyaf diddorol. Gwrandewch ar ran ohoni.

Y Mab rhad: Nid oes yma ond tri gair byr o un sillaf bob gair, eto maent yn cynhwyso llawer o synnwyr ac o addysg ysbrydol, yr hyn y mae'r trydydd pen a'r pedwerydd o epistol Paul at y Rhufeiniaid yn bennaf yn ei ddysgu, a llawer man o'r Ysgrythur Lân heblaw hynny. Yr un addysg a gei di yn y geiriau hyn, 'Y Mab rhad', o'u chwilio a'u gorofyn [= hystyried]: Mab rhad y gelwir Crist Iesu am ei fod ef trwy'r pridwerth a wnaeth ef trosom ni ar bren croes yn pwrcasu i ni drugaredd y Tad o'r nef i faddau i ni ein pechodau yn rhad, heb i ni ryglyddu [= haeddu] dim, heb na thâl na gwerth ond yn rhad. Nid am ein gweithredoedd ni y cyfiawnir ni gerbron Duw eithr yn rhad, trwy drugaredd Duw a bwrcasodd y Mab rhad i ni. Ffydd a dycia inni gan hynny gerbron Duw, canys ffydd a gymer afael ac a dderbyn ati y drugaredd a bwrcasodd y Mab rhad i ni. Am hyn y dywaid Paul Apostol: 'Barnu yr ŷm y cyfiawnir dyn trwy ffydd heb weithredoedd y gyfraith.' Nid oes dyn, ac ni bu erioed, a ddichon ymddiried i'w weithredoedd ei hun. Canys llygredig yw natur dyn ac amherffaith yw ei weithredoedd – ie, fel y dywaid y proffwyd Eseia, 'fel y cadach budr ydynt hwy gerbron Duw'. Ac am hynny y dywaid Crist, 'Pan ddarffo ichwi wneuthur y cwbl a orchymynnid ichwi, dywedwch eich bod yn wasanaethwyr amhroffidiol' (Luc 17). Ffydd a dderbyn drugaredd Duw trwy Grist Iesu i'n cyfiawnu ni gerbron Duw, ac nid gweithredoedd.

Er hynny, lle bo ffydd fe fydd gweithredoedd, canys ffrwyth ffydd yw gweithredoedd. Oblegid fel na bydd tân heb wres, felly ni bydd ffydd heb weithredoedd da. Eithr er hynny i gyd, [yn] llwyr y'th dwyllwyd di os wyt ti yn tybied y dichon dy weithredoedd dy gyfiawnu di gerbron Duw. Ymwrthod â'th weithredoedd, cydnebydd dy amhuredd a'th anallu, ymddyro [= ildia] yn gwbl i drugaredd Duw. Cyfaddef yn dy galon a chred yn gryf, yn ffrwythlon ac yn ddiamau; hyn yw cyrch a chlöedigaeth [= nod a diben] yr Ysgrythur Lân drwyddi: pwrcasu o Grist i ti faddeuant dy bechodau yn rhad. Ac am hynny, gwir yw gair y Cymro a dynnodd ef gynt o'r Ysgrythur Lân pan alwodd ef Grist, 'y Mab rhad'.

Dyma'n sicr y datganiad argraffedig cynharaf yn Gymraeg o brif athrawiaeth y Diwygiad Protestannaidd, cyfiawnhad trwy ffydd. Darganfod yr athrawiaeth hon yn ei brofiad ei hun, ryw hanner canrif ynghynt, a roddodd gychwyn i Martin Luther ar ei yrfa dyngedfennol fel Diwygiwr. Clywed pregethu'r athrawiaeth hon gan y Diwygwyr a roddodd ollyngdod i filoedd a ymdrechai'n ofer i ddilyn dysgeidiaeth gyfeiliornus Eglwys Rufain a byw'n ddigon da i fodloni Duw – fel pe gallai unrhyw ddyn byw bedyddiol wneud hynny fyth! Dyma'r bobl y mynegodd William Salesbury eu hargyfwng ysbrydol yn y geiriau cofiadwy hyn ('r wy'n cyfieithu o'r Saesneg):

Pwy a allai wneud iawn am y fath drosedd dybryd â phechu yn erbyn mawrhydi gogoneddus y Duw mawr? A allai unrhyw ddyn yn y byd wneud y fath beth? Na allai, dim un! A allai rhyw angel o'r nef, ynteu? Na allai, dim un o'r rheini chwaith: oherwydd pam y dylai unrhyw greadur heblaw dyn wneud iawn am gamwedd dyn? Onid oes help o gwbl felly? Onid oes ymwared? Onid oes noddfa?

Ac nid mater o hen hanes yn unig yw hyn. 'Doedd Luther yn gwneud dim ond ailddarganfod gwirionedd sy'n rhan hanfodol o genadwri ganolog y Testament Newydd. Ychydig amser yn ôl fe glywais ffrind imi'n dweud mewn cyfarfod nad oedd yn meddwl ei bod yn bwysig dysgu'r athrawiaethau Cristnogol bellach, 'fel cyfiawnhad trwy ffydd, a phethau felly'. Ond hyd y gwelaf fi, mae'n rhaid fod gan ddyn ryw amgyffred – â'r galon os nad â'r meddwl – o athrawiaeth cyfiawnhad trwy ffydd cyn y gall ei alw ei hun yn Gristion o gwbl. Os nad yw dyn yn deall fod gan Dduw gyhuddiad yn ei erbyn sy'n bygwth ei holl fodolaeth, nad oes ganddo ef ohono'i hun ddim amddiffyniad yn erbyn y cyhuddiad hwnnw, ond bod modd iddo serch hynny gael ei ollwng yn rhydd o'r cyhuddiad ar sail yr hyn a wnaeth Duw yn Iesu Grist drosto – os nad yw'n amgyffred hyn, sut y gellir ei ystyried yn Gristion? Dyna, wedi'r cwbl, yw'r efengyl; neu, yng ngeiriau Richard Davies, 'hyn yw cyrch a chlöedigaeth yr Ysgrythur Lân drwyddi: pwrcasu o Grist i ti faddeuant dy bechodau yn rhad.'

Martin Luther yr emynydd

Sgwrs a ddarlledwyd ar BBC Radio Cymru, Hydref 1967,
ac a gyhoeddwyd yn *Y Cylchgrawn Efengylaidd*, Chwefror/Mawrth 1968.
Cantorion Gogledd Cymru, dan arweiniad James Williams,
a ganai'r emynau yn y rhaglen wreiddiol.

Ar 31 Hydref eleni [1967], fe fydd pedair canrif a hanner union wedi mynd heibio er pan gerddodd mynach ifanc o'r enw Martin Luther i fyny at ddrws eglwys y castell yn nhref fechan Wittenberg yn yr Almaen, a hoelio ar y drws ddarn mawr o bapur yn cynnwys cant namyn pump o osodiadau yn ymosod ar athrawiaeth Eglwys Rufain am faddeuant pechodau. Y digwyddiad hwnnw a roddodd gychwyn i'r Diwygiad Protestannaidd. Yr oedd Eglwys Rufain yn dysgu fod modd i ddyn gael rhyddhad o'r gosb dymhorol a oedd yn ddyledus iddo am ei bechod – naill ai yn y byd hwn neu yn y purdan – drwy fanteisio ar ryw gronfa o haeddiant yr oedd y saint wedi ei chrynhoi drwy fyw yn y byd yn well nag a oedd raid iddynt: hynny yw, fe ellid clirio'r diffyg yng nghyfrif moesol y pechadur drwy dynnu ar gyfalaf y saint. Nid yw'r gymhariaeth ariannol yn gwbl amhriodol, oherwydd o dipyn o beth fe ddaeth y manteisio hwn ar y gronfa haeddiant yn fater o dalu arian: fe ellid prynu'r maddeuebau, fel yr oeddynt yn cael eu galw, naill ai ar eich cyfer chi eich hunan neu ar gyfer eich ffrindiau yn y purdan. Beth bynnag am y diwinyddion, fe ddaeth y bobl gyffredin i edrych ar hyn yn syml fel prynu maddeuant Duw am arian. Ond yr oedd Luther wedi bod wyneb yn wyneb â'i bechod a'i euogrwydd ei hun yn ddigon hir i sylweddoli'n gwbl eglur nad ag arian, na chwaith ag unrhyw weithred dda o eiddo dyn, y prynir maddeuant Duw: fod maddeuant Duw i ddyn yn bosibl yn unig fel rhodd rad yn rhinwedd hunan-aberth Duw ei hun yn ei Fab, Iesu Grist. A'r ffordd i ddyn ddod i'r afael â'r maddeuant hwn oedd yn syml drwy ffydd, drwy ffydd yn unig, drwy ymddiried yn nigonolrwydd aberth Crist a'r cariad yr oedd yr aberth hwnnw yn ei ddatguddio.

'Y cyfiawn a fydd byw trwy ffydd.' Y geiriau hyn o'r Epistol at y Rhufeiniaid a roddodd ollyngdod yn y diwedd i Luther. Ac athrawiaeth cyfiawnhad trwy ffydd ydyw athrawiaeth sylfaenol y Diwygiad Protestannaidd. Byddai Luther yn barod i honni mai hi ydyw athrawiaeth sylfaenol y Beibl i gyd, o safbwynt y Cristion; a byddai'n anodd iawn i unrhyw Brotestant o'r iawn ryw anghytuno ag ef. Trwy ffydd – trwy ffydd Iesu Grist – y cyfiawnheir dyn, heb weithredoedd.

'Y cyfiawn a fydd byw trwy ffydd.' Mae'n amheus a fu saith gair mwy tyngedfennol yn holl hanes diweddar Ewrop. Oherwydd deffrôdd profiad a phrotest Luther adlais yng nghalonnau miloedd lawer o bobl nad oedd eu hangen ysbrydol yn cael ei dorri gan ddysgeidiaeth a defodaeth Eglwys Rufain. Ac fe gafodd Luther hefyd rai tywysogion i'w gefnogi, yn enwedig yn yr Almaen a gwledydd gogledd Ewrop. O dipyn i beth ymffurfiodd eglwys newydd o'i gwmpas, eglwys wedi ei diwygio, eglwys Lwtheraidd. Yn hon, y Beibl oedd y prif awdurdod, nid y Pab; ac yr oedd y Beibl a'r gwasanaethau yn iaith y bobl. Rhan o'r gwasanaethau oedd canu emynau, gan yr holl gynulleidfa erbyn hyn, ac nid gan gôr yn unig fel yn yr Oesoedd Canol: un o oblygiadau athrawiaeth cyfiawnhad trwy ffydd ydyw offeiriadaeth yr *holl* gredinwyr. Luther ydyw tad yr emyn diweddar, os diffinir emyn fel cân o fawl i Dduw i'w chanu gan gynulleidfa.

Rhyw dri dwsin o emynau a sgrifennodd Luther, y rhan fwyaf o ddigon ohonynt yn y ddwy flynedd 1523 ac 1524. Wrth eu sgrifennu tynnodd ar amrywiol ffynonellau: y Salmau a rhannau eraill o'r Beibl, emynau Lladin y Canol Oesoedd, a chaneuon poblogaidd mewn Almaeneg. Mae amryw ohonynt wedi eu cyfansoddi ar gyfer gwyliau eglwysig arbennig, megis y Nadolig, y Pasg a'r Sulgwyn, ac eraill yn seiliedig ar wahanol adrannau o'r Catecism: y Pader, y Credo, y Deg Gorchymyn, y Sacramentau – amcan y rhain, wrth gwrs, oedd dysgu Gair Duw i'r bobl, defnyddio'r emyn fel cyfrwng i addysgu. Ynddynt i gyd y mae Luther yn mynegi ei argyhoeddiadau am Dduw ac am ddyn, am y byd hwn a'r byd a ddaw, yn groyw a hyderus i'w ryfeddu. Er mor ddwfn ydyw'r meddwl yn aml yn yr emynau hyn, y mae'r iaith bob amser yn syml a'r mynegiant yn gryno. Nid yw'r acennu bob amser yn rheolaidd na'r odli'n fanwl gywir, ac efallai'n wir fod hyn yn cyfrannu at yr argraff o rym ac egni ysblennydd y mae'r emynau hyn yn eu gadael ar feddwl y darllenydd. Luther ei hun a gyfansoddodd y tonau ar gyfer llawer ohonynt, gyda help cyfaill o'r enw Johann Walther. Yr oedd y Diwygiwr nid yn unig yn fardd ond hefyd yn gerddor pur wych. Yr *oedd* yna gewri ar y ddaear y dyddiau hynny!

Yr hyn a gychwynnodd Luther ar ei yrfa fel emynydd oedd merthyr-dod dau o'i ddilynwyr, Heinrich Voes a Johann Esch, ym Mrwsel, 1 Gorffennaf 1523: dyma ferthyron cyntaf Protestaniaeth. Pan glywodd Luther yr hanes canodd faled hir yn dathlu dewrder ac ymroddiad y merthyron ac yn ymosod ar y sawl a'u llosgodd. Yn fuan wedyn canodd ei emyn iawn cyntaf, *Nun freut euch, lieben Christen g'mein*, 'Gristnogion annwyl, llawenhewch', yn mynegi llawenydd y Cristion a gyfiawn-hawyd drwy ffydd yn Iesu Grist a'i aberth. Dyma gyfieithiad y diweddar Brifathro Ifor Leslie Evans o ran o'r emyn hwn: Luther biau'r dôn, ond ei bod hi wedi ei threfnu – a'i newid ryw gymaint – gan Johann Sebastian Bach:

> Gristnogion annwyl, llawenhewch,
>   Cydlamwn â gorfoledd;
> Mewn undeb dwyfol gysur, dewch
>   Â chân o bur gynghanedd;
> Cans talodd Duw, dros euog fyd,
> O'i gariad enfawr, Aberth drud,
>   A rhoddodd in ymgeledd.
>
> Ac wrth Ei Fab dywedodd Duw:
>   'Mae'r amser wedi dyfod;
> Dos lawr, O werthfawr goron wiw,
>   Rho iachawdwriaeth barod

I holl golledig ddynol lu,
A goddef drostynt angau du –
Pâr iddynt fywyd uchod.'

Yn ufudd i'r gorchymyn clir
Cymerodd Ef ein hanfod:
O groth y Forwyn landeg, bur,
Fel brawd, daeth i'n cyfarfod:
Ac, wrth ddioddef marwol loes,
Ei fywyd drosom ni a roes –
Rhyddhaodd ni rhag pechod.

Yn Un â'r Tad, ar orsedd nef,
Ein Meistr graslon beunydd,
Fe rydd i ni Ei Ysbryd Ef
A'n nertha ym mhob cystudd;
Ac fel y gwnaeth Efe'n ein mysg,
Cydweithiwn bawb, â'i hyfryd ddysg,
Dros Deyrnas Dduw'n dragywydd.

(*Mawl yr Oesoedd*, rhif 17)

Fel yr awgrymais yn barod, hyder ydyw un o brif nodweddion emynau Luther. A hyder ydoedd a enillwyd yn nannedd amgylchiadau anodd iawn. Drwy gydol oes Luther yr oedd y mudiad Protestannaidd dan erledigaeth a bygythiad parhaus: yr oedd yntau'i hun yn gwybod yn iawn beth oedd cerdded law yn llaw ag angau. Yr oedd hi'r adeg honno yn amser enbyd ar wledydd Cred yn gyffredinol, gan fod byddinoedd Mohametanaidd y Twrc, yr ymherodr Swleimân II, yn pwyso'n daer o'r Dwyrain: fe goncrwyd Bwdapest ganddynt yn 1526 a gwarchae ar Fienna yn 1529. Ac yna yr oedd y brenhinoedd Pabyddol yn awyddus iawn i ddileu Protestaniaeth o'r tir. Yr oedd pethau'n arbennig o ddrwg yn yr 1540au cynnar pan ganodd Luther un o'i emynau enwocaf, *Erhalt uns, Herr, bei deinem Wort*, yn gofyn am nerth a nawdd Duw wrth wynebu ar bob gelyn:

O Dduw ein Tad, dod nerth i ni
I ddal yn ffyddlon i'th Air di,
Ac atal lid y Twrc a'r Pab
Rhag diorseddu Crist dy Fab.

Rho brawf o'th allu, Grist ein Pen –
Arglwydd arglwyddi wyt is nen –
Gwêl gur dy bobol, saf o'u plaid,
Fel y moliannont di'n ddi-baid.

O Ysbryd Duw, Ddidanydd glân,
Un galon dod i'th braidd achlân.
Yn ein hing olaf bydd di'n gefn,
Dwg ni o farw'n fyw drachefn.

Ond pwysicach na gelyniaeth y Twrc a'r Pab i Luther oedd gelyniaeth y gwrthwynebwr anweledig, y diafol. Fel pob dyn o ysbrydolrwydd dwfn, yr oedd Luther yn ymwybodol iawn o weithgarwch ac ystrywiau'r diafol. Fe ddywedir iddo unwaith dybio ei fod yn gweld ei hen elyn yn sefyll yn gorfforol o'i flaen, a'r hyn a wnaeth oedd taflu potel o inc ato – gweithred ddamhegol os bu un erioed, gan mai ysgrifeniadau Luther wedi eu lluosogi drwy ddyfais gymharol newydd yr argraffwasg oedd un o brif gyfryngau lledaenu'r Diwygiad. *'Doedd* Luther ddim yn ei galon yn ofni'r diafol, gan ei fod yn gwybod ei fod yntau wedi ei goncro drwy ymgnawdoliad a marwolaeth ac atgyfodiad Iesu Grist. Ond *yr oedd* yn credu fod angen gwrthwynebu'r diafol, yn nerth Duw. Dyma neges ei emyn enwocaf oll, yr emyn a alwyd yn *Marseillaise* y Diwygiad, *Ein feste Burg ist unser Gott*, 'Caer gadarn yw ein Duw ni', a gyfansoddwyd yn 1527/28. Dyma gyfieithiad Lewis Edwards o ddau bennill cyntaf yr emyn hwn: Luther ei hun, wrth gwrs, biau'r dôn. Dyma'n ddiamau gân a helpodd i newid cwrs hanes Ewrop:

Ein nerth a'n cadarn dŵr yw Duw,
Ein tarian a'n harfogaeth;
O ing a thrallod o bob rhyw
Rhydd gyflawn waredigaeth.

Gelyn dyn a Duw,
Llawn cynddaredd yw;
Gallu a dichell gref
Yw ei arfogaeth ef;
Digymar yw'r anturiaeth.

Ni ellir dim o allu dyn:
Mewn siomiant blin mae'n diffodd;
Ond trosom ni mae'r addas Un,
A Duw ei Hun a'i trefnodd.
Pwy? medd calon drist:
Neb ond Iesu Grist,
Arglwydd lluoedd nef;
Ac nid oes Duw ond Ef;
Y maes erioed ni chollodd.

(*Llyfr Emynau y Methodistiaid*, rhif 83)

Mater o farn

Erthygl yn y gyfres 'Galw i Mewn' yn *Y Llan*, Mai 1990

Y mae haneswyr celfyddyd y dyddiau hyn mewn stad o ryfel cartref – stad nid anghynefin iddynt. Fe adnewyddwyd paentiadau enwog Michelangelo ar nenfwd Capel y Pab Sixtus IV yn y Fatican ac y mae anghytuno brwd a fu'r adnewyddu'n llwyddiant ai peidio. Oni cheir cytundeb ar hyn, efallai nad eir ymlaen i adnewyddu paentiad enwocach fyth Michelangelo o'r Farn Olaf ar fur allor y Capel. Fe baentiwyd hwnnw pan oedd Michelangelo'n heneiddio ac yn meddwl llawer am y Farn Olaf, a hynny nid heb ddychryn. Dyma sy'n cyfrif, meddir, am rym arswydus y paentiad.

Rhai blynyddoedd yn ôl yr oeddwn yn angladd gwraig o Babyddes, na allai neb a'i hadwaenai amau am foment na'i defosiwn na'i duwioldeb. Yn yr angladd fe ddywedodd yr offeiriad a oedd yn gweinyddu Offeren y Meirw drosti, ei bod hithau yn ei blynyddoedd olaf yn myfyrio llawer ar Ddydd y Farn, ac nad oedd yn ei chael yn bwnc myfyrdod cysurus. 'R wy'n credu mai nodi hyn yr oedd yr offeiriad fel prawf o ddilysrwydd ffydd y wraig ymadawedig, ond ni allai'r sawl ohonom a oedd yn ei hadnabod lai na theimlo ei fod yn taro nodyn chwithig rywfodd.

Bu cyfaill imi o seiciatrydd yn trafod yn ddiweddar fywyd a gwaith Gerard Manley Hopkins, yr hanner-Cymro hwnnw a oedd yn fardd Saesneg mawr. Yn Eglwys Loegr y magwyd ef, ond pan oedd yn ddwy ar hugain oed fe drodd at Eglwys Rufain a dwy flynedd yn ddiweddarach fe ymunodd ag Urdd yr Iesuwyr. Bu'n astudio diwinyddiaeth yng Ngholeg Beuno Sant, Tremeirchion, lle y canodd rai o'i gerddi gorau. Am bum mlynedd olaf ei oes yr oedd yn Athro Groeg yng Ngholeg y Brifysgol, Dulyn, ac yn ystod y cyfnod hwn dioddefai'n ysbeidiol o iselder ysbryd difrifol. Yr oedd yn ddiau ffactorau seiciatrig (na ddeellid ar y pryd) yn rhannol gyfrifol am ei gyflwr, yn ogystal â ffactorau mwy penodol ysbrydol. Eto y mae'n amheus a oedd ysbrydoledd yr eglwys y perthynai iddi yn llawer o help iddo yn ei gyfyngder.

Yn eironig ddigon, ni allodd Hopkins ddweud yn well am y gŵr a allasai, yn anad neb arall, fod wedi ei helpu na'i alw yn 'beast of the waste wood' (math o gynghanedd sain broest; fe wyddai Hopkins gryn dipyn am gerdd dafod). Y gŵr hwnnw oedd Martin Luther. Fe heriodd ef ddysgeidiaeth Eglwys Rufain fod achubiaeth dyn yn dibynnu'n rhannol ar ei weithredoedd da ef ei hun – y ddysgeidiaeth, gellid tybio, a oedd yn gyfrifol am bruddglwyf diwedd oes pob un o'r tri y soniais amdanynt uchod. Yn hytrach, meddai Luther, yr oedd achubiaeth dyn yn dibynnu'n gyfan gwbl ar waith Duw drosto yn Iesu Grist: y cwbl yr oedd yn rhaid i ddyn ei wneud oedd derbyn yr achubiaeth honno, drwy ffydd. Ffordd o fynegi diolchgarwch i'r Achubydd oedd y gweithredoedd da a wneid wedyn. Rhôi hyn sicrwydd gwaelodol i'r crediniwr fod Duw bob amser o'i blaid yn Iesu Grist, pa mor gyfyng bynnag ei amgylchiadau neu pa mor amrywiol bynnag ei dymherau. Fe roddwyd i Luther ailddarganfod neges ganolog y Testament Newydd am iachawdwriaeth, neges y collesid golwg arni yn nysgeidiaeth swyddogol Eglwys Rufain, a neges y byddai'n dda iawn i Michelangelo, y wraig dduwiol o Babyddes a adwaenwn, a Gerard Manley Hopkins wrth y cysur dwfn sydd ynddi.

'R wy'n siŵr fy mod wedi gorsymleiddio'n enbyd wrth lunio'r sylwadau uchod, ond 'r wy'n gobeithio nad ydwyf wedi camarwain. Y mae'r mater a drafodir o'r pwys mwyaf. Er bod dyn yn gynhenid golledig, y mae ei Grëwr drwy ei hunan-aberth wedi trefnu gwaredigaeth ar ei gyfer. Ond y mae'n rhaid *hawlio'r* waredigaeth honno, drwy ffydd. Ac wedi ei hawlio y mae'n rhaid ei gweithredu, mewn ofn a dychryn weithiau, mae'n wir, ond gan amlaf yn yr hyder tawel na fydd Duw byth bythoedd yn waeth na'i Air.

Dietrich Bonhoeffer
a 'Cristnogaeth Ddigrefydd'

O'r *Cylchgrawn Efengylaidd*, 1964

Ar 8 Hydref 1944, fe symudwyd carcharor arbennig o garchar Tegel yn ninas Berlin i garchar y Gestapo yn Prinz Albrecht Strasse yn yr un ddinas. Enw'r carcharor oedd Dietrich Bonhoeffer, deunaw ar hugain mlwydd oed. Yr oedd eisoes wedi bod yn y carchar am ddeunaw mis, ac yr oedd chwe mis arall o gaethiwed o'i flaen cyn cael ei grogi gan y Gestapo yn Flossenbürg ar 9 Ebrill 1945. Bonhoeffer oedd un o ddiwinyddion ifanc amlycaf Eglwys Gyffesol yr Almaen; cafodd ei garcharu a'i ddienyddio oherwydd iddo gymryd rhan yn y cynllwynion i ladd Hitler, yn arbennig gynllwyn aflwyddiannus 20 Gorffennaf 1944.

Yn ystod deunaw mis cyntaf ei garchariad fe gâi Bonhoeffer sgrifennu llythyrau at ei rieni a rhai o'i gyfeillion, gan gynnwys cyfaill arbennig o'r enw Eberhard Bethge. Yn 1951 fe gyhoeddodd Bethge ddetholiad o'r llythyrau hyn, ac yn 1953 cafwyd cyfieithiad Saesneg ohonynt dan y teitl *Letters and Papers from Prison*. Eisoes [1964] fe werthwyd dros bum mil ar hugain o gopïau o'r llyfr hwn yn y wlad hon yn unig.

Ar 30 Ebrill 1944, fe sgrifennodd Bonhoeffer at Bethge: 'Fe fyddet ti'n synnu ac efallai'n poeni petaet ti'n gwybod sut y mae fy syniadau i am ddiwinyddiaeth yn ymffurfio.' Ac o'r diwrnod hwnnw hyd 23 Awst 1944 (dyddiad ei lythyr olaf at Bethge), fe ddychwelodd dro ar ôl tro yn ei lythyrau at y syniadau diwinyddol newydd hyn – syniadau sy'n cael eu hadnabod heddiw dan y teitl herfeiddiol 'Cristnogaeth ddigrefydd'.

Man cychwyn syniadaeth Bonhoeffer am Gristnogaeth ddigrefydd yw ei argyhoeddiad fod dyn bellach 'wedi dod i'w oed', wedi cyrraedd ei lawn dwf. Ers chwe chanrif neu fwy, medd ef, mae dyn wedi bod wrthi'n brysur yn darganfod y deddfau y mae'r byd yn byw wrthynt ym meysydd gwyddoniaeth, gwleidyddiaeth, cymdeithaseg, celfyddyd, moeseg a hyd yn oed grefydd. 'Fe ddysgodd dyn ddelio â phob cwestiwn o bwys heb orfod dwyn Duw i mewn i'r pictiwr o gwbl.' Fe goncrodd Natur gan gynnwys y natur ddynol, o leiaf yn yr agweddau cymdeithasol arni. Fe wthiwyd Duw allan o'r byd. Mae byw – a gwybod – yn berffaith bosibl hebddo.

Canlyniad y ffaith fod dyn wedi dod i'w oed, medd Bonhoeffer, yw ei fod bellach yn ddigrefydd. Nid yw'n ymdeimlo â'r angen am Dduw o safbwynt meddwl am y byd nac o safbwynt byw yn y byd chwaith. Fe arferid meddwl fod dyn yn grefyddol wrth natur – yn *homo religiosus* – ond mae'n amlwg nad yw hynny bellach ddim yn wir. Yr ydym fel dynoliaeth yn symud tuag at gyfnod cwbl ddi-grefydd: ' 'Fedr dynion fel y maent heddiw ddim bod yn grefyddol mwyach.' Mae *homo religiosus* – y dyn crefyddol wrth natur – wedi marw, wedi darfod o'r tir.

Y mae Bonhoeffer yn condemnio'n chwyrn ymateb yr eglwys i'r datblygiad hwn. Yr hyn a wnaeth hi, medd ef, oedd ceisio atgyfodi crefydd. Wrth hynny fel olygai ddau beth yn arbennig:

1. Yr oedd yr eglwys o hyd yn ceisio meddwl yn fetaffisegol, yn ceisio cadw lle i Dduw ym meddyliau dyn am y byd – i gyfrif am greu'r bydysawd, er enghraifft, neu am gychwyn bywyd ar y ddaear.

2. Yr oedd yr eglwys hefyd yn ceisio manteisio ar ddyn yn ei funudau gwan: munudau o ymdeimlo â methiant, euogrwydd, gwendid corff, ofn marw – y sefyllfaoedd hynny y mae Bonhoeffer yn eu galw'n 'ffiniau'r bywyd dynol'. Yr oedd yr eglwys yn wynebu dyn yn y sefyll-faoedd hyn – a hyd yn oed yn ceisio ei wthio i'r sefyllfaoedd hyn – ac yna'n 'cynhyrchu' Duw (*Deus ex machina*) fel yr ateb i'w holl broblemau. 'Ar *Deus ex machina* y maent yn galw bob amser,' meddai

Bonhoeffer, 'naill ai er mwyn datrys problemau annatrys, neu fel cynhorthwy pan fo dyn yn methu – bob amser felly yn cynorthwyo gwendid dynol neu ar ffiniau bodolaeth ddynol.'

Sut felly y dylai'r eglwys ymateb i'r datblygiad hwn, i ddyfodiad y dyn digrefydd? Yn anffodus, nid yw ateb Bonhoeffer i'r cwestiwn holl bwysig hwn nac yn gyflawn nac yn glir iawn. Wrth gwrs, mae rhai pethau ynglŷn â'i ateb yn gwbl glir; ni ddylai'r eglwys ymhél â metaffiseg, yn un peth, ac ni ddylai chwaith fanteisio ar ddyn yn ei wendid ('Mae Crist yn gafael mewn dyn yng nghanol ei fywyd'). Ond mae'n ymddangos fod Bonhoeffer yn mynd yn llawer pellach na hyn. Mewn araith a baratowyd ganddo ar gyfer bedydd plentyn i gyfaill iddo, fe ddywedodd: 'Y mae ein hiaith grefyddol draddodiadol ni yn colli ei grym a distewi, ac fe gyfyngir ein Cristnogaeth ni heddiw i weddïo dros ein cyd-ddynion ac ymddwyn yn iawn tuag atynt.' Hynny yw, yn ei pherthynas â'r byd fe ddylai'r eglwys – ar hyn o bryd o leiaf – ei chyfyngu ei hun i eiriolaeth a gweithredoedd da, heb geisio pregethu na dysgu dim. Fe fyddai ganddi ei bywyd ysbrydol ei hun, wrth gwrs, ond bywyd *cudd* fyddai: allan o olwg y byd yn gwrando'r Gair ac yn cyfranogi o'r sacramentau.

A beth am y Cristion unigol mewn byd 'digrefydd'? Yn ôl Bonhoeffer, y mae ei brofiad ef yn cyfateb i brofiad yr eglwys. Yr hyn a ddisgwylir ganddo yw, nid gweithredoedd crefyddol o unrhyw fath, ond bod yn ddyn sy'n cyd-ddioddef â Christ yn y byd. 'Nid rhyw weithred grefyddol sy'n gwneud y Cristion yr hyn ydyw, ond cyfranogi o ddioddefaint Duw ym mywyd y byd.' 'Ffydd yw cyfranogi o fodolaeth Crist (ymgnawdoliad, croes, atgyfodiad). Nid perthynas grefyddol â rhyw fod aruchel, hollalluog a holl-dda [...] yw ein perthynas ni â Duw, ond bywyd newydd er mwyn eraill trwy gyfranogi o fodolaeth Duw.' Mewn gair, yr unig beth a ddisgwylir gan Gristion yn ei berthynas â'r byd ydyw cariad, y cariad nad yw'n ceisio'r eiddo ei hun ac sy'n sicr o arwain i ddioddefaint. Yn ei berthynas â Duw, wrth gwrs, fe fydd gan y Cristion (fel yr eglwys) ei fywyd mewnol, ond bywyd cudd fydd hwnnw hefyd: *Arkandisziplin*, disgyblaeth gyfrin.

Dyna fraslun, annigonol ddigon, o rai o brif syniadau Bonhoeffer ar fater 'Cristnogaeth ddigrefydd'. Nid ydynt yn syniadau hawdd, ac y maent hefyd yn anghyflawn: er enghraifft, fe fethodd Bonhoeffer â chyflwyno dehongliad o'r athrawiaethau Cristnogol mewn iaith 'ddigrefydd' er iddo fwriadu gwneud hynny. Ond er gwaethaf anhawster ac anghyflawnder y syniadau hyn, fe fuont eisoes yn dra dylanwadol, fel y tystia llyfrau fel *The New Man* Ronald Gregor Smith, *Beyond Religion* Daniel Jenkins ac yn arbennig *Honest to God* Esgob Woolwich. Mae 'Cristnogaeth ddigrefydd' bellach [1964] bron iawn â bod yn slogan ymhlith rhai pobl, yn enwedig yn Eglwys Loegr.

II

Yn rhan gyntaf yr ysgrif hon fe geisiwyd rhoi crynodeb o brif syniadau Dietrich Bonhoeffer ar fater 'Cristnogaeth ddigrefydd'. Yn yr adran hon fe edrychir eilwaith ar y syniadau hyn, gan geisio (yn betrus ddigon) eu pwyso a'u mesur yng ngoleuni'r dystiolaeth feiblaidd.

Yn gyntaf, tybed pa mor ddilys yw'r syniad sylfaenol am ddyn yn 'dod i'w oed'? Mae'n wir, wrth gwrs, i'r canrifoedd diwethaf weld cynnydd mawr yn nealltwriaeth dyn o'r byd materol a'i feistrolaeth arno trwy gyfrwng technoleg a gwyddoniaeth (yn ôl addewid pennod gyntaf Genesis, 'Arglwyddiaethant ar yr holl ddaear'). Ond prin y gellid mor hawdd ddadlau fod cynnydd cyfatebol wedi digwydd yn nealltwriaeth dyn ohono'i hun fel unigolyn ac fel aelod o gymdeithas; ac yn sicr, os bu cynnydd mewn dealltwriaeth, 'fu dim cynnydd mewn meistrolaeth. Pa lesâd i ddyn oedd i Machiavelli ddarganfod 'deddfau gwleidyddiaeth' (chwedl Bonhoeffer), a ninnau'n gorfod wynebu Hitler bedair canrif wedyn? Onid yw'n wir heddiw, fel erioed, fod yr holl fyd – bywyd y dyn naturiol ym mhob agwedd arno – 'yn gyfan yng ngafael yr un drwg'?

Yn ail, faint o wir sydd yn y syniad fod dyn bellach yn greadur digrefydd yn ei hanfod? Ar hyn o bryd, rhaid cyfaddef, mae mwyafrif

pobl Ewrob fel pe baent yn anymwybodol o fodolaeth byd arall am y
llen â hwn. Maent yn credu fod gwyddoniaeth rywsut wedi gwrth-
brofi'r syniad – fel pe gallai gwyddoniaeth wrthbrofi, neu brofi, dim
byd o'r fath! Ond beth petai'r agwedd meddwl hon yn rhywbeth bas
iawn mewn gwirionedd, a hefyd yn rhywbeth dros dro yn unig?
Dyna'n wir a awgrymir, yn gyntaf gan ffyniant ofergoelion o bob math,
ac yn ail gan y ffaith fod y materolwyr hwythau fel pe baent dan orfodaeth
i droi eu materoliaeth yn rhyw fath o grefydd. Beth petai anghrefydd
y Gorllewin i'w briodoli'n bennaf, nid i unrhyw ddatblygiad anorfod
yn hanes diwylliannol dyn, ond yn syml i fethiant yr eglwys i gyhoeddi'r
Gair fel y dylasai? Onid yw dadansoddiad pennod gyntaf y Llythyr at
y Rhufeiniaid yn dal yn wir o hyd?

Yn drydydd, fe dueddwn i o leiaf i gytuno'n galonnog â chondemniad
Bonhoeffer ar hoffter yr eglwys o ymroi i athronyddu'n fetaffisegol (er
yr hoffwn wybod hefyd beth yn union fyddai ei agwedd at iaith y Beibl
yn y cyswllt hwn). Ond beth am y syniad sydd ganddo am beidio â
manteisio ar ddyn yn ei wendid – hynny yw, yn ei funudau o ymdeimlo
â'i bechod, ag ofn marw, ac yn y blaen? Mae hwn yn gwestiwn syl-
faenol, oherwydd fe ymddengys i mi fod syniad Bonhoeffer yma yn
groes i'r hyn a geir yn y Testament Newydd. Onid at ddynion yn eu
gwendid, ac at ddynion a oedd yn ymwybodol o'u gwendid, y daeth
Crist? 'Y rhai sydd iach nid rhaid iddynt wrth y meddyg, ond y rhai
cleifion. Ni ddeuthum i alw y rhai cyfiawn, ond pechaduriaid, i edifeir-
wch.' Y blinderog a'r llwythog a wahoddir ato i'w hesmwytháu, y tlod-
ion yn yr ysbryd yn unig sy'n wyn eu byd.

Yn olaf, beth am anogaeth Bonhoeffer i'r eglwys a'r Cristion unigol
i ymwrthod â phob proffes agored o'u ffydd a phob act grefyddol gy-
hoeddus, ac ymroi'n hytrach i weithredoedd cariad a chyfiawnder tuag
at eu cyd-ddynion? Nid yw'n anodd o gwbl gydymdeimlo â'r anogaeth
hon: byddai ufuddhau iddi yn gwneud i ffwrdd â llawer o ragrith, a
gallai hefyd fod yn ddull effeithiol iawn o efengylu ('does dim byd
tebyg i gymryd gorchmynion Duw o ddifrif i beri i ddyn sylweddoli ei

lwyr anallu i'w cadw yn ei nerth ei hun). Ond unwaith eto, o ddwyn syniad Bonhoeffer wyneb yn wyneb â'r Testament Newydd, mae'n rhaid cydnabod fod yma wrthdrawiad. Mae'r Eglwys Fore, i bob golwg, yn pregethu ac yn tystiolaethu'n ddi-ball. Ac nid yw hynny'n syndod yn y byd, o gofio gorchymyn olaf ei Harglwydd iddi.

Wedi mentro beirniadu rhai o syniadau Bonhoeffer fel hyn, mae'n hyfrydwch cael gorffen drwy groesawu'n ddiamod bron ei bwyslais sylfaenol ar y gwahaniaeth rhwng crefydd a Christnogaeth – pwyslais a etifeddodd yn y lle cyntaf, mae'n ddiau, oddi wrth ei feistr diwinyddol, Karl Barth. Yn eglurach na neb yn ei genhedlaeth, fe atgoffaodd Bonhoeffer yr eglwys nad crefydda sy'n gwneud dyn yn Gristion. 'Enwaediad nid yw ddim, a dienwaediad nid yw ddim' (1 Corinthiaid 7:19). Ffydd yn gweithio trwy gariad, creadigaeth newydd, cadw gorchmynion Duw – dyna sy'n bwysig. Fel y dywedodd Daniel Jenkins, wrth drafod syniadau Bonhoeffer: 'Nid yr un peth, o angenrheidrwydd, yw crefydd yr eglwysi â'r ffydd sy'n cyfiawnhau tan fendith yr Ysbryd.' Y mae angen ein hatgoffa ni o hyn yn feunyddiol, am y rheswm syml fod tuedd gref ym mhob sefydliad eglwysig i wneud crefydda yn ddiben ynddo'i hun. Ffordd Bonhoeffer o'n rhybuddio rhag y perygl marwol hwn yw gwahanu Cristnogaeth a chrefydd bron iawn yn llwyr – gwahaniad a fynegir yn ddiamwys yn yr ymadrodd 'Cristnogaeth ddi-grefydd'. Efallai iddo fynd yn rhy bell, ond, yn sicr, fe aeth yn rhy bell i'r cyfeiriad iawn.

A hyd yn oed os na fedrwn ni fynd yr holl ffordd gyda Bonhoeffer, tybed nad da o beth fyddai inni gymryd ein perswadio ganddo i fod gryn dipyn yn fwy cynnil yn ein crefydda? A dyfynnu Daniel Jenkins unwaith eto: 'Mae cyflawni'r defodau arferol, neu gychwyn a chynnal sefydliad llewyrchus gyda'r holl weithgareddau confensiynol a ddisgwylir gan eglwysi, yn fuan iawn yn hawlio holl egnïon y bywyd crefyddol.' Os yw'r Gair yn cael ei bregethu a'i ddysgu'n ffyddlon, y sacramentau'n cael eu gweinyddu, bywyd y gymdeithas ysbrydol yn cael ei warchod a chariad brawdol yn ffynnu, dyna'r unig bethau y mae'n rhaid i unrhyw eglwys wrthynt: trimins yw'r gweddill. A phetai gan eglwys lond gwlad o drimins, ond heb fod ganddi'r pethau hanfodol hyn, pa lesâd iddi yn wir? Y ffaith drawiadol, fel y sylwodd Emil Brunner (yn ei lyfr nodedig, *The Misunderstanding of the Church*), yw fod y pethau hanfodol hyn yn llawer amlycach ymhlith y mudiadau a'r sectau bychain nag ymhlith yr eglwysi hanesyddol. Fe wêl Brunner bwrpas o hyd i'r eglwysi hyn fel ceidwaid yr athrawiaeth, ond beth petai'r swyddogaeth honno hefyd yn dod i ben? Gobeithio'n wir nad yn nameg y winwydden y mae'r ateb i'r cwestiwn hwn. Dyma pam mai fy nymuniad pennaf i ar gyfer Anghydffurfiaeth Cymru, ar wahân i adfywiad ysbrydol, ydyw edifeirwch diwinyddol.

Po fwyaf y darllenir ar lyfr olaf Dietrich Bonhoeffer, mwyaf yn y byd y deuir i edmygu treiddgarwch ei feddwl a symledd mawr ei ysbryd – er gorfod anghytuno weithiau â rhai o'i syniadau. Yn ei lythyr olaf at Bethge, fe ddywedodd beth fel hyn: 'Rhaid iti beidio byth ag amau nad wyf yn cerdded y llwybr a apwyntiwyd imi yn ddiolchgar a llawen. Mae fy mywyd yn y gorffennol yn llawn o ddaioni Duw, a'm pechodau wedi eu cuddio gan gariad maddeugar y Crist croeshoeliedig.' A phan ddaeth y Gestapo i'w hebrwng i'w ddienyddiad yn Flossenbürg, ei air olaf wrth un o'i gyd-garcharorion oedd: 'Dyma'r diwedd – ac i mi dyma ddechrau byw.'

Cristnogion a Phaganiaid

O'r *Cylchgrawn Efengylaidd*, Rhagfyr 1964/Ionawr 1965

Y mae dynion yn mynd at Dduw yn eu dirfawr raid,
deisyfant Ei help, erfyniant am hawddfyd ac am fwyd,
am swcwr iddynt yn eu gwaeledd a'u pechod a'u gwaed:
    Cristnogion, paganiaid – yr un yw eu llên.

Y mae dynion yn mynd at Dduw, ac Yntau'n Ei raid,
fe'i cânt yn dlawd, yn druan, heb na llety na bwyd,
wedi'i lethu, Yntau, gan bechod a gwendid a gwaed:
    fe saif y Cristion wrth ochr Duw yn Ei wŷn.

Y mae Duw yn mynd at bob rhyw ddyn yn ei raid,
fe ddigona eu cyrff a'u heneidiau gyda'i fwyd,
ac ar y groes, dros Gristion a phagan, fe gyll Ei waed,
    gan faddau i'r ddau'n ddiwahân.

Dietrich Bonhoeffer
cyf. R. Geraint Gruffydd

NODYN – Er mai annhegwch â Bonhoeffer fyddai trin y gerdd hon fel datganiad diwinyddol, fe welir ynddi'n eglurach nag yn unman arall ei bwyslais mai gwir ystyr ffydd ydyw 'cyfranogi o ddioddefaint Duw yn y byd'. Un pwynt technegol: dwy odl yn unig sydd yn y gerdd wreiddiol, a bu raid defnyddio proest yn y cyfieithiad. Ond hyd yn oed felly, amhendant iawn yw'r gair *gwaed* (yn nhrydedd linell pob pennill) o'i gymharu â'r Almaeneg *Tod* 'marwolaeth'. – R.G.G.

Ymhle y mae'r nefoedd heddiw, a sut y gallwn fynd yno?

Fe'i cyhoeddwyd yn Gwilym Arthur Jones (gol.), *Nesáu at Dduw* (Caernarfon: Llyfrfa'r Methodistiaid Calfinaidd, 1977)

Y mae'n sicr nad lle yw'r nefoedd, yn ystyr arferol y gair hwnnw. Os dywedodd y cosmonawt o Rwsia, Yuri Gagarin, nad oedd wedi gweld y nefoedd yn y gofod, 'doedd dim rhaid iddo ofidio. Y mae'r un mor sicr, fodd bynnag, na allwn ni feddwl am y nefoedd ond fel lle: creaduriaid amser a lle ydym ni ar hyn o bryd, ac y mae hyn yn cyfyngu'n bendant ar y ffordd y gallwn feddwl ac amgyffred. Mwy na hynny, ni allwn ond meddwl am y nefoedd fel lle uwch ein pen, ac uffern fel lle is ein traed. Ni allai Crist ond fod wedi *esgyn* i'r nefoedd a *disgyn* i uffern.

Os yw'r darlun hwn yn ein poeni, fodd bynnag, efallai y gall darlun arall fod o help. Yn ei soned iasol 'Hen Gychwr Afon Angau', y mae Robert Williams Parry yn cyferbynnu'r cwch a rwyfir gan Charon er mwyn cludo eneidiau'r meirwon dros afon Styx ym mytholeg gwlad Groeg â moduron moethus ymgymerwyr angladdau ein dyddiau ni, gan awgrymu nad yw'r holl foethusrwydd a threfnusrwydd yn newid yr un iod ar ofnadwyaeth arhosol angau. Fel hyn y mae'r soned yn gorffen:

> Ond ar y dwfr sydd am y llen â'r llwch
> Ni frysia'r Cychwr, canys hen yw'r cwch.

'Am y llen â'r llwch.' Am y llen â'n byd ni, y mae byd a bydysawd arall na allwn ni mo'i ganfod â'n synhwyrau, y byd ysbrydol. Byd Duw yw hwn, a'i angylion a'i saint; ond byd hefyd lle y mae Satan a'i ddilynwyr yntau wrth eu gwaith. Y mae'n fyd tragwyddol ac anfeidrol:

hynny yw, nid yw amser a lle, fel y gwyddom ni amdanynt, yn cyfrif dim yno. Efallai fod gennym ymwybod naturiol â bodolaeth y byd hwn, ond y mae pwyslais ein cenhedlaeth ni gymaint ar feistroli a mwynhau'r byd naturiol drwy wyddoniaeth a thechnoleg fel bod yr ymwybod hwn wedi pylu a diflannu bron yn llwyr: yn seicolegol, yr ydym yn genhedlaeth anffurfiedig i'r eithaf.

Wrth awgrymu y gall fod inni ymwybod naturiol â bodolaeth y byd ysbrydol, nid dweud yr wyf fod gennym wybodaeth sicr amdano. Drwy'n synhwyrau y daw'n gwybodaeth i ni, ac ni all ein synhwyrau ddweud dim wrthym am y byd ysbrydol. Os oes arnom eisiau gwybodaeth am hwnnw, rhaid iddi gael ei datguddio inni, a rhaid i ninnau ei derbyn yn ffyddiog. Fe gyflwynir yr wybodaeth hon inni yn y datguddiad Cristnogol, a gorfforir mewn ffurf ysgrifenedig yn y Beibl.

Yn y Beibl fe ddysgwn mai trigfan Duw yw'r nefoedd, y Duw sy'n Dad a Mab ac Ysbryd Glân ac eto'n Un. Yn y nefoedd fe wneir ewyllys Duw yn berffaith; ac felly nid oes lle yno nac i angel gwrthryfelgar nac i ddyn sy'n gweithredu anwiredd. Ond y mae lle yno i'r ysbrydion gwasanaethgar, sef yr angylion da, ac i ysbrydoedd y dynion cyfiawn sydd wedi eu perffeithio (ac nid i'w hysbrydoedd yn unig, oherwydd fe ddarperir ar eu cyfer gyrff ysbrydol hefyd yn y diwedd). Lle ydyw o ddedwyddwch pur, oherwydd fe fydd pawb yno'n cyflawni'r amcan y crewyd ef ar ei gyfer, heb neb na dim i dynnu'n groes.

Weithiau sonnir am y dedwyddwch yn nhermau absenoldeb pethau annedwydd: ni bydd newyn na syched yno, na thristwch na phoen na llefain na dagrau na marwolaeth na melltith. Yn fynychach ceisir cyfleu'r dedwyddwch mewn termau cadarnhaol: bod gyda Christ, gweld ei ogoniant wyneb yn wyneb, ei adnabod yn llwyr, cael ei foli'n barhaus (oherwydd, o'i weld 'does dim ymateb arall yn bosibl). Fe fydd bod yno yn dderbyn etifeddiaeth nad oes na difodi na difwyno na difa arni; fe fydd yn anrhydedd ac yn wobr. 'Does dim rhyfedd i Paul (gan adleisio Eseia) honni yn rhywle fod y pethau a ddarparodd Duw ar gyfer y rhai sy'n ei garu nid yn unig yn bethau na ellir eu canfod â'r synhwyrau ond hefyd yn bethau na ellir eu hamgyffred â'r meddwl: 'Ni welodd llygad, ac ni chlywodd clust, ac ni ddaeth i galon dyn, y pethau a ddarparodd Duw i'r rhai a'i carant Ef.' 'Does dim rhyfedd ychwaith, felly, fod dyfaliadau dynion am y nefoedd yn aml yn ymylu ar fod yn chwerthinllyd, fel y sylwodd Waldo Williams unwaith mewn cân gofiadwy (gw. *Y Traethodydd*, Hydref 1973). Ar eu gorau rhyw barodïo'r realiti y maent, ac yn wir nid oes fodd iddynt wneud dim byd amgen.

Sut y gallwn fynd yno?

Ie, dyna'r cwestiwn! – y cwestiwn pwysicaf yn y byd, yn ôl honiad Søren Kierkegaard unwaith. Ac y *mae'n* gwestiwn; oherwydd nid y nefoedd yw lle dyn wrth natur. Lle dyn wrth natur yw gyda Gelyn Duw yn y pwll diwaelod. Y mae dyn yntau'n wrthryfelwr yn erbyn Duw ac wedi derbyn dedfryd marwolaeth dragwyddol am ei wrthryfel. Ond mesur cariad Duw tuag at ddyn yw iddo ddod ei hun yn ddyn yn ei Fab, a dioddef y farwolaeth honno yn lle dyn. Bellach er mai anghyfiawn yw dyn, a heb le i obeithio am ddim ond cael cau porth y nefoedd yn ei wyneb am byth, y mae Crist yn cynnig iddo ei gyfiawnder Ef ei hun, a mynediad i'r nefoedd yng nghysgod y cyfiawnder hwnnw. Nid yw'n gofyn dim gan ddyn ond ei fod yn troi cefn ar ei anghyfiawnder cynhenid, ac yn arbennig ar unrhyw weddillion cyfiawnder y mae o hyd yn tybio eu bod ganddo (y tlodion yn yr ysbryd yn unig biau teyrnas nefoedd); ac yna ymddiried yn syml yng Nghrist y rhydd iddo, yn ôl ei addewid, faddeuant a chymod â Duw, a bywyd newydd yr Ysbryd Glân i'w helpu ar ei daith. Dyna'r newid cyfeiriad sylfaenol. O hyn allan, nid llithro i lawr goriwaered natur tua'r Pwll y bydd y dyn, ond dringo'n araf a chlunherciog ddigon tua'r Porth, a hynny 'Er cwyno lawer canwaith – a gweled/Twyll y galon ddiffaith'.

A pheidied neb â meddwl mai rhyw fywyd aflawen ac 'arallfydol' yw'r bywyd newydd hwn. I'r gwrthwyneb, o'i fyw yn iawn, dyma'r unig fywyd sy'n cyfrannu gwir lawenydd, a dyma'r bywyd hefyd, yn

anad yr un, sy'n gadael ei ôl er gwell ar y byd hwn: y tlodion yn yr ys-
bryd piau teyrnas nefoedd ond hwy, hefyd, yw halen y ddaear.

'Llawenhewch oherwydd fod eich enwau wedi eu sgrifennu yn y
nefoedd,' meddai Crist wrth ei ddisgyblion unwaith. Ac meddai Paul,
'Y mae arnaf awydd ymadael a bod gyda Christ, gan fod hynny'n
llawer iawn gwell.' Tybed a wyddom ni rywbeth am y llawenydd a'r
awydd yma?

Cyn troedio'r tir heulog

O'r cylchgrawn *Cristion*, Gorffennaf/Awst 1995

U n o'r papurau dyddiol y byddaf yn eu darllen – neu'n hytrach yn carlamu trwyddynt – yw *Times* Llundain. Er nad yw cystal papur ag y bu, yn fy marn i, y mae'n dal yn fwy at fy nant na'r un o'r papurau 'trymion' eraill. Un o golofnwyr rheolaidd y *Times* yw Matthew Parris, sy'n sgrifennu colofn wythnosol yn ogystal â braslun dyddiol, fwy neu lai, o Dŷ'r Cyffredin. Y mae Parris ei hun yn gyn-Aelod Seneddol Torïaidd. Y mae hefyd, fe ymddengys i mi, yn newyddiadurwr eithriadol o wych.

Dechrau Mawrth eleni [1995] yn ei golofn wythnosol fe ddewisodd Parris sôn am wasanaeth conffirmasiwn mab bedydd iddo yn Rhydychen – yr ail dro erioed, meddai ef, iddo ysgrifennu am grefydd. Dweud yr oedd na allai ddygymod â'r agwedd negyddol a ddatgelir yn rhai o ddywediadau 'celyd' Iesu Grist. Y mae'n dyfynnu pedwar dywediad o Efengyl Mathew (5:22, 18:34–35, 24:48–51, 25:41) sy'n dweud fod pwy bynnag sy'n sarhau ei frawd, neu sy'n gwrthod maddau iddo, neu sy'n ymwrthod â'i gyfrifoldeb i ofalu am ei gyd-ddynion, neu sy'n troi eu cefn ar ddisgyblion Crist pan fônt mewn angen, mewn perygl o gael eu cosbi am byth. Nid anghytuno â'r gofynion y mae Parris, eithr dweud nad oherwydd ofn cosb y dylai pobl eu cyflawni ond oherwydd fod y gofynion eu hunain yn dda.

Bu cryn drafod ar golofn Parris mewn dau rifyn dilynol o'r *Times*, ac mae'n ymddangos i mi i'w ddadleuon gael eu hateb yn deg ond yn gadarn, gan Esgob Rhydychen ei hun ymhlith eraill. Bûm yn meddwl cryn dipyn am y digwyddiad wedi hynny, fodd bynnag, a dod i'r casgliad fod Parris, gyda'i ddeallusrwydd a'i sensitifrwydd arferol, wedi rhoi ei fys ar un o'r prif ffactorau – onid *y* prif ffactor – sy'n rhwystro pobl rhag wynebu galwad yr efengyl heddiw. Yr hyn na allodd Parris ddygymod ag ef – ac yn hyn o beth y mae'n cynrychioli llu mawr o'r un genhedlaeth – yw fod y fath beth â deddf ar waith yn y byd moesol yr ydym yn byw ynddo. Hynny yw, y mae Parris a'i genhedlaeth yn dechnegol yn 'Antinomiaid', yn bobl sy'n ymwrthod â deddf.

Y drafferth ynglŷn â safbwynt o'r fath yw ei fod yn gwbl afrealistig. Yn y lle cyntaf, y mae dyn yn ddrwg drwyddo, fel y gwelir yn ddigon eglur pan fo'n cael ei roi mewn sefyllfa o rym dilyffethair: tybed sawl miliwn o farwolaethau y bu Josef Stalin, Adolf Hitler a Mao Tse-Tung rhyngddynt yn gyfrifol amdanynt yn ystod y ganrif waedlyd a aeth heibio? (Ac os cynigir yr esgus mai unigolion seicopathig oeddynt – fel yr oeddynt yn ddiau – meddylier â pha gefnogaeth y daethant i rym ac yr arosasant mewn grym.) Yn yr ail le, y mae Duw'n gyfiawn yn ei hanfod ac yn mynnu galw dyn i gyfrif am ei ddrygioni: hynny yw, yn hwyr neu'n hwyrach, fe fydd pawb ohonom yn gorfod talu am y drwg a wnaethom. Eithr, yn drydydd, y mae Duw hefyd yn gariad yn ei han-fod, ac er mwyn ein harbed rhag canlyniadau ein drygioni fe anfonodd ei Fab i ddioddef y canlyniadau hynny yn ein lle. Yr oedd y dynged a'n hwynebai oherwydd ein drygioni mor erchyll fel nad oedd dim ond ymgnawdoliad a marwolaeth Mab Duw drosom a allai ein harbed rhagddi. Yn bedwerydd, fodd bynnag, er mwyn gallu manteisio ar y waredigaeth a enillodd Crist inni, y mae'n rhaid inni dderbyn dedfryd Duw ar ein cyflwr drygionus, ac yna droi at Grist mewn ffydd a chymryd ein dysgu ganddo sut i fyw a sut i feddwl. Ond y cam cyntaf bob amser yw cydnabod y gwir am ddifrifoldeb ein cyflwr. Dyma'r mur y mae'n rhaid mynd trwyddo cyn troedio tiriogaeth heulog ac eang yr iachawdwriaeth. A dyma, ysywaeth, y mur y mae Matthew Parris a'i genhedlaeth yn benderfynol o droi eu cefn arno.

'R wy'n cofio cael sgwrs unwaith ag athro gwyddoniaeth o'r Almaen a oedd hefyd yn Gristion. Wrth sôn am gyflwr cymdeithas yn y Gor-llewin, y gair a ddefnyddiodd oedd 'decadent'. Yr oeddwn yn meddwl ar y pryd fod hwnnw'n air rhy gryf, ond erbyn hyn nid wyf mor siŵr.

Dau gysur sydd: yn gyntaf, nid yw tranc cymdeithas yn golygu nad oes ymwared sicr i'r unigolyn sy'n ei geisio; ac yn ail, gall Duw, os myn, adnewyddu'r gymdeithas yn ogystal â'r unigolyn.

Ein hiaith a'n diwylliant

Sgwrs a ddarlledwyd ar BBC Radio Cymru, fore Sul, 3 Rhagfyr 1978,
ac a gyhoeddwyd yn *Y Cylchgrawn Efengylaidd*, Mawrth/Ebrill 1979

Fe hoffwn ddweud gair i ddechrau am thema'r gyfres hon o wasanaethau ar ei hyd, sef *Tyred, Arglwydd Iesu*. Bras gyfieithiad ydyw'r geiriau hynny o slogan a oedd yn bur boblogaidd yn yr Eglwys Fore, yn ôl pob golwg. Yn yr iaith Aramaeg yr oedd y slogan, sef yr iaith a siaredid gan ein Harglwydd a'i ddisgyblion, a'i ffurf hi oedd *Marana-tha*, 'Ein Harglwydd, tyred'.

Wrth ddefnyddio'r slogan, gweddïo yr oedd pobl yr Eglwys Fore ar i'w Harglwydd ddychwelyd atynt, nid y tro hwn fel dyn distadl – fel saer coed a droes yn ddysgawdwr neu'n Rabbi ac a groeshoeliwyd gan y Rhufeiniaid – ond fel brenin ar gymylau'r nef gyda llu o angylion i farnu'r byd. Yr oedd y gobaith hwn am ailddyfodiad yr Arglwydd mewn gogoniant yn llosgi yng nghalonnau pobl yr Eglwys Fore, ac yn cael mynegiant yn y slogan yna, *Marana-tha*, 'Ein Harglwydd, tyred'. Yr wyf yn gwbl sicr, petaem ni'n byw ar yr un lefel ysbrydol â nhw, y byddai'r un gobaith yn llosgi'n gryfach nag y mae yn ein calonnau ninnau hefyd. O ran hynny y mae'r union obaith yn cael mynegiant croyw yn yr emyn gan William Williams o Bantycelyn a ganasom ar y dechrau: 'Haleliwia, groeso, groeso, addfwyn Oen.' O safbwynt tragwyddoldeb, *sub specie aeternitatis* ys dywedir, yr ydym ninnau'n byw yn y dyddiau diwethaf, yn nherfynau'r oesoedd.

Ond wrth ofyn i'w Harglwydd ddychwelyd atynt, nid oedd hynny'n golygu fod pobl yr Eglwys Fore'n tybio nad oedd Ef eisoes yn bresennol gyda nhw yn ei Ysbryd. Ar ddydd y Pentecost, yn ôl ei addewid, yr oedd wedi anfon ei Ysbryd atynt, ac yr oedd yr Ysbryd wedi bod yn bresennol iawn yn eu plith fyth wedi hynny. Yn wir, yr oeddynt yn

hynod ymwybodol o'i bresenoldeb a'i weithgarwch, yn llawer mwy
ymwybodol at ei gilydd nag ydym ni. Ar waethaf ein diffyg ymwybod
ni, y mae'r gwirionedd am bresenoldeb yr Ysbryd yn dal hyd heddiw,
ac fe ddeil. Y mae'r Ysbryd ar waith *yn y byd*, yn arafu rhyfyg dynion,
ac yn sicrhau y bydd amcanion Duw yn cael eu dwyn i ben ar waethaf
gwrthryfel dyn. Ond y mae'r Ysbryd ar waith mewn modd arbennig
yn yr eglwys (ac ym mywydau'r Cristnogion unigol sy'n cyfansoddi'r
eglwys): yr Ysbryd sy'n dwyn yr eglwys i fod drwy ddangos iddi pwy
ydyw Crist a rhoi iddi'r ffydd i gredu ynddo. Yr Ysbryd hefyd sy'n
goleuo meddwl yr eglwys drwy'r Ysgrythurau ynglŷn â sut y dylai hi
fyw yn y byd hwn. Oherwydd os oes un peth yn glir ynglŷn â'r ffydd
Gristnogol, dyna ydyw: fod a wnelo'r ffydd â bywyd yn gyfan, â bywyd
yn ei holl agweddau. Nid oes yr un gewyn yn ein corff na'r un gilfach
yn ein meddwl nad ydyw Crist, os ydym yn proffesu ei ddilyn, yn
hawlio'i arglwyddiaeth drostynt.

Ac y mae hyn yn dod â mi at thema'n sgwrs heddiw: 'Tyred, Arglwydd
Iesu – i fyd ein hiaith a'n diwylliant.' A oes gan Grist drwy ei Ysbryd
yn yr Ysgrythurau unrhyw beth o gwbl i'w ddweud wrthym am fyd ein
hiaith a'n diwylliant? Yr ateb, fel yr wyf wedi awgrymu'n barod, ydyw:
'Oes, yn sicr.' Yn wir fe ddywedir yn aml, ac y mae gwirionedd mawr
yn y peth, mai prif orchwyl dyn fel bod creëdig yn y byd ydyw
gogoneddu Duw drwy ddiwyllio neu ddarostwng y ddaear. Dyna'r
gorchymyn cyntaf i Adda ac Efa yng Ngardd Eden ac fe'i hailadroddwyd
wrth Noa a'i deulu wedi'r Dilyw – y Gorchymyn Diwylliannol, fel y
mae'n cael ei alw. Wrth gwrs, y mae diwylliant yn yr ystyr hon yn cynnwys
popeth o amaethyddiaeth hyd fathemateg – yn cynnwys gwaith tŷ a
dysgu plant ac adeiladu awyrennau – popeth sy'n dwyn trefn ar dry-
blith ffrwythlon y ddaear hon ac yn peri fod rhai o'i phosibiliadau yn
cael eu sylweddoli. Ond yn sicr y mae diwylliant bob amser yn cynnwys
yr hyn y byddwn *ni'n* meddwl amdano fel diwylliant, diwylliant ar ei
wedd uchaf, fel petai: llenyddiaeth, celfyddyd a chrefft, cerddoriaeth
o bob math. Y mae'r pethau hyn i gyd yn dda ac y maent i'w gwneud
er gogoniant i Dduw.

Y mae diwylliant fel yr ydym wedi arfer meddwl amdano yng Nghymru yn arbennig glwm ag iaith. Mae'n debyg ei bod yn wir dweud fod y diwylliant Cymreig wedi cael ei fynegiant godidocaf trwy'r iaith Gymraeg, hynny yw, drwy lenyddiaeth – peth nad yw'n wir am bob diwylliant, wrth gwrs. Ac y mae iaith i'w thrysori nid yn unig fel dull mwy neu lai hwylus o siarad â'n gilydd – o gyfathrebu – ond hefyd fel rhywbeth y crëir diwylliant ag ef, ac yn y pen draw fel rhywbeth y molir Duw ag ef. Fe ellir dweud ar awdurdod cadarn *fod* yna ganu yn y nefoedd, ond y mae hefyd lefaru yno, a phob iaith, y mae'n ymddangos, yn cael ei chynrychioli:

> Wele dyrfa fawr, yr hon ni allai neb ei rhifo, o bob cenedl a llwythau a phobloedd *ac ieithoedd*, yn sefyll gerbron yr orseddfainc, a cherbron yr Oen, wedi eu gwisgo mewn gynau gwynion, a phalmwydd yn eu dwylo. Ac yr oeddynt yn llefain â llef uchel, gan ddywedyd: 'Iachawdwriaeth i'n Duw ni, yr hwn sydd yn eistedd ar yr orseddfainc, ac i'r Oen.'

Yn wir, y mae'n anodd osgoi'r casgliad mai iaith ydyw'r gynneddf arbenicaf sy'n perthyn i ddyn, ac na ddylem fyth fod yn ddibris ohoni. Fe fyddwn i'n fodlon dadlau – gan beri dicter mawr i gerddorion ac artistiaid, 'r wy'n ofni – mai diwylliant iaith, hynny yw llenyddiaeth, ydyw'r ffurf uchaf ar ddiwylliant. Yn anad unpeth – os anghofiwn am funud y dimensiwn ysbrydol – creadur yn siarad ydyw dyn.

A dyma ddod at bwynt nad oes modd ei osgoi wrth drafod y mater hwn, sef perthynas iaith â chenedl. Y mae'r genedl yn ddiamau yn rhan o drefn Duw ar gyfer y ddaear hon. Os ydych yn amau hyn, 'does ond rhaid ichi feddwl pa ddewisiadau eraill sy'n bosibl. Un o nodweddion dyddiau ola'r ddaear yn ôl y Testament Newydd, ydyw y bydd yna lywodraeth fyd-eang neu uwch-genedlaethol yn ymddangos, ac un o enwau'r Testament Newydd arni hi yw 'yr Anghrist'. Y genedl ydyw ffordd Duw o ddiogelu amrywiaeth ffrwythlon o fewn undod yr hil ddynol – a chyda llaw, i un hil yr ydym i gyd yn perthyn, 'hil eiddil Addaf' chwedl Dafydd ap Gwilym, beth bynnag ydyw lliw ein croen. Duw a ddug genhedloedd i fod, meddai

Paul yn Actau 17, ac yn y diwedd meddai Ioan y Difinydd, fe fydd y cenhedloedd yn dwyn eu hanrhydedd a'u gogoniant i ddinas Duw. A siarad yn ddelfrydol, fe ddylai fod gan bob cenedl ei hiaith ei hun a'i thir ei hun – dyna'r ddeubeth, ynghyd â hanes, sy'n *gwneud* cenedl; ac fe ddylai hefyd fod gan bob cenedl ei llywodraeth ei hun. Ond, gwaetha'r modd, nid yw pethau yn aml yn ddelfrydol ar y ddaear hon, ac y mae'r sefyllfa ymhobman bron yn llawer mwy cymhleth nag y mae'r gosodiad syml hwnnw yn ei awgrymu.

Yn Ewrop, er enghraifft, meddyliwch am ein brodyr a'n chwiorydd yn Llydaw neu am wlad Belg neu wlad y Basgiaid, a phroblem pob un ohonynt yn wahanol iawn i'w gilydd. A phan ystyriwch leoedd fel canolbarth Affrica, lle y ceir degau os nad cannoedd o ieithoedd yn cael eu siarad ar diriogaeth weddol gyfyng, fe welwch fod y sefyllfa'n gallu bod yn gymhlethach fyth. Ond nid yw'r cymhlethdod hwn yn unrhyw reswm dros anghofio'r delfryd. A sut bynnag, nid yw, fel mae'n digwydd, yn mennu cymaint â hynny arnom ni. Y mae'n sefyllfa ni fel Cymry'n gymharol syml: y mae gennym hen hanes a hen diriogaeth a hen iaith (pa mor enciliedig bynnag ydyw ar y foment); ein problem fawr ni, wrth gwrs, ydyw nad ydyw canolbwynt ein llywodraeth ddim o fewn ein tiriogaeth ni'n hunain.

Yn wyneb hyn oll, beth ydyw'n dyletswydd fel Cristnogion o Gymry – ein dyletswydd ddiwylliannol, os mynnwch? Yn gwbl amlwg y mae galwad arnom i anwesu a choleddu'r hyn a roddwyd inni – anwesu'n hanes, anwesu'n tir, anwesu'n hiaith. Dyma drysorau y mae Duw yn ei Ragluniaeth wedi eu hymddiried i'n gofal, ac i'n gofal ni yn unig, a cham ag Ef fyddai eu disbrisio mewn unrhyw fodd.

Os cawsom y Gymraeg gan ein rhieni fe ddylem ymdrechu i siarad yr iaith a'i dysgu i'n plant – fe all hynny fod yn anodd yn aml, wrth gwrs. Os ydym yn ddi-Gymraeg, neu os daethom yma o wlad arall, fe ddylem o leiaf roi cynnig ar ei dysgu, os ydyw hynny'n ymarferol o gwbl, ac yn sicr fe ddylem wneud yr hyn a allwn i'w dwyn i afael ein plant. Fe ddylem ymdrechu i sicrhau iddi ei lle priodol yn sefydliadau ac ym mywyd cyhoeddus y wlad. A'r iaith yn y fath argyfwng, fe ddylem wneud popeth cyfreithlon o fewn ein gallu i'w hyrwyddo. Os rhoddwyd inni'r ddawn i ddefnyddio'r iaith yn greadigol fel cyfrwng diwylliant, yna fe ddylem arfer y ddawn honno'n llawen, er gogoniant i Dduw. Yn sicr fe ddylem fawrhau ein diwylliant, beth bynnag ydyw'n dawn neu'n diffyg dawn. Yn gyffredinol, mae'n bwysig iawn ein bod yn peidio â cheisio bod yn rhywbeth gwahanol i'r hyn y'n crewyd. Yn aml, un rheswm pam y mae pobl wedi gollwng y Gymraeg heibio ydyw math o falchder, fel y sylweddolodd Howel Harris dros ddwy ganrif yn ôl. Wrth sôn amdano'i hun yn pregethu yn sir Benfro ychydig cyn ei farw meddai:

Yr oeddwn i'n daer iawn dros i'r Cymry beidio â llyncu balchder y Sais a'i iaith, gan anghofio eu hiaith eu hunain. Fe ddywedais wrthynt fod Duw'n Gymro, ac yn gallu siarad Cymraeg, a'i fod wedi dweud wrth lawer yn Gymraeg, 'Maddeuwyd i ti dy bechodau.'

Ac ar y lefel genedlaethol eto – ar y lefel wleidyddol yn wir – y mae'n ymddangos i mi fod galwad glir ar Gristnogion o Gymry i bleidio trefn gyfansoddiadol a fydd yn rhoi cyfle i briod nodweddion y genedl gael mynegiant, a fydd yn helpu i ddiogelu'r iaith a'r diwylliant ac a fydd yn hybu ffrwythlonder y tir a'r ddaear, yn gwneud y defnydd gorau posibl o'n hadnoddau crai – a'n hadnoddau dynol hefyd o ran hynny. Nid oes rhaid i drefn wleidyddol felly olygu annibyniaeth lwyr, er mai dyna'r sefyllfa normal, mae'n debyg – fe all trefn ffederal, neu rywbeth tebyg i drefn ffederal, daro cystal os nad gwell – ond y mae'n rhaid i'r drefn, beth bynnag fo, ddiogelu'r pethau sy'n perthyn yn arbennig i ni fel cenedl. Dyna'r alwad ddiwylliannol – yn ystyr eang y gair – sydd ar y Cristion o Gymro heddiw, a hefyd ar bob Cristion sy'n byw yng Nghymru, 'ddywedwn i.

Ond wedi dweud hyn'na, y mae'n rhaid imi, cyn gorffen, ddweud dau beth arall. Yn gyntaf, nid yng nghylch cenedl a'i hiaith a'i diwylliant yn unig y mae'r Cristion yn byw: petai hynny'n wir amdano, fe fyddai wedi creu clamp o eilun iddo'i hun, ac fe fyddai hynny'n arwain i

gasineb at genhedloedd eraill a phob math o wyriadau. Na, y mae'r
Cristion yn troi hefyd mewn cylchoedd eraill, ac y mae i bob un o'r
cylchoedd hynny ei hawliau arno. Dyna gylch yr eglwys, er enghraifft:
fe fydd yn ymwybodol iawn o hawliau'r cylch hwnnw. A dyna'r cylch
teuluol: y mae gan hwnnw hefyd ei hawliau nad oes wiw eu hanwybyddu.
Dyna gylch gwaith a chyflogaeth: amhriodol iawn fyddai i'r Cristion
fod yn ddibris o hawliau'r cylch hwnnw. Ac yn olaf dyna gylch y wlad-
wriaeth; y mae ei hawliau hi yn cael eu mynegi trwy'r gyfraith.

Efallai y dylwn fanylu ryw gymaint ar y pwynt olaf hwn. Er mai
gwladwriaeth estron yn ei hanfod sydd gennym yng Nghymru, ac er
ei bod wedi methu'n druenus (yn fy marn i) yn ei chyfrifoldeb i ddiogelu
iaith a diwylliant ac economi – yn enwedig iaith a diwylliant – y genedl
y mae hi wedi mynnu ei llywodraethu, ac er ei bod (fel pob gwlad-
wriaeth arall y dyddiau hyn, i bob golwg) yn hawlio llawer gormod o
awdurdod iddi hi ei hun, eto nid yw'r pethau hyn ynddynt eu hunain
yn dirymu ei hawl i barch ffurfiol ac i ufudd-dod. Mae hi'n colli'r hawl
honno yn unig pan welir ei bod hi'n gorchymyn rhywbeth sy'n groes
i ewyllys eglur Duw, yn gorchymyn drwg yn lle da, neu yn cosbi'r da
a gwobrwyo'r drwg. Pan gyrhaeddir y pwynt hwnnw, yr unig ymateb
posibl yw: 'Rhaid yw ufuddhau i Dduw yn fwy nag i ddynion' – a bod
hynny'n cael ei wneud o hyd mewn ffordd sy'n cydnabod urddas y
gyfraith. Hyd y gwelaf i, y mae'n rhaid i bob Cristion benderfynu trosto'i
hun, yn ôl ei gydwybod ei hun a cherbron Duw, pryd y mae'n cyrraedd
y pwynt hwnnw. Un peth sy'n sicr, nid yw byth yn gam i'w gymryd yn
ysgafn.

Yr ail beth y mae arnaf eisiau'i ddweud wrth orffen ydyw hwn. Yr
unig beth yn y pen draw sy'n mynd i warantu llwyddiant ein holl ym-
drechion ar ran ein hiaith a'n diwylliant a'n cenedl ydyw: cyfiawnder.
Ac y mae gennyf adnod i brofi fy mhwnc, o bedwaredd bennod ar
ddeg Llyfr y Diarhebion: 'Cyfiawnder a ddyrchafa genedl.' Dyma
thema fawr Charles Edwards yn ei glasur *Y Ffydd Ddiffuant* a gyhoeddwyd
ychydig dros dair canrif yn ôl. Yn awr, y mae sawl ystyr i'r gair *cyfiawnder*
yn y Beibl, ond fe hoffwn yma nodi dwy yn unig. Fe all y gair olygu

cyfiawnder cyhoeddus, fel gan y Proffwydi, ac y mae hwnnw'n bwysig; fod deddfau gwlad yn deg tuag at bawb yn ddiwahân (yn enwedig y gwan a'r diamddiffyn), eu bod yn cael eu gweinyddu'n deg ac effeithiol, a'u bod yn cael eu cadw. Ac y mae cyfiawnder cyhoeddus hefyd yn cynnwys y syniad fod Duw a'i addoliad yn cael eu parchu. Fe allwn holi'n hunain, 'r wy'n meddwl, i ba raddau y mae cyfiawnder cyhoeddus yn ffynnu yn ein plith ni'r dyddiau hyn.

Ond y mae i'r gair *cyfiawnder* hefyd ystyr ddyfnach: mae'n golygu cyfiawnder yr unigolyn, fod unigolion yn bersonau cyfiawn. Yma, wrth gwrs, yr ydym wyneb yn wyneb â pharadocs, oherwydd nid oes gan yr un ohonom fel unigolion ddim gronyn o gyfiawnder ohonom ein hunain: yr ydym i gyd wrth natur yn wrthryfelwyr yn erbyn Duw a'i ddeddfau a'i ewyllys ar ein cyfer, a chan hynny dan gondemniad. Ond gymaint ydyw cariad Duw fel ei fod yn fodlon anghofio'n gwrthryfel ar gyfrif aberth ei Fab, os trown ato'n edifeiriol a ffyddiog; anghofio'n gwrthryfel ni a chyfrif inni gyfiawnder ei Fab, ein cyfrif ni'n gyfiawn er ei fwyn Ef, ein cyfiawnhau. A chydag amser, drwy waith yr Ysbryd Glân, fe all y cyfiawnder cyfrifedig hwn ddod i ryw raddau yn gyfiawnder gweithredol yn ein bywydau. Gweld y gwirionedd hwn am gyfiawnder Duw yn cael ei gyfrif i ddyn a chwyldrôdd fywyd Martin Luther dros bedair canrif yn ôl, a chwyldroi bywyd Ewrop gyfan yn ei sgil.

Ac fe ddadleuwn i mai cael mwy o bobl gyfiawn yn yr ystyr hon ydyw angen pennaf Cymru heddiw. Fe gofiwn, pan oedd Duw'n bygwth Sodom â distryw, iddo addo i Abraham y gwnâi arbed y ddinas ddrygionus honno pe ceid ynddi ddim ond deg o ddynion cyfiawn. 'Chafwyd mohonynt, ac fe wyddoch beth a ddigwyddodd i Sodom. Nid wyf am awgrymu fod Cymru gynddrwg â Sodom – er bod ei sefyllfa ar un olwg yn beryclach, am fod ganddi fwy o oleuni – ond y mae'r egwyddor y tu cefn i'r stori honno'n berffaith glir. Pennaf diogelwch unrhyw gymdeithas ydyw fod pobl gyfiawn o'i mewn. Pe caem yng Nghymru filoedd lawer o bobl gyfiawn yn yr ystyr hon, a'r rheini'n ymroi gydag egni ac asbri i'w tasgau diwylliannol dros eu hiaith a'u diwylliant, fe fyddai'n dyfodol fel cenedl yn berffaith ddiogel.

'Eled y Cymro yn hoff gan Dduw,' meddai Charles Edwards. Ni roddodd neb erioed well cyngor i'w gyd-wladwyr. A'r ffordd i fynd yn hoff gan Dduw ydyw gwneud yn fawr o'i Fab, ei dderbyn Ef mewn ffydd yn Iachawdwr ac yn Arglwydd, a byw ein bywydau gystal ag y medrwn er ei fwyn ac yn ôl ei ewyllys a'i feddwl. Dyma'r gymwynas fwyaf y gallwn ei gwneud â ni'n hunain ac yn y pen draw â'n gwlad. Rhyfedd ydyw ffyrdd y Rhod sydd yn pennu fod lles pennaf dyn yn troi'n bennaf lles ei genedl hefyd.

> O ddyfnder golud doethineb a gwybodaeth Duw! Mor anchwiliadwy yw ei farnau Ef, a'i ffyrdd, mor anolrheinadwy ydynt! [...] Canys ohono Ef, a thrwyddo Ef, ac iddo Ef, y mae pob peth. Iddo Ef y byddo'r gogoniant yn dragywydd.

Mae llyfrau'n bwysig

Anerchiad wrth agor arddangosfa Gŵyl Lyfrau Cymru 1976 yng Ngholeg Harlech, a gyhoeddwyd yn y cylchgrawn *Llais Llyfrau*, Haf 1976

Y cwbl yr hoffwn ei wneud yn y fan hon ydyw gofyn dau gwestiwn a cheisio eu hateb yn fyr iawn. Yr ydym yma i agor Gŵyl Lyfrau, hynny yw, gŵyl i ddathlu cyhoeddi llyfrau. Pam ynteu y mae llyfrau mor bwysig? Dyna'r cwestiwn cyntaf. A'r ail gwestiwn ydyw: pam y mae llyfrau *Cymraeg* mor bwysig?

Pam y mae llyfrau mor bwysig? Yr ateb syml ydyw: am eu bod yn cyfrannu parhad. Drwy sgrifennu – ac nid yw llyfrau'n ddim ond ffordd effeithiol iawn o amlhau pethau sy wedi eu sgrifennu – y gall dyn roi ffurf barhaol i'w feddyliau. A thrwy ddarllen yr hyn a sgrifennwyd y gall dyn amgyffred orau – amgyffred mewn ffordd arhosol – feddyliau pobl eraill. Mae dyn yn gallu amgyffred yn well yr hyn sydd gan ddyn arall i'w ddweud os gall ei ddarllen yn ogystal â'i glywed.

Mae hyn yn bwysig o safbwynt y dyn unigol ac o safbwynt y gymdeithas yn gyfan. Tua dwy ganrif yn ôl, pan ddaeth Thomas Charles i fyw i'r Bala a dechrau pregethu yn ardaloedd gwledig sir Feirionnydd a sir Gaernarfon, fe ddarganfu nad oedd y rhan fwyaf o'r bobl dlawd yn medru darllen a bod hyd yn oed bregethu grymus y Methodistiaid yn methu gwneud llawer o argraff arnynt. A dyna pam y cychwynnodd ei ysgolion cylchynol ac yn ddiweddarach ei ysgolion Sul, a newidiodd y sefyllfa o fewn llai na chenhedlaeth.

Ac ar y lefel gymdeithasol wedyn, darllen sydd yn creu gwareiddiad, yn galluogi cenhedlaeth i adeiladu ar sail darganfyddiadau'r genhedlaeth o'i blaen; ac yn bwysicach fyth, yn galluogi pob cenhedlaeth i feddwl amdani hi ei hun fel rhan o broses barhaol hanes. Nid yw pobl heb hanes yn bobl wareiddiedig yn ystyr gyflawn y gair. A llyfrau, dogfennau, pethau ysgrifenedig sy'n creu hanes. Heb lyfrau, heb hanes. Heb hanes, heb wareiddiad. Fel y dywedodd R. Meirion Roberts, a fu unwaith yn diwtor yng Ngholeg Harlech ac sy'n haeddu llawer mwy o sylw fel bardd nag a gafodd hyd yn hyn:

> Ond yr adfail bell ym Mabilon?
> Y twmpath mud ym Môn?
> Pa ddewin fyth a adfywha
> Hen synnwyr a hen sôn?

Nid oes modd adfywhau hen synnwyr a hen sôn oni bai eu bod wedi eu cofnodi mewn ysgrifen. Ac fe soniodd Waldo, fel y cofiwch, am 'eiriau bach hen ieithoedd diflanedig' – diflanedig am na chawsant mo'u sgrifennu:

> A geiriau bach hen ieithoedd diflanedig,
> Hoyw yng ngenau dynion oeddynt hwy,
> A thlws i'r glust ym mharabl plant bychain,
> Ond tafod neb ni eilw arnynt mwy.

Y llyfr, y dystiolaeth ysgrifenedig, sy'n rhoi parhad.

Efallai fod angen pwysleisio hyn yn arbennig y dyddiau hyn, oherwydd y mae'r llyfr bellach yn cael ei herio am y tro cyntaf ers pum canrif gan gyfryngau cyfathrebu newydd, y cyfryngau electronig, radio a theledu a ffilm – teledu'n arbennig. Mae apêl teledu mor gryf fel y gall yn hawdd beri y bydd y llyfr yn llai pwysig o hyn ymlaen. Ond nid oes amheuaeth o gwbl yn fy meddwl i nad colled fyddai hynny yn y pen draw. Fe fydd yn golygu y bydd pobl yn llai o unigolion, yn meddwl llai drostynt eu hunain; fe all olygu hefyd y byddant yn llai ymwybodol o'u gorffennol, yn llai gwreiddiedig a gwareiddiedig.

Y dyn sydd wedi meddwl fwyaf am y pethau hyn ydyw athro o Ganada o'r enw Marshall McLuhan. Yr hyn y mae ef yn ei wneud fel arfer ydyw disgrifio'n wrthrychol effaith y cyfryngau newydd hyn ar bobl, heb gynnig pasio barn. Ond wrth anfon neges at y BBC ychydig wythnosau'n ôl ar achlysur dathlu hanner canmlwyddiant dyfeisio teledu, fe ddywedodd McLuhan fod y cyfrwng hwn yn ein gwneud ni i gyd yn frodorion pentref byd-eang – yn gwrando ar y dewin, y *witch-doctor*, yn y gornel – ac yn troi cloc gwareiddiad yn ôl, fel petai, dair mil o flynyddoedd. Camgymeriad plentynnaidd iawn yw credu fod pob dyfais fodern o angenrheidrwydd yn fendithiol.

'R wy'n credu fy mod i wedi dweud digon yn barod i ateb f'ail gwestiwn: *Pam y mae llyfrau Cymraeg yn bwysig?* Yn awr ei hangen y mae'n rhaid ymdrechu dros y Gymraeg ym mhob maes, heb esgeuluso'r un. Yn y cartref: mae rhieni sy'n medru'r Gymraeg – y ddau ohonynt – ac yn dewis peidio â'i throsglwyddo hi i'w plant, nid yn unig yn tlodi eu plant ond hefyd yn cyflawni math o frad. Yn yr ysgol wedyn: sawl gwaith yn ystod y can mlynedd diwethaf y mae ysgolion wedi llwyddo i droi plant yn Saeson a'u teuluoedd yn Seisnig gyda nhw? (Yr wythnos ddiwethaf clywais am athrawes Saesneg mewn ysgol uwchradd yng ngogledd Cymru'n cynghori ei disgyblion – Cymry glân gloyw – i siarad Saesneg â'u ffrindiau – hwythau'n Gymry glân gloyw – er mwyn gwella eu hacen Saesneg! Yn sicr nid dyna'r ffordd i ddysgu Saesneg yng Nghymru – heblaw am y ffaith fod tafodiaith Saesneg y dref arbennig honno mor echrydus ag i ferwino clust Cymro uniaith heb sôn am Sais!) Rhaid ymladd brwydr y Gymraeg ar y cyfryngau hefyd, a'r teledu'n anad yr un. Ond llawn cyn bwysiced â'r un o'r rhain, os nad yn bwysicach, am y rhesymau'r wyf wedi bod yn sôn amdanynt, ydyw hybu darllen yn y Gymraeg. Mae Cymro darllengar yn sicrach yn ei Gymreictod na Chymro nad yw'n darllen. Ac fe fyddai bod ar gael gyhoedd eang sy'n darllen Cymraeg yn rheolaidd yn gefn mawr i achos yr iaith ac i achos y genedl yn gyffredinol yn y blynyddoedd argyfyngus sydd o'n blaenau.

Mae'n eironig meddwl fod cwmnïau cyhoeddwyr mawr yn Lloegr a Sgotland, ganrif yn ôl, yn ymgiprys am gael cyhoeddi cyfrolau trymion yn y Gymraeg a'u bod yn gwneud elw sylweddol arnynt – er mor dlawd oedd pobl ac mor brin oedd cyfleusterau addysg. Mae'n eironig meddwl fod Thomas Gee yn gallu cyhoeddi dau argraffiad o'i Wyddoniadur deg cyfrol a'u gwerthu i gyd. Cyhoedd y rhain, wrth

gwrs, oedd y werin ddarllengar a grëwyd gan ysgolion Sul Thomas
Charles a'i olynwyr, gan y capeli Anghydffurfiol, gan y diwygiadau
crefyddol. Mae'r byd hwnnw wedi hen fynd heibio, gwaetha'r modd
– ac yr wyf i'n gadarn o'r farn fod gwanychu Anghydffurfiaeth yn ffactor
bwysig, onid allweddol, yn argyfwng yr iaith a'r genedl.

Mae'r byd hwnnw wedi hen fynd heibio, ac mae angen mwy na
gofidio i ddod ag ef yn ôl. Mae'n rhaid wynebu pethau fel y maent, ac
yn y dyddiau anodd hyn mae'n dyled ni'n enfawr i awduron a
chyhoeddwyr Cymru, i Gyngor y Celfyddydau (sy'n noddwr hael, fel
Fychaniaid Corsygedol gynt) ac yn arbennig i'r Cyngor Llyfrau a'i
Gyfarwyddwr a'i staff ymroddedig, am y cwbl y maent yn ei wneud i
geisio hybu cynhyrchu a marchnata llyfrau a chylchgronau Cymraeg
yn y Gymru lesg sydd ohoni.

Credaf

Datganiad mewn cyfres a deledwyd gan HTV yn 1975;
fe'i cyhoeddwyd yn *Y Cylchgrawn Efengylaidd*, Medi/Hydref 1975

Yr wyf yn credu fod y Beibl yn dweud y gwir am Dduw, am ddyn ac am Iesu Grist. Cofiwch, os ydym am gael budd o'r hyn y mae'r Beibl yn ei ddweud, mae'n rhaid inni fynd ato gan fod yn fodlon cael ein dysgu ganddo. Nid yw'n dda i ddim inni fynd ato a phigo allan ohono yr hyn sy'n digwydd ein plesio, gan wrthod y gweddill. Yng ngeiriau'r arch-athronydd Ludwig Wittgenstein wrth un o'i ddisgyblion, 'Paid â dewis a gwrthod!' (*Don't pick and choose!*) Mae'r Beibl, ac yn arbennig y Testament Newydd, i ni yr hyn oedd tystiolaeth yr Apostolion i'r Eglwys Fore. Fe ddywedodd Crist ei hun mai trwy dystiolaeth yr Apostolion y deuai pobl i gredu ynddo; ac fe glywn dystiolaeth yr Apostolion heddiw ar dudalennau'r Testament Newydd.

Yr wyf yn credu fod Duw'n bod, er na all neb ei weld. Yn wir, yr wyf yn credu ei fod yn bod mewn ffordd anhraethol fwy real nag y mae unrhyw beth arall yn bod. Mae popeth arall sy'n bod wedi ei greu ganddo ac yn cael ei gynnal ganddo. Mae Ef ym mhob man, yn gwybod popeth, yn gallu gwneud yr hyn a fyn – popeth sy'n gyson â'r hyn ydyw.

Fe greodd Duw ddyn, yn wahanol i'r anifeiliaid eraill, mewn rhai pethau'n debyg iddo Ef ei hun ac yn abl i gymdeithasu ag Ef. Fe roddodd iddo hefyd y ddaear i'w thrin a'i diwyllio. Ond fe ddewisodd dyn wrthryfela yn erbyn Duw a mynnu peidio â bod dan ei awdurdod. Gan hynny y mae dyn yn bod yn erbyn Duw, ac mewn ystyr ddofn iawn mae Duw yn bod yn erbyn dyn. Mae Duw mor gyfiawn fel na all oddef gweld ymhlith ei greaduriaid gyflwr sydd yn groes i'w natur a'i ewyllys ei hun. Pen draw gwrthryfel dyn ydyw marwolaeth: nid marwolaeth y corff yn unig ond marwolaeth yr ysbryd hefyd, cael eich gyrru am byth o gwmni Duw. Dyna ydyw uffern, cael eich gyrru am byth o gwmni Duw. Ac yn uffern mae bodolaeth dyn – sy'n rhywbeth nad oes dim terfyn arno – ynddo'i hun yn gosb.

Ond y mae Duw nid yn unig yn gyfiawn, y mae hefyd yn gariad, yn llawn ewyllys da tuag at y dyn hwn sydd wedi poeri yn ei wyneb ac sy'n parhau i wneud hynny. Ac mae'r hyn a wnaeth Duw yn gwbl anhygoel i'r neb nad ydyw wedi cael profiad o'r peth. Fe anfonodd ei unig Fab, Iesu Grist, i ddod yn ddyn ac i farw yn lle dyn fel na byddai raid i ddyn farw. Fe ddywedodd Paul yn rhywle mai prin y byddai neb yn marw dros ddyn cyfiawn, er y ceid efallai rywun digon dewr i farw dros ddyn da. Y cariad mwyaf y gall dyn ei ddangos, meddai Crist, ydyw ei fod yn rhoi ei einioes dros ei gyfeillion. Ond dyma Dduw yn Iesu Grist yn rhoi ei einioes dros ei elynion. Dyna'r Newyddion Da i'r oes sydd ohoni, fel i bob oes arall: 'Hoeliwyd yr Aberth.'

Ond sut y mae dyn i fanteisio ar yr hyn a wnaeth Crist drosto? Sut y mae dod yn Gristion – y cwestiwn mwyaf pwysig yn y byd, chwedl Kierkegaard. Mae yna dri cham. Yn y lle cyntaf mae'n rhaid iddo gymryd ei ddysgu gan y Beibl am ei angen ac am ffordd Crist o gyfarfod â'i angen; mae'n rhaid iddo fodloni i gwympo ar ei fai. Yn ail – a dyma'r cam tyngedfennol – mae'n rhaid iddo dderbyn fel rhodd rad ac am ddim y waredigaeth a'r maddeuant a enillodd Crist iddo drwy ei farwolaeth; ni fedr byth wneud dim i haeddu'r fath rodd, y cwbl a fedr ei wneud ydyw ei derbyn. Ac wrth ei derbyn y mae bywyd Crist ei hun rywfodd yn dod yn rhan o'i fywyd. Yn drydydd, mae'n rhaid i'r dyn roi ei hun dan lywodraeth Crist a gadael i'r bywyd newydd hwn sydd ynddo ail-lunio ei fywyd i gyd. Rhaid iddo ymdrechu i ufuddhau i orchmynion Crist – sy'n cwmpasu bywyd yn gyfan – a dilyn ei arweiniad. Nid oes neb yn llwyddo i wneud hyn gant y cant, ac y mae rhai (ac fe fyddwn i'n fy nghyfrif fy hun yn un o'r rheini) yn methu'n go drychinebus. Ond yr wyf yn gwbl argyhoeddedig mai dyma'r unig fywyd ystyrlon a ffrwythlon yn y bôn. A phen draw'r bywyd hwnnw ydyw byw am byth yng nghwmni Duw, sef yr hyn y crewyd dyn yn wreiddiol ar ei gyfer. Dyna ydyw'r nefoedd: byw am byth yng nghwmni Duw. Ac yn y nefoedd y mae bodolaeth ei hun yn wobr.

Mi wn yn iawn fod hyn yn swnio'n ddieithr ac yn hen ffasiwn i glustiau'r dyn modern. Efallai'n wir mai dyma broblem fwyaf difrifol y dyn modern, a gwraidd llawer o'i broblemau eraill. Oherwydd nid yw gwirionedd Duw yn newid am fod y dyn modern yn digwydd ei gael yn ddiystyr neu'n ddiflas. Mae sôn yn y Beibl am Grist fel 'maen i syrthio drosto a chraig i faglu arni'. Am fod y dyn modern wedi troi'i gefn ar Dduw, mae ei gymdeithas a'i wareiddiad yn amlwg dan farn – efallai y tu hwnt i adferiad. Ond hyd yn oed petai hynny'n wir, mae'r addewid yn aros i bob unigolyn: 'Cred yn yr Arglwydd Iesu, ac fe gei dy achub.' A phetai digon o unigolion yn cofleidio'r addewid honno, dyna'r gobaith gorau oll am achub ein gwareiddiad hefyd.

Fe fyddai'r Athro Griffith John Williams, un o ysgolheigion Cymraeg mwyaf ac anwylaf yr ugeinfed ganrif, yn arfer gweld pob ffaith naill ai'n ddiddorol neu'n bwysig – dyna'r unig ddau gategori a oedd yn bod iddo ef! Mae llu o bethau diddorol yn y byd rhyfeddol hwn, ac mae rhai pethau pwysig – ein perthynas ni â'n gilydd, er enghraifft, ein gwaith, ein gwleidyddiaeth. Mae llu o bethau diddorol ac mae rhai pethau pwysig, ond dim ond un peth angenrheidiol – dim ond un peth sy'n fater bywyd a marwolaeth yng ngwir ystyr y geiriau hynny. A'r un peth hwnnw ydyw ein bod yn eistedd wrth draed Crist yn y Beibl, ac yn cymryd ein dysgu ganddo.

Mae gen i freuddwyd

O'r *Faner*, 4 Ionawr 1980

Beth yw fy nymuniad ar ddechrau blwyddyn newydd? Cael meddwl Crist. Y fath ddymuniad haerllug, meddech chi! 'R wy'n llwyr gytuno. Eto fe ddywedodd yr apostol Paul unwaith fod y meddwl hwnnw gennym yn barod. Mae'n wir mai amdano ef ei hun a'i debyg yn eglwys Corinth yr oedd yn sôn, ac nid am un o gredinwyr claear chwarter olaf yr ugeinfed ganrif. Ond yr awgrym yw fod cael y meddwl hwn yn nod i bawb o fewn yr eglwys.

Ac nid haerllug yn unig, meddech chi, ond amherthnasol hefyd. Ar y pwynt hwn 'r wy'n llwyr anghytuno. Os Crist yw'r gwirionedd, fel yr honnodd – ac 'r wy'n ei gredu – yna yn ei feddwl Ef y mae'r ateb nid yn unig i'n problemau fel unigolion ond hefyd i'n problemau fel cenedl. Heb geisio dirnad y meddwl hwnnw ac ufuddhau iddo – er mai yn drychinebus o amherffaith y gwnawn y ddeubeth, yn enwedig yr olaf – ni ddaw dim daioni parhaol inni, nac fel unigolion nac fel cenedl.

Eto rhaid cyfaddef fod y dymuniad yn para'n un haerllug – a pheryglus hefyd, erbyn meddwl.

'Yn dy law y mae f'amserau'

Anerchiad a ddarlledwyd yn 'Oedfa'r Bore' (BBC Radio Cymru) ar gyfer Sul olaf 1991 ac a gyhoeddwyd yn *Y Cylchgrawn Efengylaidd*, Gaeaf 1992/93.
Cymerwyd rhan yn y darllediad gwreiddiol gan Siân Owen a Michael Jones (canu), Anne Lewis (darllen) a Stephen Nantlais Williams (myfyrdod a gweddi).

Y gweinidog enwog o Rydaman, William Nantlais Williams, neu 'Nantlais', a gyfansoddodd yr emyn y ceir ei linell gyntaf uchod. Fel y mae'n digwydd, yr ydym yn byw'r drws nesa' i fab Nantlais, Rheinallt, cyn-Brifathro'r Coleg Diwinyddol Unedig yn Aberystwyth, a'i wraig Megan. Hyd yn ddiweddar yr oedd eu mab Stephen, ŵyr Nantlais, a'i deulu yn byw o fewn llai na chwarter milltir inni; yr oedd ef yn athro yn y coleg lle y bu ei dad yn brifathro, ond erbyn hyn [1991] y mae Rhydychen wedi ei hawlio – dros dro, gobeithio. Teulu nodedig iawn yw hwn, ac fe gawn glywed Stephen cyn diwedd y gwasanaeth. Ond am emyn ei daid (neu'n hytrach ei dad-cu), Nantlais, yr hoffwn sôn am ychydig fore heddiw.

Adnod o Salm a roddodd ei destun i Nantlais yn yr emyn hwnnw, sef Salm 31, adnod 15: 'Yn dy law di y mae fy amserau', neu, yn y cyfieithiad newydd, 'Y mae fy amserau yn dy law di' – nid oes fawr o wahaniaeth rhwng y ddau gyfieithiad. Mae yn y Salm hon amrywiaeth mŵd hynod iawn. Er ei bod yn agor yn weddol hyderus, y mae'r Salmydd cyn bo hir mewn cryn gyfyngder, ac yn parhau felly am beth amser, ond erbyn y diwedd y mae wedi adennill ei hyder yn naioni Duw, ac yn annog ei gyd-addolwyr i hyderu yn Nuw hefyd.

'Y mae fy amserau yn dy law di'; 'Yn dy law di y mae fy amserau.' Dyna argyhoeddiad gwaelodol y Salm, a'r argyhoeddiad a roddodd gyweirnod, fel petai, i emyn Nantlais. 'Yn dy law di y mae fy amserau.' Y mae hon'na'n ffordd syml a thrawiadol o ddweud rhywbeth sy'n bwysig iawn inni i gyd ei gofio a'i gredu – yn enwedig o bosibl ar ddiwedd blwyddyn fel hyn – sef ein bod yn gyfrifol i Dduw am y ffordd y byddwn yn treulio'n hamser. Hyn a hyn o amser sydd wedi ei roi i bob un ohonom, ac ar ddiwedd y dydd – fel y bydd ein gwleidyddion yn hoff o ddweud – bydd raid inni roi cyfrif i Dduw am y ffordd yr ydym wedi treulio'r amser hwnnw.

Peth rhyfedd iawn yw'r profiad dynol o amser, yntê? Pan fyddwch yn ifanc, mae'n llusgo'i draed heibio ichi, ond fel yr ydych yn mynd yn hŷn y mae'n cyflymu fwyfwy – yn carlamu'n wir. Mae'n debyg mai rhywbeth i'w wneud â'ch cloc mewnol yw hyn. Efallai eich bod yn cofio'r hen wraig ar ddiwedd drama fawr a chignoeth y diweddar (ys-ywaeth) Gwenlyn Parry, *Y Tŵr*, yn sôn am y peth (ac 'anghofia' i byth mo Maureen Rhys yn y perfformiad cyntaf yng Nghaerdydd yn dweud y geiriau yna): 'Croesi cae… dringo grisia… y cwbwl mor sydyn… llithro rhwng bysedd rhywun… a'r cwbwl… er mwyn hyn?'

Pan ydych chi'n mynd yn hŷn hefyd, yr ydych yn mynd yn fwyfwy ymwybodol o'r pwynt yr wyf wedi ei grybwyll yn barod, sef bod terfynau pendant ar ein hamser yma. Hyd yn oed petai dim ymyrraeth o du salwch neu ddamwain, y mae eich corff fel petai wedi ei raglennu i ddod i ben ryw ddydd. Wrth gwrs y mae posibilrwydd salwch neu ddamwain bob amser yn bresennol. 'R wy'n amau fod llawer wedi cael yr un profiad ag a gefais i yn y coleg, sef colli cyfaill hoff yn ddisymwth ac yn annhymig. Efallai fod pob cenhedlaeth yn cael rhybudd fel yna i beidio â hyderu gormod ar faint o fywyd sydd ar ôl iddynt. Ond y pwynt y mae arna'i eisiau ei bwysleisio yma yw hwn. Fe allwn fyw hyd oed yr addewid, ys dyweder – nid *bod* yna addewid, fel y protestiodd T. H. Parry-Williams unwaith,

> Pa ysgrythurgi, os-gwn-i, a fu'n hel dail
> Wrth alw'r peth yn addewid, ac ar ba sail?

– fe allwn fyw hyd oed yr addewid, fe allwn fyw ymhell y tu hwnt i oed yr addewid fel y mae mwy a mwy o bobl yn ei wneud y dyddiau hyn, fe allwn gyrraedd y cant oed hyd yn oed (fel y gwnaeth ewythr i'm gwraig, byw nes oedd yn gant ac un), ond yn y diwedd fe ddaw ein rhawd ninnau i ben.

Terfynedig ydyw'n bywydau ni i gyd. Ac nid oes fawr o le i gredu fod gwyddoniaeth, er ei champau, yn mynd i allu estyn llawer ar einioes weithredol dyn, hynny yw, yr amser pan fo'i lawn gyneddfau ganddo (sy'n beth gwahanol iawn i estyn nifer blynyddoedd). Ac os ydym yn y diwedd yn gorfod mynd i roi cyfrif am y ffordd yr ydym wedi treulio'n heinioes, wel gorau po gyntaf inni wynebu'r ffaith honno, a gwneud rhywbeth yn ei chylch. Nid oes llawer o synnwyr na dewrder mewn peidio â wynebu ffeithiau.

Ond gadewch imi ddod yn ôl at y testun! 'Yn dy law di y mae fy amserau.' Y mae dwy wedd ar y gwirionedd hwnnw. Yn y lle cyntaf, wrth gwrs, y mae *rhybudd* ynddo. Rhybudd ydyw rhag inni dreulio'n 'horiau gwerthfawr yn y byd', chwedl William Williams o Bantycelyn, yn ofer, neu'n waeth na hynny. Ac mewn gwirionedd, un ffordd iawn sydd o dreulio'n hamser yn y byd i bwrpas, sef gwneud hynny yn ôl ewyllys Duw ac er gogoniant i Dduw. Nid yw hynny'n golygu ein bod yn mynd o gwmpas yn gwneud rhyw sioe barhaus o'n crefydd – ddim o gwbl. Ond y *mae'n* golygu ein bod yn amcanu at wneud popeth er mwyn Duw, ac yn y pen draw, felly, er ei ogoniant. Y mae hyn yn cynnwys popeth a wnawn yn ein bywyd bob dydd – yn y cartref, yn y gwaith, wrth fwyta ac yfed, wrth hamddena, wrth ddilyn hobïau, wrth wleidydda – neu wrth wneud pa orchwyl bynnag yr ymgymerwn ag ef. Fe allwn wneud y cwbl er mwyn Duw a'i ogoniant.

Ar y llaw arall, wrth gwrs, fel allwn ystyried ein hamser yn rhywbeth sy'n eiddo i ni'n hunain yn unig, ac yn rhywbeth i fynd trwyddo cyn gynted ag y bo modd: mae bywyd wedyn yn tueddu i fynd yn ymchwil ddiddiwedd am ddifyrrwch – ystyr wreiddiol y gair 'difyrrwch', wrth gwrs, yw rhywbeth sy'n byrhau amser. (Cofiwch, nid wyf yn condemnio difyrrwch fel y cyfryw, gan ei fod yn rhywbeth hollol angenrheidiol i fywyd iach fel rhan o batrwm ehangach.) Y cwbl y medraf ei ddweud

am yr ail agwedd meddwl yr wyf wedi ceisio'i disgrifio yw nad yw hi
ddim yn agwedd dda iawn i'ch helpu i wynebu'r cwestiwn yn y diwedd:
'Sut ydych chi wedi treulio'r amser a roddwyd ichi?'

Nid wyf am bylu dim ar fin y cwestiwn hwnnw – cwestiwn y bydd
raid inni i gyd ei wynebu rywbryd – ond y mae'n hen bryd inni droi
bellach at yr ail agwedd ar fy nhestun, 'Yn dy law di y mae fy amserau'.
Yr agwedd gyntaf, fel y cofiwch, oedd *rhybudd*. Yr ail agwedd yw *cysur*
– a hynny mewn dwy ffordd. Yn y lle cyntaf, wrth gwrs, y mae'n hollol
amlwg nad oes neb ohonom yn treulio'n hamser yn union fel y dylem.
Mae hynny'n wir – er yn llai gwir o bosibl – am y rhai sy'n *ceisio* byw
er mwyn Duw, yn ogystal ag am y rhai sy'n gwbl ddibris ohono. Ond
i'r ddau ddosbarth fel ei gilydd y mae Duw'n cynnig pardwn, yn cynnig
maddeuant, yn sgil marwolaeth ei unig Fab, yr hwn a ddaeth atom yn
ddyn, yn Emanwel, yn Dduw gyda ni.

'Yn ei waed cawn ninnau fyw', medd Bobi Jones yn ei gân 'Emanwel
yw'r Duw ar dir'. Dweud y mae'r geiriau hynny am y pardwn y mae
Duw'n ei gynnig i'r rhai sy'n euog o gamddefnyddio'r amser y mae
wedi ei roi inni – hynny yw, pawb ohonom. Dyna un agwedd ar y
cysur sy yn y testun. Ond y mae agwedd arall hefyd, sef hon: wedi inni
dderbyn pardwn Duw fe allwn wedyn ymddiried ein hamser – gweddill
ein hamser – o'r newydd iddo Ef. Fe allwn ofyn iddo am help – help
ei Ysbryd – i ddefnyddio gweddill ein hamser fel y byddai Ef yn dymuno
inni wneud, fel y gallwn roi cyfrif teg iddo am ein stiwardiaeth yn y
diwedd. Ac fe *gawn* yr help hwnnw, weithiau mewn ffyrdd annisgwyl a
digon rhyfeddol. Wrth gwrs, ni fydd hynny'n golygu y byddwn wedyn
yn gwneud popeth fel y dylem. Ddim o gwbl: pobl feidrol fyddwn ni, a
chan hynny'n bechaduriaid, a chan hynny'n gorfod dibynnu'n barhaus
ar y pardwn y mae Duw'n ei estyn inni oherwydd gwaith Iesu Grist ar
y groes drosom: 'Ar faddeuant 'r wyf yn byw,' meddai Williams
Pantycelyn. Ond y *mae'n* golygu y gallwn o hynny ymlaen fyw ein
bywydau i bwrpas – yn wir i'r unig bwrpas boddhaol, sef eu byw yn ôl
bwriad Duw ar ein cyfer, ac er mwyn ei ogoniant.

A 'does dim rhaid inni boeni a yw hi'n ddiogel ai peidio inni ymddiried ein bywydau bychain i law Duw. Yng ngeiriau un o ganeuon ysbrydol pobl dduon Gogledd America, *'He's got the whole world in his hands'*, 'Mae ganddo'r byd i gyd yn ei ddwylo'. 'Duw a fedd', meddai'r hen ddihareb Gymraeg, 'Duw sy'n rheoli.'

Pwy fyddai'n meddwl ychydig flynyddoedd yn ôl y byddai hi fel y mae hi ar y byd ar ddiwedd 1991? Yr Undeb Sofietaidd ar fin dod i ben ac Ewrop yn symud tuag at undod newydd. Wrth gwrs fe erys problemau: fe fydd problemau'n aros tra bo dyn yn y byd, oherwydd creadur problematig yw dyn, sy'n ffordd arall mae'n debyg o ddweud ei fod yn greadur pechadurus. Ond y mae'r byd, er hynny, yn llaw Duw, ac y mae Ef yn gweithio allan ei bwrpasau yn y byd. Yn sicr fe allwn ymddiried ein bywydau pitw i'w ofal ar drothwy blwyddyn newydd dyngedfennol arall, ac fe allwn, fel yr apostol Paul, fod yn gwbl sicr 'ei fod yn abl i gadw'r hyn a ymddiriedwn i'w ofal erbyn y dydd hwnnw'.

A gaf i ddymuno Blwyddyn Newydd Dda ichi i gyd, ac a gawn ni gydweddïo:

Dduw ein Tad, a Thad ein Harglwydd Iesu Grist, ar drothwy blwyddyn newydd yr ydym yn rhoi ein hamserau yn dy law, yn ildio ein bywydau i'th ofal Di, gan fod yn hollol siŵr dy fod yn abl i'w gwarchod a gofalu amdanynt.

Yr ydym yn gofyn a wnei Di ein galluogi, yn ystod y flwyddyn sy'n dod, i fyw ein bywydau yn ôl dy ewyllys ac er dy fwyn.

Yr ydym yn gofyn am dy faddeuant am bob camddefnydd ar ein hamserau a'n bywydau yn ystod y flwyddyn sy'n dod i ben a chyn hynny, gan wybod mai Duw trugarog wyt Ti, yn rhedeg i gyfarfod dy blant afradlon a'u cofleidio, oherwydd aberth dy Fab trosom.

Cofia'r byd yn y flwyddyn sy'n dod, a gweithia dy bwrpasau daionus ynddo.

Cofia'n gwlad, Cymru, a gwarchod hi. Yn arbennig cofia'r anghenus yn ein plith, a thrwy'r byd.

Ac i Ti yr unig Dduw ein Gwaredwr, trwy Iesu Grist ein Harglwydd, y byddo gogoniant a mawrhydi, gallu ac awdurdod, cyn yr oesoedd, ac yn awr, a byth bythoedd. Amen.

Pam?

Darlledwyd yr eitem hon ar 'Munud i Feddwl' yn rhan o'r rhaglen foreol 'Heddiw' (BBC Radio Cymru), 16 Chwefror 1991, drannoeth angladd Rhodri Prys Jones. Fe'i cyhoeddwyd yn *Y Cylchgrawn Efengylaidd*, Gwanwyn 1991.

Yr oeddwn i ddoe yn angladd Rhodri Prys Jones, yn un o rai cannoedd o bobl a ddaeth yno o bob cwr o Gymru – arwydd clir o'r parch a'r anwyldeb a deimlwyd tuag ato. Fel y gwyddoch, o bosibl, cynhyrchydd yn Uned Grefydd Radio Cymru oedd Rhodri, a chynhyrchydd llwyddiannus iawn hefyd. Yr oedd yn meddu ar argyhoeddiadau Cristnogol cryfion, ond yr oedd hefyd yn eang ei fryd ac yn gynnes ei galon, ac yr oedd yn gallu cyfathrebu'n rhwydd â phob math o bobl. Bu farw'n dair a deugain oed ar ôl misoedd o ddioddef dewr a nychdod cynyddol, ac y mae'n gadael gweddw ifanc – y gallaf ymffrostio ynddi fel un o'm cyn-fyfyrwyr disgleiriaf – a thri o fechgyn bach, yn ogystal â thri brawd a'u teuluoedd a thad oedrannus.

Yn wyneb ffeithiau fel hyn – colli rhywun mor annwyl a oedd yn gwneud gwaith mor werthfawr a hynny mor ifanc – y mae rhywun yn anorfod yn gofyn y cwestiwn 'Pam?' Neu, o roi gwedd ychydig mwy athronyddol ar y cwestiwn: os oes yna Dduw cariadus a chyfiawn a hollalluog, pam y mae'n caniatáu i'r math yma o beth ddigwydd? Fe ddadleuodd y Cymro o Belfast, C. S. Lewis, yn ei lyfr bach enwog ar broblem poen, nad dyna'r ffordd iawn o ofyn y cwestiwn. Ond beth bynnag am hynny, y mae'r cwestiwn ei hun, mewn rhyw ffurf neu'i gilydd arno, yn aros.

Tri pheth yn unig yr hoffwn i eu dweud yn fyr y bore yma am y cwestiwn hwn. Yn gyntaf, nid yw'n gwestiwn y gallwn ei ateb, ar hyn o bryd o leiaf. Nid yw'r wybodaeth angenrheidiol gennym. 'Nid fy meddyliau i yw eich meddyliau chwi,' meddai Duw yn ôl y proffwyd

Eseia. Rhyw ddiwrnod, mewn byd arall, y mae pob lle i gredu y gallwn ei ateb. 'O fryniau Caersalem', chwedl David Charles mewn emyn a ganwyd yn yr angladd ddoe, 'y daw troeon yr yrfa yn felys i lanw ein bryd.' Yn y byd hwn y mae'n rhaid inni fodloni ar ein hanwybodaeth, er mor anodd yw hynny weithiau.

Ond y mae yna ail beth i'w ddweud hefyd. Er bod rhaid inni ar hyn o bryd aros yn ein hanwybodaeth, nid ydym i gasglu ein bod yn gorfod gwneud hynny'n ddiobaith. Yn wir, os ydym yn ddisgyblion i Iesu Grist, fe elwir arnom i gofleidio gobaith. A sail y gobaith, wrth gwrs, yw'r hyder a'r sicrwydd fod Duw (fel y darllenwyd ddoe) 'ym mhob peth, yn gweithio er daioni gyda'r rhai sy'n ei garu, y rhai sydd wedi eu galw yn ôl ei fwriad'. Pan gollir rhywun fel Rhodri, mae'n haws credu hynny yn achos y meirw nag yn achos y byw. Y mae'r apostol Paul yn dweud yn blwmp ac yn blaen ei bod yn 'llawer iawn gwell' ymadael a bod gyda Christ nag aros 'yn y cnawd', chwedl yntau, ac y mae gennym bob lle i gredu ei fod yn gwybod am beth yr oedd yn siarad. Ond y mae gofid y rhai a adewir ar ôl yn anos dygymod ag ef, ac yn hawlio popeth y gallwn ni ei roi, o ran ein gweddïau ac o ran pa weithredoedd bynnag sydd o fewn ein cyrraedd.

Y trydydd peth (a'r olaf) am y cwestiwn 'Pam?' yw hwn. Fe hoffwn awgrymu, fel y gwnaed sawl gwaith ddoe, mai'r ffordd iawn i ymateb iddo yw gweddïo, gyda'r Salmydd, 'Dysg inni gyfrif ein dyddiau, inni gael calon ddoeth', neu, yn ôl yr hen gyfieithiad, 'fel y dygom ein calon i ddoethineb'. A chofio'r un pryd, gyda'r Salmydd eto a chydag awdur Llyfr y Diarhebion, mai 'dechrau doethineb yw ofn yr Arglwydd', 'Ofn yr Arglwydd yw dechrau doethineb'.

A dydd da iawn i chi i gyd.

2

Llên a chrefydd
yng Nghymru yn y
cyfnod modern

'Yr Ysgrythur lân yn eich iaith . . .'

Rhannau o erthygl yn *Y Cylchgrawn Efengylaidd*, Mai/Mehefin 1949, ynghyd ag ychwanegiadau o'r ysgrifau 'Braslun o'r Cefndir' yn llyfrynnau 'Gŵyl y Beibl', Llanrhaeadr-ym-Mochnant, Medi 1985, a Llanrwst, Medi 1987, ac o ysgrif ar William Morgan a Llanbadarn yn *Cwlwm: Cylchgrawn Eglwys Efengylaidd Aberystwyth* yn 2008

Pan dywynnodd y goleuni o'r diwedd ar enaid y mynach Martin Luther, efallai tua dechrau 1516, wedi'r tywyllwch hir, adnod o Epistol Paul at y Rhufeiniaid, 'Y cyfiawn a fydd byw trwy ffydd', oedd y cyfrwng. Yn y mynachdy, dysgasid iddo mai trwy weddi ac ympryd a phenyd a mynych gymuno yr enillai dyn faddeuant a bywyd tragwyddol, ond yng ngoleuni'r datguddiad newydd hwn, sylweddolodd mai rhoddion oeddynt, a enillasid eisoes i ddyn drwy farwolaeth ac atgyfodiad Mab Duw, ac mai'r cwbl a oedd yn angenrheidiol i afael ynddynt oedd ffydd.

Gan mai athrawiaeth ysgrythurol oedd hon, a chan ei bod yn gwrthdaro yn erbyn yr hyn a ddysgid gan Eglwys Rufain (gallu crefyddol pennaf Ewrop ar y pryd), dyrchafodd Luther awdurdod yr Ysgrythurau uwchben awdurdod yr eglwys. Bellach y Beibl, ac nid y Pab, oedd maen prawf y ffydd Gristnogol i fod. A rhoddwyd ffurf ar y ddysgeidiaeth hon yn ddiweddarach gan y Ffrancwr mawr hwnnw, Jean Calvin – sy'n fwy cynefin i ni wrth yr enw John Calfin. Dyma un o ffenomenau pwysicaf y Diwygiad Protestannaidd, onid y bwysicaf oll. Ac felly, pan ymledodd y Diwygiad o'r Almaen i wledydd eraill Ewrop, sylweddolwyd mai'r cam cyntaf tuag at ei sefydlogi oedd cyfieithu'r Beibl i'r ieithoedd brodorol, ac aed ati gydag egni mawr. Cafodd Lloegr ei Beibl yn Saesneg am y tro cyntaf yn 1535, pan orffennodd Miles Coverdale waith William Tyndale, a bu tri fersiwn arall o'r amser hwnnw hyd 1611, pan gyhoeddwyd y Cyfieithiad Awdurdodedig.

Bu raid i Gymru aros yn hwy am Feibl yn y Gymraeg; ac yr oedd ei hangen amdano yn fawr iawn. Er iddi hithau droi'n swyddogol Brotestannaidd gyda Lloegr yn ystod teyrnasiad Harri VIII, Edward VI ac Elisabeth I, parhaodd ei chyflwr yn enbyd o ddrwg am hir amser wedyn. Ofergoeledd ac anwybodaeth oedd dwy brif nodwedd ei phobl. Gadawsai'r Babyddiaeth ddadwreiddiedig etifeddiaeth o wag-arferion a gwag-ddefosiynau, ac ychydig iawn o bregethu efengylaidd a gaed i lenwi'r bwlch. Yr oedd anfoesoldeb ac anghyfraith yn rhonc; peth cyffredin oedd llofruddiaeth, a meddiennid yr uchelwyr yn arbennig gan wanc anystywallt am dir. Angen Cymru oedd achubiaeth, a'r cam cyntaf yn y proses grasol hwnnw oedd cyfieithu'r llyfr sy'n adrodd hanes datguddiad achubol Duw i'w bobl, ac sydd â rhan arbennig i'w gyflawni yng nghynllun y datguddiad hwnnw.

Fe drodd Eglwys Loegr yn Brotestannaidd (o 1534 ymlaen) ac yn dilyn hynny, fel y nodwyd eisoes, cafodd Loegr Feibl Saesneg, ynghyd â Llyfr Gweddi Gyffredin Saesneg, a gorfodaeth i'w defnyddio yn yr eglwysi plwyf. Gan i Gymru a Lloegr gael eu huno'n gyfansoddiadol yn 1536, am beth amser bu raid i'r Cymry ddefnyddio'r llyfrau Saesneg hyn hefyd, er mor annealladwy oeddynt i'r rhan fwyaf o drigolion y wlad. Drwy ddeddf a basiwyd yn ail senedd y Frenhines Elisabeth I yn 1563, unionwyd y sefyllfa hon drwy orchymyn i bedwar esgob Cymru ac esgob Henffordd (a oedd â llawer o Gymry Cymraeg yn ei esgobaeth) beri fod y Beibl a'r Llyfr Gweddi yn cael eu cyfieithu i'r Gymraeg erbyn Dygwyl Ddewi 1567. Yr unig un o'r esgobion Cymraeg a gymerodd at y gwaith oedd Richard Davies, Esgob Llanelwy 1559–61 ac wedi hynny Esgob Tyddewi 1561–81. Brodor o'r Gyffin ger Conwy oedd Richard Davies, a bu'n cydweithio'n agos ag uchelwr dysgedig o'r un ardal (yn fras), sef William Salesbury o Lanrwst, i gyflawni'r bwriad.

O'r rhai a fu'n cyfrannu at y gwaith o gyfieithu'r Beibl i'r Gymraeg, gellid dadlau mai William Salesbury oedd y mwyaf ohonynt i gyd. Fe'i ganed tua 1520 yn Llansannan lle yr oedd gan ei dad, Ffwg Salesbury, diroedd. Ond prif gartref y teulu oedd y Plas Isaf, Llanrwst, ac etifeddodd

William hwnnw pan fu farw ei frawd hynaf, Robert, tua 1540 (er i anghydfod blin godi'n ddiweddarach rhyngddo a merched Robert, y bu raid i'w frawd-yng-nghyfraith Dr Elis Prys o Blasiolyn ei setlo, os setlo hefyd). Erbyn 1540 yr oedd Salesbury eisoes wedi cael peth addysg ym Mhrifysgol Rhydychen ac o bosibl yn un o'r ysgolion cyfraith yn Llundain yn ogystal, ac fe fu am gyfnod wedi hynny yng ngwasanaeth yr Arglwydd Ganghellor Richard Rich; efallai'n wir iddo bracteisio fel twrnai o bryd i'w gilydd. Prif ddyhead ei fywyd, fodd bynnag, oedd sicrhau nad amddifedid Cymru o ffrwythau'r ddau fudiad mawr a oedd yn ysgubo drwy Ogledd Ewrop y blynyddoedd hynny, sef y Dadeni Dysg (gyda'i bwyslais ar drosglwyddo i'r ieithoedd brodorol beth o gyfoeth y llenyddiaethau clasurol) a'r Diwygiad Protestannaidd (gyda'i bwyslais ar gyfieithu'r Beibl i'r ieithoedd hynny fel y gallai pobun ei ddarllen drosto'i hun).

Soniodd Salesbury gyntaf am yr angen am Feibl Cymraeg yn y rhagymadrodd i gasgliad o ddiarhebion a gyhoeddodd tua 1547. Yn 1551 cyhoeddodd y gyfrol *Cynifer Llith a Ban*, a oedd yn cynnwys ei gyfieithiad Cymraeg o'r darnau o'r Efengylau a'r Epistolau a ddefnyddid yng ngwasanaeth y Cymun. Yn ei ragymadrodd i esgobion Cymru, dywed y cyfieithydd iddo gyhoeddi'r llyfr 'fel y caffo Air Duw rwydd hynt yn ein broydd'. Cyfieithiad da ydoedd, a gwyddys iddo gael ei ddefnyddio. Bu Salesbury yn allweddol yn y gwaith o gael gan y Senedd basio'r ddeddf yn 1563 yn gorchymyn cyfieithu'r Beibl a'r Llyfr Gweddi i'r Gymraeg. Yna, wedi pasio'r ddeddf, bu Salesbury'n byw ym mhlas Richard Davies yn Abergwili am fisoedd ar y tro, yn cyfieithu'r Llyfr Gweddi (yn cynnwys y Salmau) a'r rhan fwyaf o'r Testament Newydd. Cafodd beth help gan yr esgob ei hun a chan Gantor Eglwys Gadeiriol Tyddewi, Thomas Huet, i gyfieithu rhannau o'r Testament Newydd, a chyhoeddwyd y Testament Newydd a'r Llyfr Gweddi yn 1567. Wedi 1567 rhoddodd Salesbury a Davies gynnig ar gyfieithu'r Hen Destament yn ogystal, ond bu iddynt ffraeo, yn ôl y stori, 'ynglŷn ag ystyr a tharddiad un gair' (pa air oedd hwnnw, tybed?) a rhoi'r gorau i'r bwriad.

Rhaid cyfaddef mai golwg ddigon rhyfedd oedd ar gyfieithiadau Salesbury. Er mwyn bod yn ddysgedig, credai fod rhaid i iaith ymddangos mor hynafol ag a oedd modd a hefyd amrywio'n aml o ran ei sbelio, ei gramadeg a'i geirfa! Ond yr oeddynt mewn gwirionedd yn gyfieithiadau hynod ddisglair, a gwaith cymharol hawdd a gafodd Dr William Morgan yn 1588 (ac 1599, yn achos y Llyfr Gweddi) wrth eu diwygio. Wrth gwrs bu raid i Forgan gyfieithu'r Hen Destament (ac eithrio'r Salmau) a'r Apocryffa o'r newyddd. Eithr Salesbury oedd yr arloeswr mawr, nid yn unig ym maes cyfieithu'r Beibl ond hefyd ynglŷn ag argraffu yn Gymraeg yn gyffredinol: cyhoeddodd tua dwsin o weithiau i gyd – yr oedd hynny'n llawer iawn yr adeg honno – yn ogystal â llunio dau draethawd sylweddol a arhosodd mewn llawysgrif.

Treuliodd Salesbury ei flynyddoedd olaf mewn dinodedd cymharol ac ni wyddom hyd yn oed ddyddiad ei farwolaeth: cynigiwyd tua 1580 ar y naill law a thua 1599 ar y llaw arall (yr olaf sydd debycaf, yn fy marn i). Y mae elfen o ddirgelwch, ac awgrym o drasiedi, ynglŷn â'i yrfa. Eto drwy ei waith yn cychwyn cyfieithu'r Beibl fe'i profodd ei hun yn un o gymwynaswyr pennaf ein cenedl.

Ar ôl ffraeo â William Salesbury, aeth Richard Davies ati wedyn i chwilio am ysgolheigion ifainc eraill o Gymry a allai barhau â'r gwaith. Cafodd yr hyn yr oedd yn chwilio amdano mewn un arall o gyffiniau Dyffryn Conwy, William Morgan o blwyf Penmachno, a oedd wedi cael gyrfa lwyddiannus ym Mhrifysgol Caergrawnt. Gwnaeth Davies ef yn ficer Llanbadarn Fawr yn 1572, pan oedd tua deg ar hugain oed. Tair blynedd yn unig a arhosodd yn Llanbadarn cyn cael ei benodi yn 1575 yn ficer y Trallwng yn Esgobaeth Llanelwy, a thair blynedd a arhosodd yn y Trallwng cyn cael ei symud i ficeriaeth Llanrhaeadr-ym-Mochnant yn 1578. Fel y gwelir, byr fu ei arhosiad yn Llanbadarn a'r Trallwng, ond yr oedd i aros yn Llanrhaeadr am ddwy flynedd ar bymtheg, y cyfnod hwyaf iddo aros mewn un man drwy gydol ei oes.

Plwyf gwledig, tawel oedd Llanrhaeadr y pryd hynny, megis heddiw, a'r ffin rhwng yr hen sir Ddinbych a'r hen sir Drefaldwyn yn rhedeg drwyddo. Ond yr oedd hefyd yn blwyf gweddol ffyniannus ac yn werth £40 y flwyddyn i'w ficer. O roi at hynny incwm y bywoliaethau eraill a ddaliai, câi Morgan dros ganpunt y flwyddyn, cyflog go fawr yr adeg honno. Mantais arall i Lanrhaeadr oedd ei fod, er ei Gymreicied, yn hwylus agos at hen dref farchnad Croesoswallt a'r priffyrdd i Amwythig, Llwydlo a Llundain.

Er hyfryted y lle, amser blin a gafodd Morgan yn Llanrhaeadr. Fe briododd wraig weddw o Groesoswallt, Catherine ferch George, ac y mae lle i gredu na fu hynny yn lles i gyd iddo. Yn waeth fyth, fe'i cafodd ei hun mewn ffrae heb ei cheisio ag uchelwr grymus o blwyf Llansilin, Ifan Maredudd o'r Lloran Uchaf, ac fe arweiniodd hynny i fwy nag un achos cyfreithiol rhyngddo ef a Morgan. Fe awgrymwyd yn ddiweddar nad ar Ifan Maredudd yr oedd y bai i gyd am y gwrthdaro hwn, ac y mae'n amlwg fod haen gref o ystyfnigrwydd yng nghymeriad Morgan. Eto anodd cymryd yn llwyr o ddifrif yr un o'r cyhuddiadau niferus a ddug Ifan Maredudd yn ei erbyn, megis ymlid tlodion ymaith o'r ficerdy â chi ffyrnig a chystwyo ei fam-yng-nghyfraith!

Ar waethaf y 'cecru' hwn (chwedl Charles Edwards, y llenor Piwritanaidd mawr o Lansilin), fe lwyddodd Morgan tra oedd yn Llanrhaeadr i gyflawni un o'r campau mwyaf yn holl hanes ein llenyddiaeth, sef cyfieithu'r Beibl cyfan i'r iaith Gymraeg, trwy ddiwygio cyfieithiad William Salesbury o'r Testament Newydd a'r Salmau a chyfieithu gweddill yr Hen Destament. Yr oedd yn ysgolhaig tan gamp mewn Hebraeg, Groeg a Lladin. Gwyddai hefyd amryw o ieithoedd modern Ewrop. Ac yr oedd ei afael ar y Gymraeg, yn iaith lafar oludog y Gogledd ac yn iaith lenyddol ysblennydd y beirdd caeth, yn ddim llai na rhyfeddod. Pan betrusodd yn fuan wedi cychwyn y gwaith, cafodd help gan neb llai na John Whitgift, Archesgob Caergaint; a bu Esgobion Bangor a Llanelwy, Deon Westminster (Gabriel Goodman o Ruthun) ac amryw o brif ysgolheigion Cymreig y cyfnod yn gefn iddo. Eto ef piau'r clod, ac ef yn unig, am ddwyn y gwaith yn fuddugoliaethus i ben.

Pinacl gyrfa William Morgan oedd cyhoeddi'r Beibl yn 1588. Gwir iddo gael ei ddyrchafu'n Esgob Llandaf yn 1595 a'i drosglwyddo i'w hen esgobaeth yn Llanelwy yn 1601. Gwir hefyd iddo'i brofi ei hun yn esgob diwyd a chydwybodol, a wrthododd ymelwa ar ei uchel swyddi. ('Bu farw', meddai ei archelyn Syr John Wynn o Wedir yn wawdlyd, 'yn ddyn tlawd' – teyrnged go arbennig i esgob yn yr oes honno.) Ond prin iddo gael digon o amser i adael ei farc ar y naill na'r llall o'r ddwy esgobaeth. Drwy ei gyfieithiad o'r Beibl, ar y llaw arall, fe adawodd farc ar y genedl yn gyfan na allodd pedair canrif a hanner o hanes mo'i lwyr ddileu.

I'r eglwysi plwyf yr aeth argraffiad 1588 o'r Beibl, ac fel hyn y canodd cyfoeswr o offeiriad yn ei 'Cerdd Ddiolch i Dduw am y Beibl Cymraeg':

> O Dduw tro yn iawn dy hawl
> A'r Cymry, sawl sy'n peidio,
> Gyrchu'r Eglwys lle mae maeth
> A gwir athrawiaeth Cymro.

Cyhoeddwyd y Fersiwn Saesneg Awdurdodedig o'r Beibl yn 1611, ac yn 1620 ymddangosodd ail argraffiad diwygiedig o'r Beibl Cymraeg. Dr Richard Parry, Esgob Llanelwy, a Dr John Davies, Rheithor Mallwyd, a fu'n gyfrifol am yr argraffiad hwn. Cymaint oedd camp William Morgan fel na fu raid diwygio ond ychydig ar ei gyfieithiad – a hynny nid er gwell bob tro! A hwn fu ein 'Beibl Awdurdodedig' ni hyd 1988, gair Duw ar ein cyfer ni'r Cymry Cymraeg, sail ein gwareiddiad a choron ein rhyddiaith.

Beibl 1620 a adargraffwyd yn yr argraffiad 'poblogaidd' cyntaf o'r Beibl Cymraeg, a gyhoeddwyd yn 1630. 'Y Beibl Bach' oedd y llysenw a roid ar hwn oherwydd ei faintioli hylaw. Gelwid ef hefyd yn 'Feibl Midltwn' oherwydd mai drwy haelioni Syr Thomas Middleton (o'r Waun) a Rowland Heylin, dau o fasnachwyr cefnog Llundain, y cyhoeddwyd ef. Ar gyfer teuluoedd y bwriadwyd yr argraffiad. Yn y llyfr bychan a sgrifennodd Oliver Thomas i'w gymeradwyo i'w genedl, dywaid fod gan y Cymry lawer achos i ddiolch i Dduw am ei drugaredd tuag atynt, ond yn arbennig am y Beibl yn eu hiaith, 'nid yn unig er ys talm o flynyddoedd mewn llyfrau mawrion yn yr Eglwysi plwyfol, eithr yr awron yn y dyddiau hyn wedi ei ddarparu a'i gymhwyso i'r eglwysi bychain sydd (neu a ddylai fod) yn eich tai eich hun'.

Y mae'r argraffiad hwn yn bwysig oherwydd mai gydag ef y dechreuodd y Beibl ar ei daith ymhlith cartrefi Cymru, taith y bu iddi ganlyniadau mawrion. Pan drowyd y Beibl yn foddion ymborth ysbrydol y Cymry gan ddiwygiadau'r ail ganrif ar bymtheg a'r ddeunawfed a'r bedwaredd ar bymtheg, fe lanwyd meddwl a chof y bobl â geiriau ac ymadroddion coeth a seinber y cyfieithiad Cymraeg mawreddog hwn. Rhwng 1800 ac 1900 fe gyhoeddwyd dros ddau gan argraffiad o'r Beibl cyflawn yn y Gymraeg. Bu colli'r fath gynhysgaeth yn ein dyddiau ni yn achos tlodi difrifol i'n hysbryd a'n llenyddiaeth fel ei gilydd.

Rhan o symudiad mawr yn y gwledydd Protestannaidd (a Chatholig hefyd i raddau llai) i roi'r Beibl yn iaith y bobl oedd y gwaith o gyfieithu'r Beibl i'r Gymraeg yn yr unfed ganrif ar byntheg. Drwy ddarllen y Beibl drostynt eu hunain y dôi'r bobl i afael drostynt eu hunain â gwirioneddau achubol y ffydd Gristnogol, ac yn arbennig y gwirionedd fod Duw yn estyn maddeuant yn rhad ac am ddim i bawb a gredai yn ei Fab, Iesu Grist. Fe newidiodd yr olwg newydd a gafwyd ar y gwirionedd hwn yn yr unfed ganrif ar bymtheg holl gwrs hanes Ewrop, yn ogystal â bywydau cannoedd ar filoedd o unigolion. Gellid dadlau mai angen pennaf ein cenhedlaeth ninnau yw cael golwg o'r newydd ar yr un gwirionedd. Hynny yw, y mae'r gweithgarwch yr ym-gymerodd William Salesbury, William Morgan a'r lleill ag ef – rhoi'r Beibl yn iaith y bobl – yn dal mor anfeidrol berthnasol ag erioed.

Testament Salesbury

Anerchiad a draddodwyd ar Faes Eisteddfod Genedlaethol y Bala, 11 Awst 1967, ac a gyhoeddwyd yn *Y Cylchgrawn Efengylaidd*, Hydref/Tachwedd 1967

Ar 7 Hydref 1567, ymddangosodd Testament Newydd William Salesbury, y cyfieithiad Cymraeg cyntaf o'r Testament Newydd cyflawn. Yr oedd y Llyfr Gweddi Gyffredin yn Gymraeg, yntau'n waith Salesbury, eisoes wedi ymddangos ryw bum mis ynghynt. Canlyniad oedd y ddau lyfr i ddeddf seneddol a basiwyd yn 1563, yn rhannol drwy anogaeth Salesbury, yn gorchymyn cyfieithu'r Beibl a'r Llyfr Gweddi i'r Gymraeg erbyn Dygwyl Ddewi 1567. Eithr am flynyddoedd lawer cyn hyn bu Salesbury wrthi'n gweithio i sicrhau y byddai ei gyd-wladwyr yn cael y Beibl yn eu hiaith eu hun. Yn 1551 cyhoeddodd ei gyfieithiad ei hun o'r Efengylau a'r Epistolau a ddarllenid yn yr eglwys adeg gwasanaeth y Cymun; a chyn gynhared ag 1547 fe anogodd ei gyd-Gymry i fynnu'r Ysgrythur Lân yn eu hiaith. Yr oedd llyfrau 1567 felly yn ffrwyth ugain mlynedd o ymdrech ar ran yr un dyn hwn.

Ychydig a wyddys amdano ar wahân i'w lyfrau. Fe'i ganed tua 1520 yn Llansannan, yn ail fab i Ffwg Salesbury o'r Plas Isaf, Llanrwst, ac Annes ferch William ap Gruffudd o Gochwillan ger Bangor. Addysgwyd ef yn Rhydychen, ac efallai yn un o'r ysgolion cyfraith yn Llundain. Etifeddodd gyfran o dir ei dad a bu'n gweithio rhyw gymaint fel mân swyddwr ac efallai fel twrnai. Ond fel llenor ac ysgolhaig y cofir amdano heddiw, fel tad y wasg argraffu Gymraeg (cyhoeddodd tua dwsin o lyfrau yn ystod ei oes) ac fel y cyntaf o gyfieithwyr mawr y Beibl i'n hiaith ni. Priodol, ar un olwg, yw mai Testament Newydd 1567 oedd y llyfr pwysig olaf a gyhoeddodd, er iddo fyw am flynyddoedd wedyn. Y gwaith hwn yn wir oedd coron ei yrfa.

Wrth gychwyn ar y gwaith o gyfieithu'r Ysgrythur i'r Gymraeg, yr oedd yn rhaid i Salesbury wynebu tri phrif anhawster.

Yn anhawster cyntaf oedd yr un gwleidyddol. Er 1536 yr oedd Cymru yn swyddogol yn rhan o Loegr, ac iaith Lloegr oedd Saesneg. Yn yr un modd yr oedd yr Eglwys yng Nghymru ynghlwm wrth Eglwys Loegr, ac o ddiwedd yr 1540au ymlaen iaith gwasanaethau'r eglwys honno oedd Saesneg. O tua 1549 ymlaen (pan gyhoeddwyd y *Book of Common Prayer* cyntaf) mae'n ddiamau fod Saesneg yn disodli'r Lladin fel iaith gwasanaethau'r Eglwys yng Nghymru yn ogystal. Ond yn y sefyllfa argyfyngus hon, gallai Salesbury a'i gyfeillion apelio at yr egwyddor Brotestannaidd y dylai pawb gael addoli mewn iaith a ddeallai. Yn y pen draw, yr egwyddor hon a drechodd ysfa'r Tuduriaid am unffurfiaeth yn eu teyrnasoedd, ac a wnaeth ddeddf 1563 yn bosibl. Nid na fu gwrthwynebiad: ychwanegodd Tŷ'r Arglwyddi *proviso* at y ddeddf yn gorchymyn prynu Beiblau a Llyfrau Gweddi Saesneg yn ogystal â'r rhai Cymraeg fel y gallai'r Cymry ddysgu Saesneg yn haws; ac y mae'r Esgob William Morgan a'r llenor Cymraeg Morus Cyffin yn sôn am wŷr a ddadleuai y dylai'r Cymry golli eu hiaith a dysgu Saesneg yn hytrach na chael Beibl Cymraeg! Ond bu'r egwyddor Brotestannaidd yn drech na'r gwrthddadleuon hyn, a thystir bellach fod Deddf 1563 wedi gwneud mwy i hybu'r Gymraeg nag a wnaeth y Ddeddf Uno i'w llesteirio.

Yr ail anhawster a wynebai Salesbury oedd yr anhawster ysgolheigaidd. Dyma gyfnod y Dadeni Dysg yng Ngogledd Ewrop, a rhaid oedd bod yn ysgolhaig cyflawn – yn ŵr a fedrai Hebraeg a Groeg yn ogystal â Lladin – cyn mentro ar dasg fawr cyfieithu'r Beibl. Dysgodd Salesbury'r ieithoedd hyn (ac amryw o rai eraill) yn gynnar ar ei yrfa, a thyfodd yn ysgolhaig penigamp. Wrth gyfieithu'r Testament Newydd i'r Gymraeg gallodd fanteisio ar bob help a oedd wrth law, nid yn unig ar yr argraffiadau diweddaraf o'r testun Groeg (megis eiddo Erasmus, Stephanus a Beza) ond hefyd ar y cyfieithiadau diweddaraf i'r Lladin a'r Saesneg a'r Almaeneg a'r Ffrangeg. Y mae

ysgolheigion o Gymry ym maes y Testament Newydd, o'r Prifathro
Thomas Charles Edwards yn y bedwaredd ganrif ar bymtheg hyd at
y Parch. Isaac Thomas yn ein dyddiau ni, yn gytûn eu clod i Salesbury
fel cyfieithydd y Beibl.

Llenyddol oedd y trydydd anhawster, a phrin fod Salesbury wedi
llwyddo i oresgyn hwn mor llwyddiannus â'r lleill. Fel cymaint o wŷr
y Dadeni Dysg, yr oedd ganddo syniadau cryfion am yr hyn y dylai
iaith fod. Y ddau rinwedd pennaf a allai berthyn i unrhyw iaith, yn ei
dyb ef, oedd *hynafiaeth* a *helaethrwydd*. Gan hynny cymerodd fel ei
batrwm, wrth gyfieithu, ryddiaith Gymraeg yr Oesoedd Canol, er ei
fod hefyd yn fodlon derbyn (er mwyn helaethrwydd) eiriau a ffurfiau o'r
ieithoedd clasurol, o'r Saesneg ac o'r tafodieithoedd Cymraeg. Wrth
sbelio geiriau drachefn hoffai ddangos o ble yr oedd y geiriau hynny
wedi tarddu: os geiriau wedi eu benthyg o'r Lladin oeddynt, hoffai eu
sbelio mor agos i'r ffurf Ladin ag a oedd modd, neu os oeddynt yn
eiriau cyfansawdd Cymraeg – geiriau wedi eu cyfansoddi o fwy nag un
gair – hoffai ddangos eu helfennau gwreiddiol wrth eu sbelio (am yr
un rheswm byddai'n aml yn anwybyddu'r treigliadau'n llwyr); eto, er
mwyn helaethrwydd, fe geisiai amrywio'r sbelio gymaint ag a allai:
mae ganddo o leiaf bedair ffordd o sbelio'r un gair *Duw*, er enghraifft.
Fel canlyniad i hyn oll, golwg braidd yn od sydd ar waith Salesbury i'r
darllenydd anghyfarwydd, ac y mae John Penry a Morus Cyffin yn
tystio fod Cymry cyffredin yr unfed ganrif ar bymtheg yn cael cryn
drafferth wrth ei ddarllen. Y gwir yw fod ysgolheictod Salesbury ar
brydiau'n drech na'i awydd i gyrraedd y bobl gyffredin â neges Gair
Duw.

Eto fe luniodd gyfieithiad disglair, nid yn unig oherwydd ei fod yn
ysgolhaig mor dda ond hefyd oherwydd fod ganddo'r fath afael ar holl
gyfoeth yr iaith Gymraeg. A phan aeth y Dr William Morgan ati yn yr
1580au i lunio cyfieithiad Cymraeg o'r Beibl cyfan, gwaith hawdd
oedd diwygio drafft athrylithgar Salesbury o'r Testament Newydd (ac
o'r Salmau), gan foderneiddio a safoni'r iaith a'r orgraff. Salesbury

wedi'r cwbl oedd yr arloeswr mawr, un o'r rhai mwyaf oll yn hanes ein llenyddiaeth yn ogystal â hanes ein crefydd. Ef, meddai ei gyfoeswyr amdano, a dorrodd 'blisg y gneuen', ef a 'dorrodd yr iâ'. Mawr yw ein diolch iddo, am iddo ef yn gyntaf ei gwneud yn bosibl i ni fel pobl glywed (yn ôl ei gyfieithiad ef ei hun o Actau 2:11) 'yn ein tafodau ein hunain fawrion bethau Duw'.

Cymwynas William Morgan

Sylwedd dau anerchiad a draddodwyd yng 'Ngŵyl y Beibl', Llanrhaeadr-ym-Mochnant, 21 Medi 1985, ac a gyhoeddwyd yn *Y Cylchgrawn Efengylaidd* Tachwedd/Rhagfyr 1986

Yr ydym yma heddiw [21 Medi 1985] yn Llanrhaeadr-ym-Mochnant i goffáu ac i ddathlu un o'r digwyddiadau pwysicaf oll yn hanes ein gwlad. Pedair canrif yn ôl yr oedd offeiriad y plwyf hwn, William Morgan wrth ei enw, yn treulio llawer iawn o amser yn ei lyfrgell ac wedi bod yn gwneud hynny ers rhai blynyddoedd. Mae'n bosibl nad oedd ei wraig Catherine yn rhy hoff o ymhél gormodol ei gŵr â'i lyfrau, er na wyddom mo hynny i sicrwydd. Mae'n gwbl sicr nad oedd gan rai o'i gymdogion cyfoethog – Ifan Maredudd o'r Lloran Uchaf yn Llansilin, er enghraifft – fawr o feddwl ohono nac o'i astudio, a gwnaethant lawer i wneud ei fywyd yn boendod yn Llanrhaeadr. Ond dal ati'n ddyfal wrth ei orchwyl a wnaeth William Morgan. A'r gorchwyl hwnnw oedd gorffen cyfieithu'r Beibl cyfan i'r Gymraeg.

Yr oedd deddf seneddol cyn gynhared ag 1563 wedi gorchymyn fod hynny'n cael ei wneud. Ond dim ond y Testament Newydd a'r Llyfr Gweddi Gyffredin y llwyddodd William Salesbury a'r Esgob Richard Davies i'w cyfieithu a'u cyhoeddi yn 1567. Mae'n wir fod y Llyfr Gweddi'n cynnwys y Salmau, ond yr oedd gweddill yr Hen Destament a'r Apocryffa'n gyfan yn dal heb eu cyfieithu, heblaw fod angen diwygio cyfieithiadau rhyfedd William Salesbury – rhyfedd am ei fod yn mynnu gwneud i'r iaith Gymraeg edrych mor debyg ag a oedd modd i'r iaith Ladin, a oedd yn fawr ei bri yr adeg honno. Dyma'r gwaith yr aeth William Morgan i'r afael ag ef, yn ôl pob tebyg yn fuan ar ôl iddo ddod i Lanrhaeadr yn 1578.

Yr oedd yn hynod gymwys ar gyfer y gwaith, wedi cael addysg drwyadl ym Mhrifysgol Caergrawnt nid yn unig mewn Lladin ond hefyd mewn Groeg a Hebraeg a rhai o'r ieithoedd modern; fe allai fanteisio'n llawn felly ar y don fawr o gyfieithu'r Beibl a oedd wedi ysgubo dros Ewrop yn sgil y Diwygiad Protestannaidd a'i bwyslais newydd ar awdurdod y Beibl. Ar gefn hyn oll yr oedd Morgan hefyd yn Gymro da iawn, yn feistr ar yr iaith lafar ac ar iaith lenyddol gywrain y beirdd proffesiynol traddodiadol.

Y mae'n bosibl iddo gymryd rhyw wyth mlynedd i orffen y gwaith, er iddo gael rhywfaint o help gan ffrindiau dysgedig; ond erbyn haf 1587 yr oedd y cyfieithiad yn barod i'w brintio. I ffwrdd â Morgan i Lundain wedyn ac aros gyda Deon Westminster, Gabriel Goodman o Ruthun, am flwyddyn gyfan tra oedd ei gyfieithiad yn cael ei argraffu. (Wrth gwrs, yr adeg honno, yr oedd yn rhaid gosod pob llythyren yn llafurus â llaw, a gorau oll os gallai'r awdur fod yn y wasg i ddarllen y proflenni fel y deuent allan.) Erbyn 22 Medi 1588 yr oedd y cyfieithiad yn barod i'w anfon allan i'r esgobaethau a'r plwyfi, a Morgan yn rhydd i deithio'n ôl at ei wraig a'i blwyfolion yn Llanrhaeadr. Yr oedd gwaith mawr ei fywyd wedi ei wneud.

Pam yr oedd y gwaith hwn mor bwysig? Wel, yn y lle cyntaf, fe achubodd yr iaith Gymraeg. Yr oedd Lloegr wedi troi'n Brotestannaidd ryw genhedlaeth ynghynt ac wedi deddfu mai'r Beibl a'r Llyfr Gweddi Gyffredin Saesneg, ac nid y llyfrau gwasanaeth Lladin, a ddefnyddid yn y plwyfi o hynny ymlaen. Gan fod Cymru'n rhan gyfreithiol o Loegr ers Deddf Uno 1536, y Beibl a'r Llyfr Gweddi Gyffredin Saesneg a ddefnyddid yn ei phlwyfi hithau oni bai fod dynion hirben wedi gweld y perygl a dyfeisio ffordd o'i osgoi. Er y byddai'r rhan fwyaf o ddigon o'r Cymry yn deall llai ar y llyfrau Saesneg nag a wnaent ar y llyfrau Lladin a oedd ganddynt o'r blaen, nid oes dim amheuaeth na fyddai eu clywed yn cael eu darllen yn rheolaidd o Sul i Sul yn y plwyfi yn cael effaith andwyol iawn ar yr iaith Gymraeg ac yn peri y byddai hi'n gyflym yn dirywio yn ddim ond bratiaith ddirmygedig. Diolch i

wŷr fel William Salesbury, Richard Davies, Humphrey Llwyd a
William Morgan fe osgowyd y perygl hwnnw.

Yn ail fe roddodd William Morgan i'r Cymry batrwm o ryddiaith
safonol, ystwyth ac urddasol. Fel y soniais, heblaw bod yn ysgolhaig
ardderchog yn ieithoedd gwreiddiol y Beibl, yr oedd Morgan hefyd
yn llenor Cymraeg tan gamp. Mae miwsig ei gyfieithiad yn ddigymar,
ac 'r wy'n amau a gafwyd coethach trosiad o'r Beibl mewn unrhyw
iaith.

Yn drydydd, ac yn bwysicaf o ddigon, fe allai'r Cymro bellach glywed
yn ei iaith ei hun am fawrion weithredoedd Duw, ac yn enwedig am
ei bennaf gweithred yn anfon ei Fab i farw er ei fwyn. Ac fe glywodd
y Cymro! Drwy bregethu'r Piwritaniaid, drwy efengylu tanllyd y
Methodistiaid, drwy ddiwygiadau mawr y bedwaredd ganrif ar
bymtheg a dechrau'r ugeinfed, daeth y Cymry i raddau pell yn genedl
grediniol, ac fe ddaeth Beibl William Morgan – yn y ffurf ddiwygiedig
arno a gyhoeddwyd gan yr Esgob Richard Parry a Dr John Davies yn
1620 – yn fwyd i'w henaid. Mae'n rhyfedd meddwl fod ar gannoedd
ar filoedd o'n cyd-wladwyr ar draws y canrifoedd ddyled ysbrydol
uniongyrchol i'r offeiriad plwyf diwyd a oedd yn llafurio yn y fangre
dawel hon bedair canrif union yn ôl.

Pam ynteu y mae'r Beibl yn llyfr mor allweddol? Y mae'r ateb yn
syml ond yn syfrdanol. Am fod Duw trwyddo yn dewis gwneud ei feddwl
yn hysbys i ddyn. Nid y cwbl o'i feddwl, wrth gwrs, oherwydd ni allai
dyn fyth oddef hynny, ond cymaint o'i feddwl ag sy'n angenrheidiol
inni ei wybod ar hyn o bryd. A'r peth pennaf y mae'n angenrheidiol
inni ei wybod ydyw ein bod fel pobl, yn wŷr a gwragedd a phlant,
wedi'n dieithrio oddi wrth Dduw a chan hynny mewn perygl o fod
hebddo am byth – a 'heb Dduw, heb ddim', chwedl yr hen air Cymraeg.
Nid oes dim rhyfedd ein bod yn chwilio am esgusodion dros beidio â
darllen llyfr sy'n cyfleu'r fath neges anghysurus! Ond, y mae'r un llyfr
yn mynd yn ei flaen i gyhoeddi fod Duw yn ei gariad wedi anfon ei
Fab, Iesu Grist, i'n gwaredu trwy ei farwolaeth rhag y fath dynged

erchyll, a bod Iesu Grist yn awr yn cynnig cymod a chyfle newydd i bawb sy'n dod ato gan ymddiried ynddo a derbyn ei arglwyddiaeth Ef ar eu bywyd:

> Duw, wedi iddo lefaru lawer gwaith a llawer modd gynt wrth y tadau trwy'r proffwydi, yn y dyddiau diwethaf hyn a lefarodd wrthym ni yn ei Fab, yr hwn a wnaeth efe yn etifedd pob peth, trwy yr hwn hefyd y gwnaeth efe y bydoedd; yr hwn, ac efe yn ddisgleirdeb ei ogoniant ef ac yn wir lun ei berson ef ac yn cynnal pob peth trwy air ei nerth, wedi iddo wneuthur puredigaeth am ein pechodau ni trwyddo ef ei hun, a eisteddodd ar ddeheulaw y Mawredd yn y goruwch leoedd.

Dyma gnewyllyn neges y Beibl. A neges Duw ar ein cyfer ni ydyw. Mae'n wir mai trwy'r proffwydi a'r apostolion y trosglwyddir y neges inni, ond Duw sy'n defnyddio'r rhain i draethu ei feddwl. Mae'n wir hefyd, os yw'r neges am fod yn effeithiol, fod rhaid i'r Ysbryd Glân ei chymhwyso i'n cyflwr, ond neges y Beibl y mae'r Ysbryd Glân yn ei chymhwyso bob amser. Gadewch inni i gyd roi ei gyfle i Dduw'r Ysbryd Glân drwy ddarllen y Beibl yn ufudd, agor ein clustiau i'w neges, gadael i ni'n hunain gael ein hargyhoeddi o'n hangen anaele am faddeuant ac am fywyd newydd, gadael i ni'n hunain gael ein dwyn i gredu yng Nghrist a'i addewidion am yr union bethau hynny ar ein cyfer, cymryd y Beibl wedyn yn arweinlyfr yn llaw'r Ysbryd Glân ar gyfer ein bywyd yn gyfan. Nid diogelwch tragwyddol yn unig a enillwn fel hyn, er mor amhrisiadwy ydyw hwnnw, ond hefyd drefn well ar ein bywydau, a sicrwydd ein bod yn byw'r rheini i ryw bwrpas, yn wir i'r pwrpas gorau posibl. Y deyrnged fwyaf o ddigon y gallwn ni ei thalu i goffadwriaeth William Morgan ydyw cymryd y llyfr a gyfieithodd yn llwyr o ddifrif.

Ar ôl pedwar can mlynedd

Anerchiad a draddodwyd yng ngwasanaeth dathlu pedwarcanmlwyddiant
cyfieithu'r Beibl yn Eglwys Gadeiriol Llanelwy, 10 Medi 1988,
ac a gyhoeddwyd yn y cylchgrawn *Taliesin*, Rhagfyr 1988

Yr ydym wedi dod at ein gilydd yma heddiw yn Llanelwy yn uchafbwynt dathlu rhywbeth a ddigwyddodd yn ein gwlad bedwar can mlynedd yn ôl, sef cyfieithu'r Beibl cyfan am y tro cyntaf i'r iaith Gymraeg gan William Morgan. Fe orffennodd Morgan ei yrfa yn Esgob Llanelwy, ar ôl cael ei symud yma o Esgobaeth Llandaf; a bu farw yn Llanelwy dri chant wyth deg a phedwar o flynyddoedd i'r dydd heddiw, sef 10 Medi 1604, a'i gladdu trannoeth yn yr Eglwys Gadeiriol (er na wyddom yn union ymhle). Ond yr oedd wedi gwneud gwaith mawr ei fywyd un mlynedd ar bymtheg cyn hynny, pan oedd yn ficer Llanrhaeadr-ym-Mochnant ger Croesoswallt. Yno yr oedd pan ymgymerodd, yn nannedd anawsterau difrifol, â gorffen y gwaith yr oedd y lleygwr William Salesbury wedi ei gychwyn yn 1567 pan drosodd y Testament Newydd a'r Salmau i'r Gymraeg. Fe gyfieithodd William Morgan weddill yr Hen Destament a'r Apocryffa o'r newydd, a diwygio cyfieithiad Salesbury o'r Salmau a'r Testament Newydd, a dwyn y cyfan i ben fel bod y gwaith wedi ei argraffu ac yn barod i'w ddosbarthu i'r plwyfi yng Nghymru erbyn mis Medi 1588.

I wneud y gwaith yr oedd yn rhaid i Forgan wrth o leiaf dair dawn fawr, heblaw penderfyniad – ystyfnigrwydd, os mynnwch – di-ildio. Y gyntaf o'r tair oedd ysgolheictod: y gallu i ddeall yr ieithoedd gwreiddiol yr ysgrifennwyd y Beibl ynddynt – Hebraeg, Groeg, a pheth Lladin – a chyfieithu'n gywir o'r ieithoedd hyn i'w famiaith ef ei hun. Yr oedd Morgan wedi ennill yr ysgolheictod hwn drwy dreulio tair blynedd ar ddeg yn efrydydd yng Ngholeg Ieuan Sant, Caergrawnt, a oedd yn un o'r lleoedd gorau yn y wlad yr adeg honno i feithrin bachgen ifanc mewn gwybodaeth o Ladin, Groeg a Hebraeg. Elwodd Morgan yn llawn ar yr addysg wych a gafodd yno, a thyfu'n gystal ysgolhaig beiblaidd ag unrhyw un o'r cwmni disglair a oedd wrthi'n cyfieithu'r Beibl yn Ewrop yn ystod y cyfnod cyffrous hwnnw. Ac yr oedd yn abl i ddefnyddio nid yn unig y testunau gwreiddiol Groeg a Hebraeg, ond hefyd y llu cyfieithiadau i Ladin ac i'r ieithoedd modern a gynhyrchwyd gan y cwmni hwnnw, er bod ymchwil diweddar wedi dangos yn eglur nad oedd Morgan yn slafaidd gaeth i'r un o'r cynorthwyon hyn.

Yr ail ddawn yr oedd yn rhaid i Forgan wrthi oedd medr ddofn ar yr iaith Gymraeg. Yr oedd William Salesbury yn gystal ysgolhaig beiblaidd â Morgan bob blewyn, ond yr oedd ei Gymraeg, am amryw resymau, yn ecsentrig ac yn anodd ei ddilyn. Drwy gael ei feithrin yn blentyn uniaith yng Nghymraeg rhywiog ei gartref ym mlaenau Dyffryn Lledr, drwy ddarllen cymaint o lawysgrifau Cymraeg ag a oedd o fewn ei gyrraedd, drwy ymrwbio er pan oedd yn fachgen ysgol ym mhlasty Gwedir â'r beirdd proffesiynol Cymraeg – yr awdurdodau pennaf ar yr iaith lenyddol safonol – a thrwy fyfyrio'n ddwfn uwchben yr iaith a'i theithi, fe dyfodd Morgan yn feistr mawr ar ysgrifennu rhyddiaith Gymraeg ac yn wir i raddau pell yn grëwr rhyddiaith newydd safonol ac urddasol (er i'w ddisgybl y Dr John Davies o Fallwyd orfod safoni peth ymhellach arni ym Meibl diwygiedig 1620). Y mae'n anodd gorbwysleisio pwysigrwydd yr agwedd hon ar waith Morgan: oni bai ei fod yn llenor mawr wrth reddf, ni fuasai ei Feibl wedi llwyddo fel y gwnaeth. Efallai mai'r rhannau o'r Beibl y mae ar ei orau yn eu cyfieithu ydyw darnau barddonol yr Hen Destament, a 'does dim rhyfedd i un o ysgolheigion beiblaidd dysgedica'r ugeinfed ganrif, a oedd hefyd yn Gymro Cymraeg, ddweud am Morgan ei fod yn 'fardd Hebraeg o athrylith'.

Ond er mwyn gwneud y gwaith a wnaeth Morgan yr oedd yn rhaid hefyd wrth drydedd ddawn, sef yr argyhoeddiad fod yr hyn yr oedd ef ynglŷn ag ef o dragwyddol bwys. Hynny, yn y bôn, a'i cariodd drwy bob gwrthwynebiad a gelyniaeth a'i alluogi i ddwyn ei dasg yn fuddugoliaethus i ben. Ac yn hyn o beth y mae wynebddalennau ei Feibl yn ddadlennol iawn. Nid ar ddamwain y dewisodd yr adnodau i'w gosod ar y rheini. Y maent yn dangos yn eglur beth oedd barn Morgan am y Beibl ac am bwysigrwydd y gwaith o'i gyfieithu. Os edrychwch i ddechrau ar wynebddalen y Beibl cyfan, yr hyn a welwch ydyw fersiwn Morgan o ddwy adnod yn Ail Epistol Paul at Timotheus (3:14–15).

> Eithr aros di yn y pethau a ddysgaist, ac a ymddiriedwyd i ti, gan wybod gan bwy y dysgaist. Ac i ti er yn fachgen wybod yr Ysgrythur Lân, yr hon sydd abl i'th wneuthur yn ddoeth i iechydwriaeth, trwy'r ffydd yr hon sydd yng Nghrist Iesu.

Yna os edrychwch ar wynebddalen Testament Newydd Morgan, fe welwch ei fod yn dyfynnu adnod arall, o Epistol Paul at y Rhufeiniaid (1:16) y tro hwn:

> Nid cywilydd gennyf Efengyl Grist, oblegid gallu Duw yw hi er iechydwriaeth i bob un a'r sydd yn credu.

Ar wahân i enw'n Harglwydd, yr un gair arwyddocaol sy'n gyffredin i'r adnodau yna ydyw'r 'iechydwriaeth'. Y mae'r Ysgrythur Lân yn abl i wneud yn ddoeth i *iechydwriaeth* drwy ffydd yng Nghrist Iesu; y mae'r efengyl yn allu Duw er *iechydwriaeth* i bawb sy'n credu yng Nghrist. A dyna'r gyfrinach. Yr oedd Morgan yn argyhoeddedig ei fod drwy gyfieithu'r Beibl i'r unig iaith y gallent ei deall, yn rhoi yn nwylo ei gyd-Gymry uniaith (fel yr oedd y rhan fwyaf ohonynt yr adeg honno) yr allwedd i ddrws iechydwriaeth. Fel pawb bron yn ei oes ei hun, ac yn wir fel pawb bron drwy holl oesoedd cred hyd yn gymharol ddiweddar, yr oedd yn meddwl am ddyn fel creadur wedi gwrthryfela yn erbyn Duw a chan hynny tan ei gondemniad, ond bod Duw yn ei gariad wedi anfon ei Fab, Iesu Grist, i waredu dyn o'r condemniad hwnnw trwy farw yn ei le, a bod y waredigaeth – yr iechydwriaeth – honno'n agored i bawb a fyddai'n troi at Iesu Grist mewn ffydd. Dyna'r efengyl yn ei hanfod – er bod ei hoblygiadau, wrth gwrs, cyn lleted â bywyd ei hun – ac yn yr Ysgrythurau yr oedd yr efengyl i'w chael. Heb yr Ysgrythurau nid oedd gan y Cymry'r cyfle i gael gafael ar yr iechydwriaeth sydd yn yr efengyl. Gyda'r Ysgrythurau yn eu meddiant yr oedd y cyfle hwnnw ganddynt. Dyna'r argyhoeddiad a oedd wedi ymaflyd ym Morgan yn gynnar ac wedi ei gadw at y gwaith o gyfieithu drwy gydol y blynyddoedd anodd yn Llanrhaeadr-ym-Mochnant.

Yr un yn union, gyda llaw, oedd yr argyhoeddiad a oedd yn meddiannu William Salesbury, rhagflaenydd Morgan, yntau. Yr oedd ef yn gymeriad tipyn mwy lliwgar na Morgan, ac y mae hynny i'w weld yn glir yn wynebddalen ei Destament Newydd, 1567. Yn lle bordor-teip o stoc yr argraffydd, mynnodd Salesbury gael llun wedi ei ysgythru'n arbennig. Llun ydyw o bobl wrth eu gorchwylion beunyddiol. Mae dwy ran o dair y llun mewn tywyllwch, sy'n cynrychioli bod heb y Beibl, ac y mae pob math o weithredoedd ysgeler yn mynd ymlaen yn y tywyllwch hwnnw. Ond mae traean chwith y llun a goleuni Gair Duw'n tywynnu arno, ac yno y mae heddwch a chariad yn teyrnasu. Ac o gwmpas y llun y mae adnod o Efengyl Ioan (3:19):

Hon yw'r farnedigaeth, gan ddyfod goleuni i'r byd, a charu o ddynion y tywyllwch yn fwy na'r goleuni.

Ac ar waelod y tudalen y mae englyn – na fyddai, 'r wy'n ofni, yn ennill dim byd tebyg i ddeg marc ar Dalwrn y Beirdd – sy'n crynhoi Dameg y Perl Gwerthfawr, y stori honno yn Efengyl Mathew (13:45–46) sy'n sôn am farsiandïwr perlau'n gwerthu'r cwbl oll a oedd ganddo er mwyn gallu prynu un perl eithriadol o werthfawr: 'Gwerthwch a feddwch o fudd [. . . meddai Salesbury]/I gael y perl.' A'r perl hwnnw, wrth gwrs, ydyw'r iechydwriaeth sydd yn yr efengyl, i William Salesbury fel i William Morgan.

Aeth pedair canrif heibio er yr adeg yr ydym yn ei chofio yma heddiw. Yn ystod y pedair canrif hyn gellir dweud i Feibl William Morgan achub yr iaith Gymraeg, a bod yn foddion i weddnewid cenedl y Cymry a rhoi iddi lawer o'i harbenigrwydd o'i chymharu â gwledydd eraill. Ond ers canrif bron erbyn hyn y mae dylanwad y Beibl wedi bod ar drai, ac y mae'r canlyniadau, yn gymdeithasol yn ogystal ag yn bersonol, wedi bod yn alaethus. Dywedodd Saunders Lewis beth amser cyn ei farw mai marwolaeth araf crefydd feiblaidd (neu grefydd y capel, a defnyddio'i union eiriau) oedd trasiedi fwyaf Cymru yn yr ugeinfed ganrif. Yr ydym wedi'n trapio yn y gred – hollol ddi-sail – fod gwyddonwyr neu haneswyr neu rywrai clyfrach na'i gilydd wedi profi rywfodd fod y Beibl bellach yn annibynadwy fel gair oddi wrth Dduw ar ein cyfer ni, ac y gallwn ninnau felly ymroi i fwynhau mwyniannau'r byd hwn – sy'n berffaith iawn yn eu lle – fel pe na bai'r un byd arall ar gael. Druan ohonom! Math o gwsg neu freuddwyd ydyw hyn, ac os oes un peth yn sicr, hynny ydyw – y cawn i gyd ein deffro ohono ryw ddydd, pan all hi fod yn rhy hwyr. Gadewch inni'n hytrach ddeffro mewn pryd. Gadewch inni gofleidio'r Beibl unwaith eto, naill ai yn hen gyfieithiad profedig William Morgan neu yn y cyfieithiad newydd – hyfryd o eglur – a gyhoeddwyd, yn briodol iawn, Ddydd Gŵyl Ddewi eleni [1988]. Gadewch inni fynnu cael gan y Beibl ddatgelu ei gyfrinach inni. Oherwydd yn y pen draw, diben y gyfrinach honno ydyw: iechydwriaeth. Ac yng ngeiriau William Morgan, i Dduw y byddo'r diolch am ei anhraethol ddawn. Diolch i Dduw am ei rodd anhraethadwy.

Ffarwel Wmffre Llwyd

O'r Faner, 26 Mehefin 1981

Yn 1968 fe werthwyd yn un o ocsiynau enwog Sotheby's yn Llundain gasgliad o lythyrau at y daearyddwr mawr o Antwerp, Abraham Ortelius, a fu farw yn niwedd yr unfed ganrif ar bymtheg. Ymhlith y llythyrau hyn yr oedd tri gan wŷr o Gymru, ac yn ffodus iawn fe sicrhawyd y tri ar gyfer Llyfrgell Genedlaethol Cymru – am 'bris go lew', chwedl I. D. Hooson am y ddwy ŵydd dew; ond yn wir yr oedd y llythyrau hyn yn werth y pris a dalwyd amdanynt.

Y pwysicaf o'r tri, yn ddiamau, ydyw'r un a sgrifennwyd at Ortelius gan Humphrey Llwyd, yr ysgolhaig ifanc disglair o Ddinbych. Dyma'r unig lythyr gan Llwyd sydd wedi ei gadw; ac yr oedd eisoes ar ei wely angau pan sgrifennodd ef, 3 Awst 1568. Yr oedd wedi cyfarfod ag Ortelius ryw flwyddyn neu ddwy ynghynt pan oedd Llwyd ar daith ar y Cyfandir gyda'i feistr, Iarll Arundel, ac aeth y ddau'n ffrindiau ar unwaith. Yr oeddynt yr un oed yn union – y ddau wedi eu geni yn y flwyddyn 1527 – ac yr oedd ganddynt lawer o ddiddordebau'n gyffredin.

Yr adeg honno yr oedd Ortelius wrthi'n hel defnyddiau ar gyfer ei atlas mawr, *Theatrum Orbis Terrarum*, a ymddangosodd gyntaf yn Antwerp yn 1570, ac fe berswadiodd Llwyd i lunio mapiau newydd – mapiau o Gymru, a hefyd o Gymru ynghyd â Lloegr – ar gyfer y gwaith hwnnw. Er mai fel hanesydd yn bennaf yr oedd Llwyd wedi disgleirio cyn hynny, yr oedd ganddo hen ddiddordeb mewn daearyddiaeth, ac fe gydsyniodd yn rhwydd â chais Ortelius. Yn ogystal manteisiodd ar y cyfle i lunio disgrifiad rhyddiaith byr o Gymru, Lloegr a Sgotland yn nodi hynodion y gwledydd hyn yn ddaearyddol ac yn hanesyddol – rhyw fath o esboniad ar y mapiau, fel petai.

Erbyn mis Gorffennaf 1568 yr oedd y gweithiau hyn wedi eu
drafftio; ond yna fe drawyd Llwyd yn wael, ac fe benderfynodd anfon
y drafftiau yn syth at Ortelius fel yr oeddynt, a sgrifennu llythyr at ei
gyfaill i egluro'r sefyllfa. Dyma'r llythyr a gafodd gartref terfynol yn y
Llyfrgell Genedlaethol yn haf 1968.

Cyrhaeddodd y llythyr a'r gweithiau Ortelius yn ddiogel, a maes o
law fe ofalodd yntau eu bod yn cael eu cyhoeddi, y mapiau yn y
Theatrum (argraffiad 1573) a'r disgrifiad mewn cyfrol fechan a
ymddangosodd yn ninas Köln yn 1572. Pan ddigwyddodd hynny, fe
gafodd y disgrifiad a'r mapiau glod mawr – a chlod cyfiawn hefyd,
oherwydd yr oeddynt yn gyfraniadau arloesol yn eu dydd (map Llwyd
o Gymru, er enghraifft, oedd y map cyntaf o'r wlad ar ei phen ei hun
i'w gyhoeddi erioed). Ond ymhell cyn i'w weithiau ymddangos, yr
oedd Llwyd yn ei fedd. Yn wir, ni bu byw dair wythnos ar ôl ysgrifennu
ei lythyr, fel yr oedd ef ei hun wedi rhag-weld.

Yn Lladin y sgrifennodd ei lythyr – honno, wrth gwrs, oedd iaith
ryngwladol ysgolheigion y cyfnod. Dyma gynnig ar ei gyfieithu i'r
Gymraeg yn ei grynswth. Yr wyf yn gobeithio y cytunwch â mi ei fod
yn werth ei ddyfynnu'n llawn, a'i fod hefyd yn sicr yn un o drysorau'r
Llyfrgell Genedlaethol: testament ysgolhaig ifanc yn ffarwelio ag ysgol-
heictod ac yn ffarwelio hefyd â'r byd. Dim ond geiriau olaf y llythyr,
a'r llofnod, sydd yn llaw Llwyd ei hun: mae'n debyg ei fod yn rhy wan
i sgrifennu'r gweddill.

Anwylaf Ortelius,

Fe dderbyniais dy ddisgrifiad o Asia y diwrnod y bu raid imi
adael Llundain. Ond cyn imi gyrraedd adref fe syrthiais i
dwymyn beryglus iawn, sy wedi rhwygo'r corff brau yma yn y
fath fodd yn ystod y deng niwrnod diwethaf fel bod raid imi ofni
am f'einioes. Eto mae fy ngobaith, Iesu Grist, yn ddiogel yn fy
mynwes. Eithr ni allai poen gwastadol twymyn barhaus gyda
chryd deublyg, na bygythiad yr angau, na chwaith gur pen ffyrnig

a di-baid ddileu'r cof am fy Ortelius o'm hymennydd cythryblus. Gan hynny yr wyf yn anfon atat fy map o Gymru, nad yw'n dangos yr holl ffiniau ond sydd wedi ei dynnu'n gywir, ond cofio am rai pethau y dylid bod yn wyliadwrus yn eu cylch a nodais i yma, a minnau'n marw. Fe dderbynni di hefyd fap o Loegr yn cynnwys yr hen enwau a'r newydd, a map arall o Loegr wedi ei dynnu'n eithaf cywir, heblaw rhai darnau o ddisgrifiad o Brydain wedi eu sgrifennu yn fy llaw i fy hun. Ac er iddynt i gyd gael eu copïo mewn llaw flêr, a'u bod yn ymddangos yn ddigon amherffaith, eto fe elli di fod yn siŵr eu bod wedi eu seilio ar gyfrifiadau a thystiolaethau hen awduron. Ac fe fuasent wedi dy gyrraedd mewn gwell trefn ac yn gyflawn petasai Duw wedi caniatáu imi fywyd. Derbyn felly y coffa olaf hwn am dy gyfaill, a ffarwel am hir, f'Ortelius. O Ddinbych, yng Ngwynedd neu Ogledd Cymru, y trydydd o Awst, 1568.

Yr eiddot, yn byw ac yn marw,

Humphrey Llwyd.

John Penry a Chymru

O'r *Cylchgrawn Efengylaidd*, Gorffennaf/Awst 1949

'Canmolwn yn awr y gwŷr enwog, a'n tadau a'n cenhedlodd ni.' Y mae'n iawn i ni, fel Cristnogion, ein hatgoffa ein hunain o dro i dro am hanes a thraddodiad ein ffydd. Perthynwn i linach ogoneddus, ac ni ddylem anwybyddu na bychanu golud ein treftadaeth. Fel Cristnogion o Gymry hefyd, fe'n breintiwyd mewn modd arbennig iawn, ac fe ddylem, yn ddiolchgar, ymhyfrydu ym mawredd yr hyn a roddwyd inni fel cenedl. Y mae John Penry yn un o arwyr y ffydd efengylaidd yng Nghymru, ac fe ddisgleiria ei ffydd a'i ymroddiad ef fel seren lachar yng nghanol tywyllwch ei gyfnod. Yn yr erthygl hon, ceisir bwrw trem dros hanes ei fywyd, a rhoi rhyw syniad hefyd am gynnwys ei neges.

Ganed John Penry yn y flwyddyn 1563 mewn ffermdy o'r enw Cefn Brith ym mhlwyf Llangamarch, sir Frycheiniog – neu felly y credid hyd yn ddiweddar. Tybir iddo hanfod o deulu gweddol gefnog, ac awgrymir iddo gael ei addysg fore yng Ngholeg Crist, Aberhonddu. Yn 1580 aeth i Gaergrawnt, ac ymaelododd yng Ngholeg Pedr, coleg hynaf y Brifysgol. Yno fe astudiodd resymeg a rhethreg a phynciau eraill, ac fe'i derbyniwyd i radd BA yn 1584. Yna troes ei sylw at fetaffiseg a diwinyddiaeth, gan ymbaratoi ar gyfer gradd MA.

Ond nid addysg yn unig a dderbyniodd John Penry yng Nghaergrawnt. Yr oedd y Brifysgol ar y pryd yn ganolfan i'r Piwritaniaid, y gwŷr tanbaid hynny a gredai mewn diwinyddiaeth ac eglwysyddiaeth ysgrythurol, ac a ystyriai drefn Eglwys Loegr yn gyfaddawd â Phabyddiaeth. Calfin oedd eu harweinydd mawr, ac yn eu pregethau cyhoeddent athrawiaethau mawrion beiblaidd a Diwygiad, penarglwyddiaeth Duw a chyfiawnhad drwy ffydd.

Trwyddynt hwy, yn ôl pob tebyg, y daeth John Penry i dderbyn Crist fel ei Iachawdwr a'i Arglwydd, ac i gysegru ei fywyd i'w wasanaeth.

Fel i bawb a ymaflo yn y profiad hwn, dyma drobwynt ei fywyd i Penry. Bellach, galwad yr efengyl, ac nid ei uchelgeisiau ef ei hunan a oedd i benderfynu cwrs ei yrfa. Agorwyd ei lygaid a gwelodd am y tro cyntaf gyflwr y rhai hynny o'i gyd-ddynion nad adwaenai Grist. Gwelodd nad oedd gobaith iddynt fel yr oeddynt. Troes ei lygaid tua Chymru, a gwelodd drueni ei chyflwr. Ac yr *oedd* yn druenus – ynglŷn â hynny fe gytunai Pabydd ac Eglwyswr a Phiwritan. Cawsai'r grefydd Gatholig ergyd farwol, ac nid arhosai ond arferion diystyr i dystio i'r rhwysg a ddiflanasai. Ond ychydig iawn a ddarparasai Eglwys Loegr ar gyfer llenwi'r bwlch a achosid gan hyn. Yr oedd rhai plwyfi heb offeiriaid, a'r mwyafrif llethol heb bregethu. Ac nid oedd grym yn y gwasanaethau darllenedig i gadw'r bobl rhag llithro'n ôl i anffyddiaeth a phechod. Gwelodd John Penry, yng ngoleuni llachar ei brofiad, nad oedd dim a allai achub Cymru ond pregethu'r efengyl. A glynodd yn y weledigaeth hon drwy gydol ei fywyd.

Yn 1586 gorffennodd ei gwrs coleg. Buasai i ffwrdd o Gaergrawnt yn ystod y flwyddyn 1584–85; tybir iddo fod yng Nghymru, ac efallai hefyd iddo aros yn Northampton, canolfan Biwritanaidd arall, lle trigai tad y ferch a briododd yn ddiweddarach. Dychwelodd i Gaergrawnt tua Hydref 1585. Ymhen rhyw hanner blwyddyn ymfudodd i Neuadd S. Alban yn Rhydychen, ac yn y Brifysgol honno y graddiodd yn MA. Nid oedd ymfudo o'r fath yn beth anghyffredin y dyddiau hynny.

Fe wynebid Penry yn awr â dewis argyfyngus. Ond mewn argyfyngau o'r fath y datguddir gwir gymeriad dyn. Safai ar drothwy ei yrfa, a'r holl baratoi o'i ôl. Efallai mai'r cwrs mwyaf naturiol iddo ei ddewis fuasai derbyn urddau Eglwys Loegr a chael ei benodi i ryw swydd ganddi hi. Gallai edrych ymlaen at fywyd buddiol a dymunol wedyn. Ond, fel y gwelsom, yr oedd dylanwadau arbennig ar waith yn achos Penry – ei brofiad grymus o Grist, a'i ofal dros Gymru. A'r dylanwadau hynny a orfu. Ymglywodd â galwad i weithio dros yr efengyl yn ei famwlad, ac ufuddhaodd iddi. Ymwrthododd â gyrfa gysurus yr Eglwys Sefydledig, a dewisodd yn ei lle gwrs garw arloesydd efengylaidd i'r Cymry. Yng ngoleuni'r dewis hwn yn unig y gellir ystyried a dehongli bywyd Penry.

Dychwelodd i'w gartref, ac ymroes i ysgrifennu. Penderfynodd apelio i'r Senedd ar ran cyflwr Cymru, a thua dechrau'r flwyddyn 1587 yr oedd ei lyfr cyntaf, a adwaenid fel yr *Aequity*, yn barod i'r wasg. Byrdwn y llyfr yw cyfrifoldeb yr awdurdodau am drueni cyflwr ysbrydol y genedl, ac apelir ar i'r Frenhines a'r Senedd ddarparu'r unig foddion i liniarai'r trueni, sef pregethu'r Gair. Cyflwynwyd y llyfr i'r Senedd tua mis Mawrth 1588, a chafodd dderbyniad gweddol foddhaol. Fodd bynnag, nis hoffid ef gan y Frenhines Elisabeth na chan John Whitgift, Archesgob Caergaint, oherwydd ei feirniadu llym ar yr awdurdodau eglwysig. Condemniwyd y llyfr, a charcharwyd Penry am rai dyddiau. Dechreuasai'r erlid.

Ond ni fennodd y profiad hwn arno. Ffoes i Northampton ac yno sgrifennodd ail lyfr ar ran ei gyd-wladwyr, yr *Exhortation*. I Lywydd Cyngor Cymru a'r Gororau y cyflwynwyd hwn. Yr argraffydd Piwritanaidd Robert Waldegrave a'i printiodd, a phrin y gorffennwyd y gwaith cyn y bu raid i'r argraffydd ffoi o flaen ymosodiad yr awdurdodau. Ymunodd â Penry, a chyn hir, argraffodd ddau lyfr arall o'i eiddo, un llyfr dadleuol ar y weinidogaeth, a thrydedd apêl am gyflawni anghenion ysbrydol Cymru, y *Supplication*. I'r Senedd yr apeliodd y tro hwn.

Nid llyfrau Penry yn unig a brintiai Waldegrave, fodd bynnag. Tua'r adeg hon, dechreuodd tractiau enwog Martin Marprelate ymddangos o'i wasg. Ymosodiadau hwyliog, llym ar yr esgobion oedd y tractiau hyn, ac fe'u hoffid yn fawr gan y bobl gyffredin. Ond enynasant lid yr Archesgob yn ddirfawr, a bu'n ddiflino yn yr helfa am y bobl a oedd yn gyfrifol amdanynt. Ni wyddys hyd heddiw pwy oedd Martin Marprelate. Gellid bod bron yn berffaith sicr nad Penry oedd, er bod Whitgift yn credu hynny ac i Penry gael ei gyhuddo o hynny yn ei brawf olaf.

Ym mis Medi 1588, ryw fis cyn i'r cyntaf o'r tractiau hyn ymddangos, priododd Penry ag Eleanor Godley o Northampton. Ar waethaf ansicrwydd a thryblith allanol eu bywydau, bu eu priodas yn un hapus a hardd iawn. Ganed iddynt bedair merch, Deliverance, Comfort, Safety a Sure Hope, yr hynaf a'r ieuengaf yn Lloegr, a'r ddwy arall yn yr Alban. Oherwydd fe gynddeiriogwyd yr awdurdodau gymaint gan ysgrifeniadau Martin Marprelate fel y bu raid i'r cwmni ffoi yn y diwedd. I'r Alban yr aeth Penry, ym mis Medi 1589, a dilynwyd ef gan ei wraig. Yr oedd Eglwys Bresbyteraidd gref yno, a chafodd yr alltudion groeso mawr gan ei harweinwyr. Daethai Waldegrave yntau i'r Alban o Ffrainc, lle y diangasai (a lle y printiodd un arall o lyfrau Penry), a phrintiodd yng Nghaeredin dri llyfr arall a sgrifennodd y Cymro yn ystod y cyfnod hwn; dau lyfr dadleuol ac un cyfieithiad. Bu Penry'n pregethu o bulpudau'r Presbyteriaid hefyd. Hwn yn ddiau oedd cyfnod hapusaf ei fywyd. Yr oedd ymhlith ei deulu a chyfeillion caredig, a châi amser i feddwl a sgrifennu. Bu yno am dair blynedd.

Ac yna fe'i cawn unwaith eto yn wynebu dewis – aros yn yr Alban ynteu dychwelyd i Loegr. Ystyrid ef yno fel drwgweithredwr ar ffo (nid gŵr oedd Whitgift i anghofio yn fuan wawd Matin Marprelate), ac apeliodd y llywodraeth nifer o weithiau at y Brenin Iago i'w alltudio. Ond y mae'n sicr ei fod yn gwbl ddiogel yn yr Alban ar waethaf hynny; yr oedd yr Eglwys yno yn rhy gryf i'w dychryn. Fodd bynnag, am yr ail dro yn ei fywyd byr, cawn ef yn ymwrthod â diogelwch a chysur ac yn dewis unwaith eto berygl a helbul y frwydr. A gwyddom, o'i dystiolaeth ef ei hun, mai yr un oedd y rheswm am y dewis hwn â'r dewis cyntaf – sef ei gyd-wladwyr. Ymadawodd â'r Alban a theithiodd tua'r de. Am yr ail waith dangosodd beth oedd cymhelliad llywodraethol ei fywyd.

Ym mis Medi 1592 cyrhaeddodd Penry Lundain. Dilynwyd ef gan ei wraig mewn llong. Oherwydd ei fod yn gorfod ymguddio rhag llygaid ysbïwyr yr awdurdodau, ymunodd ag Eglwys Annibynnol Francis Johnson. Gan na hoffai'r awdurdodau syniadau'r Annibynwyr am lywodraeth eglwysig, yr oedd yn debyg mai'r rheidrwydd hwn a oedd ar y ddwyblaid i lafurio'n gyfrinachol a barodd i Penry ymuno â'r eglwys hon. Ymddengys ei fod yn gymaint o Bresbyteriad ag o Annibynnwr hyd y diwedd. Bu'n pregethu yn yr eglwys, ond ni dderbyniodd swydd.

Dechreuodd yr erlid yn fuan. Ymosododd yr awdurdodau ar yr eglwys fechan yn nechrau mis Rhagfyr, ond ni ddaliwyd Penry. Bu i ffwrdd am rai wythnosau, ond pan ddychwelodd, bu'n sgrifennu petisiynau ar ran y carcharorion. Yn nechrau mis Mawrth 1593 daeth ail ymosodiad, ond dihangodd yntau eilwaith. Dychwelodd i Lundain tua diwedd y mis, ac fe'i daliwyd. Bellach gwan iawn oedd ei obaith. Sylweddolodd Penry hynny; sgrifennodd gyffes ffydd, a chyffes o ffyddlondeb i'r Frenhines. Sgrifennodd, hefyd, lythyrau cofiadwy iawn at ei wraig a'i bedair merch fach. Y maent yn llawn cariad a thynerwch, ac nid oes gronyn o ofn nac amheuaeth ynddynt. Anoga hwynt i barhau'n gadarn yn y ffydd, a rhydd Feibl yr un i'r pedair merch, eu hunig gyfran priodas. Derbyniodd yr eglwys lythyr ganddo hefyd.

Ffars o brawf a gafodd. Cyhuddwyd ef o frad yn erbyn y Frenhines a chrefydd, ond nid oes amheuaeth nad ei gysylltiad â Martin Marprelate oedd y duaf o'i droseddau ym meddyliau ei erlynwyr. Seiliwyd y cyhuddiad cyntaf yn rhannol ar bapurau anghyhoeddedig o'i eiddo. Sgrifennodd yntau apêl rymus at yr Arglwydd Burghley, a newidiwyd y cyhuddiad, gan ei seilio'n unig ar waith cyhoeddedig y tro hwn. Fe'i dyfarnwyd yn euog o dorri un gyfraith, ond cosb am dorri cyfraith arall a ddedfrydwyd iddo, ac ni chafodd gyfle teg i'w amddiffyn ei hun yn y llys. Dedfrydwyd ef i farwolaeth. Sgrifennodd ail apêl at Burghley, ond ni thyciodd. Tua chanol dydd, 29 Mai 1593, heb yn wybod i'w deulu a'i gyfeillion, fe'i crogwyd. Yr oedd tua deg ar hugain mlwydd oed.

Cyn gorffen, da fyddai inni ystyried yn fyr neges fawr bywyd Penry, fel y mynegwyd hi yn ei lyfrau ef ei hun, yn enwedig y llyfrau hynny sy'n ymwneud yn uniongyrchol â Chymru. Yn y tri llyfr, yr un yw'r neges yn ei hanfod. Yn yr *Aequity*, fel y dywedwyd eisoes, pwysleisir cyfrifoldeb y Frenhines a'r Llywodraeth am beidio â darparu pregethu'r efengyl, a chyfrifoldeb y Cymry am beidio â'i fynnu. Disgrifir cyflwr truan a phechadurus y genedl, a phwysleisir unwaith eto na all dim ond y gair pregethedig ei liniaru: 'Fy mwriad yw dangos na all holl ddeddfau da, synhwyrol y byd olchi ymaith ein staeniau ni. Rhaid i'r cyffur a ylch yn lân, sef gair Duw, wneuthur hyn.' Yn yr adran olaf, awgryma ffyrdd ymarferol i goncro'r anawsterau.

Annigonolrwydd llwyr darllen y Gair yn unig, heb ei bregethu, yw un o themâu'r *Exhortation*. Beirniada'n llym fethiant y llywodraethwyr, yr esgobion, yr offeiriaid, a'r bobl eu hunain, i sicrhau pregethu'r Gair yn eu mysg. Dengys yn gwbl ddiamwys eu cyfrifoldeb yn hyn o beth. 'Sicrhewch bregethu'r gair i chwi eich hunain, ac ufuddhewch iddo, neu gwae chwi, gwae chwi Farnwyr, Foneddigion, Weinidogion a phobl, oherwydd oni wnewch fe wrthodwch Iesu Grist, ac ni fynnwch ei dderbyn Ef i reoli drosoch.'

Neges y ddau lyfr cyntaf sy'n cael eu cyhoeddi yn y trydydd a'r olaf hefyd, fel y gwelwn o'r frawddeg hon o'i ragymadrodd: 'Y mae mynyddoedd Cymru yn awr, yn unfed flwyddyn ar ddeg ar hugain teyrnasiad y Frenhines Elisabeth, yn galw nef a daear yn dystion eu bod wedi blino ar weinidogion mud, amhreswylwyr, Arglwydd Esgobion, ac yn y blaen, a'u bod yn dymuno cael eu diwallu â gwlith sanctaidd Efengyl Crist, a chael eu hamgylchu â mur hardd ei sanctaidd lywodraeth.' Apelia i'r Senedd ar iddi ddiwygio'r eglwys, fel y cyflawna'n well ei dyletswyddau tuag at ei Phen (ac yn enwedig ei dyletswydd gyntaf, sef pregethu). Ni ddylai'r anawsterau rwystro'r Senedd i wneud hyn – nid oedd amser i'w golli.

Yn y tri llyfr, felly, fe welir yr un dadansoddiad o afiechyd ysbrydol Cymru, a'r un feddyginiaeth yn cael ei chynnig. Yr oedd Cymru'n marw o newyn ysbrydol, a'r unig beth a allai dorri ei newyn oedd pregethu'r efengyl, pregethu'r Gair. Hyn yw hanfod cenadwri John Penry, ac i gyhoeddi hyn y sgrifennodd ei lyfrau, ac yn wir, y rhoddodd ei fywyd. Nid oes amheuaeth bellach nad oedd yn gwbl iawn. Dangosir hynny'n glir gan hanes y Ffydd yng Nghymru. Drwy bregethu efengylaidd gwŷr megis Walter Cradoc a Vavasor Powell yn yr ail ganrif ar bymtheg, Daniel Rowland a Howel Harris yn y ddeunawfed ganrif, a Christmas Evans a John Jones, Tal-y-sarn yn y bedwaredd ganrif ar bymtheg (ac nid yw hyn ond crybwyll rhai o'r enwau pwysicaf) y diwygiwyd Cymru ac y newidiwyd ei dull o fyw. Ac yn eu llafur a'u llwyddiant hwy, drwy ras Duw, fe welir gwirionedd pwyslais neges broffwydol Penry. Nid rhamantu gwag yw ei alw yn 'seren fore'r diwygiad yng Nghymru.'

Yn y llythyr cyntaf a sgrifennodd at Burghley, pan oedd yn aros ei brawf olaf, fe geir y geiriau enwog hyn. Dywedant, yn well na dim arall, efallai, yr hyn a oedd John Penry, a hwy yw ei briod feddargraff: 'Dyn ieuanc truan wyf fi, a aned ac a fagwyd ar fynyddoedd Cymru. Myfi yw'r cyntaf, ers adnewyddiad yr efengyl yn yr oes ddiwethaf hon, a lafuriodd ar goedd er cael plannu'r had bendigaid yn y mynyddoedd diffrwyth hynny.' Ac efallai mai'r geiriau hyn, o'r un llythyr, yw ei briod destament i ninnau: 'Ac yn awr, a minnau ar orffen fy nyddiau cyn cyrraedd ohonof hanner fy mlynyddoedd, yn ôl tebygolrwydd naturiol, gadawaf lwyddiant f'ymdrechion i'r rhai hynny o'm cyd-wladwyr a gwyd yr Arglwydd ar fy ôl er cyflawni'r gwaith hwnnw a ddechreuais i, sef galw fy ngwlad i adnabyddiaeth o fendigaid efengyl Crist.'

Cyfieithwyd y dyfyniadau o'r Saesneg. Cydnabyddir yn ddiolchgar garedigrwydd Mr Mervyn Himbury, BA, BD, yn dangos ffrwyth ei ymchwil ar eglwysyddiaeth John Penry.– R.G.G.

Edward James a 'Llyfr yr Homilïau'

O'r *Cylchgrawn Efengylaidd*, Medi/Hydref 1949.

Prif gymhelliad bywyd John Penry oedd ei ofal dros Gymru, a hanfod ei genadwri oedd y pwyslais na ellid iachâd i'r genedl ond drwy bregethu'r Gair; eithr fe aeth hanner canrif heibio cyn y dechreuwyd sylweddoli ei freuddwyd. Nid cyn tua chanol yr ail ganrif ar bymtheg y cafodd y Piwritaniaid mawr ryddid i gyhoeddi'r efengyl drwy'r wlad. Ond ni fu'r hanner canrif honno heb ei gweithgarwch na heb ei pharatoi.

Ychydig o wella a fu ar gyflwr yr Eglwys yn gyffredinol yn ystod y cyfnod hwn. Parhâi llawer o offeiriaid i ddal mwy nag un fywoliaeth, ac yr oedd llawer o'r plwyfi'n wag. Arhosai'r werin yn ei hanwybodaeth a'i phechod; a phrin o hyd oedd y pregethu. Ymddengys i'r sefyllfa wella rhywfaint ym mlynyddoedd olaf y cyfnod, ond, ar y cyfan, du oedd y darlun. Eithr nid oedd yn ddu i gyd. Yma a thraw yng Nghymru yr oedd gwŷr ymroddedig a ffyddlon a ymdeimlai i'r byw â chyflwr eu cyd-wladwyr ac a weithiai'n egnïol er ei liniaru. Ceid rhai offeiriaid a fugeiliai eu preiddiau'n ddiwyd, a bu cryn nifer o wŷr mewn urddau a gwŷr lleyg yn cyhoeddi llyfrau crefyddol yn Gymraeg (y rhan fwyaf ohonynt yn gyfieithiadau o'r Saesneg). Er mwyn hyfforddiant crefyddol teuluoedd y dosbarthiadau ariannog, y dosbarth a fedrai ddarllen, y bwriadwyd y llyfrau hyn, ac ymddengys iddynt fod yn fawr eu dylanwad. Yn eu mysg ceid cyfrolau megis *Perl mewn Adfyd* (cyfieithiad Huw Lewys, Llanddeiniolen, o drosiad Miles Coverdale o wreiddiol Almaeneg), *Yr Ymarfer o Dduwioldeb* (cyfieithiad Rowland Fychan, Caer-gai, o waith Lewis Bayly, Esgob Bangor), a *Llyfr y Resolusion* (cyfieithiad Dr John Davies, Mallwyd, o gyfaddasiad Edmund Bunny o waith y Pabydd, Robert Parsons). Y maent i gyd, ac nid yn unig y rhai a enwir uchod, yn weithiau cadarn a sylweddol, a pharhaodd eu cenhadaeth yn hir. Bu'r *Ymarfer o Dduwioldeb* o gymorth i Howel Harris yn y dyddiau dyrys cyn ei dröedigaeth, dros ganrif wedi dyddiad ei gyhoeddi am y tro cyntaf. Ond er cystal y llyfrau hyn, yr oedd mwyafrif mawr y Cymry y tu allan i gylch eu dylanwad. Ychydig iawn a fedrai ddarllen yn y dyddiau hynny, ac i'r lliaws anllythrennog yr oedd y llenyddiaeth hon yn ddi-fudd. Ar waethaf y pelydrau gweinion a oedd yn dechrau tywynnu, arhosent hwy o hyd yn eu tywyllwch, heb wybod eu hangen a heb y moddion i'w ddigoni pes gwyddent.

Yr oedd, fodd bynnag, un llyfr a ymddangosodd o'r wasg yn y cyfnod hwn a gyhoeddwyd nid er budd y teuluoedd pendefigaidd llythrennog, ond er budd y dorf anwybodus anllythrennog hon. 'Llyfr yr Homilïau' oedd hwnnw, neu, i roddi iddo ei deitl iawn: *Pregethau a osodwyd allan trwy awdurdod i'w darllein ymhob Eglwys blwyf a phob capel er adailadaeth i'r bobl annyscedig.* Yn 1606 y cyhoeddwyd y gyfrol, a gŵr o'r enw Edward James oedd yn gyfrifol amdani. Ystyriwn yn fyr hanes y gŵr hwn, a chynnwys ac ansawdd ei lyfr.

Gŵr o Forgannwg oedd Edward James. Ganed ef yn 1570, a chafodd ei addysg yng Ngholeg yr Iesu, Rhydychen, lle y graddiodd yn BA yn 1589 ac yn MA yn 1592. Cafodd ei ethol yn Gymrawd o'r un coleg tua diwedd 1589 neu ddechrau 1590. Penodwyd ef i'r bywiolaethau a ganlyn: Caerllion-ar-Wysg (1596), Shirenewton (1597), Llangatwg Dyffryn Wysg (1598), Llangatwg Feibion Afel (1599) a Llangatwg Glyn Nedd (1603). Yn 1606, penodwyd ef yn Ganghellor Eglwys Gadeiriol Llandaf. Bu farw tua 1610. Ar wahân i'r ffeithiau moelion hyn, ychydig iawn o wybodaeth amdano sydd ar gael.

Cyfieithiad yw 'Llyfr yr Homiliau' o ddwy gyfrol o bregethau Saesneg a awdurdodwyd gan lywodraethwyr Eglwys Loegr i'w darllen yn gyson ym mhob plwyf lle nad oedd pregethwr. Deuddeg pregeth oedd yn y gyfrol gyntaf, ac fe'i cyhoeddwyd dan olygyddiaeth yr Archesgob Cranmer yn 1547. Yn yr ail gyfrol, a gyhoeddwyd dan ofal yr Esgob Jewel yn 1563, yr oedd un ar hugain o bregethau. Cynnwys 'Llyfr yr

Homiliau', felly, gyfieithiad o dair ar ddeg ar hugain o bregethau swyddogol yr Eglwys.

Nid yw'n hawdd dosbarthu'r pregethau hyn yn foddhaol. Efallai mai'r cynllun gorau fyddai eu rhannu'n ddwy adran, pregethau athrawiaethol a phregethau moesol, gan gofio fod yr ail ddosbarth yn dysgu nid yn unig ddyletswydd ymarferol dyn tuag at ei Dduw a'i gydddyn, ond hefyd ei ddyletswydd tuag at yr eglwys, y wladwriaeth a'r gymdeithas yn gyffredinol. Ymhlith y pregethau athrawiaethol (fe geir rhyw naw ohonynt ar daen drwy'r ddwy gyfrol) ceir tair homili wych gan Cranmer ei hunan – 'Am gadwedigaeth dyn', 'Am wir ffydd' ac 'Am weithredoedd da' – lle y traethir yn groyw ac ag urddas athrawiaeth ganolog y Diwygiad: 'Trwy ffydd y cyfiawnheir dyn.'

Y bregeth hwyaf yn yr ail ddosbarth yw homili ddysgedig wrthBabyddol yr Esgob Jewel (yn ôl pob tebyg), 'Yn erbyn delw-addoliad', ond efallai fod ei dair pregeth ar weddi o fwy budd i'r gwrandawyr na honno. Y mae'r homili 'Am stad priodas' yn nodedig ymhlith traethodau'r cyfnod hwn am ei synnwyr cyffredin a'i thynerwch. Efallai mai dau gyfraniad yr Esgob Pilkington, 'Yn erbyn glothineb a meddwdod' ac 'Yn erbyn dillad rhy wychion', yw'r mwyaf lliwgar eu harddull o'r cwbl. A chynrychiolir agwedd Eglwys Loegr tuag at yr awdurdodau seciwlar yn deg yn y pregethau yn erbyn anufudd-dod a gwrthryfel.

Ceir rhyw amcan oddi wrth y teitlau hyn am bynciau'r pregethau. O ran cynnwys, seilir y cwbl ohonynt ar y Beibl, a dyfynnir yn helaeth ohono ym mhob un bron. Gwneir defnydd mawr hefyd o weithiau'r Tadau Eglwysig, ac yn enwedig Awstin. Amrywiant yn fawr mewn arddull, fel y gellid disgwyl. Ceir llawer o draethu ac ymresymu a dyfynnu moel; weithiau, fodd bynnag, daw bywiogrwydd a lliw i'r arddull, ac yn aml iawn ceir paragraffau (yn enwedig ar ddiwedd y pregethau) o rethreg wych ac urddasol. Fodd bynnag, y mae'r cyfan ohonynt yn bendant ysgrythurol a Phrotestannaidd eu naws.

Cyfieithiad da yw cyfieithiad Edward James ac y mae ganddo iaith a chystrawen gadarn a safonol (er i'w eirfa a'i sillafu ddatguddio weithiau o ba ranbarth yr hanoedd!). Efallai nad yw ei gyfieithu o'r rhannau 'ymresymegol' cyn ystwythed ag y gallasai fod weithiau, ond pan fo galw am goethder ac urddas a rhythmau mawreddog, ceir celfyddyd wych ganddo, fel y dengys y darn hwn o'r bregeth ar yr Atgyfodiad:

Fel hyn y gweithiodd ei ailgyfodiad ef fywyd a chyfiawnder i ni. Fe a aeth trwy angau ac uffern, er ein rhoi ni mewn gobaith y gallwn ninnau, trwy ei nerth ef, wneuthur yr un peth. Fe a dalodd iawn dros bechod, fel na chyfrifed pechod i ni. Fe a ddinistriodd y cythraul a'i holl greulonder, ac a fuddugoliaethodd yn ei erbyn ef yn gyhoeddus, ac a ddygodd oddi arno ei holl gaethion ac a'u dyrchafodd hwy ac a'u gosododd gydag ef ei hun ymhlith dinasyddion nef oddi uchod. Fe a fu farw i ddistrywio llywodraeth y cythraul ynom ni, ac a gyfododd eilwaith i ddanfon i lawr ei Ysbryd Glân i lywodraethu yn ein calonnau ni, i'n cynysgaeddu ni â pherffaith gyfiawnder (iii.77).

A geill gyfleu coegni a lliw'r gwreiddiol hefyd pan fo angen hynny. Enghraifft dda o hyn yw'r bregeth ddeifiol 'Yn erbyn dillad rhy wychion'.

Cyn terfynu, ystyriwn am foment bwysigrwydd y llyfr. Hyd y gwelaf fi, gorwedd hwnnw yn gyntaf yn y ffaith ei fod yn cynnwys disgrifiad a dehongliad eglur a chywir o athrawiaethau mawr y Beibl, a gladdwyd o'r golwg gyhyd dan ddefod a seremoni Eglwys Rufain. Disgrifiai hefyd, gyda llai o eglurder efallai, eithr mewn modd defnyddiol ddigon, y math ar fywyd a ddisgwylid gan Gristion. Yr ail reswm am bwysigrwydd y llyfr yw ei fod yn cael ei ddarllen yn gyson 'ymhob Eglwys blwyf a phob capel' drwy'r wlad. Hynny yw, fe glywai Cymry ymhob pentref a thref ar bron bob Sul o'r flwyddyn am flynyddoedd maith bregethau o'r llyfr hwn yn cael eu darllen. Drwy eu clywed felly, yng nghefndir gwasanaethau'r Llyfr Gweddi Gyffredin, ac uwchlaw dim ynghyd â chlywed y Beibl yn cael ei ddarllen hefyd, fe ddeuai'r Cymry yn araf i ymgynefino â phrif ffeithiau ac athrawiaethau'r ffydd Gristnogol, ac â'r hawliau a wna'r ffydd honno ar eu bywydau. Hyn, efallai, yw cyfraniad pennaf Edward James a'i gyfieithiad i hanes crefyddol Cymru.

Yn awr, nid yw gwybodaeth am y grefydd Gristnogol yn gyfystyr â ffydd yng Nghrist, ac ni ddylid anghofio hyn. Ond ar y llaw arall, y mae'r hyn a glywo dyn yn aml yn sicr o gael effaith ar ei feddwl. A phan fo meddwl wedi ei baratoi ar gyfer neges yr efengyl, y mae gwell gobaith y caiff yr had ddyfnder daear na phe bai yn disgyn ar dir nas arddwyd erioed. Felly, pan ddaeth cyfle a rhyddid i Walter Cradoc a Vavasor Powell a Morgan Llwyd a'r Piwritaniaid mawr eraill i bregethu'r efengyl yn ei chyflawnder grymus yng Nghymru, y mae'n sicr fod yr homilïau hyn yn un achos, trwy ras Duw, pan nad i gynulleidfaoedd cwbl anwybodus a dibaratoad y gorfu i'r cenhadon tanbaid hyn gyhoeddi'r Newyddion Da.

Englyn gan homilïwr

O'r *Aradr* (cylchgrawn Cymdeithas Dafydd ap Gwilym,
Prifysgol Rhydychen), 1996

Un o Gymrodyr cynnar Coleg yr Iesu yn Rhydychen oedd Edward
James. Fe'i ganed yn 1570, yn fab i rieni cyffredin eu hamgylch-
iadau yn sir Forgannwg, ac efallai ei fod wedi derbyn ei addysg
ramadegol mewn ysgol a sylfaenwyd gan deulu'r Manseliaid ym
Margam. Yn un ar bymtheg oed ymunodd â Phrifysgol Rhydychen o
Neuadd S. Edmwnt, a graddio'n BA o Goleg yr Iesu dair blynedd yn
ddiweddarach; ymhen tair blynedd arall yr oedd wedi graddio'n MA
yn ogystal. Yn fuan ar ôl graddio'n BA – tua diwedd 1589 neu
ddechrau 1590 – fe'i hetholwyd yn Gymrawd Coleg yr Iesu ar gyflog
o £6-13-4 y flwyddyn a'i lety (ond hytrach yn ddamcaniaethol oedd
y llety). Dyddiau cynnar y Coleg oedd y rhain, ac am rai blynyddoedd
Edward James a'r enwog Griffin Powell, Prifathro'r Coleg o 1613 hyd
1620, oedd yr unig Gymrodyr: rhaid felly eu bod yn dra phrysur. Un
o ddisgyblion Edward James, yn ôl pob tebyg, oedd John Davies o
Fallwyd, a oedd dair blynedd yn hŷn na'i diwtor: 1589–94 oedd ei
dymor ef yn y Coleg; gadawodd ar ddiwedd ei gwrs gradd BA yn
1594, ond dychwelodd yn ddiweddarach a graddio'n BD ac yna'n DD.

Yn 1595 penderfynodd Prifathro Coleg yr Iesu, Francis Bevans, na
ellid mwyach dalu cyflogau'r Cymrodyr, ac efallai i hyn ysgogi Edward
James i chwilio am alwedigaeth fwy diogel. Erbyn hynny yr oedd
William Morgan yn Esgob Llandaf, a John Davies gydag ef yn gaplan
neu'n gynorthwyydd personol iddo, ac fe gafodd Edward James groeso
brwd ganddynt yn ôl i'w hen esgobaeth. Fe'i gwnaed yn Ficer Caerllion-
ar-Wysg yn 1596, yn Rheithor Shirenewton yn 1597, yn Rheithor
Llangatwg Dyffryn Wysg yn 1598, yn Ficer Llangatwg Feibion Afel yn
1599 ac yn Ficer Llangatwg Glyn Nedd yn 1603; yn 1598 hefyd fe'i

gwnaed yn un o Brebendarïau Eglwys Golegol Aberhonddu yn Esgobaeth Tyddewi. Yn 1606 fe'i dyrchafwyd yn Ganghellor Eglwys Gadeiriol Llandaf, ond y mae'n ymddangos mai pedair blynedd yn unig a gafodd yn y swydd honno, gan ei bod yn debygol iddo farw tua 1610. Er bod William Morgan, a John Davies gydag ef, wedi ymadael â Llandaf am Lanelwy yn 1601, nid oes fawr amheuaeth nad iddynt hwy'n bennaf yr oedd Edward James yn ddyledus am ei ddyrchafiad cyflym yn yr Eglwys.

Tebyg mai Morgan hefyd a'i hanogodd i ymgymryd â'r gorchwyl y cofir amdano'n bennaf heddiw o'i blegid, sef cyfieithu i'r Gymraeg, a chyhoeddi yn 1606, homilïau swyddogol Eglwys Loegr. Cawsai'r rheini eu cyhoeddi'n ddwy gyfrol yn Saesneg yn 1547 ac 1563: gellir dweud mai'r Archesgob Thomas Cranmer oedd yn bennaf cyfrifol am y gyfrol gyntaf a'r Esgob John Jewel am yr ail. Pwrpas yr homilïau oedd darparu deunydd pregethu ar gyfer offeiriaid plwyf nad oedd ganddynt na'r cymwysterau nac yn wir yr hawl i bregethu eu hunain – yr oedd yn rhaid cael trwydded gan yr esgob cyn y caniateid pregethu'r dyddiau hynny. Fel y disgwylir, yr hyn a geir yn yr homilïau yw prifannau dysgeidiaeth athrawiaethol a moesol yr Eglwys Anglicanaidd ddiwygiedig, gyda chryn sylw'n cael ei roi i'r pwyntiau lle yr anghytunai ag Eglwys Rufain. Y mae arddull y llyfr (neu'r llyfrau) yn blaen a chymen, fel y gweddai i waith ac iddo amcan didactig pendant: yn wir, dyma gorff gloyw o ryddiaith Duduraidd.

Yr oedd y Diwygwyr Protestannaidd Cymreig yn ymwybodol o'r dechrau o'r angen i gyfieithu'r homilïau i'r Gymraeg, ac fe geisiodd William Salesbury a Richard Davies yn eu tro drefnu fod hynny'n digwydd, ond heb lwyddiant. Os rhywbeth, yr oedd mwy o'u hangen ar yr esgobaethau Cymreig na'r rhai Seisnig gan fod pregethwyr yn brinnach yng Nghymru nag yn Lloegr. William Morgan a gyflawnodd yr hyn y methodd Salesbury a Davies â'i gyflawni yn achos yr Hen Destament, ac fe ymddengys fod rhywbeth tebyg wedi digwydd yn achos yr homilïau hefyd, er mai Edward James a wnaeth y gwaith dros Morgan yn yr achos hwn. Yn drawiadol iawn, er bod Edward James

yn frodor o Forgannwg, ac er bod gan Forgannwg draddodiad
ffrwythlon o ysgrifennu rhyddiaith yn y cyfnod hwnnw, prin y gwelir
dim o nodau'r ysgol honno ar ei ryddiaith ef. Yn hytrach glynu'n ffyddlon
a wna at y safonau a osododd Morgan ym Meibl 1588 a Llyfr Gweddi
Gyffredin 1599. Yn wir fe aeth Emrys ap Iwan – beirniad rhyddiaith
eithriadol o graff – mor bell â dweud fod Cymraeg Edward James yn
fwy Cymreigaidd ac yn fwy cywir na Chymraeg y Beibl. Yn sicr y mae
ei homilïau yn un o glasuron ffurfiannol rhyddiaith Gymraeg fodern.

Yr oedd pob un o'r dyneiddwyr Protestannaidd a fu'n ysbrydiaeth
i Edward James – nid yn unig William Morgan a John Davies ond
hefyd William Salesbury a Richard Davies – yn ymhél â barddoniaeth
yn y mesurau caeth, ac yr oeddynt hefyd i gyd (ac eithrio Salesbury,
am resymau arbennig) yn noddwyr eithriadol o hael i'r beirdd proffesiynol
pan oedd celfyddyd y rheini'n dechrau dirywio a'r nawdd iddynt yn
dechrau prinhau. Yn wir, y mae englynion ar glawr gan bob un o'r
pedwar dyneiddiwr mawr a enwir uchod. Nid rhyfedd felly fod Edward
James yntau wedi rhoi cynnig ar lunio englyn, yn enwedig o gofio fod
y gelfyddyd farddol yn dal yn bur ffyniannus, ar yr wyneb o leiaf, ym
Morgannwg ei fachgendod. Ni ddisgleiriodd Salesbury na Morgan
na'r un o'r ddau Davies fel englynwyr, a rhaid cyfaddef fod yr un peth
yn wir am James yntau: prentiswaith herciog yw ei englyn, a'r llinell
olaf nid yn unig yn rhy hir ond hefyd yn cynnwys twyll gynghanedd!
Amrywiad ar thema dra ystrydebol *de contemptu mundi* yw paladr yr
englyn, ond yn yr esgyll y mae'r bardd yn ceisio dwyn ei fyfyrdod i
fwcwl drwy ddefnyddio delweddaeth bur newydd a ffres, sef drwy
uniaethu bywyd dyn â chân neu gerdd – gan gynnwys, fe ymddengys,
gân yn y mesurau caeth. Trueni nad oedd ei grefft gystal â'i ddawn!

Mewn un llawysgrif yn unig y digwydd yr englyn, sef Cwrt-mawr
25A (tud. 95) yn Llyfrgell Genedlaethol Cymru. (Mae'n ymddangos
i'r ymchwilydd athrylithgar hwnnw, y diweddar Bob Owen o Groesor,
ddod o hyd i gopi arall ohono a'i gyhoeddi yn *Yr Herald Cymraeg* fore
Nadolig 1950, ond hyd yn hyn yr wyf wedi methu darganfod ffynhonnell

ei gopi ef.) Y mae'n arwyddocaol mai yn llawysgrif Cwrt-mawr 25 y deuir o hyd i englyn Edward James, gan i'r llawysgrif honno gael ei sgrifennu gan Wiliam Bodwrda (1593–1660) rywbryd rhwng 1644, pan gafodd ei droi allan o'i Gymrodoriaeth yng Ngholeg Ieuan Sant, Caergrawnt, gan y Piwritaniaid, ac 1660, pan fu farw, ychydig fisoedd wedi iddo ymddiswyddo o reithoriaeth Aberdaron, o bosibl oherwydd afiechyd. Fel y gwelir, tebyg iawn oedd cefndir a phrofiad Edward James a Wiliam Bodwrda, a byddai'r olaf yn sicr o fod yn dra chyfarwydd â gorchestwaith y cyntaf yn cyfieithu'r homilïau. Hawdd meddwl y byddai'n ymfalchïo yn y cyfle i ddiogelu hyd yn oed yr un englyn gwael hwn o waith rhywun y byddai'n ei gyfrif yn llusern i'r eglwys yn ei ddydd.

> Llyma fyd llwyrgryd llergryn – anial,
>   Heb ynni yn un dyffryn:
> Llyma angladd, llwm englyn,
> A diwedd y gerdd, myn Duw gwyn!

Diweddariad

> Dyma fyd cwbl anafus a thra llesg a chrynedig
> Heb egni mewn unrhyw ran ohono;
> Dyma gynhebrwng [megis] englyn moel,
> A diwedd y gân, myn y Duw bendigaid!

Nodyn llyfryddol

Yr ymdriniaeth orau ag Edward James yw pennod Syr Glanmor Williams yn *Grym Tafodau Tân* (Llandysul, 1984), tt.180–98. Arweiniad anhepgor i'r cefndir bellach yw llyfr Dr W. P. Griffith, *Learning, Law and Religion: Higher Education and Welsh Society c. 1540–1640* (Caerdydd, 1996). Ymdrinnir â Wiliam Bodwrda mewn dwy ysgrif gryno ond cynhwysfawr gan Mr Dafydd Ifans yn *Cylchgrawn Llyfrgell Genedlaethol Cymru*, 19 (1975–76).

Salmau Cân Dafydd Ddu o Hiraddug

O'r golofn 'Twf Tafod' yn *Y Cylchgrawn Efengylaidd*, Ionawr/Chwefror 1987

Salmau'r Hen Destament oedd llyfr emynau cyntaf yr Eglwys Gristnogol, ac fe fuont yn drwm eu dylanwad ar ddefosiwn yr eglwys drwy'r canrifoedd. Wedi'r Diwygiad Protestannaidd, fodd bynnag, y daeth yn arfer gyffredin eu canu ar fydr mewn cynulleidfaoedd, ac fe ddigwyddodd hynny'n bennaf yn yr eglwysi a ddilynai John Calfin yn hytrach na Martin Luther. Yn ystod yr unfed ganrif ar bymtheg a'r ail ar bymtheg cafwyd Salmau Cân ymhob gwlad Brotestannaidd yn Ewrop, a Chymru yn eu plith.

Ond hyd yn oed cyn hynny yr oedd rhai Salmau Cân ar gael yn Gymraeg – saith ar hugain ohonynt, a bod yn fanwl. Eu hawdur, o bosibl, oedd Brawd Du (hynny yw, aelod o Urdd Sant Dominig) o'r enw Dafydd Ddu o Hiraddug a oedd yn byw tua chanol y bedwaredd ganrif ar ddeg, ac fe luniodd ef fersiwn mydryddol o'r Salmau i'w cynnwys yn ei gyfieithiad o *Gwasanaeth Mair*, sef llyfr defosiwn ar gyfer lleygwyr. (Golygwyd *Gwasanaeth Mair* gan Dr Brynley F. Roberts a'i gyhoeddi gan Wasg Prifysgol Cymru yn 1961.)

Ar fesur rhydd eithaf llac y lluniodd Dafydd Ddu ei fersiwn, sef mewn cwpledau a hyd y llinellau'n amrywio, ac y mae'n anodd gwybod bellach a fwriadwyd hwy i'w canu ai peidio, ac os gwnaed, ar ba donau. Y maent yn ddiddorol, serch hynny, fel yr ymgais gyntaf oll i gael gan y Cymry glywed rhai o'r Salmau yn eu hiaith eu hunain. Dyma gyfieithiad Dafydd Ddu (os ef a'i gwnaeth) o Salm 121.

> Dyrchefais fy llygaid hyd ar y mynyddedd
> O ba hon y'm daw canhorthwy yn y diwedd:
> Fy nghanhorthwy i i gan yr Arglwydd
> A greawdd nef a daear yn hylwydd.

Ni roddo dy droed ar gyffro
Ac ni hepia a'th geidw o'i fro:
Ni chwsg ac ni hepia yn wael
Y Gŵr a geidw gwlad yr Israel.
Duw a'th geidw a Duw yw dy amddiffyn
Ar dy law ddeau, ar bant a bryn;
Ni'th lysg yr haul un awr o'r dydd
Na'r lloer y nos nac yn elfydd;
Rhag pob drwg y'th geidw yr Arglwydd
A Duw a geidw dy enaid yn rhwydd.
Duw a geidw dy ddyfodiad
Yn dragywydd, a'th fynediad.

Salmau Cân Gruffydd Robert

O'r golofn 'Twf Tafod' yn *Y Cylchgrawn Efengylaidd*, Medi/Tachwedd 1987

Yn niwedd yr unfed ganrif ar bymtheg, lluniwyd rhai Salmau Cân Cymraeg gan Gruffydd Robert, cyn-Archddiacon Môn ac alltud uchel ei barch ym Milan am iddo wrthod ymadael â Phabyddiaeth pan droes y wlad hon yn Brotestannaidd yn 1558. Yn ystod ei alltudiaeth fe sgrifennodd Gruffydd Robert ramadeg Cymraeg a thraethawd ar gerdd dafod Gymraeg; ac fel atodiad i'r traethawd hwnnw fe luniodd ddetholiad byr o gerddi – tebyg i hwn ymddangos ym Milan rywbryd rhwng 1584 ac 1594. Ymhlith y cerddi yn y detholiad y mae dwy Salm ar fesur cywydd wedi eu llunio gan Gruffydd Robert ei hun. Yn hyn o beth fe gychwynnodd ffasiwn ddrwg gan na ellid canu cywyddau gan gynulleidfa, ond fel Pabydd nid yw'n debyg y byddai ef wedi malio llawer am hynny. Iddo ef ymarferiadau mewn llunio caneuon crefyddol ar fesur cywydd oedd y Salmau hyn, ymgais i briodi defosiwn y Gwrth-ddiwygiad Catholig â diddordeb y Dadeni Dysg mewn llenydda yn yr iaith frodorol. Rhaid cydnabod mai go amleiriog a charbwl yw'r ymarferiadau, er bod ynddynt ambell gyffyrddiad medrus a swynol. Dyma'r gyntaf a'r fyrraf o'r ddwy, sef Salm 15 (y mae'r ail, sef Salm 1, yn hwy o lawer gydag atodiad esboniadol diddorol iawn).

> O Arglwydd Nef gywirglod
> (Hap i ni wyt, a'n pen-nod),
> I bwy o'r diwedd y bydd,
> Awr ac ennyd, wir gynnydd:
> Cael yn sedd ac anheddfa
> Dy dabernagl ddifagl dda?
> A pha gorff a gaiff orffwys

Yn glir ar dy fynydd glwys?
Y didrais, gwirion didrwch,
A ddêl i mewn yn ddi-lwch
A lle'r êl a wnêl yn iorth [= diwyd]
Iawnwaith, digamwaith gymorth.
Gwirion ei galon i gyd,
Yn ddidwyll ar ei ddoedyd
A'i weithred, heb niwedu
[Na] dyn tlawd na'r cymrawd cu,
Heb gablu nac absennu sawl
Â genau drwg gwenwynawl
Na dioddef (gwaith diaddas)
Camachwyn na chwyn na chas
Na chwaith w'radwydd, dilwydd log
(Cam ydoedd), i'r cymydog.
Gerbron y Duw, union Dad,
Ein heinioes ni a'n hynad,
Mallingus [= drygionus] amwyll angall,
Oer yw ei fodd, aiff i'r fall
Yn ddiddawn druan ddiddim,
O'r da heb gaffael mo'r dim!
A'r neb dan gof â'i ofeg [= bwriad]
A ofno Duw yn fwyn deg
Rhoddir iddo fe'n rhwyddwych
Angelwedd ogonedd gwych –
O bydd ar ei dwng yn bur,
Heb fradu neb o'i frodyr
Na thrwy usur ni threisia
Ei gyd-ddyn a'i god o dda,
Heb gymryd gan neb gamrodd
Neu freib, anghyfiawnaf rodd,
Yn erbyn ei gyd-ddyn gwâr,
Hyeddgu, gwirion, hawddgar.
A wnelo hyn yn hylaw
Caiff sicrwydd, dro hylwydd draw:
Ni fwrir fyth o'i fawredd
Ac ni syflir o'i hir hedd.

Salmau Cân

Sgwrs a ddarlledwyd ar BBC Radio Cymru, 15 Hydref 1967,
ac a gyhoeddwyd yn *Y Cylchgrawn Efengylaidd*, Ebrill/Mehefin 1968.
Canwyd y Salmau yn y darllediad gwreiddiol gan Gantorion Gogledd Cymru,
dan arweiniad James Williams.

Ail ffigur mawr y Diwygiad Protestannaidd oedd John Calfin, Ffrancwr a ymsefydlodd yng Ngenefa yn y Swistir yn 1536 a throi'r ddinas yn un o ryfeddodau Ewrop – dinas dduwiol! Yr oedd Calfin yn feddyliwr mwy systematig na Luther, ac er ei fod wrth gwrs yn derbyn dysgeidiaeth Luther am gyfiawnhad trwy ffydd ac awdurdod y Beibl, egwyddor lywodraethol ei holl feddwl oedd gallu a gogoniant Duw. Yn unol â'r egwyddor hon, yr oedd yn ddrwgdybus o'r elfen ddynol, nid yn unig yn athrawiaeth yr eglwys, ond hefyd yn ei threfniadaeth a'i haddoliad. 'Doedd geiriau dyn ddim yn ddigon da i addoli Duw. Gwell oedd defnyddio geiriau Duw ei hun, sef yr Ysgrythur Lân ac yn enwedig y Salmau. Gan hynny, lle bynnag yr oedd dylanwad Luther yn gryf yn yr eglwysi Protestannaidd, megis yn yr Almaen a'r gwledydd Sgandinafaidd, fe flodeuodd yr emyn. Ond lle bynnag yr oedd dylanwad Calfin yn gryf – yn y Swistir, yn Ffrainc ac ym Mhrydain – yr hyn a gafwyd yn hytrach oedd Salmau ar fydr neu Salmau Cân. Fe gyfieithwyd y Salmau i fydr Ffrangeg gan Clément Marot a Theodore Beza, a'r argraffiad cyflawn cyntaf yn ymddangos yng Ngenefa yn 1562. Yn yr un flwyddyn yr ymddangosodd yr argraffiad cyflawn cyntaf yn Saesneg hefyd, gwaith Thomas Sternhold a John Hopkins yn bennaf, ac fe gafwyd argraffiad arbennig ar gyfer yr Eglwys yn yr Alban yn 1564. (Yn ddiweddarach yn yr Alban fe dyfodd arfer o fydryddu darnau eraill o'r Beibl ar yr un mesurau â'r Salmau a'u galw'n *paraphrases*.) Ym mhob un o'r gwledydd hyn bu'r Salmau Cân yn rhyfeddol o boblogaidd, a'r bobl gyffredin yn gwrando arnynt a'u dysgu a'u canu'n ewyllysgar. Un rheswm am hyn oedd y tonau gwych a gyfaddaswyd neu a gyfansoddwyd ar eu cyfer, yn enwedig gan olygydd cerddorol Sallwyr Genefa hyd 1557, Ffrancwr o'r enw Louis Bourgeois.

Wedi i Eglwys Loegr gael ei Salmau Cân yn llyfr emynau yn 1562, yr oedd bron yn anorfod y byddai'r Eglwys yng Nghymru yn dilyn yn hwyr neu hwyrach, gan nad oedd hi'r adeg honno ond rhan o Eglwys Loegr. I ddechrau rhoddwyd cais ar gyfieithu'r Salmau i'r mesurau caeth, yr hen fesurau cynganeddol. Trosodd y bardd Siôn Tudur un ar ddeg ohonynt ar fesur cywydd, a chyflwyno ei drosiad i'r Esgob Nicholas Robinson o Fangor, er bod Siôn Tudur (mae'n debyg) yn aelod o gôr Eglwys Gadeiriol Llanelwy. Yna cyfieithwyd y Salmau i gyd ar amrywiol fesurau gan yr anturiaethwr ar fôr a thir, y Capten William Middleton; cyhoeddwyd rhai o'r rhain yn 1595, a'r cwbl yn 1603 wedi i Middleton farw. Ac yna, tua chanol yr ail ganrif ar bymtheg, rhoddwyd trydydd cynnig ar gyfieithu'r Salmau i'r mesurau caeth (gan mwyaf), y tro hwn gan glerigwr o sir Henffordd o'r enw Siôrs Parry; ni chafodd y cyfieithiad hwn ei gyhoeddi. Ymhell cyn hyn, fodd bynnag, yr oedd pobl wedi dechrau sylweddoli fod y mesurau caeth yn anaddas ar gyfer canu cynulleidfaol, a dechreuwyd arbrofi â'r mesurau rhyddion, ac yn arbennig y mesur carol: pedair llinell o saith sillaf yr un, ag odl gyrch rhwng y llinell gyntaf a'r ail a rhwng y drydedd a'r bedwaredd, a'r ail a'r bedwaredd yn cynnal y brifodl. Yn rhyfedd iawn, y cyntaf i arbrofi fel hyn oedd tad Siôrs Parry, sef Siâms Parry o Ewias, a gyfieithodd yr holl Salmau ar y mesur carol tua diwedd yr unfed ganrif ar bymtheg. Fe'i dilynwyd yn fuan gan Edward Cyffin, gweinidog yn Llundain, ond bu ef farw o'r pla yn 1603 a dim ond rhyw hanner cant o'r Salmau wedi eu trosi – ac o'r rheini dim ond y deuddeg cyntaf (a rhan o'r drydedd ar ddeg) a gafodd eu printio. Y gŵr a ddaeth i'r adwy, o bosibl trwy berswâd William Morgan, oedd Edmwnd Prys o Faentwrog, Archddiacon Meirionnydd ac ysgolhaig a bardd enwog iawn. Bu'n hir wrth y gwaith, ac nid cyn 1621 yr ymddangosodd ei Salmau Cân gyntaf, wedi eu cyd-rwymo â'r Llyfr Gweddi

Gyffredin: erbyn hynny yr oedd Prys yn tynnu at ei bedwar ugain oed,
a bu farw ymhen dwy flynedd. Mae Salmau Prys i gyd ond pedair ar
yr hyn a elwir yn Fesur Salm, sef y mesur carol a'r llinell gyntaf a'r
drydedd wedi eu hestyn sillaf, yn rhoi mesur 87.87. Ar gyfer y mesur
hwn y mae naw tôn yn llyfr Prys, y gerddoriaeth brintiedig gyntaf i
ymddangos yn Gymraeg. Mae hefyd dair tôn ar gyfer y pedair Salm
arall: Salmau 51 a 67 (sydd ill dwy ar yr un mesur), y Ganfed Salm,
a Salm 113.

Mae Sallwyr Edmwnd Prys yn gampwaith, ar gyfrif ei ffyddlondeb
i'r gwreiddiol, ei fydryddiaeth gadarn, a'i eirfa eithriadol o gyfoethog.
Yn wir, mae'n bosibl mai dyma'r gorau o holl sallwyrau mydryddol y
Diwygiad Protestannaidd yn Ewrop. Fe'i beirniadwyd yn hallt o bryd
i'w gilydd, a hynny'n arbennig ar gyfrif afreoleidd-dra ei acennu a
hefyd y ffaith fod ynddo lawer o eiriau anodd. Ond ynglŷn â'r pwynt
cyntaf rhaid cofio fod alawon y cyfnod yn llawer mwy ystwyth eu
hacen nag alawon modern. Ac ynglŷn â'r ail, y tebyg ydyw fod ein
geirfa ni yn llawer llai rhywiog nag eiddo'r Cymry uniaith yr oedd Prys
yn sgrifennu ar eu cyfer. Sut bynnag, mae'n amlwg i'w sallwyr ennill
ei blwyf yn syth, ac fe'i hadargraffwyd ugeiniau lawer o weithiau. I
bob pwrpas, dyma unig lyfr emynau Cymru hyd y Diwygiad
Methodistaidd, ac am lawer blwyddyn wedyn mewn rhai cylchoedd.
Mae llawer o gyfeiriadau at hoffter y Tadau Methodistaidd o Salmau
Cân Prys. Yr oedd Daniel Rowland, er enghraifft, yn aml iawn yn rhoi
allan bennill o Salm 27 o flaen y bregeth yn Llangeitho:

> Un arch a erchais ar Dduw Naf,
>   A hynny a archaf eto:
> Cael dyfod i dŷ'r Arglwydd glân,
>   A bod a'm trigfan yntho.

A dyna Lewis Rees o Lanbryn-mair, un o'r Annibynwyr Methodist-
aidd, yn pregethu ger Penmynydd, Môn, yn y flwyddyn 1743, a thrwy
roi allan i'w chanu Salm 121 yn dychryn ymaith – yn hollol anfwriadol
– dorf o erlidwyr. Dyma un o'r erlidwyr yn dweud y stori, sef Siôn
Rolant o'r Llanfair Bach:

Ni bu Saul o Darsus erioed yn fwy penderfynol i garcharu disgyblion Iesu nag oeddwn i a'r fintai erledigaethus oedd wedi ymgasglu gyda phastynau i gyfarfod y Pengrwn oedd i ddyfod i bregethu ym Mhenmynydd. Yr oeddem oll wedi cytuno, os ef a bregethai, y gwnelem ben amdano rhag blaen. Ac wedi iddo ddyfod yno, dechreuasom wasgu ymlaen tuag ato; a phan aeth i ben hen garreg fawr yn ymyl yr hen dŷ hwnnw, trodd ei wyneb tuag Arfon, a rhodd y pennill hwnnw i'w ganu gan ryw nifer fechan oedd yn ei ganlyn:

> Disgwyliaf o'r mynyddoedd draw
> Lle daw i'm help 'wyllysgar.

Ninnau, yn tybied mai disgwyl gwŷr arfog o fynyddoedd Arfon yr oedd efe, a giliasom ryw ychydig oddi wrtho. Ac wedi ymgynghori, penderfynodd rhai ohonom gael clywed beth oedd gan y pregethwr i'w ddywedyd; ac felly ni a aethom dros y clawdd yr ochr isaf i'r ffordd, a cherddasom yn araf a distaw yng nghysgod y clawdd, nes daethom ar gyfer y man lle y safai. Nid oedd ef yn gallu ein gweld ni, ac nid oeddem ninnau am ei weld yntau; ond yr oeddem yn clywed pob gair mor eglur â phe buasem yn ei ymyl. O dan y bregeth honno, ar y diwrnod rhyfeddaf yn fy oes, y deuthum i adnabod fy hun yn bechadur colledig, ym mhob man ac er pob dim, oddi allan i Iesu Grist a hwnnw wedi ei groeshoelio. Diolch iddo byth am fy nghipio fel pentewyn o'r tân.

Yn enghraifft o un o gyfieithiadau Prys ar y Mesur Salm, fe gymerwn ni yr union Salm a roddodd Lewis Rees allan i'w chanu ger y Felin Engan a dychryn Siôn Rolant a'i gymdeithion, sef Salm 121. Fe'i cenir yma ar un o'r naw tôn sy ar gyfer y mesur hwn yn Sallwyr Prys, y dôn a adwaenir bellach fel 'St Mary'. Hyd yn hyn methwyd â darganfod y dôn hon mewn unrhyw gasgliad cynharach na Sallwyr Prys, er nad yw hi ddim yn debyg mai ef a'i cyfansoddodd. Ar y Mesur Cyffredin y mae, ond y mae'n hawdd ei chyfaddasu ar gyfer y Mesur Salm drwy ganu dwy sillaf ar y nodyn hir ar ddiwedd yr ail linell a'r bedwaredd: a dyna'n sicr oedd bwriad Prys. Fe genir y pennill cyntaf yn ôl yr hen ddull: y cantor yn rhoi allan linell (neu ddwy) ar y tro, a'r gynulleidfa yn canu'r llinell honno ar ei ôl nes dysgu'r pennill cyfan. Dyma'r unig

ddull posibl, wrth gwrs, yn achos cynulleidfa ddi-lyfr neu an-
llythrennog.

    1. Disgwyliaf o'r mynyddoedd draw,
       lle y daw im help wyllysgar.
    2. Yr Arglwydd rhydd im gymorth gref,
       hwn a wnaeth nef a daear.
    3. Dy droed i lithro Ef nis gad
       a'th geidwad fydd heb huno:
    4. Wele, ceidwad Israel lân,
       heb hun na hepian arno.

    5. Ar dy law ddeau mae dy Dduw,
       yr Arglwydd yw dy geidwad,
    6. Dy lygru ni chaiff haul y dydd,
       a'r nos nid rhydd i'r lleuad.
    7. Yr Iôn a'th geidw rhag pob drwg,
       a rhag pob cilwg anfad:
    8. Cei fynd a dyfod byth yn rhwydd,
       yr Arglwydd fydd dy geidwad.

O'r Salmau yn Sallwyr Prys sy heb fod ar y Mesur Salm, yr enwocaf
o ddigon ydyw'r Ganfed, a hynny mae'n debyg oherwydd ei gosod ar
un o emyn-donau mwya'r byd, 'Yr Hen Ganfed' neu'r 'Old Hun-
dredth'. Gwaith Louis Bourgeois ydyw'r dôn hon, yn ôl pob tebyg,
ac ymddangosodd gyntaf yn Sallwyr Genefa yn 1551. Dyma 'salm yr
aberth-diolch', chwedl yr ysgolheigion beiblaidd, wedi ei mydryddu
gan Brys ar gyfer tôn Bourgeois, cyfuniad mawreddog i'r eithaf.

    1. [I]'r Arglwydd cenwch lafar glod,
       a gwnewch ufudd-dod llawen fryd.
    2. Dowch o flaen Duw â pheraidd dôn
       trigolion y ddaear i gyd.
    3. Gwybyddwch mai'r Arglwydd sydd Dduw
       a'n gwnaeth ni'n fyw fel hyn i fod,
      Nid ni'n hunain, ei bobl ŷm ni,
       a defaid rhi' ei borfa a'i nod.

4. O ewch i'w byrth â diolch brau,
    yn ei gynteddau molwch Ef,
    Bendithiwch enw Duw hynod,
      Rhowch iddo glod drwy lafar lef.
5. Cans da yw'r Arglwydd, awdur hedd,
    da ei drugaredd a di-lyth,
    A'i wirionedd inni a roes,
      o oes i oes a bery byth.

Fe ddywedais gynnau mai Sallwyr Prys oedd unig emynau Cymru hyd adeg y Diwygiad Methodistaidd. Nid yw hynny'n llythrennol wir, oblegid bu rhyw gymaint o ganu emynau heblaw Salmau ymhlith y Piwritaniaid a'r Ymneilltuwyr, ac ym mlynyddoedd cynnar y ddeunawfed ganrif ymddangosodd amryw gasgliadau bychain o emynau megis eiddo Thomas Baddy a James Owen. Ond prin y llwyddodd yr un o'r rhain i ddisodli Salmau Cân Edmwnd Prys, hyd yn oed ymhlith yr Ymneilltuwyr. Yr hyn a wnaethant, fodd bynnag – a'r gweithgarwch yr oeddynt yn ei gynrychioli – oedd llacio ryw gymaint ar yr egwyddor Galfinaidd mai geiriau'r Ysgrythur yn unig a ddylid eu mydryddu, a thrwy hynny baratoi'r ffordd ar gyfer buddugoliaeth yr egwyddor Lwtheraidd yn adfywiad emynyddol mawr y Diwygiad Methodistaidd. I orffen, fodd bynnag, fe ddychwelwn at Sallwyr Prys a gwrando ar Salm 113 yn cael ei chanu ar y dôn a ddarparodd Prys ar ei chyfer, y dôn a adwaenir heddiw fel 'Nashville'. Dyma enghraifft o gelfyddyd loyw Edmwnd Prys ar ei gorau.

1. Chwi weision Duw, molwch yr Iôn,
    Molwch ei enw â llafar dôn,
2.   bendigaid fytho'i enw Ef.
3. O godiad haul hyd machlud dydd,
    Mawr enw'r Iôn moliannus fydd
      yn y byd hwn ac yn y nef.

4. Dyrchafodd Duw uwch yr holl fyd,
    A'i foliant aeth uwch nef i gyd,
5.   pwy sy gyffelyb i'n Duw ni?

Yr hwn a breswyl yn y nef,
6. I'r ddaear hon darostwng Ef:
    gwŷl Ef ein cam, clyw Ef ein cri.

7. Yr hwn sy'n codi'r tlawd o'r llwch,
   A'r rheidus o'i ddiystyrwch
8.   i'w gosod uwch penaethiad byd.
9. I'r amhlantadwy mae'n rhoi plant,
   Hil teg a thylwyth a llwyddiant;
       am hyn moliennwch Dduw i gyd.

Emyn Robert Vaughan

O'r *Casglwr* (cylchgrawn Cymdeithas Bob Owen), Mawrth 1981

Y mae gennyf yn fy meddiant gopi amherffaith o'r 'Beibl Bach', neu, a rhoi iddo ei deitl cywir, *Y Bibl Cyssegr-lan* (Llundain: Robert Barker ac Assignes Iohn Bill, 1630). Copi ydyw o'r ail argraffiad cywiredig, a barnu wrth ddisgrifiad J. Ifano Jones yn *The Bible in Wales* Syr John Ballinger.

Fel y crybwyllais, y mae'n amherffaith: y mae ei wynebddalen yn eisiau, ac felly hefyd y Llyfr Gweddi Gyffredin a'r Apocryffa yn eu crynswth; ond y mae'r Hen Destament a'r Newydd ynddo, a'r Salmau Cân bron i gyd. Y peth hynod yn ei gylch, fodd bynnag, yw'r hyn a sgrifennwyd ar ferso gwag wynebddalen y Salmau Cân. Yno yn llaw gelfydd, ddigamsyniol Robert Vaughan o Hengwrt (1592–1667), fe sgrifennwyd dau ddwsin o linellau o emyn ysgrythurol neu *paraphrase* wedi eu seilio ar Rhufeiniaid 6:9–11 a 1 Corinthiaid 15:20–22. Y mae'n amlwg fod Robert Vaughan wedi cymryd Salmau Cân Edmwnd Prys fel ei batrwm ac wedi cymhwyso'r patrwm at y darnau eraill hyn o'r Ysgrythur.

John Calfin a ddysgai na ddylid addoli Duw ond yng ngeiriau Duw, sef geiriau'r Ysgrythur. Dyna sy'n cyfrif am boblogrwydd y Salmau Cân yn y gwledydd lle y bu dylanwad Calfin gryfaf megis y Swistir, Ffrainc a Phrydain. Ym Mhrydain, yr Alban a lynodd ffyddlonaf wrth ddysgeidiaeth Calfin, ac yno yn anad unman y gwelwyd pwyslais nid yn unig ar Salmau Cân ond hefyd ar *paraphrases*, sef darnau eraill o'r Ysgrythur wedi eu mydryddu yn null y Salmau Cân. (Fe gofir fod dylanwad Presbyteriaeth yr Alban yn bresennol iawn yn Lloegr yn ystod y cyfnod Piwritanaidd, er nad y garfan Bresbyteraidd oedd piau'r llaw uchaf yn wleidyddol y rhan fwyaf o'r cyfnod.)

I ni, Robert Vaughan yw'r mwyaf o hynafiaethwyr y Dadeni Cymreig a chrëwr y llyfrgell wychaf a gynullwyd gan unrhyw Gymro erioed. Fel amryw o hynafiaethwyr blaenllaw'r dydd, yr oedd ganddo gryn gydymdeimlad ag achos y Senedd yn y Rhyfel Cartref, er iddo gydymffurfio pan adferwyd Siarl II yn 1660. O 1649 ymlaen cydweithiai'n ffyddlon â'r llywodraeth Biwritanaidd i sicrhau cyfraith a threfn ym Meirionnydd. Adwaenai amryw o'r mawrion Piwritanaidd, gan gynnwys y Cyrnol John Jones o Faesygarnedd. Gwrandawai ar bregethwyr teithiol Piwritanaidd yn Llanelltud a chodi nodiadau o'u pregethau i'r llyfr sydd bellach yn llawysgrif LlGC Peniarth 237.

Yn fwy diddorol fyth lluniodd ddau fynegair ysgrythurol wedi eu seilio ar waith y Piwritan o Sais John Downame, *A Briefe Concordance to the Bible*, a ymddangosodd gyntaf yn 1630; ysywaeth, ni chyhoeddwyd mynegeiriau Vaughan, a hwy bellach yw llawysgrifau LlGC Peniarth 238 a LlGC Ych. 254. (Trafodir yr holl dystiolaeth yn gryno yn nhraethawd MA gwych Dr T. Emrys Parry, 'Llythyrau Robert Vaughan Hengwrt', 1960.)

Nid cwbl annisgwyl felly yw gweld Vaughan yn rhoi cynnig ar lunio emyn ysgrythurol. Ac yn awr dyma gopi o'i emyn, cyn nesed ag y bo modd at destun y gyfrol.

> Crist yn cyfodi yr awr honn
>   o ddiwrth y meirwon oessau
> Ni bydd ef marw fyth ond hyn
>   fe dynnodd golyn angeu.
> Cans fel i dug farwolaeth faith
>   fe dynnodd ymaith bechod
> Ac fel y mae fo heddiw'n fyw
>   mae'n byw i Dduw nef uchod
> Velly meddyliwch chwithau'ch bod
>   yn feirw i bechod aflan
> Ach bod yn fyw mewn modd di drist
>   i Dduw trwy Grist i hunan

Cyfododd Crist o feirw i fyw
    a blaenffrwyth yw'n dragywydd
Y rhai a hunasant oll
    er daed eu digoll grefydd
Trwy ddyn i doeth mawr anap trwm
    a marwol godwm diffaith
Trwy ddyn hefyd mawr i rad
    mae ailgyfodiad eilwaith
Megis yn Adda pawb sy gaeth
    dan bwys marwolaeth gnawdol
Felly ynghrist yn harglwydd Dduw
    mae pawb yn byw'n dragwyddol.

NODYN: Newidiodd Vaughan neu, yn fwy tebygol, un o berchnogion diwedd-arach y gyfrol linellau 14–16 i darllen fel a ganlyn:

    a blaenffrwyth yw'n cysegru [?]
    Y seint yw rhay su yn huno yn [wael?]
    yn ddiffael adgyfodi

Enghraifft o gerdd gan Henry Vaughan?

O'r *Faner*, 2 Ebrill 1982

Tebyg mai ofer yw ceisio dyfalu pam fod pedwar bardd meta-ffisegol mwyaf Lloegr yn yr ail ganrif ar bymtheg o dras Cymreig – John Donne, George Herbert, Henry Vaughan a Thomas Tra-herne. Efallai nad oes yma wedi'r cwbl ond cyd-ddigwyddiad hynod. O'r pedwar, Henry Vaughan yn ddiamau oedd y Cymro mwyaf trwyadl. Disgynnai o deulu enwog Fychaniaid Tretŵr – plasty y byddai'n werth ichi alw i'w weld petaech yn teithio rywbryd ar hyd yr A479 o Dalgarth i Grucywel – er mai yn y Drenewydd, plwyf Llansanffraid, sir Frychein-iog y ganed ac y magwyd ef. Siaradai Gymraeg ac y mae ôl yr iaith ar ei ganu. Ond yn Saesneg y dewisodd ysgrifennu ei lyfrau i gyd.

Cyhoeddodd wyth o'r rhain rhwng 1646, pan oedd tua phump ar hugain mlwydd oed, ac 1678, ddwy flynedd ar bymtheg cyn ei farw. Ei gyfrol fwyaf yn ddiamau yw *Silex Scintillans* 'Callestr yn gwreich-ioni' (1650, 1655). Calon galed Vaughan ei hun yw'r callestr, ond drwy ergydion yr Ysbryd Glân arni fe gynhyrcha wreichion, sef ei gerddi. Yn ei ganeuon gorau, ryw ddwsin neu bymtheg ohonynt, cyfleir gweledigaeth grefyddol o naws arbennig, sy'n cyfuno Protestaniaeth uniongred ag elfennau Platonaidd – cyfuniad nid annhebyg i'r un a geir yng ngweithiau llenor mwy na Vaughan, hyd yn oed, sef Morgan Llwyd o Wynedd.

Yn rhyfedd iawn, er i Vaughan gyhoeddi amryw gyfrolau o farddon-iaeth, fel y gwelsom, ni wyddid hyd yn ddiweddar am yr un o'i gerddi a oedd wedi ei chadw yn ei law ef ei hun. (Fe gadwyd amryw o'i lythyrau.) Mis Ebrill 1981, fodd bynnag, fe werthwyd gan Quaritch yn Llundain gopi o lyfr gan Gymro arall o'r hen sir Frycheiniog, James Howell o Langamarch, sef *A Survey of the Signorie of Venice* (1651); ac yr oedd yn y copi hwn bennill llawysgrif wedi ei lofnodi 'Hen. Vaughan'. Er bod gan y Llyfrgell Genedlaethol eisoes gopi o'r *Survay*, ac er na ellid bod yn gwbl sicr mai yn llaw Henry Vaughan y bardd yr oedd y pennill, fe benderfynwyd ei bod yn ddigon tebygol mai felly'r oedd i gyfiawnhau prynu'r gyfrol dros y Llyfrgell.

Cyfieithiad Saesneg yw'r pennill o chwechawd Lladin er clod i Venezia gan y bardd dyneiddiol dylanwadol Jacopo Sannazaro o Napoli (c. 1455–1530). Yr oedd James Howell wedi cynnwys y chwechawd yn syth ar ôl cyflwyniad ei gyfrol, ac wedi ychwanegu cyfieithiad Saesneg dienw, ei waith ef ei hun o bosibl. Y mae'n amlwg nad oedd Vaughan yn fodlon ar y cyfieithiad a'i fod wedi mynd ati i lunio ei fersiwn ei hun:

> *When in the Adriatick Neptune saw*
> *How Venice stood, and gaue the Seas their Law*
> *Boast thy Tarpeian towers now Jove said Hee*
> *And Mars thy Walls, if Tyber 'fore the Sea*
> *Thou do'st preferr, View both the City's ods*
> *Thou'l't say that Men built Rome, Venice ye Gods.*

Heblaw rhoi inni o'r diwedd enghraifft bosibl o gerdd gan Henry Vaughan yn ei law ei hun, ynghyd ag ychwanegiad bychan (distadl ddigon) at gorff ei farddoniaeth, y mae'r gyfrol – llsgr. LlGC 21699C bellach – hefyd wrth gwrs yn ychwanegu at ein gwybodaeth am y llyfrau y byddai Vaughan yn eu darllen.

Y Ficer Prichard a 'Channwyll y Cymry'

O'r *Cylchgrawn Efengylaidd*, Tachwedd/Rhagfyr 1949

Un o brif ffynonellau addysg Gristnogol gwerin anllythrennog Cymru yn yr ail ganrif ar bymtheg oedd 'Llyfr yr Homilïau' Edward James, a bu'n bwysig fel cyfrwng a baratôdd feddyliau'r bobl ar gyfer pregethu'r Piwritaniaid. Lles y werin hefyd oedd prif nod Rhys Prichard, ficer enwog Llanymddyfri ac awdur 'Cannwyll y Cymry', ond dewisodd ef gyfrwng gwahanol iawn i draethu ei genadwri drwyddo. Y mae'n wir na ddechreuwyd argraffu ei waith cyn tua 1658, ond y mae'n bur sicr iddo gael cylchrediad gweddol eang ar lafar ac mewn llawysgrif flynyddoedd cyn hynny, gan mai rhwng 1615 ac 1635 y tybir i'r Ficer sgrifennu'r rhan fwyaf o'i gerddi.

Ganed Rhys Prichard yn Llanymddyfri yn sir Gaerfyrddin tua'r flwyddyn 1579. Mab i ffermwr gweddol gefnog ydoedd, yn ôl pob tebyg. Tybir iddo gael ei addysg yn Ysgol Ramadeg Caerfyrddin, ac yn 1597 ymaelododd yng Ngholeg yr Iesu, Rhydychen. Yn 1602 graddiodd yn BA. Eisoes fe'i penodasid i fywoliaeth Wytham yn swydd Essex, ond yn 1602 symudodd oddi yno yn ôl i Lanymddyfri (i ficeriaeth Llandingad). Cafodd reithoriaeth Llanedi yn 1613, perigloriaeth yn Eglwys Golegol Aberhonddu yn 1614, ac yn 1626 fe'i gwnaethpwyd yn Ganghellor Eglwys Gadeiriol Tyddewi. Bu farw ym mis Rhagfyr 1644. Dyna'n foel ffeithiau ei fywyd. Ymddengys ei fod yn fawr ei barch gan ei gydnabod. Tystiodd Stephen Hughes yn 1681: 'Rwi'n casclu [...] Fod Mr. Prichard yn Briod da, yn Dâd da, yn Feistr da, yn Weinidog da, yn Wladwr da, ac yn Gristion da, trwy y Gras a'r Donnie mawr y dderbynniodd efe oddiwrth y goruchaf Dduw.'

Tywyll iawn oedd sefyllfa grefyddol Cymru yn ystod y cyfnod dan sylw. Yn ei hanfod, yr oedd y Diwygiad Protestannaidd yn dibynnu

am ei ledaeniad ar bregethu'r Gair. Heb hynny, ni ellid Diwygiad
newn dim ond mewn enw; ac ni cheid ond ychydig iawn o bregethu
yng Nghymru. Gan hynny, am flynyddoedd maith wedi i'r wlad droi'n
swyddogol Brotestannaidd, fe arhosodd yn ei hunfan, heb ddim i
enwi'r gwacter a achosid gan ddiflaniad gwasanaethau a defodau
Eglwys Rufain. Yn ganlyniad i hyn, ynghyd â'r ansicrwydd cymdeithasol
mawr a achosid gan raib y tirfeddianwyr a'r usurwyr, dirywiodd cyflwr
moesol y bobl a chynyddodd eu trueni'n ddirfawr.

Ymateb athrylith a gynysgaeddwyd â gras i'r sefyllfa drist hon yw
'Cannwyll y Cymry'. Cyhoeddwyd nifer o lyfrau crefyddol yn Gymraeg
yn ystod y cyfnod hwn. Ar gyfer addysg grefyddol teuluoedd y dosbarth
llythrennog y bwriadwyd y llyfrau hyn, ac ni allai'r werin an-
llythrennog elwa arnynt. Gwelodd Rhys Prichard hyn, a gwelodd
hefyd ei hangen dirfawr am lenyddiaeth o'r fath. Ystyriodd ym mha
fodd y gellid lledaenu'r efengyl ymysg y bobl. Sylwodd gymaint yr
ymhyfrydent mewn cân a cherdd, a phenderfynodd ymaflyd yn yr
hoffter hwn a'i ddefnyddio'n gyfrwng i ddwyn y bobl wyneb yn wyneb
â'u Duw. Defnyddiodd ddulliau a moddau'r cerddi rhydd cyfoes,
cerddi mawl a serch, cerddi moesol a chymdeithasol, a'u troi'n foddion
i gyhoeddi'r Gair â hwynt. Dyna ei gamp fawr ef.

Yn y llyfrau crefyddol a grybwyllwyd eisoes, ac yn arbennig yn y
Llyfr Gweddi Gyffredin, Llyfr yr Homilïau a'r Llyfr Plygain, y cafodd
y Ficer y rhan fwyaf o ddeunydd ei gerddi. Y mae dros 200 ohonynt,
yn amrywio'n fawr mewn hyd a mesur: fe'u dosbarthwyd gan D.
Gwenallt Jones, yn ei lyfr *Y Ficer Prichard a 'Canwyll y Cymry'*, fel a
ganlyn:

Cerddi Nadolig, megis 'Cymhelliad i Fethlehem' a 'Hymn i'w
chanu ar wyliau'r Nadolig yn lle oferedd';
Salmau Cân;
Cerddi beiblaidd, megis 'Cyngor i wrando ac i ddarllen Gair
Duw' ac 'Ar ddameg y Mab Afradlon';
Cerddi litwrgïaidd, megis 'Catecism Eglwys Loegr' a 'Cyngor i'r
Claf';

Cerddi cynghorol (pregeth neu homili o fath arbennig yw 'cyngor'),
a'u cynnwys yn ddogmatig, yn wrth-Babyddol, ac yn 'Foesol a
Bucheddol';

Cerddi teuluaidd;

Cerddi cymdeithasol, megis 'Anerchiad i'r Brutainiad' a 'Rhybudd
i Gymru i edifarhau ynghylch yr amser yr oedd y Chwarren Fawr
yn Llundain'.

Efallai mai'r pwysicaf o'r dosbarthiadau hyn, i'n pwrpas ni, yw'r
cerddi 'cynghorol' a'r cerddi 'teuluaidd', y naill ddosbarth yn cynnwys
'cynghorion', neu bregethau bychain, ar fydr a'r llall yn darparu gweddïau
a myfyrdodau (hefyd ar fydr) ar gyfer addoliad teuluaidd y werin, fel
y gwnâi'r llyfrau rhyddiaith ar gyfer y dosbarth llythrennog. Y mae
amrywiaeth mawr yn y cynghorion hyn, ac fe'u sgrifennwyd ar gyfer
amryw fathau o bobl. Ni phetrusa'r Ficer rhag rhybuddio pechaduriaid
am eu tynged yn daer a difrifol.

> Mae e'n gorwedd mewn tywyllwch
> Yn nhân uffern heb lonyddwch;
> Rhwng cythreuliaid, lle mae newyn,
> A phoenydiau tost di-derfyn.

Ac fe'u hannog beunydd i gredu yng Nghrist, tra bo hi'n ddydd:

> Fe'th wna dithau, O bechadur,
> Oflyd aflan, drwg dy natur,
> Yn wir sant, os credi ynddo,
> A thynnu gras a grym oddi wrtho.

Dysg i Gristnogion, drwy gerddi megis 'Am Ragluniaeth Duw' ac
'Am Drugaredd Duw', hanfodion y ddiwinyddiaeth Gristnogol mewn
modd eglur a deniadol iawn:

> Yn Adda i gyd y'n llygrwyd,
> Yn Adda fe'n condemniwyd,
> Yn Adda collwyd pob rhyw ddyn,
> Yng Nghrist ei hun fe'n cadwyd.

Ac fe geir yn y cerddi 'moesol' anogaethau i Gristnogion i fyw yn deil-wng o'u proffes:

> Bid d'ymddygiad yn Gris'nogaidd,
> Yn gwrteisiol ac yn g'ruaidd
> Ym mhob tyrfa 'delych iddi,
> Megis plentyn i'r goleuni.

Ceir cynghorion mwy arbennig ar gyfer rhai galwedigaethau, megis y milwyr, y porthmyn, y penteuluoedd. Wrth y penteulu fe ddywaid:

> Gwna dy dŷ yn demel sanctaidd
> I addoli Duw yn weddaidd
> Gan bob enaid a fo yndo
> Fore a hwyr yn ddiddiffygio.

Ymysg y cerddi teuluaidd darperir gweddïau a myfyrdodau ar gyfer un ai arfer teuluaidd neu ddefosiwn preifat. Dyma bennill o 'Ras yn ôl bwyd':

> I Ti Arglwydd am ein porthiant,
> Am ein hiechyd, am ein llwyddiant,
> Am ein heddwch a'n llawenydd,
> Y bo moliant yn dragywydd.

Ceir hyd yn oed weddïau addas i'w hadrodd wrth wisgo ac wrth ymolchi. Wele bennill cyntaf un o'r 'Gweddïau wrth wisgo':

> Crist fy Nghraig a'm Hiechydwriaeth,
> Gwisg amdanaf dy arfogaeth.
> N'ad un aelod heb ei wisgo,
> Rhag i'r gelyn fy anrheithio.

Ofnaf nad oes gofod i ddyfynnu rhagor o waith y Ficer. Ni rydd yr uchod ond syniad bras iawn a chwbl annigonol am ehangder mawr ei faes ac am fywiogrwydd cyson ei arddull. Gwyddai sut i ddefnyddio'i fesurau, a sut i drin yr iaith gartrefol, seml y dewisodd fynegi ei hun drwyddi. Oherwydd y feistrolaeth hon, ac, yn anad dim, oherwydd angerdd ei ofal dros ei werin druan, fe gynhyrchodd waith sydd, o fewn ei derfynau ei hun, yn gampwaith rhethregol.

Fel yr awgrymwyd eisoes, bu dylanwad 'Cannwyll y Cymry' (fel y galwyd y casgliad o gerddi'r Ficer er 1681) yn fawr iawn. Bu llawysgrifau o'r cerddi yn cylchredeg y wlad cyn 1658 (dyddiad y casgliad printiedig cyntaf o'r cerddi), ac yn ddiamau fe ddysgwyd llawer iawn ohonynt ar gof gan blwyfolion Llandingad a'r plwyfi cyfagos O 1658 hyd ddiwedd y bedwaredd ganrif ar bymtheg cyhoeddwyd dros ddeg argraffiad ar hugain o'r 'Gannwyll'. Rhydd hyn ryw syniad am faint eu poblogrwydd a'u dylanwad. Fe fyddai'n dda i ni yn yr oes hon roi mwy o sylw i waith y Ficer. Y mae ein dyled iddo yn parhau Gallwn derfynu'n deilwng yng ngeiriau Gwenallt: 'Diolch i Dduw am ei roddi i werin Cymru yn ei gyfnod.'

Llanfaches

O'r *Cylchgrawn Efengylaidd,* Awst/Hydref 1989

Tair canrif a hanner yn ôl, ym mis Tachwedd 1639, sefydlwyd Eglwys Llanfaches, yr eglwys Annibynnol gyntaf i'w phlannu ar ddaear Cymru. Yng Ngwent y mae Llanfaches, ryw wyth milltir i'r gogledd-ddwyrain o Gasnewydd. Rheithor eglwys blwyf Llanfaches ar y pryd oedd gŵr o'r enw William Wroth, ac ef hefyd a sefydlodd yr eglwys Annibynnol. Fe ymddengys hynny yn ddieithr i ni, ond mewn gwirionedd yr oedd yn batrwm gweddol gyfarwydd ar y pryd, yn enwedig yn eglwysi trefedigaeth Bae Massachusetts yn Lloegr Newydd: yn wir fe elwid y dull hwn o drefnu eglwys yn 'Ffordd Lloegr Newydd'. Y syniad oedd fod y rhai a gawsai dröedigaeth o blith plwyfolion eglwys blwyf arbennig yn ymffurfio'n eglwys fechan o fewn yr eglwys blwyf (weithiau byddai'r trefniant yn cynnwys amryw blwyfi). Fe fyddai iddynt eu cyfamod eglwysig eu hunain, eu swyddogion eglwysig eu hunain, eu disgyblaeth eglwysig eu hunain, a hwy'n unig fel arfer a gâi gyfranogi o sacrament Swper yr Arglwydd; ond byddent yn ymuno â'u cyd-blwyfolion anhröedig i addoli Duw gyda'i gilydd ac i wrando ar bregethu'r Gair. Ymgais oedd y drefn hon i gyfuno dau syniad gwahanol am natur eglwys leol: ei hystyried yn gynulliad neilltuedig o saint ar y naill law, ac yn gyfanswm poblogaeth fedyddiedig plwyf arbennig ar y llaw arall. Yr oedd cymaint o dyndra rhwng y ddau syniad fel nad oedd yn bosibl i'r drefn bara'n hir. Ond efallai fod hynny'n fwy o feirniadaeth ar y natur ddynol nag ar y drefn!

Ffrwyth y Mudiad Piwritanaidd oedd Eglwys Annibynnol Llanfaches. Mudiad oedd hwnnw a godasai yn Eglwys Loegr pan ffurfiwyd hi'n derfynol yn 1558/59 gan y Frenhines Elisabeth I a'i chynghorwyr. Teimlai'r Piwritaniaid fod Eglwys Loegr yn rhy debyg o hyd i Eglwys

Rufain, ac yn rhy annhebyg i'r eglwysi Diwygiedig ar y Cyfandir, yr
enwedig y rhai a ddilynai arweiniad John Calfin, gyda'u pwyslais
llywodraethol ar awdurdod y Beibl a phregethu'r Gair. Bu'r mudiad a'r
llywodraeth yn gwrthdaro i raddau mwy neu lai drwy gydol teyrnasiadau
Elisabeth ac Iago I; ac erbyn tridegau'r ail ganrif ar bymtheg yr oedd
y Brenin Siarl I ar y naill law, a'r Archesgob William Laud ar y llaw
arall, yn benderfynol o gael gwared ar y Piwritaniaid unwaith ac am
byth. Defnyddiwyd y llysoedd eglwysig a sifil i ddarganfod pwy oedd
yr arweinwyr ac i geisio rhoi taw arnynt. Yr oedd yn haws gwneud hyn
oherwydd fod Siarl ar y pryd yn llywodraethu heb senedd, gan fod
llawer iawn o'r aelodau seneddol o blaid y Piwritaniaid. Yn y fath
awyrgylch o dyndra y ffurfiwyd Eglwys Llanfaches.

Beth oedd hanes William Wroth cyn y digwyddiad tyngedfennol
hwnnw yn 1639? Deuai o deulu o fân uchelwyr pur adnabyddus yn sir
Fynwy. Er bod ei enw'n ymddangos yn Saesneg, nid yw'n amhosibl
nad ffurf ydyw ar y gair Cymraeg *rhwth*, yn golygu 'cegagored': efallai
fod un o'i gyndeidiau'n chwannog i agor ei geg ac i'w lysenw lynu fel
enw teuluol! Tebyg mai yn 1576 y ganed William Wroth, o bosibl yn
Llanelen ger y Fenni. Fe gafodd addysg dda, yn Ysgol Ramadeg y
Fenni i ddechrau ac yna ym Mhrifysgol Rhydychen, lle y graddiodd
yn BA yn 1596 ac yn MA yn 1605.

Yn Rhydychen, onid cyn hynny, daeth i gysylltiad ag Edward Lewis
aer teulu cyfoethog Lewisiaid y Fan ger Caerffili. Wedi graddio, bu'r
byw gyda Lewis yn y Fan am rai blynyddoedd, a bu'r cyswllt â'r teulu
pwerus hwn o fantais iddo ar hyd ei oes. Ceisiodd Edward Lewis ei
gyflwyno i reithoriaeth Llanfaches cyn 1611 ond am ryw reswm bu'r
cais yn fethiant. Yn 1613, fodd bynnag, fe lwyddodd i'w gyflwyno
reithoriaeth plwyf cyfagos Llanfihangel Rhosied; ac yn 1617, pan
ddaeth Llanfaches yn wag yr eildro, ni bu unrhyw rwystr ar ffordd
Lewis i gyflwyno Wroth i'r rheithoriaeth. Yr oedd Wroth bellach yn un
mlwydd a deugain oed, yn rheithor ar ddau blwyf bychan ond dymunol
ac yn mwynhau nawdd un o deuluoedd grymusaf y wlad. Gan nad

oedd ganddo wraig a phlant i'w cynnal, rhaid ei fod yn weddol esmwyth ei fyd.

Nid oedd heb werthfawrogi hynny, yn ôl pob sôn. Ni thrafferthai ryw lawer â phregethu ond fe dyfodd yn gerddor medrus a phoblogaidd – ar y delyn meddai un awdurdod, ar y ffidil meddai un arall. Byddai'n canu'r delyn (neu'r ffidil) yn fynych yn y fynwent – yn gyfeiliant i ddawnsio, mae'n debyg – wedi'r Foreol Weddi ar y Sul.

Yna yn 1625/26 ac yntau bellach yn tynnu at yr hanner cant oed, cafodd dröedigaeth. Achlysur y dröedigaeth oedd fod cyfaill iddo o ŵr bonheddig wedi mynd i Lundain ar fusnes ac wedi marw'n ddisymwth ar y ffordd adref. Tua'r un adeg cafodd Wroth freuddwyd: ei weld ei hun yn boddi, a bachgen ifanc â choron ar ei ben yn dweud wrtho, os mynnai achub ei fywyd, am wneud iawn â'r rhai y gwnaethai gam â hwynt ac ymroi i bregethu'r efengyl. Fe'i sobrwyd trwyddo. Ymddiswyddodd o reithoriaeth Llanfihangel Rhosied a dechreuodd bregethu o ddifrif, a hynny gyda dylanwad mawr. Deng mlynedd yn ddiweddarach ymfudodd gŵr o'r enw John Roberts o sir Fynwy i Loegr Newydd a honnai ei fod yn un o dröedigion cyntaf y William Wroth newydd. (Aeth John Roberts â'i fam gydag ef dros y môr, a bu hi farw yno yn 1646, yn 103 mlwydd oed!)

Deuai tyrfaoedd i glywed Wroth yn Llanfaches, gan gynnwys ambell uchelwr go flaenllaw, ac âi yntau i bregethu ar led, cyn belled â Merthyr Tudful tua'r gorllewin a Bryste tua'r de. Yr oedd ei ddull o bregethu yn blaen a chartrefol, a gwnâi ddefnydd achlysurol o holi-ac-ateb yn y pulpud. Ymwnâi lawer â chyflwr ysbrydol ei blwyfolion a'r dieithriaid a ddôi ato o bell, fel ei fod yn adnabod ei gynulleidfa yn drwyadl. Arferai roi cinio i'r dieithriaid yn ei reithordy rhwng oedfa'r bore ac oedfa'r hwyr, gan ddweud wrthynt, 'Dyma fwyd da, a Duw da a'i rhoddodd: bwytewch â chroeso' – ond i'w stydi i baratoi ar gyfer oedfa'r nos yr âi ef! Fe'i perchid fel sant hyd yn oed gan y Pabyddion (yr oedd llawer ohonynt yn sir Fynwy ar y pryd). Ond yn naturiol fe'i caseid gan yr eglwyswyr hynny, a'r gwŷr lleyg a'u cefnogai, a oedd am ddiddymu Piwritaniaeth o'r tir.

Cafodd lonydd i arfer y weinidogaeth ffrwythlon hon am ryw wyth mlynedd. Yna, yn 1634, fe'i gwysiwyd gerbron Esgob Llandaf ac anfonwyd ei achos ymlaen i Lys yr Uchel Gomisiwn yn Llundain. Cymerodd gryn bedair blynedd i'r llys hwnnw wneud ei waith, ac yn y diwedd fe gydymffurfiodd Wroth. Y tebyg yw ei fod yn prisio'r rhyddid a gâi fel offeiriad plwyf i bregethu'r efengyl ormod i'w hepgor o'i wirfodd. Efallai hefyd fod y syniad am godi eglwys Annibynnol o fewn yr eglwys blwyf eisoes yn ymffurfio yn ei feddwl – tybed ai llythyrau oddi wrth John Roberts a'i hysgogodd? A rhwng diwedd mis Tachwedd 1639 a dechrau mis Rhagfyr, fel y soniwyd yn barod, fe ddigwyddodd hynny. Yr oedd yn ddigwyddiad cenedlaethol. Daeth Henry Jessey, gweinidog Eglwys Annibynnol Southwark yn Llundain, a oedd â'i wreiddiau yn Lacharn, i helpu gyda'r corffoli. Yr oedd gyda Wroth nid yn unig ei gyfeillion o Went megis Henry Walter o St Arvans a Richard Blinman o Gas-gwent ond hefyd Walter Cradoc, a erlidiasid o Wrecsam rai blynyddoedd ynghynt oherwydd ei Biwritaniaeth (ond brodor o Lan-gwm yng Ngwent ydoedd yntau), a'i ddisgybl Morgan Llwyd o Faentwrog, a gawsai dröedigaeth wrth wrando ar bregethu Cradoc yn Wrecsam. Fe fu llewyrch anghyffredin ar yr eglwys o'r dechrau, yn ôl tystiolaeth gŵr o Gaerdydd, William Erbury (a dyfodd wedi hynny yn ben heretic):

> Y fath oleuni a llafur yn yr ysbryd a oedd bryd hynny, y fath feddyliau nefolaidd, y fath iaith sanctaidd yn eu plith, y fath wylio, y fath weddïo nos a dydd y ffordd yr elent, wrth eu gorchwyl yn dilyn yr aradr! Ym mhobman yn y dirgel yr oedd yr ysbryd hwnnw o weddïau a phurdeb calon yn ymddangos.

Yn raddol plannwyd canghennau o Lanfaches mewn lleoedd megis Merthyr Tudful, Llantrisant a Magwyr (*Magor*). Mwy na hynny, magwyd arweinwyr, yn enwedig Cradoc a Llwyd (yr ymunwyd â hwy'n ddiweddarach gan Vavasor Powell), a allodd fanteisio ar y cyfle newydd a gafodd Piwritaniaeth yng Nghymru pan drechwyd byddinoedd Siarl I gan fyddinoedd y Senedd yn y Rhyfeloedd Cartref 1642–49.

Ond ni chafodd William Wroth weld na'r rhyfeloedd hynny na'r fuddugoliaeth honno. Rhagwelsai ddyfodiad y rhyfel, a'i ddymuniad oedd cael marw cyn ei ddod. Ceir yr argraff gref mai gŵr heddychlon oedd, na fynnai ymgymryd â gwleidyddiaeth ond pan oedd rhaid. Caniatawyd ei ddymuniad iddo a bu farw fis Ebrill 1641, neu ychydig cyn hynny. Cafodd ei wawdio lawer yn ystod ei oes gan Frenhinwyr ac Anglicaniaid pybyr, a'i gyhuddo o bob math o wyrdroadau. Ond yr oedd y rhai a'i hadwaenai yn ei garu a'i barchu'n ddirfawr. Bu'r eglwys a blannodd yn ysbrydoliaeth ac yn fodel i gannoedd o eglwysi cynulleidfaol a bedyddiedig a ymddangosodd yn y tir wedi hynny – er bod eglwysyddiaeth y rheini at ei gilydd yn llawer mwy digymrodedd nag eiddo Llanfaches ar y cychwyn – a bu ei dygnwch a'i gweithgar-wch yn wyneb erledigaeth yn ysbrydoliaeth i lawer na faliai ryw lawer am ei heglwysyddiaeth ond a gredài'n angerddol yn y ffydd aruchel a'i cynhaliai.

Hyd yn oed yr adeg honno yr oedd y Gymraeg ar drai yn rhannau dwyreiniol sir Fynwy, a thebyg mai yn Saesneg y pregethai Wroth amlaf, er ei fod yn sicr yn medru Cymraeg hefyd. Yn Saesneg y lluniodd lyfryn ar lifogydd mawr y flwyddyn 1607 (os ef a'i piau), a thair o'r pedair cerdd grefyddol a briodolwyd iddo – er bod dwy o'r tair wedi eu canu ar fesur trwyadl Gymraeg, sef yr englyn cyrch neu Driban Morgannwg. Y mae'r bedwaredd gerdd, fodd bynnag, yn ddwyieithog, gyda phob pennill Saesneg yn cael ei gyfieithu ar unwaith i'r Gymraeg. Rhoddir yma'r fersiwn Cymraeg, gan adael allan ddau bennill sydd amherffaith yn y llawysgrif wreiddiol (LlGC Penrice & Margam A76), a chan resynu nad oes gennym dystiolaeth fwy diymwad mai William Wroth ydyw'r awdur.

> O bridd, O bridd, ystyria'r gwir
> Cyn elych, bridd, i bridd yn hir,
> Lle erys pridd mewn pridd yn faith
> Nes cwnno pridd o bridd ail-waith.

Beth a ddisgwyl dyn ei gael
Sy'n digio Duw drwy bechod gwael?
Gwas'naetha Dduw bob awr o fyd:
Nid siŵr it amser yn y byd!

Cofia 'doist yn hoeth [= noeth] a thlawd
I'r byd heb ddim i guddio'th gnawd
Ac mor hoeth a llwm dy wedd,
Er maint sydd gennyt, 'ei i'r bedd [...]

Dyma hynt y byd di-ddawn:
Anghofio dyn yn ebrwydd iawn,
Ei daflu oddi yma'n llwm ei wedd,
Pridd i bridd, i waelod bedd.

Nid grym na dawn na golud mawr
'All estyn d'einioes funud awr;
Am hynny, ddyn, gofala 'mhryd
Cyn elo d'enaid bach o'r byd.

A gweddïa ar Dduw yn brudd,
Erbyn dy farwolaeth-ddydd,
I angylion nef dy ddwyn yn syth
I blith y saint sy'n canu byth.

Nodyn ar ffynonellau

Am ymdriniaeth fanylach, gweler f'ysgrif 'William Wroth a Chychwyniadau Anghydffurfiaeth yng Nghymru', *Ysgrifau Diwinyddol* II (1988), tt.123–51. Ceir un cywiriad (ynglŷn ag union berthynas Richard Blinman ac Oliver Thomas) ac un ffaith ychwanegol (ynglŷn â John Roberts) yn nhraethawd PhD Prifysgol Cymru y Parch. Brifathro E. Stanley John, 'Bywyd, gwaith a chyfnod dau Biwritan Cymreig, Marmaduke Matthews a Richard Blinman' (1987), tt.29, 39.

Wrecsam a Phiwritaniaeth

O'r *Cylchgrawn Efengylaidd*, Gorffennaf/Awst 1977

Nid bob amser y sylweddolir mor allweddol fu cyfraniad Wrecsam a'r ardal gyfagos tuag at dwf Piwritaniaeth ag Anghydffurfiaeth yng Nghymru. Nid annisgwyl mo hynny, wrth gwrs, o gofio pwysigrwydd y dref yn yr unfed ganrif ar bymtheg a'r ail ar bymtheg, a'i hagosrwydd at y ffin â Lloegr. Fe ymddangosodd Piwritaniaeth yma gyntaf cyn gynhared ag 1582, bum mlynedd cyn i John Penry godi'i lais yn Rhydychen. Fe ffurfiwyd eglwys Annibynol yma tua 1647, wyth mlynedd yn unig ar ôl corffori mam-eglwys Cymru yn Llanfaches.

Pwysigrwydd Piwritaniaeth ac Anghydffurfiaeth (yn ei chyfnod cynnar) yw eu bod yn cynrychioli Cristnogaeth Brotestannaidd ar lefel uchel iawn. I'r Piwritaniaid, nid mater o ddefod ac arfer yn unig oedd crefydd, nid mater o dderbyn cyfundrefn o athrawiaethau'n unig ychwaith, ond mater o *fywyd* – bywyd o farwolaeth i bechadur drwy aberth Iesu Grist, a rhinwedd yr aberth hwnnw'n cael ei drosglwyddo'n uniongyrchol i'w enaid drwy weithgarwch yr Ysbryd Glân. Y mae'n ffasiwn bellach wawdio'r Piwritaniaid ar gyfer eu culni, ac yr *oedd* rhai ohonynt yn gul, ond fe fyddai'n dda iawn i ni heddiw wrth ddeuparth eu hegni meddyliol, eu dewrder moesol a'u dwyster ysbrydol.

Dyma'r prif gamre yn hanes cynnar Piwritaniaeth Wrecsam, yn fyr ac yn fras.

1582

Yn y flwyddyn hon y mae cofiannydd y merthyr Catholig, S. Rhisiart Gwyn, yn cwyno fod dau dincer yn fawr eu hawdurdod yn y dref, 'Piwritaniaid poethion a llawn o'r efengyl.' Ni châi neb dderbyn y

Cymun ar Sul y Pasg y flwyddyn honno heb drwydded gan un o'r ddau dincer. Nid peth syn mo hyn o gofio am weithgarwch y Piwritan enwog Christopher Goodman yn esgobaeth gyfagos Caer yn ystod y cyfnod hwn.

1583

Dyma'r flwyddyn y sgrifennodd uchelwr ifanc o blwyf Wrecsam, Rowland Puleston o'r Bers, draethawd Cymraeg hir (a gwallus ddifrifol o ran ei iaith) yn ymosod ar Babyddiaeth ac yn amddiffyn safbwynt y Piwritaniaid ar fater disgyblaeth eglwysig. Teitl ei draethawd oedd 'Llyfr o'r Eglwys Gristnogaidd', ac ni chyhoeddwyd ef erioed. Efallai i Puleston fod yn gurad neu'n ficer yn Wrecsam yn ddiweddarach.

1604

Yn y flwyddyn hon bu farw Syr William Meredith o Stansty a fuasai'n Dâl-feistr y Lluoedd Arfog am rai blynyddoedd. Yr oedd yn gyfaill i Forus Cyffin, y llenor o blwyf Croesoswallt. Yn ei ewyllys gadawodd £30 i dalu am gyflog pregethwr ym mhlwyf Wrecsam am flwyddyn – yn y gobaith y byddai'r plwyfolion eu hunain yn ysgwyddo'r baich wedi hynny. Arwydd go ddiogel o dueddiadau Piwritanaidd oedd y cymynrodd hwn.

1628

Efallai'n wir i obaith Syr William Meredith gael ei gyflawni, oherwydd yn 1628 fe glywodd y darpar-broffwyd hynod hwnnw, Arise Evans, ŵr o'r enw Oliver Thomas yn pregethu yn Wrecsam ar Gân y Caniadau 2:10-11 (gan i Evans ddehongli'r testun fel neges bersonol iddo ef, y mae'n bur debyg mai yn Saesneg y pregethai Thomas y tro hwn). Gŵr o sir Drefaldwyn oedd Oliver Thomas, a oedd wedi graddio yn Rhydychen ac ymsefydlu ym mhlwyf West Felton (ryw ddeunaw milltir o Wrecsam) erbyn 1628. Yr oedd yn Biwritan i'r carn ac yn llenor Cymraeg go wych: ef oedd 'Carwr y Cymry' a anogodd ei gyd-genedl i brynu a darllen y 'Beibl Bach' pan ymddangosodd yn 1630. Tebyg fod Oliver Thomas wedi pregethu cryn dipyn yn ardal Wrecsam ar hyd y blynyddoedd, oherwydd fe'i ceir drachefn yn 1639 yn sicrhau plwyfolion Holt fod dydd gormes brenin ac eglwys wladol yn tynnu tua'i derfyn – ac felly'n wir y bu, dros dro.

1634–35

Rhai blynyddoedd cyn pregeth honedig-wrthryfelgar Oliver Thomas yn Holt, fodd bynnag, fe ymddangosodd seren ddisgleiriach o lawer yn ffurfafen grefyddol Wrecsam. Dyma Walter Cradoc, mab i ŵr bonheddig tiriog o Lan-gwm, sir Fynwy, a gafodd, fel Oliver Thomas, ei addysgu yn Rhydychen cyn mynd yn gurad i Gaerdydd a chael ei ddiswyddo mewn byr amser oblegid ei Biwritaniaeth. Ni wyddys sut y daeth i Wrecsam yn gurad, ond wedi dod gwnaeth farc annileadwy. Gwrandewch ar Edmund Jones o Bont-y-pŵl yn dweud yr hanes (yn ei gofiant i Evan Williams, 1750):

> Yn lle darllen y Foreol Weddi, yn ôl yr arfer, fe esboniai'r Ysgrythur gyda'r fath sêl ac eglurder nefol ag i ddylanwadu'n fawr ar y bobl; fel, pan ganai'r gloch am chwech y bore, y dylifai'r bobl ar unwaith i'w glywed o'r wlad ac o'r dref, nes llenwi'r eglwys fawr honno. A thrwy ei bregethu yn ogystal â'i esbonio, fe ddilynodd diwygiad mawr [...] a throwyd llawer o bechaduriaid at yr Arglwydd.

Cyn hir fe gynhyrfwyd bragwr o'r enw Timothy Middleton (aelod o deulu pwerus Castell y Waun) o weld ei fasnach yn lleihau, ac fe lwyddodd gyda chymorth ffrindiau dylanwadol i gael symud Cradoc o Wrecsam. Gadawodd ar ei ôl gwmni o ddisgyblion ffyddlon a lysenwid yn Gradociaid – ac fe barhawyd i alw Piwritaniaid ac Anghydffurfwyr a hyd yn oed Fethodistiaid cynnar yn Gradociaid yng ngogledd Cymru am ganrif a hanner wedyn! Ymhlith y Cradociaid cyntaf yr oedd bachgen un ar bymtheg oed o Gynfal Fawr, Maentwrog, o'r enw Morgan Llwyd, a ddygesid gan ei fam weddw i Wrecsam er mwyn iddo gael gwell ysgol nag a gâi bryd hynny ym Meirionnydd.

1636

A Chradoc eisoes wedi gadael Wrecsam, neu pan oedd ar fin gwneud hynny, fe lofnodwyd deiseb, 14 Ionawr 1636, gan un ar ddeg a deugain o breswylwyr y dref yn gofyn am gael ei gadw'n gurad yno. Y mae'n drueni o'r mwyaf nad yw'r ddeiseb hon ar gael bellach. Y mae'n wir mai methiant fu ei hanes, ac mai mynd a fu raid i Gradoc. Ond petai'r ddogfen gennym fe fyddem o leiaf yn gwybod enwau ei brif ddilynwyr ac yn gwybod hefyd, yn ôl pob tebyg, pwy oedd cnewyllyn yr eglwys Annibynnol a gynullwyd gan Forgan Llwyd ddeng mlynedd yn ddiweddarach. Mewn cerdd Saesneg a sgrifennodd yn 1652, y mae Llwyd yn awgrymu fod y gymdeithas eisoes wedi dechrau ymffurfio yn 1637:

> *Full fifteen years they had showers*
> *And dew from heaven sweet.*

Dan ei weinidogaeth ef fe dyfodd y gynulleidfa hon yn eglwys Annibynnol bwysicaf gogledd Cymru. Yn ogystal â'i bugeilio hi fe fu Llwyd yn pregethu'n deithiol, yn gweithredu ar bwyllgorau'r Llywodraeth mewn materion eglwysig, yn sgrifennu llyfrau rhyddiaith dihafal eu huodledd ac (o 1656 ymlaen) yn gweinidogaethu yn eglwys blwyf Wrecsam yn ogystal. Mae'n rhyfedd meddwl nad oedd ond deugain oed pan fu farw yn 1659, a'i gladdu ym mynwent Rhos-ddu. Gyda'i ddiflaniad ef daeth i ben oes aur Piwritaniaeth ac Anghydffurfiaeth yn Wrecsam.

Williams Pantycelyn: llenor rhyddiaith

Rhan o adolygiad ar Garfield H. Hughes (gol.), *Gweithiau William Williams Pantycelyn, Cyfrol II: Rhyddiaith* (Caerdydd: Gwasg Prifysgol Cymru, 1967), a gyhoeddwyd yn y cylchgrawn *Barn*, Mai 1968

Rhaid croesawu'n gynnes ymddangosiad yr ail gyfrol yng nghyfres Gwasg y Brifysgol o weithiau Pantycelyn. Aeth pedair blynedd heibio er pan ymddangosodd y gyfrol gyntaf, sef golygiad y Parch. Gomer M. Roberts o'r cerddi hir *Golwg ar Deyrnas Crist* a *Bywyd a Marwolaeth Theomemphus*. Yr hyn a geir yn yr ail gyfrol yw holl ryddiaith wreiddiol Pantycelyn, ac eithrio *Pantheologia; neu, Hanes Holl Grefyddau'r Byd* a ymddangosodd yn saith rhifyn rhwng 1762 ac 1778/79 (yr wyf yn gobeithio fy hun y gwneir lle i 'Pan Williams', fel y galwodd Pantycelyn ei lyfr unwaith, ymhellach ymlaen yn y gyfres). Mae'r gyfrol yn cynnwys felly *Llythyr Martha Philopur* (1762), *Ateb Philo Evangelius* (1763), *Crocodil Afon yr Aipht* (1767), *Hanes Bywyd a Marwolaeth Tri Wŷr o Sodom a'r Aipht* (1768), *Aurora Borealis* (1774), *Drws y Society Profiad* (1777), a'r *Cyfarwyddwr Priodas* (1777) – y cwbl, fel y gwelir, yn gynnyrch cyfnod o ryw bymtheg mlynedd, pan oedd Williams rhwng y pump a deugain a'r trigain oed.

Rhaid croesawu'r gyfrol am amryw resymau. Williams yw llenor mwyaf y ddeunawfed ganrif, ac un o'r ddau fardd mwyaf yn holl hanes y Gymraeg (rhyfedd meddwl mai Iolo Morganwg, o bawb, a fu'n ddigon craff i weld a dweud amdano yn ei ddydd ei fod 'yn berchen awen Prydydd tu hwnt i bob un o'i amser'). Dyletswydd eglur Gwasg y Brifysgol, felly, yw darparu argraffiadau hylaw o'i brif weithiau ar gyfer darllenwyr heddiw.

I'r hanesydd cymdeithasol a meddyliol, fe fydd y gyfrol hon yn ffynhonnell o bwys. Bywyd y gymdeithas Fethodistaidd ifanc sy dan sylw ynddi, yn ei pherthynas â'r byd y tu allan ac yn ei phroblemau mewnol. Cyfiawnhau gorfoledd diwygiad 1762 y mae'r ddau draethawd cyntaf, her yn nannedd beirniaid oer y *modern enthusiasm.* Mae'r ddau nesaf yn cymryd golwg fwy eang ar rai o'r pechodau a flinai fyd yn ogystal ag eglwysi. Traethawd ar ddiwedd y byd, y credai Williams ei fod yn agosáu yn sgil llwyddiant yr efengyl, yw *Aurora Borealis.* Ac mae'r ddau draethawd olaf yn ymwneud yn uniongyrchol â meithrin bywyd ysbrydol y Methodistiaid drwy'r seiat a thrwy briodas 'yn yr Arglwydd' – mynachlog y Protestant, chwedl Martin Luther unwaith! Ynddynt i gyd – ac yn enwedig, efallai, yn y cyntaf a'r olaf ohonynt – fe welir cyfuniad o graffter sylwadaeth, cydbwysedd barn a dynoliaeth gynnes sy'n peri nad cwbl anaddas yw enwi Williams ar yr un gwynt â Luther ei hun.

I'r beirniaid llenyddol hefyd, mae'r gyfrol yn gryn ddatguddiad. Ar waethaf ei anwastadrwydd a'i aflerwch mynegiant aml, mae'n ymddangos i mi fod Williams yn llenor rhyddiaith o'r radd flaenaf. Dywedaf hyn nid yn gymaint ar gyfrif ei ddyfeisgarwch a'i barodrwydd i arbrofi â ffurfiau newyddion, ond yn hytrach ar gyfrif ei ymdeimlad sicr â sain gair ac o rythm cymal a brawddeg a hefyd ei ddawn hynod i'w fynegi ei hun yn drosiadol. Tybed nad elwodd fel llenor ar Forgan Llwyd yn ogystal ag ar y Beibl a'r Bardd Cwsg? (Yr oedd Howel Harris o leiaf yn gyfarwydd â gwaith Llwyd, fel y dangosodd y Parch. Tom Beynon yn ei gyfrol olaf.) Mae galw'n awr am astudiaeth feirniadol drylwyr o ryddiaith Williams, astudiaeth y gellid ynddi roi sylw dyladwy nid yn unig i broblem y dylanwadau ond hefyd i bynciau eraill megis ei ddull o amrywio patrwm ei frawddegau, ei ddefnydd o ffigurau rhethreg a'i hoffter o osodiadau gwirebol. Diolch i Mr Hughes a Gwasg y Brifysgol, bydd yn llawer haws o hyn ymlaen ymgymryd ag astudiaeth o'r fath.

Un pwynt olaf. Fe glywais bregethwr Methodist yn datgan dro'n ôl nad oedd gan Williams ddim i'w ddweud wrth brofiad dyn yr ugeinfed ganrif. Ar ôl darllen y gyfrol hon, yr wyf o'r farn mai cyfran fechan iawn ohoni sy heb fod yn berthnasol i anghenion ysbrydol ein cyfnod ni. Fe fyddai'n iechyd i bawb ohonom petaem yn ei darllen yn ddwys o ddifri.

Agor drws y seiat

O'r *Cylchgrawn Efengylaidd*, Gorfennaf/Awst 1985

Y ddau sefydliad sy'n hynodi'r Diwygiad Methodistaidd yng Nghymru (a'r gwledydd eraill yr ymledodd iddo) oedd pregethu teithiol a chynnal seiadau. Drwy'r pregethu fe ddeffroid pobl i ystyried o ddifrif fater achubiaeth eu heneidiau. Drwy'r seiadau fe'u cyfarwyddid sut i ddod i'r afael â'r achubiaeth honno a'i meithrin wedi ei chael. Yr oedd y naill sefydliad mor anhepgor â'r llall i gynnydd ac iechyd y mudiad.

Cyn gynhared ag 1737 yr oedd Howel Harris a'i gyd-ddiwygwyr yn cynnull eu dychweledigion yn gwmnïoedd bychain lleol er mwyn gofalu amdanynt yn briodol. Erbyn 1742 fe welwyd angen am gyhoeddi llyfryn, *Sail, Dibenion a Rheolau'r Societies neu'r Cyfarfodydd Neilltuol*, er mwyn awgrymu patrwm ar gyfer cynnal y seiadau hyn. Dechrau'r flwyddyn ddilynol, yn Sasiwn Plas y Watffordd ger Caerffili, fe nodwyd seiliau cyfundrefn eithaf cymhleth o arolygwyr, cynghorwyr cyhoeddus, cynghorwyr preifat a stiwardiaid i ofalu am seiadau'r gwahanol ardaloedd. Bu raid disgwyl hyd 1777 cyn i'r mudiad seiadol esgor ar ei glasur llenyddol, sef *Drws y Society Profiad* William Williams o Bantycelyn, a fuasai erbyn hynny wedi bod yn cadw seiadau a'u harolygu am yn agos i ddeugain mlynedd.

Ym mhedwerydd deialog *Drws y Society Profiad* y mae William Williams yn rhestru pymtheg o gwestiynau y dylid eu gofyn i'r rhai sy'n ceisio mynediad i'r seiat am y tro cyntaf. Gadewch imi nodi'n gryno yma yr wybodaeth y bwriedid i'r cwestiynau hyn ei dwyn i'r golwg:

1. A oedd yr ymgeisydd yn ei weld ei hun yn bechadur colledig?

2. A oedd yn ei weld ei hun yn fwy pechadurus na neb arall?

3. A oedd wedi gweld na thyciai ei reswm naturiol ddim i'w ddwyn at Dduw 'yn gadwedigol'?

4. A oedd wedi gweld ei lwyr anallu i wneud dim daioni ohono'i hunan?

5. A oedd wedi sylweddoli mai trwy gyfiawnder Crist yn unig, ac nid o gwbl trwy ei gyfiawnder ei hun, y câi ei iacháu?

6. A oedd wedi gweld mai trwy ffydd o roddiad yr Ysbryd Glân y deuai cyfiawnder Crist yn eiddo iddo?

7. A oedd yn fodlon ymadael â phopeth yn ei fywyd ei hun a oedd yn groes i ewyllys Duw er mwyn ennill Crist?

8. A oedd yn fodlon dioddef pob gorthrymder, hyd at angau petai galw, er mwyn yr efengyl?

9. A oedd yn ceisio Duw o lwyrfryd calon ac yn ddianwadal?

10. A allai fodloni ar lai na sicrwydd fod Crist wedi ei dderbyn?

11. A oedd yn siŵr fod ei gymhellion yn bur yn ceisio am le yn y seiat?

12. A oedd yn fodlon derbyn cerydd?

13. A oedd yn fodlon cadw cyfrinachau?

14. A oedd yn fodlon *rhoi* cerydd ac arfer ei ddoniau er lles y seiat?

15. A oedd yn fodlon cyfrannu yn ôl ei allu i gynorthwyo tlodion y seiat?

Yr hyn sy'n syn ynglŷn â'r cwestiynau hyn ydyw nid eu llymder ond eu tynerwch. Os oedd ymgeisydd 'tan y caracter o ymofyn, ac o wir ewyllysio cael bywyd tragwyddol' yna dylid ei dderbyn i mewn. Ac yn wir fe ddengys adroddiadau arolygwyr cynnar y seiadau fod rhychwant enfawr ym mhrofiadau aelodau'r seiadau a oedd dan eu gofal.

Un cwestiwn i orffen. Os oedd seiadau fel y rhain mor hanfodol i dwf y Diwygiad Methodistaidd, ac i fywyd yr enwadau y dylanwadwyd arnynt gan y Diwygiad hwnnw, pam y darfu amdanynt mor llwyr? Nid awgrymu am funud yr wyf y dylid eu hatgyfodi yn union fel yr oeddynt yn y ddeunawfed ganrif: peth academaidd yn ystyr waethaf y gair (a gamdrinnir mor ddidrugaredd) fyddai hynny. Ond pam nad oes wedi tarddu o ddaear ein cyfnod ni sefydliad yn cyfateb i'r seiat Fethodist-aidd ac yn gwneud yr un gwaith?

Thomas Charles yr emynydd

O *Bwletin Cymdeithas Emynau Cymru*, Gorffennaf 1980

Fel y gellid disgwyl, Calfinaidd yn hytrach na Lwtheraidd oedd agwedd Thomas Charles at emynau, a barnu wrth rai o'i sylwadau ar y gair 'Hymn' yn y *Geiriadur Ysgrythyrol*:

Eilunaddoliaeth yw priodoli i Dduw mewn ffordd o addoliad yr hyn nid ydyw yn perthyn iddo; ond felly y gwelir mewn llawer o ganiadau a elwir hymnau a gyfansoddwyd, rai ohonynt, gan ddynion tywyll, cyfeiliornus ac a arferir yn addoliad y Duw mawr gan ddynion mor dywyll â hwythau. Atgas a ffiaidd yw pob peth yn addoliad Duw nad ydyw, o ran mater a geiriau, yn dra agos ac yn hollol gytûn â iaith yr Ysgrythur Lân: nid oes dim sothach cyfeiliornus yno, ond glân yw'r cwbl.

Y mae'n amlwg y byddai Thomas Charles yn teimlo'n fwy cysurus petai'r Methodistiaid Calfinaidd Cymreig wedi mabwysiadu arfer yr eglwysi Diwygiedig adeg y Diwygiad Protestannaidd ac ymgyfyngu i Salmau mydryddol wrth ganu yn y gynulleidfa. Ond yr oedd traddodiad emynyddol y Corff, wedi ei seilio ar athrylith gawraidd Pantycelyn, eisoes yn rhy gryf, ac ni allai Charles ei wrthsefyll. Yn wir, pan fu unwaith yn gyfyng iawn arno, bu raid iddo yntau fynegi ei brofiad mewn emyn – yr unig un a ganodd, yn ôl pob golwg. Braidd yn grintach yw clod ei gyfaill Thomas Jones, Dinbych, i'r emyn:

Er nad oes ynddi [*sic*] lawer o ddisgleirdeb dawn prydyddol, y mae ei rhagoroldeb mewn hyder a gwresogrwydd duwiol yn ei gwneud yn deilwng o sylw neilltuol.

Gallai fod wedi mentro bod yn haelach. Nid yw'r emyn yn annheilwng o gwbl o'i restru gyda goreuon cynnyrch ail reng yr emynwyr Methodistaidd, megis Thomas Jones ei hun a David Charles yr hynaf o Gaerfyrddin, brawd Thomas Charles.

Aeth achlysur cyfansoddi'r emyn yn fuan yn rhan o lên gwerin Methodistiaeth. Fel yma yr adroddodd Lewis Edwards, a briodasai wyres i Thomas Charles, yr hanes:

Yn fuan ar ôl dechrau'r gaeaf hwnnw [sc.1799], wrth deithio ar noswaith oerlem tros fynydd Migneint ar ei ddychweliad o sir Gaernarfon [er prysuro at wely cystudd nai bychan iddo], ymaflodd oerfel dwys ym mawd ei law aswy, yr hyn a barodd iddo ddolur maith a gofidus; a bu raid iddo yn y diwedd oddef ei thorri, neu'n hytrach ei chodi ymaith. Yr oedd gweddïau aml yn yr achos, gan yr ystyrid ei fywyd mewn cryn enbydrwydd, a chofir hyd heddiw am eiriau hen weddïwr hynod o'r enw Richard Owen, yr hwn a ddadleuai gyda thaerineb a hyder: 'Pymtheng mlynedd yn chwaneg, O Arglwydd! Yr ydym yn erfyn am bymtheng mlynedd o estyniad at ddyddiau ei oes. Ac oni roddi di bymtheng mlynedd, O ein Duw, er mwyn dy eglwys a'th achos?' A pha esboniad bynnag a roddir ar yr amgylchiad, y mae'n iawn cofnodi'r ffaith mai o fewn ychydig i bymtheng mlynedd ar ôl hyn y diweddodd gyrfa ddaearol Mr Charles (*Traethodau Llenyddol*, t.270).

Nid am ddim yr ofnid am fywyd Charles, wrth gwrs. Yr oedd yr ewin-rhew wedi arwain i fadredd yn y fawd, a gallai'r driniaeth lawfeddygol yn hawdd fod wedi achosi gwenwyniad cyffredinol (a marwol) y gwaed, yn enwedig a'r claf mor drwyadl lesg ar ôl un mis ar ddeg o ddioddef.

Nid yn ei emyn yn unig y mynegodd Charles ei brofiadau yr adeg anodd hon, ond hefyd mewn dau lythyr at ei gyfaill Thomas Jones. Tebyg mai yn Saesneg yr ysgrifenasai, ond cyfieithodd Jones y llythyrau i'r Gymraeg a'u cynnwys yn ei *Gofiant* i Charles (1816, tt.202–6). Bydd yn werth dyfynnu ohonynt yn weddol helaeth gan ei bod yn ddiddorol cymharu'r hyn a ddywedir ynddynt â'r hyn a ddywedir yn yr emyn.

Y mae'n llawenydd i mi ac yn ddyledus arnaf, yn y fan lle'r wyf, ddwyn fy nhystiolaeth wael gyda llu gogoneddus fy mrodyr o'm blaen mai 'ffyddlon yw Duw' ac 'na phallodd dim o'r holl bethau da a lefarodd yr Arglwydd yn ei air – daeth y cwbl i ben'. Cofiodd amdanaf yn fy isel radd a'm hamgylchiadau cystuddiol, a rhoddodd imi mewn gwirionedd gael nerth yn ôl fy nydd. Amlygodd imi gymaint o'i ogoniant, ac o ogoniant trefn yr iachawdwriaeth yn ei Fab, nes y plygodd f'ysbryd dan ei law gyda thawelwch a gorfoledd. Cwbl gredais na wnâi'r Gŵr hwnnw ond daioni imi yn y diwedd, yr hwn a roddodd ei einioes yn bridwerth drosof.

Golwg trwy ffydd ar Iesu croeshoeliedig a'm hiachaodd. Dywedodd wrthyf drachefn a thrachefn, nes oedd f'enaid yn credu ac yn mawr lawenhau, 'Cyfamodd fy hedd ni syfl.' Teimlais rym y 'ddau beth dianwadal' – O! y gwerth o gael rhywbeth dianwadal yn wyneb cyfyngder! – yn gadarn i gynnal f'enaid, ac yn fy nghyfodi i'r lan ymhell uwchlaw fy holl ofnau i gael ychydig olwg ar yr etifeddiaeth anllygredig [...] Yn y golygiad ar y pethau rhyfedd hyn, profais f'enaid yn nesu at y wlad nefol gyda gradd o ddymuniad hiraethlon am ei chwbl feddiannu. Pellhaodd y cwbl sydd yma isod o'm golwg, i radd nas profais erioed o'r blaen; nid oedd ond ychydig iawn, i'm tyb i, rhyngof a meddiannu'r pwrcas a brynwyd. Parhaodd y golygiadau hyn, a'r tawelwch a oedd yn tarddu oddi wrthynt, gan mwyaf yn ddianwadal trwy fy holl gystudd. Yr oedd marw'n fwy cynefin a hyfryd i'm meddwl na byw, a'r wlad tu draw i angau'n ymddangos yn dra dymunol – y *cwmpeini* a'r gwaith wrth fy modd. Yr oeddwn yn canfod nefoedd o wynfyd bythol yng ngwaith y côr gogoneddus uchod *yn addoli'n berffaith,* â'u holl galon, yr unig wrthrych sydd yn deilwng o addoliad, ac yn moliannu'n ddi-dor yr hwn a'u carodd ac a'u golchodd oddi wrth eu pechodau yn ei waed ei hun.

Byddwn weithiau yn troi fy ngolwg oddi wrth y gwrthrychau, gan mor drech na grym fy natur ydoedd yr olwg bêr-gynhyrfiol arnynt. Ni allaf fynegi ichwi'r hiraeth a oedd arnaf rai munudau am ddarfod tros byth â phob meddwl ac â phob gwaith arall ond y gwaith hyfryd sydd uchod.

A dyma ran o'r ail lythyr y gwelodd Thomas Jones yn dda ei godi i'r *Cofiant*:

Amdanaf i, mae fy nerth yn cael ei adferu'n raddol, ac felly yr wyf yn rhyfeddod i mi fy hun, os nad i lawer eraill. Mae'r Arglwydd da, ar ôl bod mewn ystyr yn fy lladd, yn awr yn fy mywhau drachefn. Nid wyf yn amau nad doeth a da yw Efe yn ei holl orchwyl-iaethau; ac felly y profais i Ef, yn gymorth parod ac yn gynhaliwr effeithiol yn fy nghyflwr iselaf, a'i gysuron cryfion yn dal fy meddwl i fyny i radd na phrofais i erioed o'r blaen. Yr oedd yn hawdd bod yn amyneddus, a chysurus oedd ymostwng. Yr oedd gaeaf-ffrwythau'r Ysbryd (os gallaf eu galw felly) yn dra bywiocaol. Mi a fûm aml waith, o ran barn ac agwedd fy meddwl, yn marw, ac yr oeddwn yn ei brofi'n beth mor hawdd ymddiried yn Iesu a'i gyfiawnder gorffenedig Ef yn angau ag mewn bywyd. Nid oedd gennyf i ddim arall, ac nid oedd arnaf eisiau dim arall. Yr oeddwn yn dymuno i bob gwrthrych arall fod byth allan o'r golwg. Yr oeddwn yn mwynhau tangnefedd sydd uwchlaw pob deall yng ngwaed Iesu. Ambell waith yr oedd hiraeth arnaf am roi un cam arall a bod byth gyda'r Arglwydd. Mae arnaf i rwymau i ddwyn fy nhystiolaeth wannaidd i'r Arglwydd: nid wyf yn cyfrif colli bawd ond diddim o'i gymharu â chysuron yr Arglwydd dan y cystudd.

Er i'r emyn gael ei gyfansoddi, gellir tybio, ddiwedd 1800 neu ddechrau 1801, nis cyhoeddwyd tan 1806, yn *Casgliad o Hymnau, gan mwyaf erioed heb eu hargraffu o'r blaen*, a ymddangosodd yn y Bala y flwyddyn honno dan olygyddiaeth Charles; yn yr un casgliad, fel y cofir (onid yn ail argraffiad *Grawnsypiau Canaan*, a ymddangosodd yr un flwyddyn) y gwelodd emynau Ann Griffiths olau dydd y tro cyntaf.

Teitl emyn Charles yn *Casgliad o Hymnau* yw 'Hyder pererin cystudd-iol'. Cynhwyswyd yr emyn, neu benillion ohono, yn amryw o gasgliad-au'r bedwaredd ganrif ar bymtheg: gweler cyfrol John Thickens, *Emynau a'u Hawduriaid*, am y manylion. Fe'i cynhwyswyd yn gyfan ac yn ei drefn wreiddiol, eithr wedi ei rannu'n dri emyn gwahanol (618, 619, 620), yn *Llyfr Emynau y Methodistiaid* (1927): trueni na lynwyd yn gwbl ffyddlon wrth destun Charles. Cynhwyswyd y ddau bennill cyntaf yn unig yn un emyn (412) yn *Y Caniedydd*. Nis cynhwyswyd o gwbl yn *Emynau'r Eglwys* nac yn *Y Llawlyfr Moliant Newydd* nac yn *Caneuon Ffydd*.

Dyma'r emyn fel yr ymddangosodd yn *Casgliad o Hymnau* (t.25), ond gyda'r orgraff a'r atalnodi wedi eu diweddaru:

Hyder Pererin Cystuddiol

Dyfais fawr tragwyddol gariad
    Ydyw'r iechydwriaeth lawn;
Cyfamod hedd yw'i sylfaen gadarn,
    'R hwn ni dderfydd byth mo'i ddawn;
Dyma'r fan y gorffwys f'enaid,
    Dyma'r fan y bydda'i byw,
Mewn tangnefedd pur, heddychol,
    'Mhob rhyw stormydd gyda'm Duw.

Syfled iechyd, syfled bywyd,
    Cnawd a chalon yn gytûn,
Byth ni syfla amod heddwch,
    Hen gytundeb Tri yn Un:
Dianwadal yw'r addewid,
    Cadarn byth yw cyngor Duw,
Cysur cryf sy i'r neb a gredo
    Yn haeddiant Iesu i gael byw.

Bûm yn wyneb pob gorchymyn,
    Bûm yn wyneb angau glas;
Gwelais Iesu ar Galfaria
    Yn gwbl wedi cario'r maes;
Mewn cystuddiau 'r wyf yn dawel,
    Y fuddugoliaeth sydd o'm tu;
Nid oes elyn 'wna im niwed,
    Mae'r ffordd yn rhydd i'r nefoedd fry.

Pethau chwerwon sydd yn felys
    A'r t'wyllwch sydd yn olau clir;
Mae 'nghystuddiau imi'n fuddiol,
    Ond darfyddant cyn bo hir;
Cyfamod hedd 'bereiddia'r cwbl,
    Cyfamod hedd a'm cwyd i'r lan

I gael gweld f'etifeddiaeth,
  A'i meddiannu yn y man.

Gwelais 'chydig o'r ardaloedd
  'R ochr draw i angau a'r bedd;
Synnodd f'enaid yn yr olwg,
  Teimlais annherfynol hedd;
Iesu 'brynodd imi'r cwbl,
  Gwnaeth â'i waed anfeidrol Iawn;
Dyma rym fy enaid euog
  A fy nghysur dwyfol llawn.

Wedi cefnu pob rhyw stormydd,
  A'r tonnau mawrion oll ynghyd,
Tybiais fy mod yn y porthladd,
  Tu draw i holl ofidiau'r byd.
'O! fy Nhad,' medd f'enaid egwan,
  'A gaf fi ddyfod i dy gôl,
A chanu'n iach i bob rhyw bechod,
  A'm cystuddiau i gyd ar ôl?'

'Hust! fy mhlentyn, taw, distawa,
  Gwybydd di mai Fi sydd Dduw;
Ymdawela yn f'ewyllys,
  Cred i'm gofal tra fych byw;
Os rhaid ymladd â gelynion
  Fi dy nerth 'fydd o dy blaid;
Er gwanned wyt, cei rym i sefyll
  A Fi'n gymorth wrth bob rhaid.'

Bodlon ddigon, doed a ddelo,
  Ond dy gael Di imi'n Dduw;
Rhoist dy Fab i brynu 'mywyd
  Trwy ddioddef marwol friw;
Mi lecha'n dawel yn ei gysgod,
  Yn nghysgod haeddiant dwyfol glwy,
Darfyddaf byth ag oll sydd isod,
  Ac ymhyfrydaf ynot mwy.

Edrych 'r wyf ar hynny beunydd,
   Ac yn hiraethu am yr awr
Pan y derfydd im â phechod
   Ac y caf roi 'meichiau 'lawr,
Y caf ddihuno â dy ddelw,
   Pan gaf weld dy wyneb gwiw,
Pan gaf foli byth heb dewi,
   A bod yn debyg i fy Nuw.

Fy natur egwan sydd yn soddi
   Wrth deimlo prawf o'th ddwyfol hedd,
Ac yn boddi gan ryfeddod
   Wrth edrych 'chydig ar dy wedd;
O! am gorff, a hwnnw'n rymus,
   I oddef pwys gogoniant Duw,
Ac i'w foli Ef heb dewi,
   A chydag Ef dragwyddol fyw.

'Rhyfeddaf fyth...':
gwaith Ann Griffiths

Rhan o adolygiad ar *Rhyfeddaf fyth... Emynau a llythyrau Ann Griffiths
ynghyd â'r byrgofiant iddi gan John Hughes, Pontrobert, a rhai llythyrau
gan gyfeillion,* golygwyd gan E. Wyn James ynghyd â rhagymadrodd
gan A. M. Allchin a darluniau gan Rhiain M. Davies (Gwasg Gregynog, 1998).
Ymddangosodd yr adolygiad yn *Y Cylchgrawn Efengylaidd,* Gwanwyn 1999.

Y mae'r gyfrol hon yn un o gynhyrchiadau gwychaf Gwasg Gregynog oddi ar ei hailagor dan nawdd Prifysgol Cymru yn 1974, ar ôl bod ar gau er 1940. Ychydig dros ddeng milltir sydd ar draws gwlad o Regynog i Ddolwar Fach, cartref Ann Griffiths, a byddai'n resyn o beth petai Gwasg Gregynog heb achub y cyfle yn hwyr neu'n hwyrach i gynhyrchu cyfrol a fyddai'n cyflwyno camp un o emynwyr mwyaf Cymru. Gellir ychwanegu fod teulu Dafisiaid Llandinam, a brynodd Regynog yn 1914 a'i drosglwyddo i'r Brifysgol yn 1960, yn Fethodistiaid Calfinaidd o argyhoeddiad, a'u bod wedi para'n ffyddlon i'w gwreiddiau crefyddol am genedlaethau, er iddynt golli'r Gymraeg yn bur fuan wrth ymgyfoethogi.

Fferm bedwar ugain acer ar ystad Llwydiarth ym mhlwyf Llanfihangel-yng-Ngwynfa oedd Dolwar Fach. Nid oedd teulu Ann Griffiths yn dlawd felly, er nad oeddynt yn gyfoethog ychwaith. Cafodd Ann beth addysg, ac mae'n amlwg iddi elwa hyd yr eithaf arno, ond bu raid iddi ysgwyddo cyfrifoldeb cadw tŷ yn ifanc, gan i'w mam farw yn 1794 pan nad oedd Ann ond dwy ar bymtheg oed. Priododd yn 1804 a daeth ei gŵr, Thomas Griffiths, a berthynai i deulu o amaethwyr digon cefnog o Feifod, ati i fyw i Ddolwar Fach; ond bu Ann farw ymhen deng mis, wedi geni merch fach a fu farw bythefnos o flaen ei mam. Ar yr wyneb dyma stori ddigon trist am einioes a dorrwyd ar ei hanner, y math o stori a oedd yn rhy gyffredin o lawer y dyddiau hynny.

Y peth sy'n trawsnewid y stori, wrth gwrs, yw hanes ysbrydol Ann. Erbyn nawdegau'r ddeunawfed ganrif yr oedd Methodistiaeth (yn y wedd Galfinaidd arni) wedi hen gyrraedd sir Drefaldwyn ac yn mynd ar led yn syfrdanol o gyflym. Dros y Berwyn, yn y Bala, yr oedd Thomas Charles yn tyfu'n arweinydd o'r praffaf, a Thomas Jones o Ddinbych (er nad oedd wedi cyrraedd Dinbych eto) yn cynnal ei freichiau mewn modd tra chadarnhaol a doeth. Gydag amser fe fagodd Methodistiaeth sir Drefaldwyn ei harweinyddion ei hunan, a'r hynotaf o ddigon ohonynt oedd John Hughes, Pontrobert. Dan weinidogaeth y gwŷr hyn a'u tebyg fe gafodd Ann Thomas (fel yr oedd ar y pryd) brofiad o dröedigaeth ac ailenedigaeth, a'r profiad hwn a'i oblygiadau fu canolbwynt ei byw a'i meddwl o hynny ymlaen.

Yn ôl pob tystiolaeth yr oedd profiad ysbrydol Ann Thomas yn eithriadol o ddwys. Yn wir, y mae un awgrym fod Thomas Charles yn ofni ei fod mor ddwys fel na allai mo'i ddal. Tystiolaeth John Hughes, yn hynafgwr pump a thrigain oed, oedd ei bod 'yn disgleirio'n fwy tanbaid ac amlwg mewn crefydd ysbrydol nag un a welais i yn fy oes'.

Wrth gwrs, nid yw profiad crefyddol ynddo'i hunan, ni waeth pa mor ddwys, yn ddigon i droi'r crefyddwr yn emynydd. Yn achos Ann Thomas yr oedd ganddi ddwy gynneddf yn ychwanegol. I gychwyn, yr oedd yn amlwg yn ferch eithriadol o alluog yn feddyliol: efrydiai'r Beibl yn ddi-baid a'i feistroli'n drwyadl, ynghyd â phob llyfr a chylch-grawn y gallai gael gafael arnynt; gwyddai'n iawn am waith emynwyr mawr sir Gaerfyrddin (gan ddynwared eu hodlau o bryd i'w gilydd!); câi fodd i fyw – meddyliol yn ogystal ag ysbrydol – yn gwrando ar bregethu grymus Thomas Charles, John Elias a'u tebyg. Yn ail, yr oedd yn amlwg yn fardd wrth reddf (ac nid cwbl ddihyfforddiant ychwaith, gan fod ei thad yn fardd gwlad): meddyliai mewn darluniau – o'r Beibl gan amlaf – a'r darluniau hynny'n aml yn cael eu cyfosod mewn modd tra beiddgar; ac yr oedd ganddi hefyd, y mae'n amlwg, glust hynod fain i sain gair a rhythm brawddeg. Nid yw ei chrefft mor gaboledig ag eiddo Thomas Jones, er enghraifft, ond y mae rhyw egni ysbrydol creiddiol yn treiddio trwy ei hemynau sy'n eu codi i ddosbarth llawer uwch na'r rheini sy'n dibynnu ar gymhendod crefft yn unig i'w cymeradwyo (nid rhai felly sydd gan Thomas Jones ychwaith, wrth reswm).

Deg emyn ar hugain sydd wrth enw Ann Griffiths, cyfanswm o 73 o benillion, sef 850 o linellau: cynnyrch pitw iawn o'i gymharu â'r 850 o emynau a gynhyrchodd William Williams o Bantycelyn (heb sôn am saith mil a hanner Charles Wesley!). Gadawodd Ann hefyd wyth llythyr ar ei hôl. Ond os yw swm ei gwaith yn fychan, y mae ei ansawdd yn eithriadol. Ystyrier am funud y llinellau hyn, sef pennill cyntaf emyn IX:

> Am fy mod i mor llygredig,
>   Ac ymadael ynddwy' i'n llawn,
> Mae bod yn dy fynydd sanctaidd
>   Imi'n fraint oruchel iawn;
> Lle mae'r llenni yn cael eu rhwygo,
>   Mae difa'r gorchudd yno o hyd,
> A rhagoroldeb dy ogoniant,
>   Ar ddarfodedig bethau'r byd.

Y mae delweddaeth y pennill wedi ei seilio ar Eseia 25:6–8 (eithr yn edrych yn ôl hefyd at Exodus 19—24 ac ymlaen at 2 Corinthiaid 3 a Hebreaid 12, heb anghofio'r adlais o hanes y croeshoeliad yn yr Efengylau Cyfolwg), gyda'r mynydd yn cynrychioli'r eglwys lle y datguddir, drwy bregethu, ddyfnion bethau Duw, a'r datguddiad yn ei dro'n peri'r argyhoeddiad fod pethau Duw'n anhraethol ragorach na phethau dyn. Ond gymaint mwy grymus na'r crynodeb moel yna yw'r darlunio amlhaenog a geir yn y pennill, gydag ymchwydd mawreddog geiriau amlsillafog y ddwy linell olaf yn pwyo'r ergyd adref drwy'r glust i'r galon!

Y mae'r wyth llythyr, yn eu ffordd eu hunain, lawn mor hynod â'r deg emyn ar hugain. Ysgrifennwyd saith ohonynt at ei chynghorydd ysbrydol John Hughes, Pontrobert, a'r wythfed at ei chyfeilles Elizabeth Evans (yn rhagluniaethol, y mae'r pennill emyn a ychwanegodd fel ôl-nodyn at lythyr Elizabeth Evans yn mynd ymhell tuag at warantu

cywirdeb testun gweddill yr emynau). Llythyrau cyffesiadol ydynt i
gyd, yn ymdroi o gwmpas cyflwr ysbrydol Ann a sut yr oedd yr Ysgrythur
yn gweini ar ei chyflwr: ychydig iawn o sôn a geir ynddynt am bethau
cyffredin bywyd a bara beunyddiol. Ond y mae dwyster y mater, fel yn
yr emynau, yn peri fod darlun neu osodiad yn cyfuno â sigl y frawddeg
i yrru'r neges hyd adref bron yn ddi-feth. Y mae naws epigramataidd
bendant i amryw byd o'i brawddegau. Ystyrier y paragraff canlynol,
pumed yn yr ail lythyr, a'r pum brawddeg ynddo wedi eu printio ar
wahân:

> 'R wyf yn llonni wrth feddwl fod rhyddid i bechadur sôn cymaint
> am Iesu Grist wrth orsedd gras, y nefoedd yn gwenu ac uffern
> yn crynu.

> Mawrhawn ein braint ein bod wedi adnabod dim o effeithiau'r
> cyfamod tragwyddol wedi ei luniaethu fry.

> O! am gael aros dan ddiferion y cysegr hyd yr hwyr a chydnabod
> mai gwerth gwaed ydynt.

> Hyn a fo yn dropio pechaduriaid i'r llwch.

> O! am fod wrth draed ein Duw da tra bôm yn y byd.

Thema'r paragraff, wrth reswm, yw'r angen i aros dan weinidogaeth
y Gair a dyfalbarhau mewn gweddi. Eithr sylwer ar *lluniaethu fry* hynafol
a llenyddol yr ail frawddeg, a'i wrthgyferbynnu â *dropio* llafar ac egr (yn
syth ar ôl berf yn y modd dibynnol!) y bumed frawddeg. Sylwer ar
gytseinedd drom y frawddeg olaf. Ond nid wyf yn meddwl am funud
mai ffrwyth dyfeisgarwch ymwybodol ar ran Ann Griffiths yw'r pethau
hyn, mwy na'r pethau tebyg yn yr emynau. Pethau a ddôi iddi yn
reddfol oeddynt.

A ellir cyfiawnhau talu £95 am y llyfr hwn yn y rhwymiad lliain
(neu £180 am y rhwymiad chwarter lledr!)? Caniatewch imi nodi tair
ystyriaeth:

◆ Y mae Gwasg Gregynog yn gwerthu'r gyfrol am bris sy'n agos iawn i'r pris cynhyrchu. Hynny yw, nid yw'n disgwyl gwneud llawer o elw o'r gwerthiant.

◆ Y mae'r gyfrol yn cynrychioli crefft a chelfyddyd y llyfr printiedig ar eu gwychaf, ac nid oes gan Gristion hawl i ddiystyru crefft a chelfyddyd o unrhyw fath fel mynegiant o'r ysbryd dynol ar ei fwyaf estynedig, er cydnabod fod pob cynnyrch yr ysbryd dynol dan farn Duw ac nad oes iddo ronyn o rym cadwedigol.

◆ Y mae Ann Griffiths, athrylith unig o emynyddes ac un yr oedd gogoneddu Duw yn bennaf dymuniad ganddi, yn llwyr haeddu – bron na ddywedwn, yn haeddu'n fwy na neb – gael cyflwyno'i gwaith yn y dull ceinaf posibl. Mawr fu braint Gwasg Gregynog yn cael ymateb i'r her aruchel hon, a mawr yw ein diolch ninnau iddi am odidogrwydd yr ymateb hwnnw.

John Hughes a Phontrobert

Anerchiad ar achlysur ailagor Hen Gapel John Hughes ym Mhontrobert
yn ganolfan ar gyfer myfyrdod Cristnogol, 29 Ebrill 1995,
a gyhoeddwyd yn *Bwletin Cymdeithas Emynau Cymru*, rhifyn 1995–96

Y mae'n fraint fawr i mi gael sefyll yma heddiw fel tipyn o Lywydd Apêl yr Hen Gapel (neu gwell efallai fyddai imi ddilyn dull y Wesleaid a'm galw fy hun yn 'enw o Lywydd') i ddweud gair byr am John Hughes. Yr wyf yn siŵr y byddech i gyd yn dymuno imi longyfarch Pwyllgor yr Apêl, yn enwedig y swyddogion, am eu llwyddiant hynod yn dod â ni hyd y fan hon, a diolch iddynt hefyd am eu gweledigaeth a'u hymroddiad a'u penderfyniad. Gadewch imi geisio dweud yn fyr iawn pam yr wyf yn credu fod yr hyn y maent wedi ei gyflawni yn addas ac yn bwysig ac yn werthfawr.

Yn gyntaf, y mae John Hughes, y cysylltir ei enw yn bennaf â'r adeilad hwn, yn ddyn arbennig iawn. Fe'i ganed yn ardal Braich-y-waun, yng ngogledd plwyf Llanfihangel-yng-Ngwynfa, yn fab i rieni tlawd yn 1775, a digon cyfyng fu ei amgylchiadau materol ar hyd ei oes. Yn un ar ddeg oed fe'i prentisiwyd yn wehydd, ond yr oedd Methodistiaeth ar gerdded yn y wlad yma, ac yn 1796 fe gafodd John Hughes dröedigaeth. Yn dilyn y digwyddiad tyngedfennol hwnnw aeth yn ysgolfeistr yng nghyfundrefn ysgolion cylchynol Thomas Charles o'r Bala, arweinydd Methodistiaeth gogledd Cymru ar y pryd. Yn 1802 dechreuodd bregethu gyda'r Methodistiaid, a phan briododd Ruth Evans, morwyn Dolwar Fach, yn 1805, fe aethant yn y man i fyw i'r tŷ sydd ynglwm wrth y capel hwn. Fe'i hordeiniwyd yn weinidog gyda'r Methodistiaid Calfinaidd yn 1814, ac o'r flwyddyn honno hyd ei farw bu'n ddiflino ei ymroddiad ymhlith y Methodistiaid: yn pregethu'n deithiol, yn arolygu seiadau, yn llywyddu mewn cyfarfodydd misol a sasiynau. Ni lwyddodd Ruth erioed i'w ddysgu sut i fwyta'n daclus, ond ar waethaf hynny yr oedd parch cyffredinol tuag

ato ymhlith y bobl a'i hadwaenai oherwydd ei dduwioldeb, ei ym-
roddiad a'i allu. Ychydig o ysgol a gafodd, ond fe'i haddysgodd ei hun
i raddau helaeth, ac fe gyhoeddodd nid yn unig lawer o erthyglau
mewn cylchgronau, ond hefyd emynau a phregethau a chofiannau.
Mae rhyw naw o'i emynau yn *Llyfr Emynau y Methodistiaid* (1927), a'r
rhan fwyaf ohonynt yn dal i gael eu canu, yn enwedig wrth gwrs 'O!
anfon Di yr Ysbryd Glân'. Hynny yw, y mae'n briodol anrhydeddu
John Hughes am y cwbl y llwyddodd ef ei hun i'w gyflawni yn ystod
oes faith a llafurus. Ac wrth gwrs dyma'r lle, yn anad yr un lle arall yn
y byd, y mae'n briodol ei goffáu.

Ond y mae ail reswm pam y mae'n briodol inni ddathlu ar yr achlysur
hwn. Oherwydd nid unigolyn gweithgar a llwyddiannus (mewn termau
ysbrydol er nad mewn termau materol) yn unig oedd John Hughes,
ond hefyd cynrychiolydd cymdeithas hynod iawn. Fe gynhyrchodd
Methodistiaeth sir Drefaldwyn do ar ôl to o arweinwyr gwirioneddol
nodedig. Ymhlith cyfoedion John Hughes yr oedd Abraham Jones
Llanfyllin, William Jones Dolyfonddu ac Evan Griffiths Meifod. Ond
efallai mai'r ddau hynotaf o blith ei gyfoedion oedd John Davies, yr
oedd John Hughes wedi bod yn brentis i'w dad, a fu'n genhadwr ar-
loesol yn Tahiti am 55 o flynyddoedd; ac wrth gwrs Ann Thomas Dolwar
Fach (Ann Griffiths wedyn), emynyddes fwyaf Cymru. Fe fu John
Hughes yn gyfaill ac yn lladmerydd i bob un o'r rhain. Ef a'i wraig
Ruth, fel sy'n hysbys, a ddiogelodd emynau Ann Griffiths. Ei waith ef, i
raddau pell, sy'n ei gwneud yn bosibl inni sylweddoli lle mor freintiedig
oedd y parthau hyn – unwaith eto, yn ysbrydol yn hytrach nag yn
faterol – ddwy ganrif yn ôl.

Ond y mae yna drydydd rheswm pam y mae'n briodol inni lawen-
hau'r prynhawn yma. Y mae John Hughes yn rhywbeth mwy nag
unigolyn talentog, yn rhywbeth mwy na chynrychiolydd a lladmerydd
cenhedlaeth ddisglair iawn o arweinwyr crefyddol. Y mae hefyd yn
enghraifft deg o'r grymusterau a drawsnewidiodd fywyd Cymru gyfan
yn ystod hanner cyntaf y bedwaredd ganrif ar bymtheg. Yn ystod yr

hanner canrif yna fe enillwyd Cymru, i raddau helaeth, at Grist. Nid gwaith y Methodistiaid Calfinaidd yn unig oedd hwn, ond gwaith yr enwadau eraill hefyd, gan gynnwys yr Eglwys Sefydledig. Yn 1846 gwnaeth Robert David Thomas ('Iorthryn Gwynedd') arolwg o'r ddarpariaeth addysgol yn y parthau hyn ar gyfer Comisiynwyr y Llyfrau Gleision ar addysg yng Nghymru. Ar gyfer plwyfi Llanfair Caereinion, Castell Caereinion a Manafon y mae canlyniadau'r arolwg ar gael. O edrych drwyddynt y mae'n syfrdanol gynifer o Feiblau a llyfrau emynau a llyfrau crefyddol eraill a oedd gan bobl gyffredin yr ardal hon yn eu meddiant. Yr oedd John Hughes a'i genhedlaeth wedi gwneud eu gwaith yn ardderchog iawn.

Ond hen hanes ydyw hwn, meddech chwi. Ie, ond nid oes rhaid iddi fod felly. Yn sicr ni fyddai John Hughes nac Ann Griffiths na John Davies yn arbennig o falch petaent yn gwybod ein bod yn cyfarfod yma heddiw yn bennaf i ganu eu clodydd hwy am yr hyn a wnaethant ddau can mlynedd yn ôl. Na, yr hyn y byddent hwy'n ei ddymuno fyddai ein bod ni'n cyfarfod yma i ganu clodydd eu Duw hwy, sydd yr un mor fyw heddiw ag ydoedd yn eu dydd hwy, ac sydd yr un mor abl ac ewyllysgar i drawsnewid bywydau unigolion a chenhedloedd ag ydoedd ddau can mlynedd yn ôl. Y mae'n hyfryd o addas y bydd yr adeilad hwn nid yn gymaint yn amgueddfa i goffáu hen hanes, ond yn hytrach yn ganolfan weithgar i feithrin y bywyd ysbrydol yn ein dyddiau anghenus ni.

Marwnadau i bobl ddistadl

Cyfres yn y golofn 'Twf Tafod' yn *Y Cylchgrawn Efengylaidd*, 1980–82

Y mae'r farwnad neu'r gerdd goffa Gymraeg yn un o ogoniannau llenyddiaeth Ewrop. O Daliesin yn niwedd y chweched ganrif hyd at Dderec Llwyd Morgan yn ein dyddiau ni, canodd llu o feirdd, enwog ac anenwog, nifer mawr o farwnadau a champ arnynt. Dyma un o roddion Gras Cyffredinol Duw inni fel cenedl, ac fe ddylem fod yn ddiolchgar amdani.

Hyd at yr unfed ganrif ar bymtheg, i bobl fawr – i uchelwyr – y canwyd y marwnadau hyn bron i gyd. Ond o'r unfed ganrif ar bymtheg ymlaen, fel y gwreiddiodd Protestaniaeth efengylaidd a dwyn ffrwyth, fe ddechreuwyd canu marwnadau i bobl gyffredin yn ogystal. Yn nheyrnas Gras Arbennig yr oedd y gwahaniaeth rhwng pobl fawr a phobl gyffredin yn amherthnasol.

I

Efallai mai Morgan Llwyd o Wynedd a ganodd y gynharaf o'r marwnadau hyn i bobl gyffredin. Ef yw ein hysgrifennwr rhyddiaith godidocaf, ond bardd anwastad iawn ydyw. Weithiau, fodd bynnag, y mae fel petai'n darganfod ei briod lais ac y mae ei ganu bryd hynny'n esgyn i wastad nad yw'n gwbl annheilwng o'i ryddiaith. Fe ddigwyddodd hynny pan ganodd farwnad Morus Wiliam Powel.

Hyd y gwn i, nid oes dim yn hysbys am Forus Wiliam Powel ond yr hyn a ddywedir yn y farwnad hon. A dyna'r pwynt. Dyn cyffredin, distadl ydoedd yng ngolwg y byd. Yn nheyrnas gras, fodd bynnag, yr

oedd yn ddyn anghyffredin iawn. Y mae'n ddiamau mai'r paradocs
hwn a ymaflodd ym meddwl Morgan Llwyd ac a ysbrydolodd ei
gerdd.

Gan hynny, yn y gerdd, fe amrywir rhwng mawl uniongyrchol (yn
y ddau bennill cyntaf, y pedwerydd a'r pumed) ac ymdroi o gwmpas
y paradocs (yn y trydydd pennill a'r olaf). Gwrthgyferbynnir bychander
doniau bydol Morus Wiliam Powel â mawredd ei ddoniau a'i gyfoeth
ysbrydol. Yn y trydydd pennill yn arbennig dwyseir y paradocs drwy
ddefnydd crefftus o amwysedd: y mae 'llaw ddeau' yn golygu de-
heulaw cymdeithas yr Arglwydd yn ogystal â safle waredigol yn y Farn.
Fe ddefnyddir ailadrodd yn fedrus yn y gerdd hefyd. Ac er mai â Mor-
gannwg y cysylltir y mesur triban fel arfer, y mae'r Gwyndodwr Llwyd
yn ei drafod yn feistraidd a phersain yma.

Ac yn awr dyma'r gerdd:

> Mae Morus Wiliam Powel
> Ym mynwes Abram dawel;
> Dyn gwirion gweddaidd yn ei fyw,
> Fe aeth at Dduw i'r dirgel.

> Yng Ngwynedd, yn ei amser,
> Fe dorrodd drwy orthrymder:
> Fe geir ei weled, ddydd a ddaw,
> I roddi taw ar lawer.

> Dyn dall yn gweled gwyrthiau,
> Dyn tlawd yn llawn caniadau,
> Dyn ar law aswy'r byd yn drist
> Yn cael gan Grist law ddeau.

> Gair Duw oedd felys ganddo
> A hysbys wrth ei gofio,
> Taer enaid gwerthfawr dwys di-ddig
> Heb fawr yn debig iddo.

Dyn taer ymhob daioni,
Dyn doeth ymhob cwmpeini,
A dyn yn mynnu Duw er neb,
Dyn mewn duwioldeb difri'.

Dyn tlawd yn un â'r Arglwydd,
Dyn mewn taer weddi'n ebrwydd,
Dyn yn ei fywyd yn gwelláu
Ac yn ei angau'n ddedwydd.

II

Enghraifft ddiweddarach o'r traddodiad hwn o ganu cerddi coffa i ddynion distadl yw cerdd Rolant Huw o'r Greyenyn i Rys Morus. Y mae hon yn gerdd bur enwog, gan iddi gael ei chynnwys yn *Y Flodeugerdd Gymraeg* a'r *Oxford Book of Welsh Verse*. Bardd o Benllyn oedd Rolant Huw, a bu byw o 1714 hyd 1802. Canai'n bur fedrus ar y mesurau caeth a rhydd ac yr oedd ganddo gryn wybodaeth am y traddodiad barddol. Ond yr unig ddarn o'i waith sydd wedi byw yw 'Marwnad Rhys Morus'.

Ymddangosodd y farwnad gyntaf yn *Blodeugerdd Cymru* Dafydd Jones o Drefriw yn 1759. Y flwyddyn cynt codasai Dafydd Jones y gerdd i gasgliad llawysgrif yr oedd yn ei lunio'n sail i'r llyfr (llsgr. LlGC 9B bellach). Ei theitl yno yw 'Marwnad am Rys Morus ar fesur Ifan Glan Teifi', ac ychwanega Dafydd Jones 'yr oedd yr hen Rys Morus yn 88 pan fu farw ac yr oedd yn union fel y mae'r dyrifau [= penillion] yn dywedyd amdano: yr haf diwethaf [1757] y bu farw [... ac] a gladdwyd yn Llanycil.'

Y tebyg yw mai Eglwyswr defosiynol oedd Rolant Huw pan ganodd y farwnad hon yn 1757, ond erbyn diwedd ei oes y mae tinc lled Fethodistaidd yn ei ganu, i'm clust i o leiaf. Ac nid syn mo hynny. Gwreiddiasai Ymneilltuaeth yn Llanuwchllyn cyn gynhared ag 1737, ac o 1740 ymlaen buasai'r diwygwyr a'r cynghorwyr Methodistaidd yn ymweld â'r ardal. Yn 1791 sefydlwyd seiat Fethodistaidd yn Llanuwch-llyn, yn 1794 daeth George Lewis yn weinidog at Ymneilltuwyr yr Hen Gapel yno, a rhwng 1800 ac 1803 yr oedd hyd yn oed gurad Methodistaidd yn gwasanaethu eglwys y plwyf, sef Simon Lloyd o Blas-yn-dre, Y Bala, cyfaill Thomas Charles. Nid rhyfedd os plygodd Rolant Huw dan y fath ddylanwadau.

Heblaw mynd yn groes i'r traddodiad barddol Cymraeg drwy ganu'n glodforus, fel y gwnaethai Morgan Llwyd yntau, i ŵr distadl, y mae Rolant Huw'n herio'r traddodiad hwnnw'n agored yn ei ddau bennill cyntaf, fel petai mantell Siôn Cent o ddechrau'r bymthegfed ganrif wedi disgyn arno. Y mae gweddill y gerdd, fodd bynnag, yn draddodiadol ddigon (sylwer ar y cyfeiriad at farwoldeb y Brenin Arthur, yn null Wiliam Llŷn, yn y pennill olaf ond un), ond bod ynddi wrthgyferbynnu cyson rhwng tlodi Rhys Morus ar y naill law a'i lawenydd, trwy ras Duw, ar y llaw arall. Fe lwydda Rolant Huw nid yn unig i ddwyn yr hen gardotyn yn fyw o flaen ein llygaid ond hefyd i weld ei fywyd i raddau yng ngoleuni tragwyddoldeb. Nid yw'n gofyn rhai cwestiynau y byddem ni'n debyg o'u gofyn, ond nid yr un yw'r ddeunawfed ganrif â'n canrif ni. Y mae'n trin mesur digon caethiwus gyda hyblygrwydd a medrusrwydd mawr, ar waethaf ambell gaff gwag. Pe clywem y gân yn cael ei chanu ar gainc 'Ifan Glan Teifi', y mae'n siŵr y gwnâi argraff ddyfnach byth arnom. Dyma'n ddiau un o'r anwylaf o fân glasuron yr awen Gymraeg.

> Prydyddion Cymru, paham y cym'rwch
> Y fath oferedd yn ddifyrrwch?
> Sôn am glog a chlytiau lawer,
> Cwd a chod a satsiel leder!
> Gwell ichwi ystyried yn dosturus
> Reswm arall am Rys Morus.
>
> Na ddilëwch dduwiol awen,
> Dawn y Tad ac araith Moesen

(Trwy ddrygioni, gwegi a gogan
Yr aeth y sut yn araith Satan)
A throi allan (wrth ei 'wyllys)
Ryw sŵn mawr am Rysyn Morus.

Yr hwn ni wnaeth na thwyll na gw'radwydd,
Na dim i'w adrodd ond diniweidrwydd,
Y gwyryf hen, heb gyfri ohono,
Ac yn ei henaint, cyn ei huno,
Fe allai lunio o Dduw haelionus
Ras a mawredd i Rys Amhorus.

Tlawd a gwan, heb gael meddiannu
Tŷ nac aelwyd, tân na gwely,
Heb gartre i ddŵad hyd ei ddiwedd,
Y truan gwael heb gael ymgeledd,
Ond Crist ein gwledd oedd dad ymg'leddus
A'r Samariad i Rys Morus.

O ddrws i ddrws yr oedd o'n rhodio
A'i god a'i gyfoeth gydag efo;
Fel aderyn heb lafurio,
Fel Elias heb arlwyo,
Heb eisiau dim, a phwy mor hapus
Yn sir Meirion â Rhys Morus?

Gwan erioed a'i droed heb drydar,
Yn saith oed cyn troedio daear,
Gwan o gorff a gwan o foddion,
Gwan o help a chymorth dynion;
Er hyn ni adawodd Duw daionus
Mo'r eisiau mawr ar Rysyn Morus.

Ac er saled gŵr ei sylwedd,
Wele'r enaid a wêl rinwedd,
A'r corff truan anian unweth,
Ar fyr a alwyd i farwoleth.
Nid rhyfedd farw dyn llafurus
Os marw ydyw Rhysyn Morus!

Gwan a gwych, mewn drych edrychwch!
Nid oes i'w gael mo'r diogelwch:
Ni chadd Arthur a'i fawr wyrthiau
Nawdd i ddiengyd yn nydd angau;
Yr un angau, hyn a ddengys,
Sy yn ymorol Rhysyn Morus.

Clywch a gwelwch Dduw i'ch galw:
Nid oes ymwared ymysg y meirw!
Gan fod yn marw fonedd mawrion,
Etholedig a thylodion,
Ceisiwch dynnu at Dduw daionus
A roes ymwared i Rys Morus.

III

Trown nesaf at englyn, nid anenwog yn ei ddydd, gan neb llai nag
Eben Fardd. Digwydd yr englyn fel a ganlyn yn *Gweithiau Barddonol
Eben Fardd*, t.298:

Beddargraff Cathrin Ellis, Bryncynan Bach;
hen wreigan dlawd, dduwiol

Trwy y niwl Catrin Elis – a ganfu
    Y gwynfyd uchelbris;
    I hon nid oedd un nod is
Na Duw'n Dduw: dyna ddewis!

Fe godwyd yr englyn gan Eifionydd i'w gasgliad tra phoblogaidd
Pigion Englynion fy Ngwlad. Chwerthin yn uchel am ei ben a wnaeth
W. J. Gruffydd yn *Y Llenor* (cyf. 5, t.248), fodd bynnag, a'i gyflwyno
gyda'r sylw: 'Dyma ef [sef Eben Fardd] ar ei waethaf yn y gynghanedd.'
A gresynai Gruffydd yn fawr at ddiffyg chwaeth Eifionydd yn cynnwys
yr englyn yn ei gasgliad. Afraid dweud nad ymddangosodd ym

Mlodeuglwm o Englynion Gruffydd ei hun na, hyd y gwn i, mewn un-rhyw flodeugerdd arall ddiweddarach.

Pwy oedd yn iawn, Gruffydd ynteu Eifionydd? Rhaid cydnabod nad yw'r englyn yn ddi-nam. Y mae'n anodd goddef 'Trwy y niwl' yn lle 'Trwy'r niwl' yn enwedig. Nid yw enwi Catrin Elis yn mennu dim arnom bellach, er bod y peth yn anathema i Ruffydd a oedd yn ddisgybl ffyddlon i Syr John Morris-Jones. Ond tybed a welodd Gruffydd o gwbl addaster gwrthgyferbyniad *niwl* a *gwynfyd* yn y paladr, ac yn ar-bennig ergyd cyrhaeddbell yr esgyll (a gysylltir yn gymen â'r paladr drwy fod *nid* [...] *is* yn cyfeirio'n ôl at *uchel*)?

Y pwynt yw fod Catrin Elis yn mynnu fod y Duw y darllenodd am-dano yn y Beibl ac y clywodd amdano mewn pregethau, yn dod yn Dduw – yn arglwydd absoliwt – mewn gwirionedd yn ei bywyd hi o ddydd i ddydd. A dyna broblem y Cristion ymhob oes: troi damcaniaeth yn ffaith, troi potensial yn realiti, dyfod yr hyn ydym. Fe fynegwyd y gwirionedd oesol hwn yn gofiadwy ym mywyd Catrin Elis, yr hen wreigan dlawd, dduwiol o Fryncynan Bach ger Pontlyfni, ac yn englyn Eben Fardd amdani. Fe welodd Eifionydd hyn. Ef oedd yn iawn, nid Gruffydd.

IV

Enghraifft bur nodedig o ganu cerddi coffa i bobl ddistadl ydyw'r del-yneg ddiymhongar 'Yr Hen Fron'rerw' gan Alafon, gweinidog gyda'r Methodistiaid Calfinaidd yn Neiniolen, Arfon, rhwng 1883 a'i farw yn 1916. Ymddangosodd y delyneg am y tro cyntaf, hyd y gwn i, yng nghas-gliad Alafon, *Cathlau'r Bore a'r Prydnawn* (1912), ac fe'i codwyd oddi yno i'r prif flodeugerddi i gyd: *Blodeugerdd Gymraeg* W. J. Gruffydd, *Oxford Book of Welsh Verse* Thomas Parry a *Blodeugerdd Delynegion* Gwynn ap Gwilym. Ac nid anodd gweld pam: er bod ynddi ddweud rhyddieithol yma ac acw, y mae'r mynegiant at ei gilydd yn gynnil ac yn osgoi gwag deimladrwydd. Canolbwyntir ar yr hyn a nodweddai'r hen dyddynnwr a gwŷr tebyg iddo, a phan gyrhaeddwn ddiwedd y delyneg yr ydym yn ei adnabod ef ac yn adnabod ei deip.

Ond gorchest y gerdd i mi yw'r pedair llinell olaf, sy'n enghraifft iasol o'r ffigur *meiosis* neu leihad: dweud llai nag a olygir er mwyn dwysáu'r argraff ar y darllenydd. Ceir enghraifft drawiadol arall ar ddiwedd hir-a-thoddaid yn awdl farwnad Robert ap Gwilym Ddu i J. R. Jones, Ramoth:

> Diwyredig, da rodiodd – tra fu fyw:
> . Da y gŵyr heddyw'r nod a gyrhaeddodd!

Yn yr enghraifft hon ac yn yr un o delyneg Alafon, llawenydd y nefoedd yw'r mater dan sylw. Y mae hwnnw'n rhywbeth na ellir ei ddisgrifio – yn wir, y mae pob ymgais i'w ddisgrifio'n tueddu i droi'n chwerthinllyd. Gymaint mwy effeithiol yw'r awgrymu cynnil fel a geir gan Robert ap Gwilym Ddu ac Alafon!

Gyda llaw, tyddyn ar lethrau'r Bwlch Mawr ryw filltir a hanner i'r de-ddwyrain o Glynnog Fawr yn Arfon yw Bronyrerw, a roddodd ei lysenw i wrthrych telyneg Alafon. Y mae ryw gwta ddwy filltir a hanner ar draws gwlad o bentref Pant-glas, lle y magwyd Alafon. Bu brwydr dyngedfennol ym Mronyrerw yn 1075, pan orchfygwyd y brenin Gruffudd ap Cynan o Wynedd drwy frad ei wŷr ei hun. Ond nid yw Alafon yn sôn am hynny nac yn malio amdano. Perthynai ei arwr ef i fyd gwahanol iawn i eiddo Gruffudd ap Cynan a'r beirdd a'i molai.

Yr Hen Fron'rerw

> Bychan oedd yr hen Fron'rerw,
>   Eiddil, crwm;
> Cludodd trwy ei fywyd chwerw
>   Faich oedd drwm.
> Dyna'i enw ar ei dyddyn,
>   'Cramen sâl':

Ni fu'r perchen ddiwedd blwyddyn
    Heb ei dâl.

Codi'n fore, gweithiai'n galed
    Hyd yr hwyr;
Ni chadd llawer fwyd cyn saled,
    Nef a'i gŵyr.
Am y rhent a'r mân ofynion
    Cofiai fyth;
Ofnai weld cyn hir 'ryw ddynion'
    Wrth ei nyth.

Ef, o bawb a welai huan
    Mawr y nef,
Oedd y dinod waelaf druan
    Ganddo ef;
Anair i'w anifail roddai
    Yn y ffair:
Pob canmoliaeth a ddiffoddai
    Gyda'i air.

Ar ei gorff 'r oedd ôl y teithio
    Hyd y tir;
Ar ei ddwylo ôl y gweithio,
    Oedd, yn glir.
Iddo beth fuasai fyned
    Môn i Went,
Os y gallai ef, oedd hyned,
    Hel y rhent?

Mynd i'r capel, er y blinder,
    Fynnai ef;
Ac ni chlywid sŵn gerwinder
    Yn ei lef.
Hen bererin hoff Bron'rerw!
    Mae'n beth syn,
Prin mae'n cofio am y berw
    Erbyn hyn.

Robert ap Gwilym Ddu

O bapur Plaid Cymru, *Y Ddraig Goch*, Gorffennaf 1950

C anrif union yn ôl, ym mis Gorffennaf 1850, bu farw Robert ap Gwilym Ddu o Eifion, un o feirdd da dechrau'r bedwaredd ganrif ar bymtheg. Cafodd oes faith. Ganed ef ym mis Rhagfyr 1766, ac felly yr oedd yn 83 oed yn marw. Ef oedd unig fab y Betws Fawr, ffermdy ym mhlwyf Llanystumdwy yn Eifionydd, ac yno y bu fyw, yn ffermio a llenydda, bron hyd ddiwedd ei oes. Priododd pan oedd tua hanner cant oed, a ganed iddo ef a'i wraig Catherine un ferch, Jane Elizabeth, a fu farw o'r darfodedigaeth yn ddwy ar bymtheg oed.

Yr oedd ei deulu'n gefnog ddigon, a chafodd addysg gystal ag y gallai'r gymdogaeth ei chynnig. I'n pwrpas ni, efallai, pwysicach yw'r addysg farddol a gafodd. Ffynnai traddodiad prydyddol cryf yn ei fro – bro Owen Gruffydd (1643–1730), y bardd a'r gwëydd, a William Elias ei ddisgybl, a bro a gynhyrchodd lawer iawn o feirdd tua'r cyfnod hwn. Diau i'r llanc Robert Williams ymglywed â'r traddodiad hwn, a dysgu elfennau cerdd dafod gan y beirdd gwlad a'i cynrychiolai yn ei ddydd ef. Efallai iddo ddefnyddio llyfrau fel *Gramadeg* Siôn Rhydderch (1728) a *Gorchestion Beirdd Cymru (*1773) – detholiad Rhys Jones o'r Blaenau o'r canu clasurol Cymraeg – i roi min ar ei arfau. Mae'n siŵr, hefyd, y bu ymgyfathrachu â gwŷr fel Dafydd Ddu Eryri (1759–1822), ysgolfeistr, bardd, ac athro beirdd, a ddaeth i Lanystumdwy yn 1790 i gadw ysgol, yn gymorth mawr iddo ar ei rawd farddol. Yr oedd Dafydd Ddu yn gynheiliad yr hen draddodiad barddol, a thrwyddo ef yn ôl pob tebyg y cafodd Robert ap Gwilym Ddu wybod am waith a safonau beirniadol Goronwy Owen a'i gylch.

Dafydd Ddu oedd athro beirdd Eifion. Fel cyfaill yn hytrach nag athro yr ystyriai Robert ap Gwilym Ddu ef, ond yr oedd hefyd yn gyfaill i lu o ddisgyblion (neu 'gywion') Dafydd Ddu a drigai o fewn cyrraedd iddo – gwŷr fel Siôn Lleyn, Dewi Wyn o Eifion, Hywel Eryri a Gutyn Peris. Diau i'r trafod cyson ar gelfyddyd barddoniaeth a fu rhwng y gwŷr hyn fod yn ffactor bwysig yn nhwf Robert ap Gwilym Ddu fel bardd. Yn wahanol i'r mwyafrif ohonynt, fodd bynnag, ni chystadlodd ef ond unwaith mewn eisteddfod (ar yr englyn yng Nghaerfyrddin, 1819) a chollodd y tro hwnnw. Da o beth oedd hyn. Golygai o leiaf y gallai ganu ar ei briod destunau ei hunan ac yn ei briod foddau ei hunan. Gallai llyffetheiriau amodau cystadlu'r eisteddfodau fod wedi llethu ei awen.

Beth bynnag am hynny, daeth yn feistr ar ei grefft. Dysgodd ganu â medrusrwydd ar y mesurau caeth a'r mesurau rhydd, a hefyd ar fesurau carolaidd poblogaidd ei gyfnod. Y mae ei iaith yn lân a syml, ac nid oes lawer o ôl dylanwad William Owen-Pughe arni. Medrai gynganeddu'n ymddangosiadol rwydd a diymdrech. Yn wir, fe dry'r rhwyddineb yn or-rwyddineb, a'r symlrwydd yn rhyddiaith noeth weithiau. Yn naturiol ddigon yn y canu carolaidd cymhleth y digwydd hynny fynychaf, ond fe'i gwelir o dro i dro yn ei waith arall hefyd. Yn yr englyn yr ymddisgleiriodd – yn ôl W. J. Gruffydd, ef yw 'perffeithydd yr englyn Cymreig'. Ac nid gormodiaith yw galw rhai o'i englynion yn berffaith. Gweddai'r mesur i'w ddawn, ac y mae ei ymdrechion ynddo gan mwyaf yn gytbwys, yn gynnil, yn llyfn, ac yn drawiadol.

Ystyriwn yn awr i ba amcan y defnyddiodd y feistrolaeth hon ar ei grefft. Yn ystod ei oes daeth dan ddylanwad llawer syniadaeth a llawer cymhelliad ac adlewyrchir hynny yn ei waith. Canodd 'garolau' (sef cerddi wedi eu cyfansoddi ar gyfer ceinciau, â'u llinellau wedi eu cynganeddu) yn null llawer o feirdd y ddeunawfed ganrif (a beirdd Eifionydd yn eu plith). Crefyddol neu gymdeithasol yw eu testunau, ac y mae eu saernïaeth yn fedrus ddigon, er na cheir yn y rhain waith gorau'r bardd. Canodd hefyd awdlau a chywyddau i uchelwyr, megis yr Arglwydd Bulkeley, Baron Hill, a Robert Williams Vaughan, aer Nannau, yn null Beirdd yr Uchelwyr. Ceir ynddynt foli ac olrhain achau ac eidduno'n dda, megis y ceid yn yr hen ganu mawl; ac y mae eu hieithwedd a'u crefft hefyd, i ryw raddau, yn nhraddodiad y canu hwnnw. Yr oedd Goronwy Owen a'i gymheiriaid yn fawr eu parch ganddo, megis gan bawb o'i gyfoeswyr, a gwelir ôl eu dylanwad hwythau ar ei waith. Mynegodd yn eglur yr edmygedd a deimlai tuag at Oronwy yn ei gywydd 'Anerchiad i J. W. Richards, Plas y Brain, ym Môn'. Eithr 'rhamantus' yn hytrach na 'chlasurol' yw'r ymhyfrydu ym mhrydferthwch natur a geir yn y cywydd 'Annerch yr Awen, neu fyfyrdod y bardd wrth Afon Dwyfach'.

Ond fe ymddengys i mi mai yn y cerddi a ganodd i'w gydnabod a'i gyfeillion, ac yn ei ganu crefyddol, y ceir gwaith gorau Robert ap Gwilym Ddu. Gall hynny fod oherwydd mai'r gwrthrychau hyn – Duw, a'r personau a garai – oedd y pethau pwysicaf yn ei olwg, y pethau yr oedd ganddo argyhoeddiad dwys yn eu cylch. Gwyddai ei grefft, ac felly medrai fynegi'r argyhoeddiad hwnnw. A'r cyfuniad hwn o argyhoeddiad a gallu i'w fynegi a'i gwna, fe dybiaf, yn fardd mor nodedig.

Ymysg ei gerddi i'w gyfeillion ceir y ddwy farwnad enwog i J. R. Jones, Ramoth, ac i'w ferch. Nid yw'r gyntaf o'r ddwy cystal â'r ail, ond y mae ynddi ddarnau gwych, megis yr hir-a-thoddaid hwn:

> Abwydau gwaelion byd a ogelodd;
> Mamon annichon, hwn ni chwenychodd!
> Gw'radwydd Iesu drwy gred a ddewisodd,
> Am y dra uchel gamp yr ymdrechodd;
> Diwyredig, da rodiodd – tra fu fyw;
> Da y gŵyr heddyw'r nod a gyrhaeddodd.

Y mae ei farwnad i'w ferch yn fwy cyson ei safon. Efallai mai'r pethau gorau ynddi yw'r ddau englyn adnabyddus hyn:

> Ymholais, crwydrais mewn cri, – och alar!
>   Hir chwiliais amdani;
> Chwilio'r celloedd oedd eiddi,
> A chwilio heb ei chael hi.

> Och! arw sôn, ni cheir seinio – un mesur
>   Na musig pïano;
>   Mae'r gerdd annwyl yn wylo,
>   A'r llaw wen dan grawen gro.

Ceir darnau da hefyd mewn llawer cerdd arall o'i eiddo i'w gydnabod, megis cywydd 'Coffadwriaeth am Mrs Anne Evans', 'Cywydd Dyhuddiant i Ddafydd Ddu Eryri' ac englynion 'Coffadwriaeth am […] Dewi Wyn o Eifion'.

Bedyddiwr oedd Robert ap Gwilym Ddu o ran argyhoeddiad (yng Nghapel y Beirdd yn Eifionydd y gwrandawai), ond ni chymerodd ei fedyddio erioed. Fodd bynnag, ni cheir tinc amheuaeth yn ei ganu crefyddol: y mae nodyn profiad cywir o ras Duw i'w ganfod ynddynt, ac y mae eu hathrawiaeth yn gadarn ac yn uniongred. Dylanwadodd emynau'r Diwygiad Methodistaidd arno, ond bod ei emynau ef yn llai eu hangerdd efallai, ac yn fwy gofalus eu saernïaeth. Yr enwocaf ohonynt yw 'Mae'r gwaed a redodd ar y groes', ac y mae'n haeddu ei enwogrwydd. Ond y mae ganddo rai eraill da nad ydynt mor enwog, megis 'Nef yw i'm henaid ym mhob man' a'r emyn hwnnw ar 'Atgyfodiad y Saint' sy'n dechrau fel hyn:

> Cysegra ni â'th Ysbryd Glân,
>   Dod dduwiol anian ynom;
>   Ac yn dy wyddfod, ar dy wedd,
>   Tu draw i'r bedd y byddom.

Eithr er cystal yw ei emynau, tybiaf fod ei englynion yn rhagori. Y mae dau englyn olaf y gyfres 'Englynion Moesol a Diniwed' yn glasuron bellach, ond fe dalant eu hail-ddyfynnu:

> Myned sydd raid i minnau – drwy wendid,
>   I'r undaith â'm tadau;
>   Mae 'mlinion, hwyrion oriau,
>   A'm nos hir yn ymnesáu.

> Henffych wlad i rad rodio, – a mwynaf
> Man i gael gorffwyso;
> Blinder, gorthrymder, na thro,
> Ni bydd un, na bedd yno.

Englyn mawr arall yw hwn, o gyfres 'Swydd y Lefiaid':

> Yn lle eidionau, llu dinerth, – ac ŵyn
> Yn gannoedd anghydwerth,
> Dyma ben ar bob aberth,
> A dyma waed mwy ei werth.

Ac y mae'r un a anfonodd at ei gyfaill Dewi Wyn pan oedd dan brudd-glwyf crefyddol yn teilyngu cael ei osod yn yr un dosbarth. Dyma englyn Dewi Wyn:

> Ys arweiniais ar unwaith – oes Esau,
> A Belsassar ddiffaith,
> Ac i Demas cydymaith – wyf hafal
> I Saul a Nabal, dan sêl anobaith.

A dyma ateb Robert ap Gwilym Ddu:

> Er cwyno lawer canwaith, – a gweled
> Twyll y galon ddiffaith,
> Ni fyn Duw, o fewn y daith,
> Droi neb i dir anobaith.

Sylwer ar gynildeb ac eglurder y mynegiant, ar feistrolaeth fawr y bardd ar y ffurf, ac ar y ffordd y defnyddia'r gynghanedd i wneuthur yn amlycach ergyd yr englyn yn y llinell ddiwethaf. Sylwer hefyd ar yr argyhoeddiad llwyr am ddyfnder trugaredd Duw sydd y tu ôl i'r hyn a ddywedir. Nid oes angen ymfflamychu – digon yw traethu'n dawel.

Pe buasai gan fwyafrif mawr beirdd y bedwaredd ganrif ar bymtheg yr un ymdeimlad â thraddodiad barddol y genedl, yr un ddisgyblaeth, yr un chwaeth sicr ag oedd gan y bardd hwn, a phed ymgadwasent fel y gwnaeth ef rhag ymroi i gystadlu dan amodau a fygai eu dawn, odid na fuasai'r ganrif honno yn un o gyfnodau disgleiriaf barddoniaeth Gymraeg.

Eben Fardd ar ffordd y pererinion

Ysgrif-adolygiad ar y gyfrol *Detholion o Ddyddiadur Eben Fardd*,
gol. E. G. Millward (Caerdydd: Gwasg Prifysgol Cymru, 1968).
Fe'i cyhoeddwyd yn *Y Cylchgrawn Efengylaidd*, Hydref/Tachwedd 1968.

Wrth droi at ddyddiadur Eben Fardd (y mae Gwasg Prifysgol Cymru newydd gyhoeddi detholiad da ohono dan olygyddiaeth Mr E. G. Millward), naturiol fuasai disgwyl gweld llawer o sôn am feirdd a barddoniaeth ac eisteddfodau a phynciau o'r fath. Wedi'r cwbl, Eben Fardd oedd un o feirdd eisteddfodol enwocaf hanner cyntaf y bedwaredd ganrif ar bymtheg. Enillodd Gadair Eisteddfod Powys gyda'i awdl 'Dinistr Jerusalem' yn 1824, pan nad oedd ond un ar hugain oed, a bu'n cystadlu'n ddiwyd – er nad yn llwyddiannus bob tro – o'r flwyddyn honno hyd ychydig fisoedd cyn ei farw yn 1863. Anwastad oedd ei waith, fel gwaith bron bob un o lenorion amlwg y bedwaredd ganrif ar bymtheg, ond ystyrir ef o hyd yn well bardd nag odid neb o'i gyfoeswyr.

Ac eto, nid dyddiadur bardd yn bennaf mo'i ddyddiadur, er y ceir sôn am farddoniaeth ynddo, yn gymysg â llawer o sôn am fywyd beunyddiol Eben Fardd fel ysgolfeistr a rhwymwr llyfrau a siopwr, ac yn arbennig fel penteulu. Yn ei hanfod, dyddiadur ysbrydol ydyw, yn llinach dyddiaduron enwog y Tadau Methodistaidd a Phiwritanaidd, er ar raddfa lai na'r rhan fwyaf o'r rheini. Prif amcan y dyddiadur yw cronicio hynt a helynt ysbrydol Eben Fardd, ei gyflwr gerbron Duw o ddydd i ddydd ac o flwyddyn i flwyddyn. Ac o ddarllen y dyddiadur yn fanwl, nid yw'n anodd o gwbl olrhain y prif gamre yng ngyrfa ysbrydol ei awdur.

Cafodd fagwraeth dra chrefyddol gan ei dad a'i fam yn Llangybi. Yr oedd ei fam, yn arbennig, yn wraig nodedig o dduwiol. Yn wyth neu naw mlwydd oed ymunodd Eben Fardd ag eglwys y Methodistiaid yn

Ysgoldy, a glynodd wrthi am ddeuddeng mlynedd. Yn 1821 bu farw
ei fam, a thua'r un adeg daeth yntau'n ymwybodol iawn o ddeniadau
cnawd a byd, 'cwpan feddwol pleserau ieuenctid ac atyniad synhwyrus
y byd hwn' yn ei eiriau ef ei hun (yn Saesneg y sgrifennai ei ddyddiadur,
gyda llaw, ac felly cyfieithir y rhannau ohono a ddyfynnir yma). Fodd
bynnag, glynodd wrth ei broffes am ryw ddeunaw mis, ond yn
Nhachwedd 1822 ymadawodd â'r eglwys ac ymroi'n ddiymatal i
'chwantau ieuenctid' – neu felly y gwelai ef y cyfnod hwn yn ei fywyd
wrth edrych yn ôl arno rai blynyddoedd yn ddiweddarach. Ymhen
rhyw bum mlynedd daeth i Glynnog i gadw ysgol, a'i ryfyg bellach yn
dechrau arafu. Yn 1830 priododd ferch o Glynnog a dechrau codi
teulu ac ymbarchuso, ond yn fuan wedyn fe'i denwyd gan ysgrifeniadau'r
rhesymolwyr Ffrengig a Seisnig (enwa Paine, Meslier, Byron a Volney)
a bu bron iddo â throi'n rhesymolwr rhonc ei hun – temtasiwn barod
i ŵr o'i gyneddfau cryfion ef. Sut bynnag, aeth y chwiw hon heibio
ymhen rhyw dair neu bedair blynedd, a dechreuodd yntau deimlo
awydd i ddychwelyd at y Methodistiaid. Yn ystod haf 1839, crisialodd
yr awydd hwn yn argyhoeddiad dwys. Aeth mor bell ar 4 Gorffennaf
â thynnu allan gyfamod ffurfiol yn ei gyflwyno'i hun i Grist ac addunedu
i'w ddilyn. Ond parhau a wnaeth ei anesmwythyd.

Fel hyn y sgrifennodd Eben Fardd yn ei ddyddiadur ar gyfer dydd
Mawrth, 16 Gorffennaf 1839:

Rhyw bythefnos neu dair wythnos yn ôl teimlais law gref yn
ymaflyd â mi. Ac yn awr yr wyf yn teimlo ar adegau anferthwch
fy mhechod, fy mywyd ffiaidd, f'ymadawiad llwfr â phobl Dduw,
yn pwyso arnaf fel mynyddoedd; ac y mae rhyw eiriau o air Duw
fel pe baent yn fy rhwymo draed a dwylo, fel na allaf syflyd bellach
i wneuthur camwedd yn erbyn y Jehofa cyfiawn a sanctaidd.
Dyma'r geiriau: *'Na thwyller chwi; ni watwerir Duw: canys beth
bynnag a heuo dyn, hynny hefyd a fed efe.'* Erbyn hyn yr wyf yn
teimlo na allaf wneud dim ohonof fy hun, ond yr wyf yn gobeithio
nad yw Duw wedi fy rhoi i fyny i ddistryw, er i mi ei herio fel y
gwneuthum, ac yr wyf yn gweddïo y bydd i allu mawr ei Ysbryd
weithio ynof bopeth sy'n angenrheidiol i'm cymodi ag Ef ac i'w

wasanaethu o'r awr hon hyd byth. Yr wyf yn addunedu na throf
oddi wrtho mwyach, a *'phe lladdai Efe fi, eto mi a obeithiaf ynddo
Ef'*. Trugarha wrthyf, O Dduw, er mwyn Iesu.

Y Sul canlynol, 21 Gorffennaf, yr oedd o hyd yn drwm dan ar-
gyhoeddiad. 'Yr wyf yn teimlo tristwch am fy mhechod, ac yn awr y
mae'n dywyll yn wir. Gartref ar fy mhen fy hun yn y prynhawn, fe
ddarllenais y Beibl a gweddïo'n daer a di-ildio ar i'r Ysbryd Glân
weithio yn fy enaid. Ond parhau a wnâi'r tywyllwch.' Y bore wedyn
daeth i'w feddwl yr adnodau dychrynllyd o'r Llythyr at yr Hebreaid
(6:4–6, 10:25–29) sy'n bygwth barn ddidostur ar wrthgilwyr, ac ofnai
ei fod yntau y tu hwnt i drugaredd – ond eto nid oedd yn fodlon ymoll-
wng i anobaith llwyr. Ar y ddydd Iau bu bron iddo â mynd i gyfarfod
eglwys y Methodistiaid yn y Gyrn Goch i'w gynnig ei hun yn aelod
drachefn, ond methu â wnaeth, ac anfon ei wraig yn ei le. Ymhen yr
wythnos, fodd bynnag, ar 1 Awst 1839, aeth yno ei hun a chafodd
groeso hael ar waethaf ei holl ofnau:

> Meddyliwn amdanaf fy hun fel drwgweithredwr gerbron y fainc
> heb allu codi fy mhen, fel gwrthgiliwr llwfr o rengoedd byddin
> Crist wedi ei ddal a'i ddwyn yn ôl gan yr Ysbryd Glân â chleddyf
> ei enau. Bron na ddisgwyliwn i'r ddedfryd fynd yn f'erbyn, a
> minnau'n cael fy nghau allan o'r rhengoedd am byth! Ond drwy
> drugaredd Duw, fe'm derbyniwyd i'r Tŷ, a chefais fy nghysuro
> a'm rhybuddio yn dyner a chariadus.

Yr oedd traed Eben Fardd unwaith eto wedi eu gosod ar y graig.

Digon anhwylus fu ei gerddediad am beth amser, fodd bynnag, a
gellir gweld yn ei ddyddiadur arwyddion o'r dynfa fewnol rhwng yr
hen fywyd a'r newydd. Crybwyllir aml i fethiant ac aml i bwl o ddigal-
ondid. Yn ddiweddarach yr oedd Eben Fardd i briodoli'r cloffni hwn
i ormod ymboeni ynghylch ei awdl ar 'Gystuddiau, Amynedd ac Ad-
feriad Job' a enillodd iddo Gadair Eisteddfod Lerpwl ym mis Mehefin
1840. Sonnir am hyn mewn cofnod maith a phwysig ar gyfer dydd
Sul, 27 Medi 1840, cofnod sy'n adrodd hanes y waredigaeth o'r
claerni ysbrydol a oedd wedi ei oddiweddyd:

Am rai wythnosau [ar ôl ailymuno â'r Methodistiaid yn Awst 1839] teimlwn fy mod wedi ymroi'n llwyr i wasanaethu'r Iesu am byth. Yn fuan, fodd bynnag, digwyddodd rhywbeth a dynnodd fy sylw yn rhannol, bob yn dipyn, oddi wrth fy nyletswyddau crefyddol (hynny yw, awdl Job). Hawliodd hon fy meddwl mor llwyr am rai misoedd fel y teimlwn fy hun yn ymollwng mewn crefydd, a chefais fy ngharío ganddi mor bell oddi wrth lwybr dyledus cymundeb â Duw a dibyniaeth ar Grist fel nad oeddwn am fisoedd lawer wedi hyn ond disgybl difater iawn a Christion llugoer. Dechreuodd fy nghalon lygredig ymnerthu, ac yr oedd y diafol yn gweld ei gyfle ac ar fin rhoi codwm arall imi i ganol cors ffurfioldeb a rhagrith ac oddi yno i amheuaeth a difrawder llwyr. Ond tua dechrau'r mis hwn, fis Medi bendigedig 1840, ryw flwyddyn a mis ar ôl fy nhröedigaeth, clywais y Parchedig John Elias yn pregethu ym Mrynaerau ar ffydd, ar ras ffydd, ymarfer ffydd, ffrwythau ffydd a llwyr angenrheidrwydd ffydd, etc., etc. Daliodd hyn fi, a'm dwyn yn ôl i'm hiawn bwyll. Ar y cyntaf yr hyn a'm trawai oedd fy niffyg ffydd llwyr, ac yr oedd yn amlwg mai hyn oedd achos fy holl anffrwythlonder crefyddol. Yr oeddwn yn ddigalon iawn ac ar fin anobeithio, ond fe weddïais am ffydd, fe blediais mai rhodd Duw ydoedd, ac fe ddeisyfais arno ganiatáu y rhodd werthfawr hon i mi. Clywais gyfres o bregethau wedyn ar yr un pwnc, a chredaf yn sicr mai dyma lais Duw yn galw arnaf i fyw ac i ymarfer y peth hwn sy'n sylfaenol i'r bywyd Cristnogol [...]

Yn awr yr wyf yn gobeithio, neu'n hytrach yn credu'n wir, fod Duw yn ei drugaredd wedi rhoi imi ffydd, a'i fod wedi bendithio ei Air, y pregethau a'r ymddiddan, a hefyd rai llyfrau da ar yr un pwnc, i fod yn gyfrwng i'm dwyn i weddïo'n ddwys am y gras hwn, ac i weld ei werth fel holl rym ac egni buchedd dduwiol a sanctaidd. Ac er mai ychydig efallai o'r gras hwn a feddaf hyd yn hyn, eto yr wyf yn gwbl hyderus fod yr hwn a ddechreuodd y gwaith da yn abl i'w orffen, ac yn sicr o wneud hynny, er ei ogoniant ei hun ac er iachawdwriaeth f'enaid; a'm gweddi daer yw, 'Arglwydd, anghwanega fy ffydd i.' Bob dydd a phob nos, a phob awr hefyd, yr wyf yn teimlo fod rhaid imi fyw'n ysbrydol yng Nghrist, a bod a'm llwyr ddibyniaeth arno am ras yn gymorth cyfamserol i'w ddilyn yn ostyngedig ac yn ddiffuant. Oherwydd yr wyf yn gobeithio fy mod yn greadur newydd ynddo Ef, a bod yr hen bethau wedi myned heibio am byth. Eto rhaid imi edrych tuag ato am ras bob amser neu fe syrthiaf ymaith, oblegid hebddo Ef ni allaf fi wneuthur dim.

Ar ôl yr ail argyfwng hwn ym mis Medi 1840 daw mwy o wastadrwydd a dwyster i gerddediad ysbrydol Eben Fardd – er nad yw'n mynd yn fymryn llai dynol, a barnu oddi wrth dystiolaeth y dyddiadur. Cyn bo hir etholwyd ef yn flaenor yn y Gyrn Goch, ac yr oedd yn un o sylfaenwyr y Capel Newydd yng Nghlynnog. 'Ystyrid ef yn dywysog, a chymerid ef yn esiampl i'w dilyn. A'r rhai mwyaf cydnabyddus ag ef oedd â meddwl uchaf amdano', meddai Dafydd Jones, Treborth, ar ôl ei farw. Eithr er i Eben Fardd dyfu'n arweinydd ymhlith Methodistiaid ei fro, ni chollodd erioed y gallu i weld diffygion yn ogystal â rhagoriaethau'r Cyfundeb y perthynai iddo – efallai am iddo fedru ymhoffi yn ogystal mewn cymdeithasau eglwysig mor wahanol â Brodyr Plymouth ar y naill law ac Eglwys Loegr ar y llaw arall. Er enghraifft, yr oedd yn amheus hyd y diwedd o'r pwyslais eithafol ar lwyrymwrthod, serch ei fod yn gwybod yn iawn mai goryfed oedd ei wendid pennaf ef ei hun am gyfran go faith o'i oes. Gallai fod yn feirniadol iawn o'r Cyfarfod Misol hefyd, a'r cyfle a rôi i ymddyrchafu dynol ac i anghariad. A chasâi'r cyfarfodydd pregethu ynglŷn â'r Sasiynau am nad oedd yn credu fod y torfeydd annosbarthus a dyrrai iddynt yn derbyn unrhyw wir les. Rhyfedd sut y rhoddodd ei fys ar rai o wendidau arhosol ei Gyfundeb yn y bedwaredd ganrif ar bymtheg hyd yn oed cyn i hwnnw dyfu i'w lawn fri!

Caled fu diwedd y daith i Eben Fardd. Rhwng 1855 ac 1861 collodd ei wraig a thri o'i bedwar plentyn, ond tystir amdano na wnaeth y profedigaethau hyn ond 'nefoleiddio ei ysbryd, gan ei ddiddyfnu o'r byd hwn, a'i aeddfedu i fyned i fyw mewn gwlad well'. Eisoes yn 1856, ac yntau newydd benderfynu cyfyngu ar ei weithgareddau llenyddol cyhoeddus, soniasai yn fodlon ddigon am ddiwedd einioes yn nesáu: 'Mae'n ymddangos fod y bywyd bach a fu er 1824 yn graddol ymagor, gan ddwyn blagur a ffrwyth llenyddol, bellach, yn 1856, yn culhau ac

ymgrebachu a disgyn yn aeddfed a melys i'r ddaear honno o enciliad
diniwed a thawel a mwynhad syml y tarddodd ohoni; nes troi cyn bo
hir yn llawenydd a dedwyddwch a chymdeithas nefolaidd ddiderfyn â
chymdeithion yn yr ysbryd.' Bu farw 17 Chwefror 1863, a'i gladdu
ger eglwys Beuno yng Nghlynnog.

Bonheddwr mawr o'r Bala

Adolygiad ar gyfrol Trebor Lloyd Evans, *Lewis Edwards, ei Fywyd a'i Waith* (Abertawe: Gwasg John Penry, 1967). Fe'i cyhoeddwyd yn *Y Cylchgrawn Efengylaidd*, Rhagfyr 1967/Ionawr 1968.

Rhyw ddeunaw mis yn ôl fe groesawyd yn y golofn hon gyfrol nodedig ar hanes crefydd yng Nghymru o Wasg John Penry, sef *Hanes Annibynwyr Cymru* gan y Prifathro R. Tudur Jones. Pleser y tro hwn yw croesawu cyfrol bwysig arall yn yr un maes o'r un wasg: cofiant i'r Prifathro Lewis Edwards, Y Bala, o waith y Parch. Trebor Lloyd Evans, Ysgrifennydd Undeb yr Annibynwyr. Gan i mi dreulio cyfran o'm bachgendod ym Mhen-llwyn, lle y gwelid aelodau o deulu Lewis Edwards bob Sul yn y capel (a cherflun ohono yntau y tu allan), naturiol i mi oedd ymddiddori'n arbennig yn hanes ei ddyddiau a'i addysg gynnar yn yr ardal lednais honno. Ond, wrth gwrs, pwysicach o lawer, o safbwynt hanes crefydd, yw disgrifiad Mr Evans o ymgais ddygn a llwyddiannus ei wrthrych i ennill addysg a gradd prifysgol yn Llundain a Chaeredin, ac yna ei waith yn sefydlu Athrofa'r Bala a theyrnasu ar y sefydliad hwnnw am hanner canrif gron (1837–87).

Nid oes amheuaeth o gwbl am fawredd cyfraniad Lewis Edwards i fywyd y genedl, ac yn arbennig i Gyfundeb y Methodistiaid Calfinaidd. Heblaw addysgu pregethwyr y Cyfundeb hwnnw am hanner can mlynedd, gwnaeth lawer i gywreinio ei drefn gan amddiffyn egwyddor presbyteriaeth, cymeradwyo'r fugeiliaeth sefydlog (a chronfa i'w chynnal), ac argymell sefydlu Cymanfa Gyffredinol – ef hefyd oedd prif ladmerydd yr Achosion Saesneg bondigrybwyll. Yn ogystal sefydlodd gylchgrawn Cymraeg pwysica'r ganrif, *Y Traethodydd*, yn 1845 a'i olygu am ddeng mlynedd. Ac ysgrifennodd amryw o lyfrau a thraethodau sylweddol ar ddiwinyddiaeth, athroniaeth a llenyddiaeth: tebyg mai ei lyfr ar *Athrawiaeth yr Iawn* (1860) yw ei waith enwocaf, ond deil Mr

Evans fod y 'Traethawd ar Hanes Diwinyddiaeth', a gyhoeddodd fel rhagarweiniad i bedwerydd argraffiad *Drych Ysgrythurol* y Dr George Lewis, yn rhagori ar ddim byd arall a wnaeth.

Eithr er cydnabod mawredd diamheuol Lewis Edwards, rhaid cyfaddef nad er lles i gyd y bu ei ddylanwad. Er iddo ef bara'n ffyddlon i'r ffydd uniongred, eto mabwysiadodd egwyddor sylfaenol athroniaeth Hegel yn ei draethawd ar 'Gysondeb y Ffydd', ac yn nwylo ei ddisgyblion (gan gynnwys ei fab, y Prifathro Thomas Charles Edwards) fe araf lyncwyd Cristnogaeth gan Hegeliaeth – ac wrth ei ddisgyblion, wedi'r cwbl, yr adwaenir athro. Ynghyd â'r duedd hon tuag at anuniongrededd diwinyddol, gwelir tuedd gyfochrog tuag at orddeallusrwydd wrth bregethu. Unwaith yn rhagor, yr oedd Lewis Edwards ei hun yn rhydd o'r camwedd ond nid felly ei ddisgyblion. Gallai Thomas Bartley ddeall pob gair o bregeth y Prifathro, ond am y bachgen a fuasai yn ei goleg am dair blynedd, 'faswn i yn 'y myw las yn gneud na rhych na gwellt ohono fo; 'r oedd o yn sôn am rw "olwynieth" ne "unolieth" ne rwbeth, a fedrwn i neud na rhawn na bwgan ohono' – hynny yw, yr oedd yn ôl pob tebyg yn pregethu athroniaeth Hegel. Ac, wrth gwrs, dyna snobyddiaeth Seisnig hysbys Lewis Edwards, a fflangellwyd mor ddi-dderbyn-wyneb gan Emrys ap Iwan: er mai'r Cymry Cymraeg a wasanaethodd Lewis Edwards drwy gydol ei oes, ni bu heb ofidio am hynny ar brydiau, ac anogai ei fab hynaf a'i ddisgyblion gorau i fynd at y Saeson neu at yr achosion Saesneg yng Nghymru. Nid yw'n anodd o gwbl esbonio'r tueddiadau niweidiol hyn yn nhermau hinsawdd meddyliol y cyfnod ac yng ngoleuni cymeriad Lewis Edwards ei hun – gŵr a chanddo gyneddfau ysgolhaig ynghyd â chwaeth uchelwr wedi ei eni i deulu nad oedd yn arbennig o gefnog ac i gymdeithas grefyddol gymharol ddistadl a dirmygedig. Ond trueni na allodd wrthsefyll i fwy graddau nag a wnaeth rai o dynfâu meddyliol ei oes, a thrueni iddo osod ei ymgais lwyddiannus ef ei hun i ymgyrraedd at barchusrwydd cymdeithasol yn batrwm i bregethwyr y Methodistiaid yn gyffredinol. Gwrandewch ar Mr Evans yn crynhoi rhan o safbwynt y Prifathro: 'Yr oedd dyfodol y Methodistiaid Calfinaidd yn dibynnu ar gael nifer dda o ddynion Rhydychen a Chaergrawnt ymhlith eu pregethwyr. Dyna'r ffordd i ennill ac i gadw "y bobl fawr" a phlant y cyfoethogion yn deyrngar i'r Cyfundeb.' Beth yn y byd mawr sy a wnelo hyn â Christ?

Ysgrifennodd Mr Evans lyfr sylweddol a diddorol dros ben. Yn wir, teimlir y gallasai'n hawdd fod wedi sgrifennu tair cyfrol o leiaf petasai wedi dymuno. Mae'r adran gofiannol, a'r ymdriniaeth â gweithgarwch cyfundebol Lewis Edwards, yn arbennig o dda. Bydd rhai o ddarllenwyr *Y Cylchgrawn Efengylaidd* yn adweithio yn erbyn tuedd wrth-Galfinaidd yr adran ar 'Ledu'r pyrth diwinyddol', ond hawdd yw disgowntio'r duedd hon ac y mae'r adran yn llawn o ddefnyddiau hynod arwyddocaol. Rhwng popeth, rhaid diolch yn gynnes i Mr Evans am gyfraniad tra gwerthfawr i hanes Cymru yn y bedwared ganrif ar bymtheg, ac yn arbennig i hanes ei chrefydd.

Henry Rees a Daniel Owen

Erthygl a gyhoeddwyd yn *Y Faner,* 18 Ebrill 1980, yn seiliedig ar rannau o Bumed Ddarlith Goffa Daniel Owen (a draddodwyd yng Nghapel Bethesda, Yr Wyddgrug, 24 Hydref 1979). Cyhoeddwyd y ddarlith yn llyfryn dan y teitl *Daniel Owen a Phregethu* gan Bwyllgor Ystafell Goffa Daniel Owen, Yr Wyddgrug, yn 1980.

Bu Henry Rees (1798–1869) yn rheng flaenaf pregethwyr Cymru am hanner canrif gron, o ddiwedd 1818 hyd ei farw ganol Chwefror 1869. Amdano ef y dywedodd Owen Thomas, ar ddechrau'r un tudalen ar bymtheg a sgrifennodd amdano ym mhennod olaf enwog *Cofiant y Parchedig John Jones, Talsarn* (1874): 'Yn Henry Rees y cyrhaeddodd y pulpud, yn ein bryd ni, y perffeithrwydd uchaf a gyrhaeddwyd ganddo erioed yn ein gwlad.' Heblaw bod yn bregethwr mawr ei hun, yr oedd Owen Thomas yn gwybod mwy na neb byw am hynt a helynt y pulpud Cymreig yn ystod y bedwaredd ganrif ar bymtheg, ac amhosibl peidio â pharchu ei farn.

Un mlynedd ar bymtheg wedi llunio'r cofiant i John Jones, cyhoeddodd Owen Thomas yr ail o'i fywgraffiadau mawr, *Cofiant y Parchedig Henry Rees.* Yn hwn aeth yr un tudalen ar bymtheg a luniasai yn 1874 yn un cant ar ddeg o dudalennau a mwy. Ynddynt disgrifia Owen Thomas lafur diflino ei wrthrych, nid yn unig gartref yn Lerpwl (o 1836 ymlaen) ond hefyd yn gwasanaethu eglwysi'r Methodistiaid Calfinaidd ar hyd a lled Cymru. Mis Mehefin 1864 yr oedd ar Fethodistiaid yr Wyddgrug eisiau dathlu codi capel newydd hardd, a gwahoddwyd Henry Rees i'r gwasanaethau agoriadol. Cynnil ond awgrymog yw cofnod Owen Thomas am y digwyddiad: 'Cafodd gyfarfod neilltuol iawn ar Agoriad Capel newydd yn y Wyddgrug, y Mercher a'r Iau, Mehefin 22, 23, pryd y pregethodd ddwywaith.'

Un o'i wrandawyr yn y 'cyfarfod neilltuol iawn' oedd Daniel Owen, yn deiliwr wyth ar hugain oed. Cawsai dröedigaeth yn Niwygiad 1859 ac efallai ei fod eisoes â'i fryd ar bregethu. Gwnaeth pregethau Henry Rees argraff annileadwy arno. Fel hyn yr adroddodd yr hanes wrth William Hobley, pan oedd hwnnw'n weinidog ym Mwcle rhwng 1882 ac 1893:

> Y tro y clywais i o yn ei fan uchaf oedd ar agoriad y capel yma, ar y testun 'Wele fi yn creu nefoedd newydd a daear newydd' [sef Eseia 65:17; ond ar Titus 1:1–4 a Hebreaid 10:19–22 y pregethodd Henry Rees yn yr Wyddgrug yn ôl *Y Drysorfa*, Awst 1864, tt.299–300]. Yr oedd y gynulleidfa'n gwrando o'r dechrau mewn distawrwydd llethol, a'r meddyliau'n tywallt allan yn ddiddiwedd, *tramp, tramp*. Ond oddeutu rhyw ugain munud cyn y diwedd dechreuodd ei wyneb wynnu ac yn y man dywynnu a goleuo, a daeth rhyw ddistawrwydd arall i'r lle, dyfnach nag o'r blaen. Yr oedd fel pe buasai'r llen wedi ei symud oddi ar wyneb y byd ysbrydol.

Yn 1892, dair blynedd cyn ei farw, fe fynnodd Daniel Owen gofio drachefn yr oedfaon hynod hynny, mewn llythyr nodedig i'r *Cymro* yn beirniadu'r pregethau a glywai o'r pulpud y dwthwn hwnnw:

> Gyda hiraeth mi a welaf Henry Rees yn y flwyddyn 1864 yn sefyll ynghanol y pulpud a dwy aber o chwys yn rhedeg i lawr ei gernau glân a phrydferth, yn edrych o gwmpas â thragwyddoldeb yn fyw yn ei lygaid tanbaid: 'Bechadur annwyl,' ebai ef, 'wyt ti'n meddwl mai er mwyn y cyflog y dois i yma? Os felly, gwae fi! Wyt ti'n meddwl mai i dy *entertainio* – i dy ddifyrru – y dois i yma? Mae tragwyddoldeb yn rhy agos i ryw waith felly! Na, dŵad yma ddaru mi, Duw a ŵyr, i dreio dy berswadio di i gredu yng Nghrist. Ac mi elli, yn y sêt, rŵan, yn dy lygredigaeth, yn dy fudreddi, roi mwy o ogoniant i Dduw nag a fedraset ti bytase ti 'rioed heb bechu!'

Fel y soniwyd yn barod, y tebyg yw fod Daniel Owen eisoes â'i fryd ar bregethu pan glywodd Henry Rees yn yr Wyddgrug, 22–23 Mehefin 1864. O leiaf fe sonnir yng nghofnodion Cyfarfod Misol Sir Fflint, 30–31 Mai 1864, 'fod dau ymgeisydd am y weinidogaeth yn Wyddgrug' (llsgr. LlGC, CMA 27478, t.212, a'r *Drysorfa*, 18, t.269), ac y mae'n fwy na thebyg mai Daniel Owen ac Ellis Edwards – a fu'n ddiweddarach yn Brifathro Coleg y Bala – oeddynt. Ond y mae'n annichon na fu i bregethu nerthol Henry Rees ei gadarnhau yn ei benderfyniad i fynd yn bregethwr a hwylio ei gerddediad, ymhen y flwyddyn, i Goleg y Bala. Fe fu i'r penderfyniad hwnnw ran ffurfiannol bwysig nid yn unig yn nhwf ei feddwl ond hefyd yn ei ddatblygiad fel nofelydd.

Dymunaf ddiolch i'm cyd-weithwyr yn y Llyfrgell Genedlaethol, Miss Rhiannon Francis Roberts a Mr Iwan Meical Jones, am eu help gyda'r nodyn hwn. – R.G.G.

Daniel Owen: pregethwr rhwystredig?

O'r *Cylchgrawn Efengylaidd,* Haf 1991

Bu'r Wyddgrug yn gartref i amryw o lenorion a llenoresau o faintioli, ond y mae un ohonynt yn sefyll ben ac ysgwydd uwchlaw'r lleill, a hwnnw yw Daniel Owen. Yn yr Wyddgrug y ganed ef (yn 1836) ac yno y bu farw (yn 1895). Yn wir ni threuliodd i ffwrdd o'r Wyddgrug ond y ddwy flynedd a hanner prin y bu'n astudio yng Ngholeg y Bala.

Fel nofelydd y cofir ef, wrth reswm, ac yn enwedig fel awdur *Rhys Lewis* (1885), *Enoc Huws* (1891) a *Gwen Tomos* (1894). Y mae i bob un o'r tair nofel hyn ddiffygion amlwg o ran eu crefft, ond y mae ynddynt hefyd fywyd, sy'n bwysicach o lawer na'u diffygion, ac sydd yn peri mai Daniel Owen o hyd yw'r peth tebycaf i nofelydd mawr a gafodd y Gymru Gymraeg hyd yn hyn. Y mae llyfr Dr Ioan Williams, *Capel a Chomin* (1989), yn arweiniad ardderchog i'w waith (er nad wyf yn siŵr eto a wyf yn cytuno â phopeth a ddywed!).

Efallai nad yw'n hysbys i bawb fod Daniel Owen, yn ogystal â bod yn nofelydd, hefyd yn bregethwr. Dechreuodd bregethu tua 1864, pan oedd yn wyth ar hugain oed, a'r flwyddyn ddilynol aeth i Goleg y Bala i dderbyn addysg ar gyfer y weinidogaeth. Aeth yno gyda'i gyfaill ifanc Ellis Edwards, mab ei weinidog y Parch. Roger Edwards. Cyn diwedd ei oes byddai Ellis Edwards yn Brifathro Coleg y Bala. Nid ymddisgleiriodd Daniel Owen yno, fodd bynnag, a daeth oddi yno wedi dwy flynedd a hanner oherwydd fod ei frawd Dafydd wedi priodi'n annisgwyl a bwrw gofal ei fam a'i chwaer ar Daniel: awgrymwyd gan lawer ei fod yn falch o'r cyfle i ddychwelyd adref gan ei fod yn ansicr erbyn hynny o'i alwad i'r weinidogaeth. Sut bynnag, cafodd ei hen waith fel teiliwr yn ôl a chyn hir cododd ei fusnes bychan – digon llewyrchus – ei hun.

Ond ni roddodd y gorau i bregethu, ac am y deng mlynedd nesaf câi ei alw'n gyson i wasanaethu ym mhulpudau prif gapeli ei enwad, y Methodistiaid Calfinaidd, yng ngogledd Cymru ac yn nhrefi'r Gororau. Prin y gellid ei alw'n bregethwr poblogaidd, ond yr oedd yn amlwg fod rhyw atyniad rhyfedd ynddo, yn enwedig i aelodau mwyaf deallus ei gynulleidfaoedd. Patrymai ei hun i raddau ar y pregethwr Saesneg enwog a fu farw'n ifanc yn 1853, F. W. Robertson o Brighton. Fel hwnnw, pregethai lawer ar gymeriadau beiblaidd, ac anelai at wneud iaith ei bregethu mor gymen a choeth ag a oedd modd. Sylwid nad âi fyth i hwyl wrth bregethu: yn wir, cwynid mai *dweud* ei bregethau a wnâi ac nid eu traethu. Yn ôl un o'i gyfeillion, beiid arno gan rai o'r werin a'r miloedd am na lafarganai 'y gair bendigedig hwnnw "Mesopotamia" fel y dymunent hwy!'

Yn 1876 cafodd Daniel Owen ei daro'n ddifrifol wael ac ni phregethodd fyth wedyn. At ddiwedd ei oes gallodd gymryd rhan o bryd i'w gilydd yn y seiat a chredid fod ganddo ddawn arbennig at y gwaith hwnnw. (Blodeuodd fel dyn cyhoeddus hefyd yn ei flynyddoedd olaf, sy'n agwedd ddiddorol iawn ar ei yrfa.) Ffrwyth ei gystudd cychwynnol, a hynny drwy anogaeth Roger Edwards, oedd ei ail gyfrol *Offrymau Neillduaeth* (1879), casgliad o saith o bregethau ynghyd â phum pennod o stori am aelodau capel gwledig yn dewis blaenoriaid. Dyma'i lyfr gwreiddiol cyntaf, ac ynddo gellir gweld hefyd ei ddatblygiad diweddarach fel nofelydd drwy *Y Dreflan* (1881) a'r tair nofel fawr hyd at *Straeon y Pentan* (1895).

Bu croeso anghyffredin i'w lyfrau, ac yn enwedig i'w nofelau, a chydnabuwyd dawn Daniel Owen yn hael gan ei gyd-Gymry, yn Fethodistiaid Calfinaidd ac yn aelodau o enwadau eraill. Tipyn o sioc felly yw darganfod ei fod yn ystod ei flynyddoedd olaf yn wir ofidus na fyddai wedi ymroi mwy i bregethu, hyd yn oed ar ôl i'w salwch ei oddiweddyd. Mwy na hynny, yr oedd wedi ffurfio barn gwbl bendant am y math o bregethu yr oedd ei angen ar Gymru'i gyfnod. (Gwelir mwy nag awgrym o hynny eisoes yn y math o bregethu a ganmolid ganddo yn ei nofelau.) Yn fyr, yr oedd wedi dod i anhoffi ei ddull braidd yn ddeallusol ef ei hun o bregethu gynt, ac i bleidio'n hytrach y dull dramatig a oedd yn nodweddu'r rhan fwyaf o lawer o gewri'r pulpud Cymraeg yn ystod trigain mlynedd cyntaf y ganrif.

Yr hyn a bwysleisiai fwyaf, fodd bynnag, oedd y dylai pregethu anelu nid yn unig at oleuo a chysuro credinwyr ond hefyd at droi anghredinwyr: hynny yw, yr oedd yn rhaid i bregethwr osod tröedigaeth pechaduriaid yn brif nod iddo'i hun. O'r holl bregethwyr mawr a glywsai, Henry Rees a oedd yn cynrychioli orau y sêl ddiwygiadol y dymunai ei gweld mewn pregethwr. Efallai fod Daniel Owen yn ei wendid wedi camddehongli ei sefyllfa bersonol ef ei hun. Efallai mai i fod yn nofelydd ac nid yn bregethwr y galwyd ef wedi'r cwbl. (Y mae'n anhraethol well bod yn nofelydd wedi eich galw gan Dduw na bod yn bregethwr heb eich galw.) Ond nid oes amheuaeth na lwyddodd i weld, ar waethaf croesgeryntoedd yr oes yr oedd yn byw ynddi, un elfen o dragwyddol bwys yn ei gefndir Methodistaidd na ellid ar boen bywyd ollwng gafael ynddi, sef yr argyhoeddiad fod Iesu Grist wedi dod i'r byd i achub pechaduriaid. Y mae llawer iawn o'i ddyfnder fel nofelydd, ac o'i ddiddordeb fel dyn, i'w briodoli i'r gweld hwn.

Cofio Diwygiad 1904–05

O'r *Cylchgrawn Efengylaidd*, Gaeaf 1953/54

Y mae 1954 yn flwyddyn dathlu hannercanmlwyddiant Diwygiad 1904–05 yng Nghymru. Y mae'n briodol felly inni achub y cyfle hwn i fwrw golwg dros yr hyn a ddigwyddodd yn ein gwlad yn ystod y misoedd cynhyrfus hynny hanner can mlynedd yn ôl. Byddai sgrifennu hanes manwl a chytbwys o'r deffroad yn golygu llawer iawn o ddarllen a holi a threfnu defnyddiau, ac ni wneir yma ond ceisio rhoi rhyw fras-amlinelliad o'r prif ddigwyddiadau.

Bu cyflwr ysbrydol Cymru yn peri pryder i'w charedigion am hir amser cyn 1904, a bu llawer ohonynt yn gweddïo'n ddistaw am adfywiad am flynyddoedd cyn torri'r wawr. Yn 1891 sefydlwyd Symudiad Ymosodol y Methodistiaid Calfinaidd, a wnaeth waith gwiw yn paratoi'r ffordd (ac ni ddylid anghofio yn y cyswllt hwn efengylu diflino Miss Rosina Davies o'r 1880au ymlaen). Yna, yn 1896, dychwelodd y Parch. W. S. Jones i Gaerfyrddin o'r America, a bu ei fywyd sanctaidd a'i bregethu digyfaddawd yn foddion i beri llawer o hunanymholi ymysg ei gyd-weinidogion yn ardal Caerfyrddin; arweiniwyd rhai ohonynt i Gynhadledd gyntaf Llandrindod ym mis Awst 1903, ac fel canlyniad, profasant rym newydd yn eu bywyd a'u pregethu a effeithiodd yn fuan ar eu heglwysi. Yn 1903 eto, dechreuodd y Parch. Joseph Jenkins o Geinewydd aflonyddu oherwydd difaterwch pobl ieuainc ei ardal, a pherswadiodd ei Henaduriaeth i alw ynghyd gynhadledd yn y Cei ddiwedd y flwyddyn honno (ac un o weinidogion Caerfyrddin ymysg y siaradwyr); un bore Sul y Chwefror dilynol, cafodd weld geneth o aelod yn codi mewn cyfarfod pobl ieuainc a dweud yn syml, 'Yr wyf yn caru Iesu Grist â'm holl galon': a dyna ddechrau'r cyffro a ymledodd o'r

Cei drwy ddeau Ceredigion, ac a fu'n achos uniongyrchol y cyfarfod hwnnw ym Mlaenannerch lle yr eneiniwyd Evan Roberts ar gyfer ei waith.

Ganed Evan Roberts yng Nghasllwchwr ar 8 Mehefin 1878. Mab i löwr ydoedd, a dechreuodd yntau weithio yn un o byllau glo'r ardal pan oedd yn un ar ddeg oed. Bu'n löwr am dair blynedd ar ddeg, ond pan oedd yn bedair ar hugain oed, fe'i prentisiwyd yn of i ewythr iddo ym Mhontarddulais. Fodd bynnag, nid arhosodd yno ond am ychydig dros flwyddyn, ac yn niwedd 1903 fe'i cyflwynodd ei hun yn ymgeisydd am y weinidogaeth gyda'r Methodistiaid Calfinaidd. Ym mis Medi 1904 ymaelododd yn Ysgol Ramadeg Castellnewydd Emlyn. Ond ni chafodd aros yno'n hir.

Yn ôl pob hanes, bu erioed yn fachgen nodedig o dduwiol. Derbyniwyd ef yn gyflawn aelod yn dair ar ddeg oed, ac o'r amser hwnnw ymlaen yr oedd ei ffyddloneb i'r capel a'i bethau yn ddiarhebol. Bu'n gweddïo am ddiwygiad am ddeng mlynedd cyn 1904. Daeth i deimlo galwad i bregethu hefyd, ond fe'i gwrthsafodd hyd ddiwedd 1903, pan fu raid iddo ildio o'r diwedd. Tua chanol 1904, pan oedd gartref yn paratoi ar gyfer Arholiad Taleithiol, cafodd brofiad eithriadol o gymundeb uniongyrchol â Duw, a hynny'n parhau am oriau bob nos am fisoedd. Ceisiai ei ddisgyblu ei hun pan aeth i'r Ysgol Ramadeg, ond ni thyciai dim, ac aeth ei waith ysgol i'r gwellt.

Diwedd Medi 1904, bu Seth Joshua o Gastell-nedd, efengylydd enwog y Symudiad Ymosodol, yn annerch cyfarfodydd yng Ngheinewydd, Castellnewydd a Blaenannerch. Buasai ef yn gweddïo am dair blynedd am i Dduw godi bachgen o weithiwr yn arweinydd y diwygiad nesaf, ac ar 29 Medi, mewn cyfarfod ym Mlaenannerch, clywodd Evan Roberts mewn cyfyngder enaid yn gweddïo am i Dduw ei blygu ac yn derbyn cyflawnder yr Ysbryd Glân yn eneiniad ar gyfer ei waith. Bellach yr oedd y bachgen ar dân dros achubiaeth eneidiau ei gyd-Gymry, a bu ef a'i gyd-fyfyriwr, Sidney Evans, yn cynllunio taith efengylu drwy'r wlad yng nghwmni rhai o bobl ieuainc y Cei, ac Evan Roberts i dalu'r holl gostau. Fodd bynnag, yng Nghastellnewydd yr arosasant hyd 30 Hydref 1904, pan argyhoeddwyd Evan Roberts fod Duw yn ei alw adref i Gasllwchwr i weithio ymysg ei gyfoedion yno. Ac ar ddydd Llun, 31 Hydref, adref yr aeth.

Treuliodd bythefnos yng Nghasllwchwr yn cynnal cyfarfodydd bob nos yng nghapeli'r cylch. Dywedai wrth ei gynulleidfaoedd fod yn rhaid iddynt gyflawni pedair amod os oeddynt am brofi gweithgarwch yr Ysbryd Glân yn eu plith:

1. cyffesu'n ddiymdroi bob pechod i Dduw;

2. ymwadu â phopeth amheus yn eu bywydau, popeth na wyddent yn sicr ei fod yn dda (yma pwysleisiai'n arbennig yr angen i ymwrthod â phob anfaddeugarwch);

3. ufuddhau'n ddigwestiwn i gymelliadau'r Ysbryd ym mhopeth (a chymhwysid hyn at gymryd rhan yn y cyfarfodydd yn ogystal ag at fywyd beunyddiol);

4. gwneud cyffes gyhoeddus o Grist yn Geidwad.

Fe ddysgai ei wrandawyr hefyd i weddïo'r saeth-weddi seml, 'O anfon yr Ysbryd yn awr er mwyn Iesu Grist.' Gadawai'r cyfarfodydd gan mwyaf 'yn llaw'r Ysbryd' (ei eiriau ef ei hun), ac anogai'r bobl i weddïo neu ganu emyn neu adrodd profiad neu ddweud adnod yn union fel y cymhellid hwy gan yr Ysbryd. Araf oedd yr ymateb ar y cychwyn, ond cyn pen pythefnos yr oedd y gymdogaeth yn ferw trwyddi: y cyfarfodydd yn orlawn ac yn parhau hyd yr oriau mân, ugeiniau lawer yn cael eu hennill i Grist ac i gyflawnder y bywyd Cristnogol, a phawb yn ymwybodol fod arddeliad arbennig iawn ar waith Evan Roberts. Cafwyd adroddiadau am y cyfarfodydd yn y papurau newydd (a fu'n gyfryngau effeithiol i ledaenu'r newyddion yn ystod y misoedd cyntaf), a daeth lluoedd o ymwelwyr i Gasllwchwr i weld trostynt eu hunain beth oedd yn digwydd.

Dydd Sadwrn, 12 Tachwedd, daeth Sidney Evans i Gasllwchwr, a thrannoeth ymadawodd Evan Roberts am Drecynon, Aberdâr yng nghwmni rhai o'r merched ieuainc a enillwyd yn ei gyfarfodydd ac a oedd yn benderfynol o wneud eu gorau i'w helpu gyda'r gwaith (cymerodd rhai ohonynt ran amlwg yn y cyrddau, yn enwedig gyda'r canu). Ailadroddwyd digwyddiadau Casllwchwr yn Nhrecynon ac ym mhob man yr ymwelai'r Diwygiwr ag ef yn ystod ei daith bedwar mis trwy Forgannwg. O ganol Tachwedd hyd ddiwedd Chwefror (ac eithrio wythnos o seibiant dros y Nadolig) bu'n symud o le i le yn y sir gan alw mewn trefi a phentrefi megis Pen-y-bont ar Ogwr, Aberpennar, Tre-orci, Caerffili, Tylorstown, Pontypridd, Abertawe a Dowlais. Cyn hir yr oedd Morgannwg yn wenfflam: y capelau mwyaf yn rhy fychan i gynnwys y torfeydd a dyrrai i'r cyfarfodydd, a'r cyfarfodydd hynny yn parhau am oriau lawer yn dryblith o weddïo a thystiolaethu a chanu ysbrydoledig (ond bod rhyw drefn ryfedd i'w chanfod drwy'r anhrefn i gyd). Yng ngwres eirias y cynulliadau hyn enillwyd miloedd ar filoedd i Grist a gweddnewidiwyd ardaloedd cyfain fel canlyniad: dilewyd hen elyniaethau a chymodwyd teuluoedd ysgaredig, trowyd y pyllau glo a'r gweithfeydd yn dai gweddi, a bu'r llysoedd cyfraith yn segurach nag y buont ers blynyddoedd lawer. Wrth reswm, cafwyd peth gwrthwynebiad – yr enghraifft enwocaf oedd ymosodiad y Parch. Peter Price, Dowlais, yn y *Western Mail*, 31 Ionawr 1905 – ond yr oedd y rhan fwyaf o lawer yn argyhoeddedig fod Evan Roberts yn wir broffwyd, a chafodd gefnogaeth frwd llu o dramorwyr a ymwelodd â de Cymru i weld ei waith. Diwedd Chwefror, fe'i hargyhoeddwyd fod Duw wedi ei alw o'r neilltu am ysbaid, a threuliodd wythnos o encil tawel yng Nghastell-nedd. Yna ddiwedd mis Mawrth, wedi cyflwyno pob ceiniog o'i eiddo yn rhoddion i eglwysi a phersonau yng Nghas-llwchwr, ymadawodd am Lerpwl i gynnal cyfarfodydd yno.

Bellach yr oedd Cymru gyfan, ac eithrio ychydig iawn o ardaloedd, yn plygu dan rym yr un dylanwadau. Ar 8 Tachwedd 1904, ac Evan Roberts ar drothwy ei ail wythnos yng Nghasllwchwr, cychwynnodd y Parch. R. B. Jones, Y Porth, ar bythefnos o genhadaeth yn Rhosllan-nerchrugog. Ar ddiwedd y pythefnos yr oedd y Rhos, megis Casllwchwr, yn ferw gwyllt, ac ymledodd y cyffro gwaredigol oddi yno dros ogledd

Cymru. Profodd Bethesda, er enghraifft, bethau mawrion yn gynnar, ac fe sonnir o hyd yn Ardudwy am yr hyn a ddigwyddodd yng Nghapel Egryn trwy gyfrwng Mrs Jones, Islaw'r Ffordd; cafodd Ffestiniog hefyd gawod drom, ac enynnwyd y tân yn Ninas Mawddwy trwy dystiolaeth tri o fechgyn yr ardal a ddychwelodd adref o Forgannwg erbyn gwyliau'r Nadolig. Bu gwaith cenhadon 'answyddogol' fel y rhain yn gyfrwng i gludo'r fflam i lawer cymdogaeth; felly hefyd deithiau cydweithwyr Evan Roberts, megis Joseph Jenkins, R. B. Jones, Sidney Evans, Dan Roberts (brawd Evan), a Sam Jenkins; ond efallai mai'r prif ffactor yn lledaeniad cyffredinol y Diwygiad ydoedd hiraeth y bobl am gael gweld gweithredoedd yr Ysbryd yn eu plith, a'r hiraeth hwnnw'n troi'n weddi ffyddiog am Ei ddyfodiad. Sut bynnag y bu, fe ddaeth, ac am fisoedd lawer ysgydwyd Cymru gan nerthoedd yr oes a ddaw, a daeth y byd ysbrydol a 'mater enaid' yn bwysicach i gannoedd ar filoedd o bobl nag unrhyw drafferthion tymhorol. Gwnaethpwyd yr Arglwydd Iesu Grist yn real i filoedd nad oeddynt yn Gristnogion ond mewn enw cyn hynny, ac enillwyd atynt filoedd wedyn o esgeuluswyr a gwrthgilwyr ac anghredinwyr agored.

Rhyw dair wythnos a dreuliodd Evan Roberts yn Lerpwl, ac ni siomwyd disgwyliadau Cymry'r ddinas. Fodd bynnag, bu un nodwedd o'i eiddo (a ddechreuodd ddod i'r amlwg yn ystod ei daith gyntaf drwy Forgannwg) yn achos tramgwydd i rai: yr oedd yn eithriadol o sensitif yn ysbrydol, a phan ganfyddai nad oed cynulleidfa mewn cywair ysbryd priodol, fe fethai weithiau â'u hannerch o gwbl; heblaw hynny ymddengys fod y gallu ganddo i ganfod pwy oedd y bobl a oedd yn gyfrifol am y rhwystrau, a pharodd hyn gryn gyffro. Daethpwyd i deimlo hefyd yn ystod ei deithiau yn y Gogledd ei fod ormod dan reolaeth pwyllgorau a threfniadau ffurfiol, a bu hynny'n achos peth cynhennu rhyng-enwadol (a ysgubwyd o'r neilltu yn ystod y misoedd cyntaf) Bu'n gorffwys am rai wythnosau ar ôl gadael Lerpwl, ac yna, ym mis Mehefin 1905, aeth i sir Fôn. Bu yno am fis, a chafodd gyfarfodydd bythgofiadwy, llawer ohonynt yn yr awyr agored; galwodd yng Nghaernarfon a'r Bala ar ei ffordd adref i'r De. Bellach yr oedd penllanw'r Diwygiad yn dechrau treio, a'r papurau enwadol unwaith eto yn rhoi mwy o sylw i ddigwyddiadau'r dydd a helyntion eglwysig nag i hynt y cynnwrf grasol a hawliodd gymaint o'u gofod am wyth mis bron. Ond ni phallodd dylanwad Evan Roberts: bu'n annerch cyfarfodydd mawrion yn y De yn ystod mis Tachwedd, ac ym mis Rhagfyr dychwelodd i sir Gaernarfon am ryw chwech wythnos o genhadu tra ffrwythlon. Fodd bynnag, hon oedd ei genhadaeth olaf: yn fuan wedyn ymneilltuodd i Gaerlŷr at gyfeillion, ac ychydig a welodd Cymru ohono o'r adeg honno hyd ei farwolaeth yng Nghaerdydd yn 1951. Nid arbedodd ddim arno'i hun yn ystod y cyfnod cyffrous rhwng Tachwedd 1904 ac Ionawr 1906, a bu'r straen yn ormod iddo: collodd ei iechyd, a phan gafodd adferiad, credai nad i efengylu y gelwid ef mwyach. Ond ni ellir byth fesur dyled eglwys Crist yng Nghymru i lwyredd ymgysegriad a mawredd ffydd y bachgen ieuanc eithriadol hwn.

Erbyn diwedd 1905 yr oedd y cyffro mawr wedi peidio (er iddo barhau'n rymus am flynyddoedd ar feysydd cenhadol yr eglwysi Cymreig), ac ymhen ychydig o fisoedd yr oedd bywyd y wlad yn 'normal' unwaith eto. Eithr nid anghofiwyd y Diwygiad gan y neb a'i gwelodd. Ar y llaw arall, prin y geill neb nas gwelodd sylweddoli'n iawn sut le oedd yng Nghymru bryd hynny. Awgrymodd rhai nad oedd y cyfan ond rhyw *mass-hysteria* cenedlaethol, ond y mae'r fath esboniad yn chwerthinllyd. Ni ellir cyfrif yn foddhaol am Ddiwygiad 1904–05 ond yn nhermau gweithgarwch yr Ysbryd Glân yn argyhoeddi'r genedl ac yn mynegi iddi 'bethau Crist'. Yng ngeiriau gofalus Keri Evans, 'y gwerthoedd a achosai emosiwn mawr y diwygiad oedd gwirioneddau'r Efengyl yn y ffurf o ganfyddiadau uniongyrchol.'

Wrth gwrs, fe ellid nodi llawer peth ynglŷn â'r deffroad nad oedd yn anctaidd nac yn weddus. Bu'r teimladrwydd ysgubol a'i canlynai yn agl i lawer, ac fe arweiniodd i eithafion afiach ac i ymloddesta emosiynol heb ymgais i gerdded ymlaen ar hyd llwybr argyhoeddiad c ufudd-dod (y mae'n bosibl hefyd na wnaeth yr eglwysi bopeth a allent gadarnhau ac addysgu'r dychweledigion, a bod llawer wedi gwrthgilio oherwydd hynny). Awgrymwyd, fodd bynnag, mai cam-gymeriad mwyaf yr adfywiad oedd gwaith rhai o'r arweinwyr yn ymwrthod â phob pregethu dros gyfnod, oherwydd (yng ngeiriau R B. Jones) 'y mae Gair Duw nid yn unig yn bur eithr hefyd yn puro' ac fe fyddai ei gyhoeddi yn gwrthladd yr elfennau 'cnawdol' a allai ym-lithro i gyfarfodydd a hefyd yn sicrhau nad goddrychol yn unig fydda profiadau'r gwrandawyr.

Ond ar waethaf pob nam, mawl sy'n weddus inni wrth edrych yn ô ar y Diwygiad. Gellid cyfeirio at lawer o'i ffrwythau daionus yn mywyd crefyddol y wlad, ac yn ei bywyd cymdeithasol hefyd. Ond tybed nad ei gofadail odidocaf ydyw'r degau o filoedd o Gymry a enillwyd yn ystod 1904–06 i ogoniant a chyflawnder y bywyd yng Nghrist ac a barhaodd drwy eu hoes yn dystion gloyw i rymuster ei ras Ef? Byddai'r eglwys fuddugoliaethus yn y nef a'r eglwys filwriaethus ar y ddaear yn dlotach hebddynt ac y mae eu bywyd a'u tystiolaeth hwy yn ddigon o destun diolch.

Nantlais a'r eisteddfod

O'r *Cylchgrawn Efengylaidd,* Awst/Medi 1970

Gan mai i Rydaman y daw'r Eisteddfod Genedlaethol eleni [1970], naturiol yw galw i gof y bardd a fu'n bugeilio eglwys Bethany (nid Bethania!) yn y dref hon am bedair blynedd a deugain gron, o 1900 hyd 1944. Nantlais y gelwid ef gan bawb, ond William Williams – yn blaen fel yna – oedd ei enw bedydd. Ganed ef yng Ngwyddgrug, sir Gaerfyrddin, yn 1874, ac wedi dysgu crefft gwehydd aeth i ysgol ramadeg enwog John Phillips yng Nghastellnewydd Emlyn ac oddi yno i goleg y Methodistiaid Calfinaidd yn Nhrefeca. Galwyd ef o Drefeca i Bethany cyn gorffen ei gwrs, ac yn Bethany yr arhosodd weddill ei yrfa. Wedi ymddeol yn 1944 parhaodd i gartrefu yn Rhydaman, ac yno y bu farw yn 1959. Yr oedd yn ŵr a anwylid nid yn unig gan ei eglwys ond gan bawb o'i gydnabod, a chan blant yn arbennig: ef am bedair blynedd ar ddeg (1934–47) oedd golygydd *Trysorfa'r Plant,* a defnyddiodd W. J. Gruffydd unwaith y gair 'athrylith' i ddisgrifio ei gymhwyster ar gyfer y swydd honno. Bu hefyd yn olygydd *Yr Efengylydd* (1916–41) a'r *Lladmerydd* (1922–26).

Ond yr oedd Nantlais hefyd yn fardd. Colofn farddol y 'Faner Fach' a ddeffrôdd ei ddiddordeb mewn barddoniaeth, a hynny'n gynnar. Porthwyd y diddordeb drwy ddarllen *Ysgol Farddol* Dafydd Morganwg (athro cynghanedd llu o feirdd diwedd y bedwaredd ganrif ar bymtheg) a gweithiau Ceiriog ac Islwyn. Cyn hir dechreuodd gystadlu, ac enillodd ei gadair gyntaf yn eisteddfod Rhydaman 1900. At hon fe ychwanegodd ar fyrder gadeiriau eisteddfod Castellnewydd Emlyn 1902, eisteddfod Meirion 1903, ac eisteddfod y Queen's Hall, Llundain, 1904. Ond efallai mai ei bennaf gorchest yn y byd eisteddfodol oedd ennill cystadleuaeth y telynegion yn Eisteddfod Genedlaethol Bangor 1902, yr ŵyl a welodd hefyd gadeirio Thomas

Gwynn Jones am awdl *Ymadawiad Arthur*. I eisteddfodwyr Cymru yn
y flwyddyn 1904, yr oedd yn amlwg fod y gweinidog ifanc o Rydaman
yn tyfu'n gystadleuydd peryglus, a bod gyrfa eisteddfodol nodedig yn
ymagor o'i flaen.

Efallai y bydd y ddau ddarn a ganlyn yn ddigon i roi rhyw syniad am
yr addewid a amlygai yn ystod y cyfnod hwn. Yn gyntaf, dyma gwpl
o englynion ar y testun 'Profiad mewn ofnau'; ymddangosodd y rhain
yng nghylchgronau'r *Teulu* a'r *Geninen* am 1897, a diolchaf i Mr
Derwyn Jones am fy nghyfeirio atynt:

> Enaid ofnus, mae'r dyfnion – afonydd
> Ar derfynu weithion;
> 'E liwia Duw ael y don
> Â'i ddedwydd addewidion.

> Iach awelon sy'n chwalu – tywyllwch
> 'Fantella o'th ddeutu,
> A'r Ganaan sy'n brigwynnu
> Dros yr hen Iorddonen ddu.

Daw'r ail ddarn o bryddest gadeiriol Meirion 1903, 'Llwybrau
Anrhydedd'; ymddangosodd y bryddest yn gyfan yn *Y Geninen* a'r
darn hwn yn unig yn *Y Traethodydd*:

PARADWYS

> O ardd y gerddi a'm dyheadau,
> Taened dy lewyrch cyfriniol i lawr!
> Bellach deffroed dy beraroglau
> Awen 'freuddwydiodd yn hir am dy wawr.

> Amled y tybiais weld dy ymylon
> Yn gloywi adenydd fy mreuddwyd pêr;
> Cofiaf y gwynfyd 'lanwai fy nghalon
> Yng nghwmni'r bardd fu'n tramwyo'r sêr.

Er glased gwyryfol wybr yr Eidal
Ac er mor euraid ei phlanedau hi,
Mae gloywach wybren na'r tanbaid risial
A thecach paradwys na'r sêr i mi.

Gwell gennyf gân yr Eosfardd hwnnw
'Dywyllwyd i weled y wawrddydd bell:
Cathlodd yn nos profedigaeth chwerw
Ddyfnder sonawdau i'r Wynfa well.

Ymdrech fy oes yw ymlid paradwys,
Ond cilia'n feunyddiol yn wylaidd draw.
Os daliaf iâr fach yr haf ddigyfrwys
Fe chwâl ei lliwiau'n llwch yn fy llaw.

A gaewyd mynedfa i bob paradwys?
A oes gwyliedyddion ar gaer pob gardd?
(Ysgydwa'r Cerubiaid eu cledd yn ddiorffwys.)
A guddiwyd pob Eden i awen y bardd?

Er gwaethaf y cychwyn addawol hwn, cyn diwedd y flwyddyn 1904 yr oedd Nantlais wedi ymwrthod yn llwyr â phob cystadlu. Fe beidiodd hyd yn oed ag anfon i mewn bryddest ar gyfer eisteddfod Meirion ddechrau'r flwyddyn ganlynol, er bod y gerdd eisoes yn barod ganddo. Beth felly a oedd wedi digwydd iddo? Mewn un gair, y Diwygiad. Yn Nhachwedd 1904 y cyrhaeddodd Diwygiad 1904–05 Rydaman, a chynhyrfu eglwys Bethany i'w gwaelodion. Am rai dyddiau, fodd bynnag, fe fethodd y gweinidog â phrofi drosto'i hun y maddeuant a'r tangnefedd a ddaethai'n feddiant i gynifer o'i braidd. Fe ddaeth y waredigaeth iddo un nos Sadwrn yn y cwrdd, wrth iddo wrando'r rhai a gawsai dröedigaeth yn canu eu diolch:

Meddwn innau ynof fy hun, 'Mi unaf innau i ganu "Diolch Iddo" '; nid am fy mod i fy hun wedi meddiannu'r fendith, ond am fod cymaint eraill wedi ei chael. Yn wir, o'r diwedd, dyma ryw hyfrydwch nefol i minnau, rhywbeth cyffelyb i'r hyn a deimlodd Job pan weddïodd yn anhunanol dros ei gyfeillion. Wedi mynd adref, ac eistedd, yn dawel hollol a digynnwrf, gwelais mai drwy *gredu* y daw inni iachawdwriaeth, nid trwy ymdrech ac ing mewn gweddi drwy'r nos ar fy rhan i, ond trwy ymdrech rhywun arall drosof yn yr Ardd, ac ar y Groes; ie, trwy bwyso arno Ef a'i chwys gwaedlyd a'i farwol loes. O! dyna ryddhad. Dyna dangnefedd! Mi *gredais*, oblegid dangoswyd i mi ffyrdd y bywyd yn ddigamsyniol. Wel! wel! mor syml, mor agos! Mor blaen! Mor rhad! Mor gariadus ei thelerau yw ffordd iachawdwriaeth! Nid rhaid esgyn i'r nefoedd na disgyn i'r dyfnder i'w chyrraedd. Y mae'r Gair yn agos atat, a hwn yw gair y Ffydd. O! nefol ddarganfyddiad. Trueni bod ei symlrwydd yn gymaint o dramgwydd i'r doethion a'r deallus, a phawb.

Yng ngoleuni'r profiad hwn y penderfynodd Nantlais y byddai'n rhaid iddo bellach ymwrthod â chystadlu mewn eisteddfodau, ac ymroi'n gyfan gwbl i'w alwedigaeth fel bugail. Ffarweliodd â phob gobaith am gadair neu goron yr Eisteddfod Genedlaethol, er y gallasai'n hawdd fod wedi ennill y naill neu'r llall ymhen ychydig flynyddoedd.

Ai culni diflas yn unig a'i gyrrodd i wneud hyn? Na, nid yn hollol. Un cymhelliad, yn ddiau, oedd yr awydd i aberthu popeth a feddai, ei holl dalentau, ar allor ei Arglwydd newydd, ac ymroi i'w wasanaeth Ef yn unig o hyn ymlaen. Efallai i Nantlais ddehongli'r alwad hon mewn ffordd ry gyfyng – yn wir, dyna a deimlai ef ei hun wrth edrych yn ôl – ond nid oes amheuaeth nad yw *parodrwydd* i aberthu fel hyn yn rhywbeth a ofynnir gan bawb sy'n ewyllysio bod yn ddisgybl o ddifrif i Grist. Eithr yr oedd hefyd gymhelliad arall, dyfnach o bosibl, wrth wraidd ymwrthodiad Nantlais ag eisteddfota. Y gwir yw fod llwyddiant eisteddfodol ddechrau'r ugeinfed ganrif yn ffordd ddi-feth o ennill nid yn unig fri cymdeithasol ond hefyd ddyrchafiad yn y byd eglwysig – os llwyddai gweinidog i ennill cadair neu goron genedlaethol, byddai'n bur siŵr o gael galwad yn fuan i 'eglwys dda'. Yr oedd felly elfen gref o uchelgais cymdeithasol a chrefyddol, yn ogystal â llenyddol, ynghlwm wrth gystadlu eisteddfodol yn y cyfnod hwn, ac nid yw'n syn fod pobl yn teimlo mor angerddol ynglŷn â cholli ac ennill: mae amryw o'r beirdd eu hunain yn sôn am y 'dwymyn gystadlu' a'u meddiannodd. Yn 1904 fe synhwyrodd Nantlais nid yn unig berygl y cymysgu hwn ar fyd ac eglwys, ond hefyd y difrod mewnol a allai ddilyn porthi'r nwyd gystadleuol. Yn ei eiriau ef ei hun yn 1927 (*Yr Efengylydd*, cyf. 19, t.139): 'Gwelodd llawer ohonom [...] y gallai cystadlu ei hun fod yn rhwystr i'r bywyd ysbrydol.'

Yn rhyfedd iawn, R. B. Jones – gŵr a ystyrid gan lawer yn ymgorfforiad o gulni – a swcrodd Nantlais i ailddechrau llenydda (*Yr Efengylydd*, 1933, cyf. 25, t.83). Daliodd yn ffyddlon i'w adduned i beidio â chystadlu mewn eisteddfodau, ond cafodd rwydd hynt i brofi ei fedr ar emyn, a thyfodd o dipyn i beth i fod yn emynydd rhagorol iawn. Mae tri ar ddeg o'i emynau a'i gyfieithiadau yn *Llyfr Emynau y Methodistiaid* 1927 (rhifau 44, 182, 184, 235, 352, 354, 424, 502, 538, 707, 743, 746, 759), a chyhoeddodd ddau ar bymtheg a deugain o rai eraill yn y gyfrol *Emynau'r Daith* (1949). W. J. Gruffydd a ddywedodd, ar ôl darllen y gyfrol hon, ei fod 'yn cyfrif Nantlais ymhlith prif emynwyr ein gwlad'. Y mae'n sicr ymhlith emynwyr gorau'r ugeinfed ganrif: yn wir, oni bai am J. T. Job, fe ddywedwn ar fy mhen mai ef yw'r gorau. Ond nid emynydd yn unig ydoedd. O tua 1915 ymlaen dechreuodd telynegion o'i eiddo ymddangos drachefn yn y cylchgronau, er eu bod bron i gyd (ar wahân i'w gerddi ar gyfer plant) a naws grefyddol iddynt. Y maent yn amrywio'n fawr o ran ansawdd, ond yn eu plith fe geir amryw o gerddi swynol dros ben. Yr enwocaf ohonynt, mae'n debyg, yw'r gân dafodiaith 'Twmi' a ymddangosodd yn yr *Oxford Book of Welsh Verse*, a'r gerdd 'Ar y ffordd i Dalyllychau', a'i diweddglo hyfryd, a brintiodd W. J. Gruffydd yn *Y Llenor*, Haf 1940. Ond fy ffefrynnau i yw'r gyfres o gerddi coffa i gymdeithion Nantlais adeg y Diwygiad a chwedyn, y gwŷr a safodd gydag ef yn y bwlch yn gwarchod y ffydd efengylaidd trwy hirlwm maith deugain mlynedd cyntaf yr ugeinfed ganrif: R. B. Jones, Y Porth; W. S. Jones, Llwynypïa; E. Keri Evans, Caerfyrddin; W. Cynog Williams, Aberdâr. Ymddangosodd y rhain i gyd yn *Yr Efengylydd* rhwng 1933 ac 1941.

R. B. JONES

Cerddaist y llwybrau unig,
    Llwybrau'r bugail erioed,
Ochrau y llethrau llithrig
    Na wybu troed.

Llosgaist gan angerdd chwilio,
    Collem di, dro, dy hun,
Ninnau'n cysurus wylio'r
    Cant namyn un.

Gwaedaist gan farciau'r ymchwil
    Er iti guddio'r rhain,
Gwelem er hynny'n gynnil
    Olion y drain.

Clybu y wlad dy fanllef,
    Broffwyd yr aberth drud!
Heddiw mae'r bugail gartref
    A'r genau'n fud.

'W. S.'

Gymru, dos i'th ystafell,
    A chau dy ddrws am dro;
Daw heddiw ŵr mawr i gafell –
    I gafell y gro.

Gwelais ef yn ei afiaith
    Dan lewyrch y byd a ddaw
Yn cerdded mewn goruchafiaeth
    A'r dorf yn ei law.

Treiddiai i'r dyfnion bethau,
    Cloddiai i'w cyfrin sail,
Dehongli y dyrys bethau
    Mor eglur â'r haul.

Cu, a chwareus fel awel,
 Hiwmor? Llifai'n ddi-baid,
Fel nant o'r bryniau tawel
 Na wybu am laid.

Trawodd ar ddŵr mewn rhosydd,
 Lediodd y gwaith di-glod,
Gwaeddodd am dorri ffosydd –
 Fod y llanw'n dod!

Gymru, dos i'th ystafell,
 A chau dy ddrws am dro;
Daw heddiw ŵr mawr i gafell –
 I gafell y gro.

'KERI'

Bedyddiaist dy hun i enw
 Afonig fach dy fro,
Clywsom hi'n peraidd atsain
 Yn dy gwmni lawer tro:
Tincial ysgafndroed Ceri
 Wrth ddawnsio ar ei gro.

Ond er iti gadw'i phertrwydd,
 Nid digon ei gwely hi,
Ceisiaist geulannau lletach
 A rhedle i ddyfnach lli:
Athroniaeth a'i dyrys droeon
 A rhaeadrau Calfari.

Ddisgleiriaf fab athrylith,
 Cwsg, daeth dy yrfa i ben;
Hyfryd i ti oedd suddo
 I'r breichiau tu hwnt i'r llen:
Difyr fel suddiad Ceri
 I Deifi, wrth bont Tre-wen.

'CYNOG'

Y mae'r lampau i gyd yn diffoddi
    A fu gynt yn sirioli'n bro:
Y mae cewri'r Diwygiad yn huno,
    A Chynog yn awr sy'n y gro.

Mor glaer y llewyrchai'n y pulpud!
    Aur-enau hudolus oedd.
Yr oedd nerth a lliw yn ei olau
    Pan fflachiai ei lamp ar goedd.

Yr oedd grym yn ffrwd ei ysgrifell,
    Ddadleuydd dewr dros y gwir!
A chadwodd drwy'r nos yn effro
    Er i'w Arglwydd oedi'n hir.

Daliai i'w ddisgwyl o'r neithior,
    Tystiai i'w ffydd heb fraw,
Gwyliai ym mintai'r Dyfodiad
    Gyda'i lusern yn ei law.

Pa le y mae cwmni'r *Parousia*
    A fu gynt yn oleuni'n bro?
Y mae'r lampau i gyd ar ddiffoddi
    A Chynog yn awr sy'n y gro.

Mae sôn yn yr Efengylau am golli einioes a'i chael hi drachefn. Nid
colled i gyd, hyd yn oed i lenyddiaeth Gymraeg, oedd penderfyniad
Nantlais i ymwrthod â'r eisteddfod yn 1904. O edrych yn ôl gallwn
weld mai dawn delynegol a oedd ganddo o'r cychwyn ac nid dawn
pryddestwr, dawn Ceiriog ac nid dawn Islwyn. Yr hyn a wnaeth y
Diwygiad yn y pen draw oedd sianelu'r ddawn honno i'w chyfeiriad
priodol a rhoi iddo'r cyfle i dyfu'n emynydd o bwys ac yn awdur
dyrnaid o delynegion a eill yn hawdd fyw'n hir – fel y sylwodd Robert
Graves un tro, ni all yr un bardd yn rhesymol obeithio am fwy na

hynny. Yn sicr yr oedd mawredd yn Nantlais, a chwbl anweddus fyddai i'r *Cylchgrawn* hwn ymweld â Rhydaman eleni [1970] heb dalu ei deyrnged iddo. Tybed pryd y cawn ni gofiant teilwng ohono?

Athrawon ac Annibynwyr

Adolygiad ar Pennar Davies (gol.), *Athrawon ac Annibynwyr* (Abertawe: Gwasg John Penry, 1971). Fe'i cyhoeddwyd yn *Y Cylchgrawn Efengylaidd*, Mehefin/Awst 1972.

Y mae'r llyfr gwerthfawr hwn yn cynnwys tair ysgrif ar ddeg, o waith gwahanol awduron, ar ddeuddeg o athrawon Colegau'r Annibynwyr yng Nghymru yn ystod yr ugeinfed ganrif: D. Miall Edwards yw'r un a gaiff ddwy ysgrif iddo'i hun. Y mae'r llyfr yn cynnwys hefyd ragymadrodd tra hyfryd gan y Golygydd, sy'n datguddio'n eglur ei ryddfrydiaeth ddiwinyddol – a'i ryddfrydigrwydd – sylfaenol.

Y gwŷr a goffeir, heblaw Miall Edwards, yw John Evans, Thomas Lewis (brawd Elfed), Joseph Jones, John Morgan Jones, J. D. Vernon Lewis, J. Oliver Stephens, D. P. Roberts, Emrys Jones, J. E. Daniel, Gwilym Bowyer a W. B. Griffiths. Ganed John Evans yn 1858 a W. B. Griffiths yn 1909, a'r lleill rywbryd rhwng y ddau. Ym Mala-Bangor y llafuriai John Morgan Jones, J. E. Daniel a Gwilym Bowyer, a'r lleill yng ngholegau Aberhonddu neu Gaerfyrddin – a unwyd wedyn yn Goleg Coffa Abertawe.

Fel y gellid disgwyl, y mae'r ysgrifau'n amrywio'n fawr o ran amcan ac o ran ansawdd. Y mae rhai'n bortreadau cyflawn *warts and all*, ac eraill heb fod yn fawr mwy na brasluniau moliannus. Ond y maent i gyd yn ddiddorol, a rhyngddynt y maent yn llwyddo i gyflwyno inni gwmni o ddynion pur arbennig. Mewn llawer peth y mae aelodau'r cwmni hwn yn debyg i'w gilydd. Y mae'n syndod, er enghraifft, gynifer ohonynt sydd â'u gwreiddiau yn y rhanbarth oludog sy'n cynnwys de Ceredigion, gogledd sir Gaerfyrddin a gogledd sir Benfro. Ar lefel ddyfnach, y maent i gyd yn etifeddion Cymreictod cadarn a thraddodiad addysgol gwych eglwysi Annibynnol Cymru. Y maent i gyd hefyd yn wŷr o alluoedd meddyliol anghyffredin, yn aml yn gynnyrch dwy neu dair o brifysgolion. Ac eto, er cymaint sydd ganddynt yn gyffredin, y maent yn parhau'n unigolion (lliwgar iawn, rai ohonynt), ac fe lwyddir i gyfleu'r unigoliaeth yn gelfydd mewn amryw o'r ysgrifau hyn. Arbennig o lwyddiannus yn hyn o beth yw ysgrif yr Athro Maurice Loader ar D. P. Roberts.

Eithr er cymaint eu galluoedd, cymharol ychydig o waith ysgolheigaidd a gynhyrchwyd gan y gwŷr hyn. Anodd gwybod yr union reswm. Efallai fod paratoi myfyrwyr ar gyfer gofynion yr hen radd BD – gradd eithriadol o anodd, gyda llaw – wedi hawlio gormod o'u hynni meddyliol. Efallai hefyd fod gan unigrwydd academaidd rywbeth i'w wneud â'r peth: anodd yw bod yn ysgolhaig Hebraeg, er enghraifft, heb neb o fewn eich cyrraedd y gellwch rannu eich problemau a'ch darganfyddiadau â hwy. Mewn rhai achosion – enw'r Athro Daniel sydd yn dod i'r meddwl ar unwaith – fe farnwyd fod pwysicach gwaith i'w wneud yn y maes gwleidyddol neu gymdeithasol na chynhyrchu cyfres o lyfrau trymion ar ddiwinyddiaeth, dyweder. (Yn achos yr Athro Daniel yr wyf yn meddwl fod hwn yn gamgymeriad gwir aelaethus.)

Yr wyf yn amau, fodd bynnag, mai'r prif reswm dros dawedogrwydd academaidd y gwŷr hyn oedd y tyndra y gallesid disgwyl iddynt ymglywed ag ef rhwng y ddysg a broffesid yn y colegau a gofynion ysbrydol yr eglwysi a roddodd fod i'r colegau. Oherwydd yr oedd y rhan fwyaf o'r athrawon hyn yn perthyn i oes aur (os dyna'r ansoddair) rhyddfrydiaeth ddiwinyddol yng Nghymru. Yr oeddynt yn tynnu eu maeth meddyliol o'r Almaen, lle yr oedd astudio'r Beibl a diwinydda yn aml yn rhyw fath o gêm academaidd, heb unrhyw gysylltiad ag adeiladaeth yr eglwys, a'r ddamcaniaeth fwyaf beiddgar yn ennill y swydd orau. Prif ladmerydd y safbwynt hwn yng Nghymru oedd Miall Edwards, y ceir astudiaeth dreiddgar – a damniol – o'i ddysgeidiaeth yn y gyfrol hon gan y Parch. W. Eifion Powell.

Drwy drugaredd, fe fagodd y safbwynt ei wrthwenwyn rhannol yng ngwaith Barth ac eraill yn yr Almaen, ac yr oedd dylanwad Barth yn allweddol yn achos pedwar o leiaf o'r athrawon a bortreadir yn y gyfrol: Vernon Lewis, J. E. Daniel, Gwilym Bowyer a W. B. Griffiths. Yr oedd mawredd ymhob un o'r rhain, ond nid oes amheuaeth nad Daniel oedd y mwyaf ohonynt, fel y gellir casglu o astudiaeth dra gwerthfawr y Prifathro R. Tudur Jones (yr unig bwynt y carwn ei ychwanegu at yr hyn a ddywedir gan y Prifathro yw fod Daniel ar brydiau yn gallu ysgrifennu rhyddiaith Gymraeg arbennig o huawdl). Clywed Daniel yn darlithio mewn ysgol haf yn 1947 a agorodd lygaid fy meddwl i gyntaf i'r hyn ydyw Cristnogaeth a'r hyn nad ydyw, ac y mae fy nyled iddo yn ddifesur. Gyda'i allu digymar, ei ddysg ddofn, ei ddawn lenyddol bendant a'i amgyffrediad clir o'r gwirionedd, y mae'n un o drasiedïau'r ugeinfed ganrif na lwyddodd i lunio corff o ddiwinyddiaeth ar raddfa gymesur â'i alluoedd

Yn y gyfrol hon, felly, fe gewch nid yn unig lawer o ddiddanwch ond hefyd gipdrem glir ar brif linellau hanes diwinyddiaeth y ganrif yng Nghymru, yr ymollwng trist a'r ailafael dygn (os rhannol). Y mae'n werth llawer mwy na'i bris.

Campweithiau coll

Adolygiad ar *'Torri'r Seiliau Sicr': Detholiad o Ysgrifau John Edward Daniel,* gol. D. Densil Morgan (Llandysul: Gwasg Gomer, 1993). Fe'i cyhoeddwyd yn y cylchgrawn *Taliesin*, Haf 1994.

Yr wyf yn ofni fy mod yn anghymwys i adolygu'r llyfr hwn yn amhartïol ar ddau gyfrif. Yn y lle cyntaf yr oedd J. E. Daniel a'm tad yn gyfeillion, ac yr oedd Daniel yn rhyw fath o arwr gennyf hyd yn oed yn ystod fy mhlentyndod a'm bachgendod. Yn yr ail le, Daniel a ddangosodd i mi sut i geisio meddwl yn gywir am Gristnogaeth, ac er nad yw meddwl yn gywir am Gristnogaeth yr un peth â bod yn Gristion, y mae'r naill yn gam hanfodol ar y llwybr tuag at y llall. Y mae fy nyled iddo, felly, yn un na ellir yn hawdd ei mesur. Wedi dweud hynny, ymdrechwn yn galetach, chwedl cwmni hurio ceir Avis, i fod mor ddiduedd ag y bo modd!

Yr hyn a geir yn y gyfrol hon yw rhagymadrodd pedwar ugain tudalen yn cael ei ddilyn gan ddetholiad o dair ysgrif ar ddeg a gyhoeddwyd ar wahanol adegau rhwng 1928 ac 1954; cloir y cwbl â llyfryddiaeth ddefnyddiol. Yn y rhagymadrodd rhoddir braslun o yrfa J. E. Daniel cyn mynd ymlaen i olrhain datblygiad ei feddwl, gan sylwi'n bennaf ar yr ysgrifau yn y detholiad, ond gan ystyried hefyd amryw bethau nas cynhwyswyd, megis unig gyfrol Daniel ar destun diwinyddol, *Dysgeidiaeth yr Apostol Paul* (1933), a rhai o'i ysgrifau gwleidyddol niferus. Y mae'r detholiad yn cynnwys ymdriniaeth Daniel ag 'Ymddiddanion Malines, 1921–25' rhwng cynrychiolwyr Eglwys Rufain ac adain Eingl-Gatholig Eglwys Loegr, adolygiad trwyadl a thra phwysig ar *Bannau'r Ffydd* D. Miall Edwards (1929), anerchiad i Undeb yr Annibynwyr Cymraeg yn 1930 sydd mewn gwirionedd yn ateb i anerchiad W. J. Gruffydd i'r un Undeb y flwyddyn cynt, triawd o ysgrifau disglair ar 'Bwyslais Diwinyddiaeth

Heddiw', 'Y Syniad Seciwlar am Ddyn' a 'Gwaed y Teulu' a gyhoeddwyd mewn cyfrolau amryw rhwng 1942 ac 1946, sgyrsiau radio ar 'Karl Barth', 'Gwyrthiau' a 'Duw a'r Anymwybod' (sef llyfr gan Victor White OP) a ddarlledwyd rhwng 1945 ac 1954, a theyrnged nobl a theimladwy i'w hen brifathro John Morgan Jones – yr anghytunai Daniel yn llwyr â'i bwyslais diwinyddol – a draddodwyd yn angladd John Morgan Jones ym Mangor fis Mawrth 1946. Fel yr awgrymwyd uchod, prin yw'r ysgrifau gwleidyddol yn y detholiad, ond gellir dweud fod yr ymdriniaeth â 'Chenedlaetholdeb a'r Wladwriaeth' (1939), ac i raddau'r ateb angerddol i gyhuddiadau sylfaenol annheg W. J. Gruffydd yn ei erbyn yn 1941, yn disgyn i'r categori hwn. Buasai'n dda petasid wedi cael mynegai i'r gyfrol, er y buasai hynny, mae'n debyg, wedi ychwanegu at ei phris hynod resymol.

Hoffais yn fawr ragymadrodd Dr Morgan. Gorgryno efallai yw ei ymdriniaeth â gyrfa J. E. Daniel, er i'w phrifannau gael eu nodi'n glir: ei gampau academaidd yn Rhydychen, ei gyfnodau fel Athro Diwinyddiaeth yng Ngholeg Bala-Bangor rhwng 1925 ac 1946 ac fel Arolygwr Ysgolion o 1946 hyd ei farw annhymig yn 1962, ei wasanaeth fel Is-Lywydd Plaid Genedlaethol Cymru yn yr 1930au (yn cynnwys cyfnod fel Llywydd Gweithredol tra oedd Saunders Lewis yng ngharchar yn 1937) ac fel Llywydd 1939–43. Y gwir yw, fodd bynnag, fod gyrfa Daniel yn haeddu cofiant cyflawn, ac mewn cofiant felly gellid mynd i'r afael â chwestiynau na chyffyrddir o gwbl â hwy yma, megis pam yn union yr ymadawodd â Choleg Bala-Bangor yn 1946 (ond diau nad syml mo'r ateb i'r cwestiwn hwn). Ar y llaw arall, fe ganiataodd Dr Morgan fwy o ofod iddo'i hun wrth ymdrin â datblygiad meddyliol Daniel, ac y mae'r rhan hon o'i ragymadrodd yn ardderchog drwyddi. Arddengys yr un darllen eang, yr un treiddgarwch beirniadol a'r un synnwyr arddull ag a amlygwyd yn ei fonograff campus ar Karl Barth (1993).

Nid cwbl anghymwys yw sôn am Barth a Daniel ar yr un gwynt, a hynny ar wahân i'r ffaith eu bod, at ei gilydd, yn coleddu'r un safbwynt diwinyddol. Fel Barth yr oedd Daniel yn dra dysgedig, nid yn unig mewn diwinyddiaeth ond hefyd mewn athroniaeth. (Hoffaf y stori gan hen fyfyriwr iddo amdano'i hun yn taro i mewn i Ystafell Gyffredin y Staff yng Ngholeg Bala-Bangor a chael Daniel yn eistedd â'i draed i fyny wrth y tân yn darllen Origen yn y Groeg gwreiddiol: nid y ffaith ei fod yn darllen Origen yn y Groeg gwreiddiol a wnaeth argraff ar y myfyriwr yn gymaint â'r ffaith ei fod yn gwneud hynny â'i draed i fyny wrth y tân!) Fel yn achos Barth, hydreiddir ymresymu Daniel gan argyhoeddiad ac angerdd, fel bod ei ddilyn yn cyrchu at y nod yn brofiad amgenach nag un meddyliol yn unig. Yn fwy hyd yn oed na Barth, o bosibl – prin fod gennyf i'r hawl i farnu rhwng y ddau – meddai Daniel ar arddull lenyddol goeth, gyhyrog a diwastraff, wedi ei mwydo yng nghlasuron rhyddiaith y Gymraeg a beirdd mawr hanner cyntaf yr ugeinfed ganrif (yn ogystal, wrth gwrs, â'i glasuron Groeg a Lladin hoff). Gwelir y nodweddion hyn i gyd yn yr ysgrifau a ddetholwyd i'r gyfrol hon, yn enwedig efallai yn nhriawd 1942–46. Ystyrier, er enghraifft, y cyfuniad rhyfeddol o oleuni a gwres a ganfyddir ym mharagraff olaf 'Y Syniad Seciwlar am Ddyn' a sgrifennwyd yn 1943 (fel y noda Dr Morgan, lled-gyfeiria'r geiriau olaf at ddiweddglo soned Saunders Lewis 'Y Dewis' a ymddangosasai yn 1942):

Diau fod lle i ddadlau yn erbyn seciwlariaeth ar ei thir ei hun, ac fe fydd hynny yn wastad yn rhan o waith amddiffyn yr Efengyl. Ond ni all fod yn gyfnewid am bregethu'r Efengyl, h. y., am osod dyn yng ngoleuni Ymgnawdoliad a Chroes Mab Duw, lle y gallo weled drosto'i hun fod ei bechod mor fawr fel na allai dim llai na gwneud y Gair tragwyddol yn gnawd, a'i ufudd-dod hyd angau'r Groes, ei achub rhagddo. Nid oes neb wedi cael cyfle i ystyried *quanti ponderis sit peccatum*, faint yw pwysau pechod, onid aethpwyd ag ef i fynydd yr Olewydd ac i fryn Golgotha a'i wahodd i'w chwilio'i hun a gofyn ai trefn cymdeithas, neu ddiffyg gwybodaeth, neu olion bywyd is, ai ynteu ddrwg gwreiddiol sy'n tyfu trwy *bob* trefn gymdeithasol, yn cyd-dyfu gyda *phob* cynnydd mewn gwybodaeth, a goroesi *pob* datblygiad, a alwodd am yr Aberth rhwng yr hoelion dur.

Dyma daro sawl hoelen ar ei phen ar unwaith! Ac fe wneir hynny dro
ar ôl tro drwy gydol y detholiad, er nad yn aml mewn dull mor
anorchfygol ag y gwneir yn y paragraff hwn. 'R wy'n credu fod rhaid
dod i'r casgliad fod Daniel, o ran addewid o leiaf, yn un o feistri
rhyddiaith Gymraeg yr ugeinfed ganrif.

Eithr i ba raddau y cyflawnwyd yr addewid? Mentrwyd uchod
gymharu Daniel â Barth. Y gwahaniaeth mawr rhyngddynt yw bod
Barth – mewn oes feithach nag a gafodd Daniel, mae'n wir – wedi
cyhoeddi ei *Kirchliche Dogmatik* naw mil tudalen yn ogystal â chryn
ddwsin o gyfrolau eraill. Swm cynnyrch Daniel yw'r can tudalen a
argreffir yma, ynghyd â *Dysgeidiaeth yr Apostol Paul* (122 tud.) a rhyw
gant o ysgrifau gwleidyddol yn *Y Ddraig Goch* a'r *Welsh Nationalist*.
('R wy'n llwyr gredu, gyda llaw, y dylid ailargraffu'r *Ddysgeidiaeth* a
detholiad helaeth o'r ysgrifau gwleidyddol.) 'R wy'n cofio Daniel yn
dweud wrthyf unwaith ddau beth, sef (a) fod galwad cenedlaetholdeb
arno wedi ei droi oddi wrth ddiwinydda; a (b) nad oedd yn ddrwg o
gwbl ganddo am hynny. Arwydd yw hyn fod Daniel wedi gallu
uniaethu'n llwyr yn ei feddwl alwad Crist arno â galwad Cymru, fel y
dangosodd Saunders Lewis iddo yntau allu'i wneud yn ei soned
'Mabon'.

O ran egwyddor y mae rhywbeth i'w edmygu'n ddirfawr yn yr olwg
integreiddiedig ac amhietistaidd hon ar fywyd, ond yr un pryd ni allaf
lai na hiraethu am gampweithiau ysgolheigaidd a llenyddol coll
Saunders Lewis a champweithiau diwinyddol coll J. E. Daniel.
Ganddo ef yn anad neb yr oedd yr adnoddau i ddysgu'r genedl
Gymreig sut i feddwl unwaith yn rhagor yn gywir am Gristnogaeth –
mater y byddwn i, yn naturiol, yn dadlau ei fod yn unigryw bwysig –
er ei bod yn rhaid cyfaddef, hyd yn oed petasai wedi gallu gwneud
hynny, nad oes unrhyw sicrwydd y buasai'r genedl yn ei chyflwr
presennol wedi gwrando dim arno.

3

Atgofion
a theyrngedau

Sgwrs ag R. Geraint Gruffydd

O'r *Cylchgrawn Efengylaidd*, Haf 1993. Y golygydd ar y pryd oedd Dr Gwyn Davies.

Golygydd: Yr ydych yn ymddeol eleni [1993] o'ch swydd fel Cyfarwyddwr Canolfan Uwchefrydiau Cymreig a Cheltaidd Prifysgol Cymru. Beth yn hollol yw natur y swydd hon?

R. Geraint Gruffydd: Y mae'n golygu tri pheth: gweinyddu'r Ganolfan a'i rhaglenni ymchwil, cyfrannu at y rhaglenni hyn hyd y bo hynny'n bosibl, a chodi arian. Gwaetha'r modd, y mae'r gyntaf a'r drydedd o'r dyletswyddau hyn bron iawn â chau allan yr ail erbyn hyn!

Gol.: Yr ydych wedi dal swyddi pwysig eraill yng Nghymru hefyd – Athro Cymraeg Prifysgol Cymru, Aberystwyth, a Llyfrgellydd Cenedlaethol Cymru. P'un o'r swyddi hyn sydd wedi rhoi'r boddhad mwyaf i chi?

RGG: Anodd dweud. Yr oedd cael bod yn Bennaeth Adran yng Ngholeg Aberystwyth yn yr 1970au yn brofiad cynhyrfus, ac yr oedd gennyf gyd-weithwyr disglair a tho ar ôl to o fyfyrwyr yr oedd yn fraint fawr cael bod yn eu cwmni. Yr oedd y Llyfrgell Genedlaethol, ar y llaw arall, yn fyd gwahanol ond yr un mor gynhyrfus yn ei ffordd ei hun. Unwaith eto fe gefais swyddogion a chyd-weithwyr yr oedd yn bleser gweithio gyda hwynt; ac fe gefais hefyd fy nghyflwyno i fyd newydd – byd llyfrgellyddiaeth – a ddug i mi lu o gyfeillion newydd o blith llyfrgellwyr y siroedd yng Nghymru, llyfrgellwyr prifysgol a chenedlaethol yn y Deyrnas Unedig ac Iwerddon, a llyfrgellwyr cenedlaethol drwy'r byd.

Gol.: **Mae'n amlwg i chi gael blas ar y cysylltiadau eang hyn.**

RGG: Do'n wir. Yr oedd trefniadaeth ryng-genedlaethol y llyfrgellwyr yn rhyw fath o ddrych, ar raddfa fechan, o'r Cenhedloedd Unedig! Un o'm cyfeillion pennaf yn ystod y cyfnod hwn oedd Denis Roberts, Llyfrgellydd Cenedlaethol yr Alban, a fu farw ychydig flynyddoedd yn ôl: bu ef yn garedig odiaeth wrthyf.

Gol.: **Yr ydym wedi bod yn sôn am swyddi pwysig a chyfrifol, ond beth am y dyddiau cynnar? Ble mae eich gwreiddiau?**

RGG: Fe'm ganed yn Ardudwy, sir Feirionnydd, lle'r oedd fy nhad yn Swyddog Amaethyddol y Sir. Mab fferm o Lŷn oedd ef, a'm mam, a oedd yn athrawes cyn priodi, yn ferch i ffermwr o Arthog ar draws Afon Mawddach o'r Bermo. Yr oedd imi un chwaer, Meinir, a fu farw y llynedd [1992], wedi gwaeledd hir, er mawr drallod inni fel teulu. Symudodd fy rhieni i Bwllpeiran ger Cwmystwyth, sir Aberteifi yn 1933, gan i'm tad gael ei benodi'n Gyfarwyddwr Tiroedd Cynllun Gwella Tir Mynydd [Syr Julian] Cahn, dan gyfarwyddyd cyffredinol yr athrylith hwnnw, Syr Reginald George Stapledon. Arhosodd Meinir a minnau yn Ardudwy tan 1936, pan oedd hi'n ddeg a minnau'n wyth oed, a hynny am resymau addysgol yn bennaf, 'r wy'n credu.

Gol.: **Fe gawsoch y fraint, felly, o gael eich magu'n rhannol yn y Gogledd ac yn rhannol yn y De.**

RGG: Do, a 'chefais i erioed fy nhwyllo wedyn gan y siarad gwag am y gwahaniaeth sylfaenol rhwng dwy ran y wlad (nid nad oes gwahaniaeth, ond y mae ymhell o fod yn sylfaenol).

Gol.: **Pa fath o blentyndod gawsoch chi? Pa bethau sy'n sefyll allan yn eich cof o'r cyfnod hwnnw?**

RGG: Hyd y cofiaf – mae'n amser pell yn ôl! – fe gafodd fy chwaer a minnau blentyndod hapus iawn heblaw, efallai, am y blynyddoedd y bu raid inni aros yn Ardudwy dan ofal modryb (garedig iawn, ond nad oedd ganddi blant ei hun) wedi i'n rhieni symud i Gwmystwyth. Yr oedd Ardudwy yn lle digon paradwysaidd, rhwng mynydd a môr, ac yr oedd ewythr inni a'i wraig (chwaer fy mam) yn ffermio'r fferm nesaf atom, ac yr oeddynt hwy a'u pum plentyn yn rhan o'r teulu estynedig, fel petai. Ond os oedd Ardudwy'n baradwysaidd, yr oedd cefn gwlad Ceredigion yn fwy fyth felly. Ar y pryd yr oedd pobl Cwmystwyth bron mor gyfarwydd â marchogaeth merlod â mynd ar droed, ac fe dreuliasom wyliau'r haf ar eu hyd yn crwydro'r mynyddoedd ar gefn merlod: yn aml iawn fe gaem gwmni ein cyfnither Nest, sy'n byw ym Mharis ers blynyddoedd bellach. Coffa da am y gwyliau – a'r merlod – hynny!

Gol.: **Beth am ddyddiau ysgol?**

RGG: Nid wyf yn cofio imi fwynhau'r ysgol yn Nyffryn Ardudwy gymaint â hynny: yr oedd plant yn aros ynddi ymhell wedi'r un ar ddeg ac yr oedd arnaf gryn ofn rhai ohonynt! Yr oedd ysgol Cwmystwyth wrth fy modd: ysgolfeistres hynaws o'r pentref yn edrych ar ôl y plant lleiaf, a phrifathro gwir alluog o Gwm Rhondda – ychydig yn ansicr ei Gymraeg gan hynny – yn gofalu am y rhai hynaf. Yr oedd cyfeillion cydnaws i chwarae â hwynt. Rhwng popeth, 'r wy'n ddiolchgar iawn imi gael fy ngeni yn Ardudwy a'm magu yng Nghwmystwyth.

Gol.: **Cawsoch gwmni arweinwyr cynnar Plaid Cymru ar yr aelwyd o bryd i'w gilydd. Pa atgofion sydd gennych o rai megis Saunders Lewis?**

RGG: Yr oedd Saunders Lewis a'm tad yn ffrindiau mynwesol o tua 1925 ymlaen. Fy nhad oedd Trysorydd cyntaf Plaid Genedlaethol Cymru, a ffurfiwyd yn 1925. Wedi llosgi'r Ysgol Fomio yn 1936 a'r carcharu a ddilynodd hynny, fe symudodd SL a'i deulu i ardal Aberystwyth i fyw, ac am rai blynyddoedd fe fu ef a'm tad yn cydffermio Llwynwnwch ger Pontarfynach. Fe welem gryn dipyn ohono felly ac

o'i wraig Margaret a'u merch Mair. Yr oedd ymlyniad fy nhad wrth SL
bron iawn â bod yn gwbl anfeirniadol, ac fe ellwch ddyfalu fod hynny
wedi cael cryn argraff arnaf innau.

Gol.: **Oes rhywun arall yn sefyll allan yn eich cof?**

RGG: Un arall o arweinwyr cynnar y Blaid a alwai i'n gweld ym
Mhwllpeiran oedd J. E. Daniel, a oedd ar y pryd yn Athro Diwin-
yddiaeth yng Ngholeg Bala-Bangor. Deuai ef i bregethu yng Nghwm-
ystwyth o bryd i'w gilydd: 'pregethwr dwfwn' meddai pobl y Cwm
amdano. Dyna athrylith arall – a dyna ffodus yr oeddwn! Ac fe fu i SL
a JED ran yn fy natblygiad ysbrydol – os caf ddefnyddio'r fath derm
ymhongar – maes o law.

Gol.: **Mae'r sylw hwnnw yn dod â ni at faes arall. Aethoch chi
i Goleg Bangor yn 1945, a phethau pwysig iawn yn digwydd –
cwrdd â'ch gwraig, a dod wyneb yn wyneb â bwrlwm ysbrydol
a gafodd ddylanwad dwfn iawn arnoch. Hoffech chi ddweud
peth o'r hanes?**

RGG: Wrth gydactio y daeth Luned a minnau i adnabod ein gilydd
gyntaf (er bod rhaid imi gyfaddef imi sylwi arni, a synnu at ei phryd-
ferthwch, gryn amser cyn inni gyd-droedio'r un llwyfan!). O dipyn i
beth fe ddyfnhaodd ein perthynas, ac fe'i seliwyd, er nad heb ymholi
dwys, pan brofasom ein dau dröedigaeth tua'r un amser: hyhi ychydig
o'm blaen i, os iawn y cofiaf. Yn ystod fy mlwyddyn olaf ym Mangor
y bu hynny.

Yr oedd fy syniadau diwinyddol wedi cael eu hunioni dros gyfnod o
rai misoedd cyn hynny, yn rhannol drwy ddarllen *Williams Pantycelyn*
Saunders Lewis a chael fy syfrdanu fod y gŵr disglair hwnnw yn
amlwg yn credu'n ddiysgog yn realiti tragwyddoldeb, nefoedd ac
uffern; ac yn rhannol drwy glywed J. E. Daniel yn traddodi darlith a
laddodd unwaith ac am byth y rhyddfrydiaeth ddiwinyddol wlanog

braidd y cawswn fy magu ynddi ac y ceisiwn o hyd lynu wrthi – am fy mywyd, fel petai.

Ac yna fe'm hwynebwyd, wyliau'r Nadolig 1947–48, mewn encil ym Mhlas-y-nant, Betws Garmon, gan gwestiwn tröedigaeth, a'r rheidrwydd sydd ar bawb ohonom drosto'i hun i droi at Grist mewn edifeirwch ac mewn ffydd. J. Elwyn Davies a fynnodd fy mod yn wynebu'r cwestiwn hwn, a 'Tra fo anadl yn fy ffroenau / Mi a'i galwaf ef fy nhad'.

Gol.: **O Fangor i Rydychen wedyn i wneud ymchwil ar ryddiaith y Diwygiad Protestannaidd yng Nghymru. Gawsoch chi unrhyw gysylltiad â'r ysgolhaig a'r awdur o Gristion, C. S. Lewis, a oedd yn amlwg iawn yno ar y pryd?**

RGG: Yn rhyfedd iawn, 'chefais i ddim cysylltiad uniongyrchol â C. S. Lewis tra oeddwn yn Rhydychen. Ond yr oedd gennyf gyfaill, Americanwr o'r enw Sheldon Vanauken (sydd bellach yn awdur llyfrau crefyddol tra phoblogaidd yn America), a oedd yn gyfaill agos i CSL ac a brofodd dröedigaeth drwyddo. Wrth gwrs, fe ddarllenwn innau ei lyfrau a chael llawer o fudd ohonynt, yn academaidd ac yn ysbrydol. Ond yr hyn a glywn amdano gan Van (fel y gelwid SV gan bawb) a'm hargyhoeddodd o'i fawredd, ac a'm gwnaeth yn gwbl anghrediniol o'r ceisiadau a fu'n ddiweddar i'w fychanu. Wrth gwrs fod iddo ei wendidau a'i ffaeleddau, ond y mae hynny'n ddieithriad wir am bawb ohonom. A gwae ni os tybiwn yn wahanol am unrhyw ddyn!

Gol.: **Mewn meysydd academaidd y mae eich gyrfa wedi bod. Beth yw'ch agwedd chi fel Cristion at ysgolheictod? A oes rhywfaint o dyndra wedi bod rhwng eich ffydd a'ch diddordebau academaidd o bryd i'w gilydd?**

RGG: Y mae'r alwedigaeth ysgolheigaidd (a'r yrfa academaidd sydd fel arfer ynglŷn â hi) bob amser yn hawlio mwy gan ddyn nag y gall fyth ei roi. Gan hynny y mae'r sawl sy'n ei dilyn yn cael ei demtio'n barhaus i esgeuluso ei ddyletswyddau eraill, er enghraifft tuag at ei deulu, ei gymdeithas neu ei eglwys. Yr wyf yn ymwybodol iawn fy mod wedi syrthio ganwaith i'r bai hwn.

Gol.: **A fyddech chi'n dweud fod dyletswyddau ar ysgolhaig o Gristion i geisio ymgodymu â thueddiadau meddyliol yr oes y mae'n byw ynddi?**

RGG: Byddwn, yn sicr. Dylai anelu at eu darostwng – o leiaf yn ei feddwl ei hun – i ufudd-dod Crist, yn ôl anogaeth Paul yn 2 Corinthiaid 10:5. Dyna dasg arall na ellir byth ei chyflawni'n gwbl foddhaol, ond y mae'n rhaid ymdrechu i fynd i'r afael â hi'n barhaus.

Wrth wynebu ar y tasgau hyn, fe fu dwy adnod a roes A. J. Toynbee ar flaen ei lyfr mawr (a thra anffasiynol bellach), *A Study of History*, yn galondid imi o dro i dro (er iddo gam-ddyfynnu, am resymau amlwg, y gyntaf ohonynt): '[Gweithiwch] tra ydyw hi yn ddydd; y mae'r nos yn dyfod, pan na ddichon neb weithio' (Ioan 9:4); 'Os yr Arglwydd nid adeilada y tŷ, ofer y llafuria ei adeiladwyr wrtho' (Salm 127:1).

Ynglŷn â'r ail adnod, yr wyf wedi bod ugeiniau o weithiau yn ystod fy ngyrfa heb wybod sut yn y byd y down i ben â rhyw ddarn o waith – llyfr neu erthygl neu ddarlith – erbyn y dyddiad penodedig, ac eto'n cael yn y diwedd fod y peth rywfodd wedi ei orffen mewn pryd. Wrth reswm y mae'n dal yn dra amherffaith, ond y mae wedi ei orffen. I mi, ateb i weddi, a thestun rhyfeddod, yw hyn.

Gol.: **Buoch chi'n gysylltiedig â Mudiad Efengylaidd Cymru o'r cychwyn cyntaf. Beth oedd gweledigaeth y Mudiad yn y dyddiau cynnar? I ba raddau y gwireddwyd y weledigaeth honno, ac i ba raddau hefyd y mae hi wedi newid dros y blynyddoedd?**

RGG: Amcan y Mudiad yn y dyddiau cynnar oedd ceisio adfer y dystiolaeth feiblaidd yn yr eglwysi fel yr oeddynt. Wrth y dystiolaeth feiblaidd yr hyn a olygaf yw'r ddysgeidiaeth Brotestannaidd uniongred wedi ei chyplysu â phwyslais ar brofiad – Calfiniaeth Fethodistaidd, os mynnwch! I raddau fe sylweddolwyd yr amcan, gan fod heddiw dystiolaeth efengylaidd eglur a diamwys yn y prif enwadau hanesyddol, yn enwedig (ac yn annisgwyl braidd) yn yr Eglwys yng Nghymru. O'r 1960au ymlaen fe ddaeth tuedd newydd i'r amlwg, sef bod eglwysi efengylaidd annibynnol, gan amlaf yn arddel y safbwynt bedyddiedig, yn codi yma a thraw. Y mae'r duedd hon yn sicr yn cynrychioli newid oddi wrth yr amcan gwreiddiol, ond y tebyg yw ei bod yn anochel. Fe ddylwn egluro, efallai, nad wyf i na bedyddiwr nac annibynnwr, ond fy mod yn credu'r un pryd fod yr hyn a bregethir – y neges am Grist – yn bwysicach na'r pethau eilradd hyn.

Gol.: Fel un sydd wedi bod yn amlwg mewn bywyd cyhoeddus yng Nghymru, sut ydych chi'n edrych ar ein cenedl ym mlynyddoedd olaf yr ugeinfed ganrif? Beth yw ei chyflwr, ei manteision, ei hanghenion?

RGG: Mae arnaf awydd cweryla â'ch disgrifiad ohonof, ond 'wnaf i ddim mo hynny am y tro! O rai safbwyntiau y mae cyflwr Cymru yn negawd olaf yr ugeinfed ganrif yn ymddangos yn bur obeithiol. Er bod sefyllfa'r iaith o hyd yn sylfaenol fregus, y mae'n ymddangos fod y rhod wedi troi o'i phlaid o'r diwedd. Er gwaethaf y peryglon amlwg, yr wyf fi fy hun yn croesawu'r duedd i ganoli grym yn y Swyddfa Gymreig, gan y gall hynny hwyluso'r ffordd at gynulliad etholedig yn y pen draw. Y mae mawr angen am i Gymru dderbyn y prif gyfrifoldeb am ei bywyd hi ei hun – ond gan gydnabod bob amser, wrth gwrs, ei rhwymau hanesyddol wrth wledydd eraill yr ynysoedd hyn a (bellach) wrth wledydd y gymuned Ewropeaidd yn ogystal.

Gol.: A beth am ei chyflwr ysbrydol?

RGG: Yn ysbrydol fe geir yr argraff fod Cymru, a'r Gymru Gymraeg yn arbennig, yn anialwch o le. Ac y mae'r cwestiwn yn codi: pa bwynt yn y pen draw sydd mewn cynulliad etholedig, a'r iaith Gymraeg yn ffynnu, os yw bywyd y genedl yn gyffredinol yn sownd yng ngafael grymusterau sy'n elyniaethus i Dduw? Ond efallai fy mod yn cymryd golwg rhy ddu ar bethau. Drwy ras, nid wyf yn credu y bydd y dystiolaeth Gristnogol bellach yn darfod o'r tir, ac fe all unrhyw foment ddechrau denu pobl ar raddfa fawr eto a mynd yn gyflym ar led. Pe digwyddai hynny fe fyddwn yn teimlo'n hyderus iawn am ddyfodol Cymru!

Gol.: Ac yn awr – ymddeol. Mae'n anodd credu hynny rywsut! Beth yw eich cynlluniau ar gyfer yr holl amser sbâr a ddaw i'ch rhan?

RGG: Mae gennyf dri llyfr wedi eu haddo: un byr ar farddoniaeth lys yr Oesoedd Tywyll, un hir ar lenyddiaeth Gymraeg y Diwygiad Protestannaidd, ac un canolig ei faint ar fywyd a gwaith Thomas Jones o Ddinbych – heblaw amryw erthyglau a phethau felly. Ond yr wyf yn gobeithio hefyd gael cyfle i ddarllen yn fwy cyffredinol nag a fu'n bosibl ers rhai blynyddoedd, ym maes diwinyddiaeth yn ogystal ag ym meysydd hanes a llenyddiaeth.

Gol.: Os cofiaf yn iawn, mae gennych ddiddordeb mewn hedfan – a fyddwch cyn hir ymhlith y rhai sy'n hedfan yn isel dros rannau helaeth o Gymru?

RGG: Mae dysgu hedfan wedi bod yn uchelgais gennyf ers blynyddoedd lawer, ond ysywaeth 'fûm i ddim hyd yn hyn o fewn cyrraedd i ysgol beilotiaid gyfleus. Fe fyddai wedi bod yn help anghyffredin imi yn y Llyfrgell Genedlaethol petawn i wedi medru hedfan!

Ond ynglŷn â'r holl gynlluniau hyn, Duw'n unig a ŵyr a geir eu dwyn i ben ai peidio. Chwedl Wiliam Llŷn, 'Duw a ran hyd yr einioes.' Wrth edrych yn ôl, y cwbl y gallaf ei ddweud yw imi fod yn hynod freintiedig. Yr wyf yn ddiolchgar odiaeth am hynny, ond yn cofio'r un pryd fod llawer yn cael ei ofyn gan y sawl y rhoddwyd llawer iddo.

Y *Llais* yn siarad â'r
Athro Geraint Gruffydd

Rhan o gyfweliad yn *Llais y Lli* (papur myfyrwyr Cymraeg Coleg Prifysgol Cymru, Aberystwyth), Awst 1973. Yr holwyr ar ran *Llais y Lli* oedd John Emyr a D. Alwyn Owen.

Llais y Lli: **A gawn ni amlinelliad o'r prif ddigwyddiadau yn eich bywyd cyn i chi ddod yma i Aberystwyth yn Athro yn yr Adran Gymraeg yn 1970?**

R. Geraint Gruffydd: Cefais fy ngeni yn sir Feirionnydd bum mlynedd a deugain yn ôl, ac yno y bûm i'n byw am tua wyth mlynedd. Wedyn mi wnaethon ni symud i Geredigion, i Gwmystwyth, am fod fy nhad wedi cael swydd yn y Coleg. Yr oedd Cwmystwyth yn lle delfrydol i dyfu ynddo. Yr oeddwn yn mynd i'r ysgol yn y pentref – yn mynd weithiau ar gefn ceffyl, ac yn stablu'r ceffyl yn stabal y tŷ capel. Yr oedd rhywun yn gallu crwydro yn hollol rydd dros y bryniau ar gefn ceffyl; profiad idylaidd braidd, ac yr wyf yn dal i edrych yn ôl ato. Wedyn, ddechrau'r rhyfel, bu raid i 'nhad symud i lawr i ardal Aberystwyth am ddwy flynedd. Yna cefais fy ngyrru i ffwrdd i'r ysgol; ysgol o Sgotland oedd hi, ond yr oedd hi ar y pryd yn Llandinam yn Nyffryn Hafren, a bûm yno am dair blynedd. Ar ddiwedd y rhyfel, euthum i hen goleg fy nhad a'm mam, sef Bangor. Cefais dair blynedd yno, dwy gydag Ifor Williams a blwyddyn gyda Thomas Parry. Yr wyf yn ei chyfri hi'n fraint arbennig iawn fy mod wedi cael y ddau yna yn athrawon arnaf – yn ddau cwbl wahanol o ran eu personoliaeth ac o ran eu dulliau o ddysgu; ond yr oedd y ddau yn ysgolheigion mawr, ac yn athrawon mawr. Cefais fwynhad arbennig iawn allan o'm cyfnod ym Mangor ar yr ochr academaidd, heb sôn am agweddau eraill.

Llais y Lli: **Fedrwch chi sôn rhywfaint am yr 'agweddau eraill'?**

RGG: Digwyddodd dau beth pwysig iawn i mi ym Mangor. Fe wnes i gyfarfod fy ngwraig i ddechrau. Yr oedd hi'n gyd-fyfyriwr â mi. Yr oeddem yn actio gyda'n gilydd mewn cynhyrchiad o'r ddrama Gymraeg dan John Gwilym Jones. Yr oedd hynny'n brofiad addysgol o'r radd flaenaf, heblaw bod yn gyfle da i feithrin carwriaeth! Yn bwysicach fyth, os yw hynny'n bosibl, ym Mangor, yn ystod fy mlwyddyn olaf, fe'm daliwyd i gan fudiad diwygiadol Cristnogol a flodeuodd ymhlith y myfyrwyr dan arweiniad J. Elwyn Davies – a ddaeth wedyn yn Ysgrifennydd Mudiad Efengylaidd Cymru. Yn y cynnwrf hwn cafodd fy ngwraig a minnau dröedigaeth, ac 'r wy'n edrych yn ôl ar y digwyddiad hwnnw fel digwyddiad pwysicaf fy mywyd, heb unrhyw os, oherwydd, pa mor gyndyn bynnag y bo rhywun yn glynu wrth olion yr hen fywyd, mae'n golygu gwneud pob peth yn newydd: mae'n golygu eich bod yn gweld pob peth o hyn ymlaen mewn goleuni hollol newydd – bod eich cymhellion yn newydd a'ch blaenoriaethau yn newydd a'ch bod chi yn newydd. A phetawn i'n gorfod nodi'r peth mwyaf gwerthfawr a gefais ym Mangor, byddai'n rhaid i mi ddweud mai'r profiad yna o dröedigaeth oedd hwnnw; ac yn ail, byddai'n rhaid i mi ddweud mai cyfarfod fy ngwraig; ac yn drydydd, byddai'n rhaid i mi ddweud mai'r meithriniad academaidd a gefais i, ac yn agos iawn at hynny y bywyd cymdeithasol godidog oedd yn ffynnu yno ar y pryd.

Llais y Lli: **Yr oedd yna fendith ysbrydol arbennig, on'd oedd, yn y cyfnod hwnnw?**

RGG: Oedd. Cofiwch, wrth edrych yn ôl, medraf weld fod yna gyfnod hir o ryw fath o baratoi wedi bod arnaf. Yr oedd fy syniadau diwinyddol, yn raddol bach, wedi cael eu hunioni o fod yn rhyddfrydiaeth ronc i fod yn rhywbeth tebyg iawn i ffydd Gristnogol uniongred. A'r dylanwad cryfaf, gyda llaw, yn y cyfeiriad hwnnw oedd clywed darlith gan J. E.

Daniel yn haf 1947. 'R wy'n meddwl mai dyna'r ddarlith unigol fwyaf gwefreiddiol a glywais erioed, achos fe ddangosodd Daniel i mi, unwaith ac am byth, beth oedd Cristnogaeth o safbwynt meddyliol – nid rhyw fath o ddamcaniaeth ddynol anelwig, ond datguddiad clir a phendant wedi ei roi gan Dduw.

Yn dilyn y cyfnod hwn o baratoad cawsom wŷs gan Elwyn Davies i ryw fath o encil mewn lle o'r enw Plas-y-nant ym Metws Garmon. Nid Elwyn oedd i fod i gymryd yr encil ond, rywsut neu'i gilydd, Elwyn a wnaeth y siarad allweddol yn yr encil honno. A'r hyn a wnaeth oedd cymryd tröedigaeth pechadur yn thema. Pan glywais gyhoeddi'r thema, disgynnodd fy nghalon, achos yr oeddwn i'n rhyw amau ei bod yn berthnasol i 'nghyflwr i. Ond y cwbl a wnaeth Elwyn oedd esbonio'n syml yr efengyl hanfodol – bod dyn yn greadur wedi cwympo, wedi syrthio; fod Duw yng Nghrist wedi dod i'r byd ac wedi marw er mwyn i ddyn gael ei adfer; ac mai'r hyn oedd yn ofynnol bellach i ddyn ei wneud oedd derbyn y waredigaeth a oedd wedi ei gweithio drosto. Fe gefais i hyn yn anodd iawn i'w ddeall a'i dderbyn am beth amser, ond fe wawriodd y goleuni o'r diwedd; a dyna ydoedd: gweld yn glir nad oedd y peth yn dibynnu arnaf i o gwbl, ei fod yn dibynnu'n llwyr ac yn hollol ar rywbeth yr oedd rhywun arall wedi ei wneud drosof. Ac unwaith yr oeddwn wedi dod i'r pwynt yna, yr oedd cam ffydd wedi ei gymryd.

Llais y Lli: **Ar ôl graddio ym Mangor, deallwn i chi fynd i Rydychen am gyfnod.**

RGG: Graddiais ym Mehefin 1948. Nid oeddwn yn siŵr iawn beth i'w wneud am dipyn. Fe ddaeth yr arweiniad drwy'r Athro Idris Foster. Mae fy nyled i'r Athro Foster, megis i'r Athrawon Thomas Parry ac Ifor Williams, yn anfesuradwy. Y nhw yw fy nhri mentor i, er bod yr Athro Caerwyn Williams hefyd, ar hyd y blynyddoedd, wedi dod gyfuwch â nhw. Fe euthum i Goleg yr Iesu, Rhydychen, at yr Athro Foster a bûm yno am bedair blynedd yn gwneud ymchwil ar ryddiaith

Brotestannaidd yr unfed ganrif ar bymtheg a'r ail ganrif ar bymtheg; hynny yw, rhyddiaith y Diwygiad Protestannaidd yng Nghymru.

Llais y Lli: **Ar ôl Rhydychen, i ble aethoch chi?**

RGG: Fe orffennais yn Rhydychen ddiwedd 1952 ac wedyn fe gefais gynnig i fynd yn un o is-olygyddion *Geiriadur Prifysgol Cymru* yn y Llyfrgell Genedlaethol. Yr oedd hyn yn apelio ataf ar lawer cyfri. Yn un peth, yr oeddwn yn awyddus iawn i briodi a mi fyddai hyn yn dod â chyflog! Wedyn yr oedd yn gyfle i ddod i adnabod y Llyfrgell Genedlaethol. Yr oeddwn yn ymwybodol iawn pa mor bwysig oedd y gwaith o baratoi geiriadur hefyd. Fe fûm ar staff y *Geiriadur* am ddwy flynedd a hanner. Priodais yn Hydref 1953, a bûm yno am ddwy flynedd wedyn. Yr oedd y profiad hwnnw lawn mor addysgiadol â gwaith ymchwil yn Rhydychen a gwaith gradd ym Mangor, achos yr oeddech yn ymdrin â'r cwbl o ffynonellau llenyddiaeth Gymraeg. A braint fawr oedd cael gweithio tan gyfarwyddyd y Golygydd, Mr R. J. Thomas.

Llais y Lli: **Yna dychwelyd i Fangor?**

RGG: Bûm ym Mangor am bymtheg mlynedd wedyn, ac yr oeddynt yn bymtheg mlynedd hapus dros ben. Yr oedd yr Adran Gymraeg yn dra llewyrchus o dan yr Athro Caerwyn Williams, ac o dan yr Athro Melville Richards wedi iddo ddod yno yn 1966. Yr oedd gen i gydweithwyr galluog a hynaws iawn, ac yr oeddem yn cael myfyrwyr da a diddorol. 'Does gen i ddim byd ond pleser wrth edrych yn ôl ar y cyfnod hwnnw. Yr oedd yn digwydd, fodd bynnag, ar adeg pan oedd y Coleg yn tyfu'n arw iawn ac yn Seisnigo yn ddirfawr fel canlyniad.

Un o'm cyd-weithwyr yn yr Adran oedd John Gwilym Jones. Mae pawb yn gwybod am ei waith mawr fel darlithydd ac fel rhywun oedd yn noddi llenyddiaeth, a hefyd fel dramodydd a chynhyrchydd dramâu. Ac un o'r pethau yr wyf yn mawr obeithio, ac yn wir yn hyderu erbyn hyn, fydd yn digwydd yma hefyd yw y bydd y ddrama

Gymraeg yn dod yn llawn mor bwysig ac yn llawn mor werthfawr ym mywyd myfyrwyr o Gymry yn Aberystwyth ag oedd hi ym mywyd Bangor.

Llais y Lli: **Fe wyddom ni i gyd eich bod chi wedi dangos diddordeb brwd yn y ddrama ers pan ydych chi yma.**

RGG: Wel dyma'r rheswm: fy mod i wedi gweld mor werthfawr y gall hyn fod wrth edrych ar Mr John Gwilym Jones wrthi ym Mangor.

Llais y Lli: **A ydyw'n wir eich bod chi a'r teulu wedi bod yn America am gyfnod?**

RGG: Mi wnes i gais am gael mynd yn gymrawd i lyfrgell ymchwil yn Washington am wyliau haf. Yr oedd y llyfrgell hon yn arbenigo yn fy nghyfnod i. Ac fe gefais dri mis ffrwythlon iawn yno a chael crwydro tipyn ar America hefyd – achos yr oedd gen i rai cyfeillion da iawn yn America ers cyfnod Rhydychen. Ond treuliais y rhan fwyaf o'r amser yn y llyfrgell yn Washington. 'Doedd yr un Americanwr call yn byw yn Washington yn yr haf (fel yr eglurwyd wrthyf wedyn) a dyna'r rheswm mae'n debyg pam y cefais i'r gymrodoriaeth! 'Fyddai'r un Americanwr yn ceisio am gymrodoriaeth i weithio yn Washington yn ystod yr haf! Yr oedd hi'n enbyd o boeth a llaith. 'R wy'n meddwl mai un o'r atgofion mwyaf byw sydd gen i yn fy mywyd yw am ryw fore o Fedi; yr awyr yn ysgafnu'n sydyn a'r gwres yn dod i lawr i rywbeth fel 75°. A wyddoch chi, yr oedd y teimlad o – beth yw'r gair? – radlonrwydd cyffredinol at y ddynoliaeth yn anorchfygol!

Llais y Lli: **A gawsoch chi brofiad o'r gwrthdaro cymdeithasol yn America yn ystod eich arhosiad yno?**

RGG: Yr oeddem yno cyn y gwrthdaro mawr – y flwyddyn wedyn y llosgwyd rhannau helaeth o Washington oherwydd llofruddiaeth Martin Luther King – ond yr oedd y broblem yn gwbl amlwg yr adeg honno.

Yr oeddem yn byw mewn maestref yn Washington – pobl wynion ymhobman – ond yr oedd eu hofn nhw o'r bobl dduon yn amlwg, ac yr oedd yna chwerwder dychrynllyd. A dweud y gwir, yr oedd hi'n anodd ofnadwy gweld sut y gellid datrys y broblem, a chofio am agweddau'r bobl wynion.

Fe fuom fel teulu yn mynd i gapeli oedd yn agos i'n cartref yn Washington – eglwysi gwynion oeddynt i gyd; ac yn y diwedd fe benderfynais chwilio am rywbeth dipyn bach mwy iachus. Ac fe ffeindiais ryw eglwys fechan, gymysg, ynghanol y ddinas – rhyw fath o eglwys annibynnol oedd hi – oedd yn cyfuno athrawiaeth uniongred â gofal cymdeithasol mewn dull trawiadol iawn, er ei bod yn anodd iawn dal y ddau beth yna'n gytbwys. 'R wy'n rhyw deimlo fod y pendil ar y pryd yn symud tuag at yr ochr ofal-cymdeithasol, ond yr oedd yna ymdrech, beth bynnag, i gynnal y ddau beth.

Llais y Lli: Fe ddaethoch yma i Aberystwyth yn Athro ar yr Adran Gymraeg dair blynedd yn ôl [1970]. A ydych chi wedi setlo i lawr erbyn hyn?

RGG: Mewn ffordd, yr oedd dod yn ôl i Aberystwyth fel dod adref. Nid oedd o gwbl fel dod i le dieithr i mi. Er nad oedd gen i fawr o brofiad o'r Coleg o'r blaen, 'chefais i ddim trafferth i setlo i lawr. Mae yma Adran Gymraeg ardderchog, a bu fy nghyd-weithwyr – a'r myfyrwyr – yn hynod groesawgar.

Mae fel petai rhyw fywyd ac egni newydd ym mywyd cymdeithasol a diwylliannol myfyrwyr Cymraeg y Coleg y dyddiau hyn. Yn wir, 'r wy'n rhyw ymdeimlo ag addewid un o'r oesoedd aur yna ym mywyd Cymraeg y Coleg yn ystod y blynyddoedd nesaf yma.

Llais y Lli: Fe orffennwn ar y nodyn gobeithiol hwnnw! Diolch i chi am eich parodrwydd i siarad â ni.

'A'm llyfr yn fy llaw'

Ysgrif yn y gyfres 'A'm llyfr yn fy llaw' yn yr adran 'Barn ar Addysg'
yn y cylchgrawn *Barn*, Tachwedd 1990

U n o feddylwyr mwyaf y bedwaredd ganrif ar bymtheg oedd Daniad o'r enw Søren Kierkegaard, a ysgrifennai mewn Daneg yn hytrach nag yn yr Almaeneg a oedd yn ffasiynol yn y cylch-oedd lle y trôi ef. Erbyn heddiw y mae llawer o ysgolheigion wedi dysgu Daneg er mwyn medru deall Kierkegaard yn well! Yn ei weithiau cynnar fe ddysgai fod modd meddwl am fywyd yn nhermau tair graddfa neu gylch: y raddfa esthetig i ddechrau, yna'r raddfa foesol, yna'r raddfa ysbrydol. Fe ysgrifennwyd traethodau hirfaith yn ceisio egluro beth yn union a olygai Kierkegaard wrth y tri therm hyn – esthetig, moesol ac ysbrydol – ac yn sicr ni wiw i mi geisio gwneud hynny yma! Ond fe'm trawodd yn ddiweddar fod modd cysylltu fy mhrofiad – digon bregus – i o'r tair graddfa hyn â thri sefydliad addysgol y bûm mor ffodus â'u mynychu. Fe hoffwn sôn yma am fy mhrofiad o ddeffro, fel petai, i'r raddfa esthetig ar fodolaeth – a deall y term, am y tro, i olygu'n syml ymwybod â harddwch, sef ystyr lawer iawn fwy cyfyng nag a briodolai Kierkegaard iddo.

Yn Ysgol Ramadeg Ardwyn, Aberystwyth, y digwyddodd hynny. Bûm mewn dwy ysgol gynradd, yn Nyffryn Ardudwy ac yng Nghwmystwyth, a bod yn ddigon ffodus i gael athrawon rhagorol yn y ddeule, yn enwedig yng Nghwmystwyth. Ond am ryw reswm, nid cyn imi symud i'r ysgol ramadeg (neu'r Ysgol Sir, o'i disgrifio'n fanwl gywir) yn nhref Aberystwyth y digwyddodd y cam petrus i mewn i'r cylch esthetig yn fy hanes. Yn annisgwyl braidd, drwy gyfrwng yr iaith Saesneg y bu hynny. Y rheswm am hyn, 'r wy'n amau, oedd fod yr athrawes Saesneg a oedd gennym yn hawlio mwy gan ei disgyblion na'r athro Cymraeg a oedd yno ar y pryd (er ei fod yntau'n dra

phoblogaidd ac uchel ei barch). Enw'r athrawes Saesneg oedd
Gwyneth Mainwaring; y mae bellach [1990] wedi ymddeol ac yn byw
o fewn chwarter milltir i'r fan yr ysgrifennaf y geiriau hyn. Yr adeg
honno – hanner canrif yn ôl – yr oedd yn athrawes ifanc alluog,
ddawnus ac egnïol a fynnai fod y sawl yr oedd yn eu dysgu yn cymryd
eu gwaith yn llwyr o ddifrif: anodd yn wir yw gorbrisio cyfraniad
athrawon o'r fath. Un tymor fe ddarllenai gyda ni rai o delynegion
beirdd rhamantaidd Lloegr ac yn eu plith yr oedd 'The Cloud' gan
Percy Bysshe Shelley:

> *I bring fresh showers for the thirsting flowers,*
>   *From the seas and the streams;*
> *I bear light shade for the leaves when laid*
>   *In their noon-day dreams [...]*

> *That orbèd maiden with white fire laden*
>   *Whom mortals call the Moon,*
> *Glides glimmering o'er my fleece-like floor,*
>   *By midnight breezes strewn [...]*

> *I am the daughter of Earth and Water*
>   *And the nursling of the Sky;*
> *I pass through the pores of the oceans and shores;*
>   *I change, but I cannot die[...].*

Erbyn heddiw mae'n debyg y byddai'n rhaid imi ddweud nad
Shelley yw fy hoff fardd rhamantaidd Saesneg ac nad 'The Cloud' yw
fy hoff gerdd gan Shelley. Y mae ynddi ddiffyg ymenyddwaith (er ei
fod yn anelu at gyfleu'r syniadau gwyddonol diweddaraf, fel y
gwnaethai Pantycelyn yn *Golwg ar Deyrnas Crist*), ac y mae ei chrefft
yn oramlwg. Ond yr wyf yn amau mai'r union nodweddion hyn a
apeliai ataf yn hogyn deuddeg oed. Yn enwedig yr oedd sigl y llinellau
a miwsig y cytseinedd a'r odlau mewnol yn gyfareddol yn fy mhrofiad.
Fe ddeuthum yn ymwybodol unwaith ac am byth y gellid trin geiriau yn
y fath fodd ag i greu harddwch arhosol. Mwy na hynny, fe ddeuthum
yn ymwybodol fod ymdeimlo â harddwch yn agwedd sylfaenol a

gwerthfawr ar y profiad dynol (er fy mod bellach yn llwyr gytuno â Kierkegaard fod yr agwedd foesol yn llawer pwysicach na hi, a'r agwedd ysbrydol yn bwysicach fyth).

Fe aeth dwy neu dair blynedd heibio cyn imi gael yr un profiad drwy gyfrwng barddoniaeth Gymraeg, a soned 'Hiraeth' Robert Williams Parry oedd y darn a wnaeth y gwaith y tro hwnnw: yr wyf yn dal braidd yn ddiamynedd â'r ffasiwn gyfoes i ddilorni neu anwybyddu Williams Parry. Ond Shelley, i mi, a agorodd y drws gyntaf i mewn i'r cylch esthetig, ac er mai'n anaml iawn y trof yn ôl ato am faeth bellach, yr wyf yn dragwyddol ddiolchgar iddo, ac i Miss Mainwaring ac Ysgol Ramadeg Ardwyn hefyd, am agor fy llygaid i weld arwyddocâd a gwerth yr agwedd hon ar fywyd.

Megan Phillips (1915–2002)

Teyrnged a gyhoeddwyd yn *The Cambrian News,* 27 Mehefin 2002

Bu farw Mrs Megan Phillips ddydd Iau, 9 Mai 2002, yng nghartref ei merch ieuengaf Angharad a'i theulu ym Macheiddon, Aberhosan; ond yn 15 Elysian Grove, Aberystwyth, gyda'i merch hynaf, Menna, yr oedd wedi gwneud ei chartref ers rhai blynyddoedd.

Ganed Megan James yn 1915 ym mhlwyf Llanrhystud, er i'w theulu symud i Lan-non yn ddiweddarach. Yr oedd yn un o wyth o blant. Cafodd ei haddysg yn Ysgol Gynradd Llan-non ac Ysgol Sir Aberaeron ac yna fe'i hyfforddwyd fel nyrs yn hen Ysbyty Heol y Gogledd, Aberystwyth ac fel bydwraig yn Ysbyty Plaistow yn ardal y dociau yn Llundain. Bu'n nyrs ardal yn Llundain am gyfnod gan ymweld â'i chleifion ar gefn beic; ond gan ei bod wedi dysgu gyrru car, cafodd swydd nyrs ardal yng ngogledd Ceredigion anghysbell, gan ofalu am Bontarfynach, Trisant a Chwmystwyth.

Y mae gennyf gof clir amdani yn dod i'r ardal yn 1938, yn ferch ifanc brydweddol lygatddu. Gwnaeth argraff ddofn ar y gymdogaeth oherwydd ei gofal a'i medr, ac argraff ddyfnach fyth ar Llywelyn Phillips, gwyddonydd amaethyddol ifanc a fuasai ers rhyw flwyddyn yn cynorthwyo fy nhad, Moses Griffith, i reoli ffermydd y 'Cahn Hill Improvement Scheme' dan adain y Fridfa Blanhigion; y ffermydd oedd Pwllpeiran, Prignant a Nant-rhys.

Yn 1940 olynodd Llywelyn Phillips fy nhad fel cyfarwyddwr tiroedd y 'Cahn Hill' a symud i Bwllpeiran i fyw. Yn 1942 priodwyd ef a Megan James, ac ym Mhwllpeiran y ganed Menna ac Angharad. Symudasant i dref Aberystwyth yn 1949 pan apwyntiwyd Llywelyn Phillips yn swyddog cyswllt y Fridfa – swydd a gyflawnodd gyda disgleirdeb anghyffredin am flynyddoedd lawer – a buont yn byw mewn amryw o dai, gan gynnwys Plas Gogerddan, cyn ymsefydlu yn Heol Caradog.

Bu farw Llywelyn Phillips yn frawychus o sydyn ar 20 Hydref 1981, a byth er hynny bu gofal y ddwy ferch am eu mam yn ddiymarbed. Yn angladd Mrs Phillips, canmolodd ei gweinidog, y Parch. Andrew Lenny, ei ffyddlondeb hi a'i gŵr yn yr oedfaon yn Seion, Baker Street; a phwysleisiodd, yn briodol iawn, mai gofalu am eraill oedd nod bywyd Mrs Phillips ar ei hyd. Mae ein cydymdeimlad yn fawr â'r teulu yn eu colled a'u hiraeth.

Cyfraniad Llywelyn Phillips

Y cyflwyniad i gasgliad o ysgrifau gan Llywelyn Phillips,
Hel a Didol (Pen-y-groes: Cyhoeddiadau Mei, 1981)

Byddai cael gwahoddiad i sgrifennu gair o gyflwyniad fel hyn i'r gyfrol hon fel arfer yn hyfrydwch pur. Yr oedd yr awdur yn un o ffefrynnau fy machgendod i – yr wyf yn ei gofio'n dod i Bwllpeiran yn 1937, yn llanc ifanc eiddil ond gwydn newydd raddio – ac ni phallodd fy hoffter a'm hedmygedd ohono dros y pedair blynedd a deugain a aeth heibio ers hynny. Loes drom felly oedd clywed am ei farw disyfyd nos Fawrth, 20 Hydref eleni [1981]. Hyd y diwedd buasai ei feddwl a'i barabl mor effro a byrlymus ag erioed. Hyfrydwch trist iawn bellach yw cael llunio hyn o gyflwyniad i'w gyfrol.

Yr oedd Llywelyn Phillips yn ŵr anghyffredin iawn ar lawer cyfrif. Gwladwr o ogledd yr hen sir Benfro ydoedd, ac ni chollodd erioed ei gysylltiad â'r ardal nodedig honno, na'i ymwybod â rhythm y bywyd gwledig yno, na'i afael ar ei thafodiaith ysblennydd. Ond at y gynhysgaeth honno fe ychwanegwyd gwrtaith ysgol a choleg, ac addysg mewn swoleg amaethyddol yn Ysgol Amaethyddol enwog Coleg Prifysgol Cymru, Aberystwyth yn yr 1930au: fe elwodd i'r eithaf ar yr addysg honno, a chyfrannu'n helaeth at ledaenu ffrwyth ymchwil amaethyddol, ym Mhwllpeiran i ddechrau, ac wedyn ym Mridfa Blanhigion Cymru (heb sôn am ei aml gyfraniadau ar y radio a thrwy'r wasg). Ond y mae mwy i'w ddweud amdano na hynyna, hyd yn oed: yr oedd hefyd yn llenor a oedd yn blasu rhin geiriau fel petaent yn ddrachtiadau o hen win, yn enillydd ar y soned yn yr Eisteddfod Genedlaethol, yn delynegydd, yn englynwr a chywyddwr. Ac yn ben ar y cwbl yr oedd yn gwmnïwr a garai gymdeithas ei gyd-ddynion ac a rôi ei ysgwydd yn llawen a dinacâd dan faich pob cyd-ymdrech a chyd-antur, boed yn grŵp bathu geiriau neu'n gylch trafod neu'n bapur bro.

'Ble mae'r athrylith yna o Swyddog Cyswllt sydd gennych?' Dyna ymholiad a glywid ar draws y byd, yn ôl tystiolaeth un o uchel swyddogion y Fridfa Blanhigion wrthyf y dydd o'r blaen. Ac yr *oedd* athrylith yn Llew Phillips. Pwysicach na hynny, yr oedd ynddo ddynoliaeth fawr hefyd, a chalon feunyddiol gynnes. Fe'i collir yn egr, gan ei deulu'n bennaf oll ond hefyd gan ei lu cyfeillion a chydnabod yn Aberystwyth a thrwy Gymru. Cysur prin, ond cysur serch hynny, yw ei fod megis yn llefaru eto wrthym yn ei ysgrifau gloywon.

Genesis cyfrol!

O rifyn coffa Saunders Lewis o'r cylchgrawn *Barn*, Hydref 1985

Yr oedd Dr a Mrs Saunders Lewis a'm rhieni yn gyfeillion teuluol ac ni chofiaf amser pan nad oeddwn yn ymwybodol ohonynt ac yn ymwybodol hefyd o'r parch a'r hoffter dwfn a oedd gan fy rhieni tuag atynt. Yr oedd Mair, eu merch, a'm chwaer Meinir yn gyfoedion a byddem yn cydchwarae pryd bynnag y caem gyfle. Pan gollodd Saunders Lewis ei swydd yng Ngholeg y Brifysgol, Abertawe, yn dilyn llosgi'r Ysgol Fomio yn 1936, fe symudodd y teulu i ogledd Ceredigion, i hen blasty Aber-mad i ddechrau ac yna i Lygad-y-glyn, Llanfarian: diau y bydd cofeb ar furiau'r ddau dŷ ryw ddydd. Fe fu fy nhad a Saunders Lewis yn cydffermio Llwynwnwch, Trisant, heb fod nepell o Bontarfynach am rai blynyddoedd, ac yn ystod yr adeg honno gwelem lawer arno ef a'i deulu. Fe ddaeth y cyfnod hwnnw i ben pan apwyntiwyd ef yn Ddarlithydd yn Adran y Gymraeg, Coleg y Brifysgol, Caerdydd gan yr Athro Griffith John Williams yn 1952, a'r teulu yn symud i fyw o Lanfarian i Benarth.

Rhaid wrth y rhaglith hir yna i esbonio'r hyn sy'n dilyn! Yn 1963 cynhaliwyd yr Ail Gyngres Astudiaethau Celtaidd Rhyngwladol yng Ngholeg y Brifysgol, Caerdydd. Ar gyfer y Gyngres cyhoeddodd Gwasg y Brifysgol gyfrol, *Celtic Studies in Wales*, dan olygyddiaeth Dr Elwyn Davies, a gwahoddwyd fi i gyfrannu'r bennod ar Lenyddiaeth. (Yr wyf yn amau'n gryf mai trwy eiriolaeth fy Mhennaeth Adran ar y pryd, yr Athro J. E. Caerwyn Williams, y digwyddodd hynny.) Wrth lunio'r bennod fe sylweddolais yn eglur o'r newydd fod Saunders Lewis erbyn hynny wedi cyhoeddi llyfrau neu ysgrifau ar bron bob awdur o bwys yn ystod holl hanes llenyddiaeth Gymraeg. Yn ystod y Gyngres euthum draw i Benarth i weld Dr a Mrs Lewis a chrynhoi digon o ddewrder – neu o hyfdra – i ofyn a gawn gasglu'r ysgrifau ynghyd yn gyfrol. Meddyliodd am funud ac yna ateb 'Cewch.' Clywais wedyn fod eraill, cymhwysach na mi, wedi dod ato cyn hyn gyda'r un cais ac wedi cael eu gwrthod. Yr wyf yn gwbl siŵr mai'r cyfeillgarwch â'm rhieni a drodd y fantol o'm plaid.

Bu'r blynyddoedd nesaf yn rhai pur brysur yn fy hanes ac ni wneuthum ddim ynglŷn â'r bwriad, er nad anghofiais ef o gwbl. Ar un olwg bu hynny'n fantais, oherwydd at ddiwedd yr 1960au a dechrau'r 1970au fe ymddangosodd y gyfres fawreddog o bedair erthygl ar Bedair Cainc y Mabinogi. Fel y nesâi'r pedwar ugeinfed pen-blwydd yn 1973 fe ailymeflais yn y gyfrol (bu Cyfarwyddwr Gwasg y Brifysgol ar y pryd, Dr R. Brinley Jones, yn dda odiaeth wrthyf). Cynigiais restr gynnwys i Dr Lewis ac fe'i derbyniodd gydag un eithriad yn unig: nid oedd yn fodlon imi ailgyhoeddi ei ysgrif ar Iolo Goch o'r *Llenor* ar gyfer hydref 1926 am na chytunai bellach (neu felly y tybiaf) â'r farn hytrach yn negyddol ar y bardd mawr hwnnw a fynegodd yn yr ysgrif. Ni chefais arlliw o gerydd ganddo am oedi mor hir nac unrhyw awgrym ei fod wedi newid ei feddwl: unwaith y rhôi ei air, fe gadwai ato'n ddi-syfl. Yn hytrach fe wnâi bopeth a allai i'm helpu, er ei fod yn mynnu gadael pob penderfyniad golygyddol i mi. Un o'i gymwynasau pennaf oedd awgrymu'r teitl (a esgorodd ar gerdd wych yr Athro Bobi Jones iddo). Fel y croniclir yn y Rhagair, fe gefais help llu o gyfeillion eraill yn ogystal ac fe ymddangosodd y gyfrol yn brydlon yn haf 1973. Erbyn hyn y mae wedi ei hailargraffu, a *Meistri a'u Crefft* (a olygwyd gan y Parchedig Gwynn ap Gwilym) yn gydymaith cymharus iddi. Pa mor ddiffygiol bynnag yw'r golygu, y mae'r cynnwys yn ymddangos i mi mor ysblennydd ag erioed, ac yr wyf yn cyfrif cael rhan fechan yn ei dwyn i olau dydd yn un o freintiau pennaf fy mywyd.

Atgof am J. E. Daniel

O'r *Cylchgrawn Efengylaidd*, Gorffennaf/Awst 1979

Ys gwn i faint o bobl heddiw sydd wedi clywed am J. E. Daniel? Llawer o'r genhedlaeth hŷn, mae'n debyg gennyf i. Yn sicr nid yw'n haeddu cael ei anghofio, gan na hen nac ieuanc. Yr oedd yn Athro Diwinyddiaeth yng Ngholeg Bala-Bangor am flynyddoedd, a gellir yn hyderus honni mai ef yw'r diwinydd galluocaf a gafodd Cymru yn yr ugeinfed ganrif. Wedi ymadael â Choleg Bala-Bangor bu'n Arolygwr Ysgolion, a chanddo'r ddyletswydd o osod Addysg Grefyddol yng Nghymru ar ei thraed wedi Deddf Addysg 1944. Bu hefyd yn Llywydd Plaid Genedlaethol Cymru ar adeg argyfyngus iawn yn ei hanes.

Yr oeddwn i'n ei adnabod erioed, gan fod fy nhad ac yntau'n ffrindiau mawr. Y mae gennyf lawer o atgofion byw amdano, ond am un yn unig y dymunaf sôn yn awr. Haf 1947 oedd hi, ac yr oedd fy ngwraig Luned a minnau (nid oeddem yn briod bryd hynny) wedi penderfynu mynd i Gynhadledd Urdd y Deyrnas yng Ngholeg Addysg Caerllion-ar-Wysg. Nid oedd cysgod yr Ail Ryfel Byd wedi llwyr gilio ac y mae gennyf gof fod y bwyd yn neilltuol o wael; ymhlith y cynadleddwyr hefyd yr oedd y Dr Glyn Tegai Hughes ifanc yn ei wisg fel swyddog yn y fyddin. Ond os oedd y bwyd yn wael, gwahanol iawn oedd yr arlwy feddyliol. Ymhlith y siaradwyr yr oedd R. T. Jenkins, y Parch. John Roberts (Caerdydd), Gwenallt, Gwynfor Evans, Gwenan Jones a J. E. Daniel. Sôn am Gristnogaeth yng Nghymru yr oeddynt, yn hanesyddol gan mwyaf. Yr oedd y cwbl yn bur newydd i mi, ac yn ddiddorol odiaeth – 'r wy'n cofio o hyd bethau a ddywedodd R. T. Jenkins a John Roberts. Ond nid hanesyddol oedd agwedd J. E. Daniel, ac yr oedd y pethau yr oedd ganddo ef i'w dweud yn fwy na diddorol.

Yn ei ddarlith ef, yr hyn a wnaeth oedd gofyn yn syml y cwestiwn 'Beth yw'r efengyl Gristnogol?' Yr ateb, meddai, oedd 'newyddion da' – dyna ystyr y gair 'efengyl'. Ond yr oedd yn rhaid i newyddion, da neu ddrwg, fod am *ddigwyddiad*. At ba ddigwyddiad y cyfeiriai newyddion da'r efengyl Gristnogol? Yr ateb oedd: at ymgnawdoliad, marwolaeth ac atgyfodiad Iesu Grist, Mab Duw. A phwrpas y Digwyddiad hwnnw oedd ennill maddeuant i ddynion a oedd wedi eu dieithrio oddi wrth Dduw a'u condemnio i farwolaeth. Amlygiad o gariad Duw ydoedd, ac yr oedd yn rhaid i gariad gael mynegiant mewn *gweithred*.

Dyna gnewyllyn neges J. E. Daniel, neges a draddodai gyda'r llewyrch a'r argyhoeddiad a'r tanbeidrwydd mwyaf. I mi, a oedd wedi fy magu ar Foderniaeth ffasiynol y cyfnod, yr oedd y cwbl yn ddatguddiad. Nid crynswth o egwyddorion moesol cymeradwy oedd Cristnogaeth felly, ac nid dyn da ac athro ac esiampl yn unig oedd Iesu Grist. Rhaid bod rhyw baratoi wedi bod arnaf – yr oedd darllen *Williams Pantycelyn* Saunders Lewis yn ystod fy nghwrs gradd wedi bod yn gryn ysgytwad imi – oherwydd nid amheuais am funud nad J. E. Daniel oedd yn iawn. Ac nid wyf wedi amau hynny o'r foment honno hyd heddiw. Dyma yw Cristnogaeth, a dim byd arall.

Tröedigaeth feddyliol neu ddeallusol oedd hon, fel y gwelir. (Un o'm hofnau ysbeidiol yw nad arweiniodd i ddim byd mwy na hynny.) Ond fe ddigwyddodd rhywbeth arall yng Nghaerllion hefyd. Yng ngoleuni'r hyn a glywsom fe wnaeth Luned a minnau adduned a oedd – fel y gellir gweld bellach – yn ymgais i ymateb ar lefel yr ewyllys i'r weledigaeth newydd o Dduw a oedd wedi ei chyflwyno inni. Canlyniad hynny oedd y profiad crefyddol mwyaf gwefreiddiol a ddaeth erioed i'm rhan, na chynt nac wedyn. Yr oedd presenoldeb Duw fel petai'n llenwi'r awyr o'n cwmpas, ac yn dwyn heddwch a llawenydd gydag ef. Buan y ciliodd y profiad, ac ni wn hyd heddiw sut i'w egluro na'i fantoli, petai hynny'n bwysig. Ond oherwydd y cwbl a ddigwyddodd yng Nghaerllion, pan heriwyd ni rai misoedd yn ddiweddarach i gredu yng Nghrist fel ein Hiachawdwr a'n Harglwydd, nid oedd, drwy drugaredd, ond un ymateb yn bosibl. A dyna gychwyn cerdded y llwybr yr ydym yn dal i'w droedio, yn herciog ddigon, hyd heddiw.

Cyn ei farw annhymig mewn damwain fodur yn 1962 cefais gyfle i ddweud wrth J. E. Daniel rywbeth am fy nyled iddo. Petai gennyf hamdden ryw ddydd, fe hoffwn sgrifennu'n helaethach arno. Mewn dyddiau anodd fe safodd yn gadarn dros y wir ffydd Gristnogol a thros ei wlad, a phrin y gellid dweud yn well am unrhyw un na hynyna. Mawr ac ardderchog fyddo, ryw ddydd, yn ein chwedl.

Ifor Williams (1881–1965)

O'r *Bangoriad* (cylchgrawn Cymdeithas Cyn-Fyfyrwyr Prifysgol Cymru, Bangor), 1995

Pan ddeuthum i Goleg Bangor yn 1945 yn ddwy ar bymtheg oed, rhyw feddwl gwneud cwrs Anrhydedd mewn Saesneg yr oeddwn (er fy mod yn dal i freuddwydio'n ofer am fod yn wyddonydd). Yr oedd gorfod arnaf felly ddilyn cwrs 'Intermediate' mewn Almaeneg a dewisais y Gymraeg yn drydydd pwnc. Fel y digwyddodd, yr oedd gwrth-drawiad yn yr amserlen rhwng 'Inter' Almaeneg ac 'Inter' Cymraeg ac felly cefais ddilyn cwrs 'Final I' mewn Cymraeg, er nad oedd gennyf Dystysgrif Uwch yn y pwnc, yn ogystal ag mewn Saesneg. Prin ei bod yn syn, pan edrychaf yn ôl heddiw ar y tro hwnnw yn fy ngyrfa, ei bod yn anodd iawn gennyf gredu nad oedd gan Ragluniaeth ryw law yn yr hyn a ddigwyddodd!

Yr oedd y cofrestru y dyddiau hynny yn Neuadd Prichard-Jones, a phob adran â'i bwrdd ar hyd furiau'r neuadd. Wrth fwrdd yr Adran Gymraeg, hyd y cofiaf bellach, eisteddai tri gŵr: Yr Athro Ifor Williams, Thomas Parry a J. E. Caerwyn Williams. (Erbyn 1945 yr oedd Robert Williams Parry wedi ymadael â'r Adran ac Enid Roberts a Brinley Rees heb gyrraedd – a dyna enwi triawd arall anghyffredin o ddisglair!) Yr oedd Ifor Williams yn 64 oed y flwyddyn honno, Tom Parry yn 41 a Chaerwyn Williams yn 33. Cawsai Ifor Williams eisoes ei ethol yn Gymrawd yr Academi Brydeinig yn 1938 ac fe etholid Tom Parry a Chaerwyn Williams hwythau'n Gymrodyr maes o law. Bu'r tri ysgol-haig mawr hyn yn addurn, nid yn unig ar Brifysgol Cymru ond ar ysgol-heictod Celtaidd byd-eang yn ogystal; ond hoffwn ganolbwyntio yma ar Ifor Williams.

Yr oedd Ifor Williams yn un o'r arloeswyr academaidd mawr. Ganed ef yn 1881 i deulu o chwarelwyr o Dre-garth: ei daid ar ochr ei fam oedd Huw Derfel. Cafodd afiechyd blin pan oedd yn ifanc, afiechyd a adawodd ei gorff yn wyrgam tra bu, ac yr oedd yn 21 oed pan gyrhaeddodd Goleg Bangor, lle y graddiodd gydag Anrhydedd mewn Groeg a Chymraeg. Gwnaed ef yn Ddarlithydd yn y Gymraeg yn 1907, yn Athro yn 1920 ac yn Bennaeth yr Adran yn 1929. Ymddeolodd yn 1947, y flwyddyn y gwnaed ef yn Farchog, a bu farw yn 1965. Er i'w hen athro Syr John Morris-Jones ddechrau astudio'r hen ganu Cymraeg yn wyddonol (os addas y gair) gyda'i gyfrol *Taliesin* (1918), Ifor Williams a agorodd y maes hwn led y pen a thaflu goleuni digyffelyb arno gyda'i gyfrolau mawr *Canu Llywarch Hen* (1935), *Canu Aneirin* (1938) a *Canu Taliesin* (1960); gwnaeth yr un gymwynas gydag amryw o weithiau rhyddiaith yr Oesoedd Canol, gan gynnwys Pedair Cainc y Mabinogi, a chyda gwaith amryw o'r cywyddwyr, gan gynnwys Dafydd ap Gwilym. Mewn gwirionedd yr oedd yn feistr ar holl rychwant llenyddiaeth Gymraeg, er mai yn yr iaith Gymraeg yn ei holl gyfnodau – ac, o raid, yn ei chysylltiadau â'r ieithoedd Celtaidd eraill – yr oedd ei brif ddiddordeb. A diddordeb ysol oedd hwnnw, yn meddiannu ei holl oriau effro ac, fe ellid yn hawdd gredu, rai o'r oriau ynghwsg yn ogystal!

Gymaint oedd ei ddiddordeb nes ei fod yn gyfathrebwr tan gamp yn yr ystafell ddarlithio, er bod ei gyrsiau yn rhai tra ansystematig o'n safbwynt ni. Anffurfiol ac agos atoch – a ffraeth ryfeddol – oedd ei arddull, a hawdd iawn oedd closio ato a'i anwylo (er na chytunai pawb ag ef ar bopeth, yn enwedig gwleidyddiaeth). Yr oedd ei ddysg yn hynod, a'i dreiddgarwch ysgolheigaidd yn hynotach fyth: gallai weld i galon problem ar amrantiad ac, yn amlach na pheidio, weld y dull gorau o'i ddatrys hefyd. Er bod, fel y dylai fod, lawer o drafod ar ei waith a'i ailasesu y dyddiau hyn, at ei gilydd y mae'n parhau'n rhyfeddol o safadwy. Yr oedd yn gawr ysgolheigaidd mewn corff bychan a bregus.

Byddaf yn meddwl fod llawer o ardderchowgrwydd academaidd ac ethos teuluaidd Coleg Bangor yn yr 1920au a'r 1930au wedi ei gyfleu'n gofiadwy yn y cwpled dienw canlynol, sy'n cymharu Ifor Williams, a oedd yn aml yn hwyr yn dod i'w ddarlithiau (methu gadael

ei waith ymchwil yr oedd, er mai defaid ar Bont y Borth a gâi'r bai yn
aml), â Thomas Hudson-Williams, yr Athro Groeg, a oedd, yn ôl y
sôn, yn eithafol o brydlon:

> Yr oedd Ifor ar ddyfod,
> A Hydi Bach wedi bod!

Gellir synhwyro ar unwaith y parch a'r anwyldeb y tu ôl i'r dychanu hwn.
Gwyn fyd yr athrawon a gaiff eu dychanu fel hyn gan eu disgyblion.
A gwyn fyd y disgyblion a gaiff y fath athrawon. Yr oeddwn i'n un o'r
rheini o Hydref 1945 ymlaen, a mawr iawn oedd fy mraint.

Thomas Parry (1904–85)

Cyfuniad o erthygl yn *Y Bangoriad* (cylchgrawn Cymdeithas Cyn-Fyfyrwyr Prifysgol Cymru, Bangor), 1996, a theyrnged a ddarlledwyd ar BBC Radio Cymru adeg marw Syr Thomas ac a gyhoeddwyd yn y cylchgrawn *Barn*, Mai 1985, ynghyd â rhannau o deyrnged a ymddangosodd yn *Y Faner*, 3 Mai 1985

Ganed Thomas Parry 14 Awst 1904 yng Ngharmel ger Caernarfon, yn ail o dri mab Richard a Jane Parry. Yr oedd ei daid ar ochr ei dad yn daid hefyd (drwy briodasau gwahanol) i Robert Williams Parry a T. H. Parry-Williams. Llongwr a droes yn chwarelwr a thyddynnwr oedd ei dad, merch fferm o Lŷn oedd ei fam. Rhyngddynt fe lwyddasant i roi i'w tri mab addysg brifysgol, fel y crybwyllodd Thomas Parry mewn cerdd nodedig o dyner pan fu farw ei dad (y deyrnged a gafodd ei fam oedd awdl ailorau – os ailorau hefyd – Eisteddfod Genedlaethol Aberafan 1932).

O Ysgol Gynradd Penfforddfelen – lle y daeth ef a John Gwilym Jones yn gyfeillion am oes – ac Ysgol Sir Pen-y-groes, aeth i Goleg Bangor yn 1922, lle yr astudiodd Gymraeg wrth draed John Morris-Jones, Ifor Williams a'i gefnder Robert Williams Parry. Graddiodd gydag Anrhydedd Dosbarth Cyntaf mewn Cymraeg ynghyd â Lladin yn 1926. Yn lle mynd i Bonn i ymchwilio gyda Rudolf Thurneysen, fel y dymunai Ifor Williams, aeth yn ddarlithydd mewn Cymraeg a Lladin i Goleg Prifathrofaol Deheudir Cymru a Mynwy (fel y gelwid ef y pryd hynny) yng Nghaerdydd. Yno bu'n gyd-weithiwr i W. J. Gruffydd a Griffith John Williams, ac yno hefyd y digwyddodd y peth pwysicaf a ddaeth i'w ran yn ystod ei fywyd, sef cyfarfod ag Enid (merch Picton Davies, a oedd yn newyddiadurwr uchel ei barch ar y *Western Mail*), a ddaeth yn 1936 yn wraig iddo. Bu eu priodas yn ffynhonnell hapusrwydd a chynhaliaeth ddi-ball iddo.

Erbyn 1929, fodd bynnag, yr oedd yn ôl ym Mangor yn ddarlithydd yn ei hen adran – adran y daeth yn Athro a Phennaeth arni yn 1947 pan ymddeolodd Ifor Williams. Yn 1953 fe'i penodwyd yn Llyfrgellydd Llyfrgell Genedlaethol Cymru ac yn 1958 yn Brifathro Coleg Prifysgol Cymru, Aberystwyth. Ymddeolodd yn 1969 a symud yn ôl i fyw i Fangor, lle y bu farw yn 1985. Yn ystod blynyddoedd olaf ei oes yn unig yr arafodd ei gamre ryw ychydig, yn dilyn cyfres o lawdriniaethau trymion. Daeth anrhydeddau lu i'w ran: yr oedd, er enghraifft, yn Ddoethur Er Anrhydedd Prifysgolion Cymru ac Iwerddon, etholwyd ef yn Gymrawd yr Academi Brydeinig yn 1959 ac urddwyd ef yn Farchog yn 1978. Bu'n Llywydd y Llyfrgell Genedlaethol 1969–77 ac yn Llywydd Anrhydeddus Gymdeithas y Cymmrodorion 1978–82. Llawn haeddodd y cwbl, a mwy: eto, ni fenodd yr un anrhydedd y gronyn lleiaf arno.

Yr oedd gan Syr Thomas gyfuniad anghyffredin iawn o alluoedd. Yn y lle cyntaf, wrth gwrs, yr oedd yn ysgolhaig gwych dros ben. Fe gyhoeddodd yn ystod ei oes faith a chynhyrchiol ymhell dros ddau gant o lyfrau, erthyglau, nodiadau, adolygiadau, dramâu a cherddi, ond y mae'n rhaid i mi yma ganolbwyntio ar y gweithiau mawr. Y gramadegydd a'r dyneiddiwr o Fôn, Siôn Dafydd Rhys, a ddenodd ei sylw gyntaf. Ef oedd testun ei MA, ac fe gyhoeddodd amryw erthyglau praff arno yn ystod yr 1920au. Yna, yn 1935, ymddangosodd y clasur bychan hwnnw, *Baledi'r Ddeunawfed Ganrif*, lle y gwelir dawn gerddorol Syr Thomas yn ymbriodi â'i ddawn fel hanesydd a beirniad llenyddol. Llyfr mawr yr 1940au oedd *Hanes Llenyddiaeth Gymraeg hyd 1900*, a fu'n arweiniad diogel a difyr i genedlaethau o fyfyrwyr i mewn i'n hetifeddiaeth lenyddol. Ond dechrau'r 1950au yr ymddangosodd y campwaith mawr, ei *magnum opus* yn ddiamau, sef *Gwaith Dafydd ap Gwilym*, y golygiad boddhaol cyntaf o waith prif fardd Cymru ac un o feirdd mawr Ewrop, golygiad wedi ei seilio ar astudiaeth drylwyr o gannoedd yn llythrennol o lawysgrifau dros gyfnod o chwarter canrif a mwy; ychydig iawn, iawn y gallod ysgolheigion diweddarach wella ar hwn hyd yma [1985] er bod traean canrif wedi mynd heibio er pan ymddangosodd gyntaf ac er bod Syr Thomas yn nodweddiadol werthfawrogol o'u gwaith. Dechrau'r 1960au ymddangosodd *The Oxford Book of Welsh Verse*, yr orau o ddigon o'n blodeugerddi un gyfrol ni. Ac yna, yn 1976, gyda Mr Merfyn Morgan, fe olygodd *Llyfryddiaeth Llenyddiaeth Gymraeg* a ddaeth ar unwaith yn offeryn anhepgor yn llaw'r ysgolhaig a'r myfyriwr fel ei gilydd. Hynny ydyw, Syr Thomas a roddodd inni ein hanes llenyddiaeth safonol, ein blodeugerdd safonol, ein llyfryddiaeth llenyddiaeth safonol, ac argraffiad safonol o weithiau ein prif fardd – heb sôn am ddegau o gyfraniadau llai eu hyd ond nid llai gwerthfawr, megis *Baledi'r Ddeunawfed Ganrif.*

Beth oedd cuddiad ei gryfder fel ysgolhaig? Y mae'n amlwg i ddechrau fod ganddo alluoedd cynhenid cwbl anghyffredin. Drwy lafur dygn meithrinodd y galluoedd hyn a'u caboli: fe dyfodd yn Lladinydd praff, a dod i wybod llawer am yr ieithoedd Celtaidd eraill heblaw'r Gymraeg; yn ddiweddarach fe ychwanegodd Ffrangeg ac Almaeneg atynt. Yr oedd yn ymchwilydd trwyadl a gofalus, fel y disgwylid gan un a gafodd lawer o gwmni Griffith John Williams yn ddyn ifanc. Yr oedd yn gallu gosod trefn ar ddeunydd anhydrin mewn ffordd a oedd yn goleuo llwybr pawb a ddeuai ar ei ôl. Ond ei gynneddf bwysicaf oedd ei synnwyr cymesuredd hynod, ei allu di-feth i ganfod beth oedd yn wir arwyddocaol a beth y gellid mynd heibio iddo heb fawr sylw. Ychwaneger at hyn ddawn tra anghyffredin i'w fynegi ei hun, nid yn unig mewn ysgrifen ond ar lafar, fel y tystia pob myfyriwr a eisteddodd wrth ei draed erioed.

Y mae'r pwynt olaf hwn yn bwysig. Yr oedd Syr Thomas yn llenor wrth reddf, nid beirniad llenyddol a hanesydd llên yn unig. Fel y nodwyd eisoes, daeth yn ail yng nghystadleuaeth yr awdl yn Eisteddfod Genedlaethol 1932, ac fe ganodd amryw gerddi byrion cynnil a choeth ac ambell un wir gyrhaeddgar. Hoffai hefyd (yn breifat) arfer cerdd dafod at bwrpas dychan a thynnu coes hwyliog. Ond ei gampweithiau yn y maes hwn oedd ei ddramâu mydryddol *Lladd wrth yr Allor* a *Llywelyn Fawr*: y mae corws olaf *Llywelyn Fawr* yn un o'r darnau gorau o brydyddiaeth ddramatig a ysgrifennwyd erioed yn Gymraeg. Ac yr oedd Syr Thomas hefyd yn sicr yn un o feistri mawr rhyddiaith Gymraeg yr ugeinfed ganrif. Ysgrifennai ryddiaith mor goeth ac urddasol ag ef ei hun – yr arddull oedd y dyn yn wir! Cythruddid ef yn wirioneddol gan aflerwch iaith, er iddo wrth olygu'r Beibl Cymraeg Newydd ganiatáu cryn lacio ar y rheolau. Yr oedd ganddo chwaeth lenyddol dra sicr fel y gwelwyd ddegau o weithiau ar lwyfan yr Eisteddfod Genedlaethol, a gwnaeth lawer i lenyddoli'r cwrs Cymraeg ym Mangor.

Yr oedd hefyd yn weinyddwr nodedig. Bu'n Ysgrifennydd y Senedd yng Ngholeg Bangor yn ystod yr Ail Ryfel Byd a chynigiwyd swydd Cofrestrydd y Coleg iddo. Bu'n Bennaeth Adran tra llwyddiannus, yn cyfuno trefnusrwydd mawr â gofal personol mawr dros unigolion. Cafodd dymor ffrwythlon fel Llyfrgellydd y Llyfrgell Genedlaethol, gan bwysleisio'n gyson swyddogaeth ddysgedig y sefydliad. Pan aeth i Goleg Aberystwyth yn 1958, yr oedd y lle mewn cryn anhrefn yn dilyn ymddiswyddiad Goronwy Rees; ond buan y llwyddodd Thomas Parry i adfer trefn a hyder a chydlynedd unwaith yn rhagor: yma eto perchid ei ddysg a'i bwyslais ar hyrwyddo dysg fel prif flaenoriaeth sefydliad academaidd. Mewn sefyllfaoedd o anghydfod glynai wrth ei egwyddorion, ond ceisiai hefyd bob amser gymodi rhwng safbwyntiau gwrthwynebus i'w gilydd, osgo a olygai ar brydiau ei fod dan ymosodiad o ddau du yr un pryd (ond ni chollodd ddim cwsg o'r herwydd).

Yn olaf, rhaid nodi ei ddawn arbennig fel athro. Ynghyd â dysg eang a dofn, meddai ar drefnusrwydd meddwl cwbl eithriadol a dawn hynod i wneud popeth yn eglur a diddorol (yr oedd ei hiwmor lled sychlyd yn help mawr yn hyn o beth). Golygai'r cyfuniad hwn fod pob darlith bron ganddo yn addysg o'i dechrau i'w diwedd. Ond yn aml fe geid ganddo fwy na hynny, ac yr wyf yn cofio'n dda roi'r gorau i gymryd nodiadau a gwrando'n gegrwth arno'n traethu ar ymgais arwrol Cymry'r bedwaredd ganrif ar bymtheg i greu sefydliadau cenedlaethol iddynt eu hunain. Yr wyf yn amau a fu erioed ddarlithydd gwell nag ef yn Adrannau Cymraeg Prifysgol Cymru. Er mynnu darllen testun drwyddo yn drwyadl a threfnus – yn wahanol i Syr Ifor, a hoffai fanylu ar ychydig dudalennau yn unig – yr oedd ei sylwadau ar y testun hwnnw bob amser yn ddiddorol ac yn aml yn wefreiddiol. Ac yr oedd hyn mor wir am Aneirin ag ydoedd am Ddafydd ap Gwilym a Robert Williams Parry. Yr wyf yn ei gofio'n dod i Rydychen i ddarlithio ar *Barddoniaeth Dafydd ab Gwilym* (1789) a phrofi'n ddigamsyniol mai amaturiaid rhonc oedd y rhan fwyaf – er nad y cwbl – o athrawon y brifysgol honno yn yr ystafell ddarlithio o'u cymharu ag ef. Y mae'n chwith meddwl, ar un olwg, iddo roi'r gorau i ddarlithio yn rhinwedd ei swydd yn 1953, ond y mae'r ffaith honno'n ychwanegu at ein balchder ni a'n tebyg a gafodd y fraint ddigymar o eistedd wrth ei draed. Fel y dywed-odd y Gwyddel athrylithgar hwnnw, y diweddar Athro David Greene, wrthyf unwaith, wrth resynu braidd fod yr athro a'r ysgolhaig gan Syr Thomas wedi mynnu troi'n ben-gweinyddwr: 'Welsh professors don't come any better than Tom Parry.' Gwir iawn y dywedodd.

Ac eto, y tu ôl i'r campau a'r anrhydeddau i gyd, y dyn sy'n mynnu dod i'r meddwl. Y dyn syber, awdurdodol a allai geryddu'n hallt pan farnai fod angen, ond a oedd yr un pryd yn ymgorfforiad o garedigrwydd a chymwynasgarwch: dyn llawn hwyl a direidi hefyd, yn enwedig yng nghwmni ei gyfaill oes, John Gwilym Jones.

Y mae hyn oll yn helpu i esbonio pam na allai'r un o hen fyfyrwyr Syr Thomas feddwl amdano heb edmygedd ac anwyldeb, na meddwl am ei ymadawiad heb ddagrau yn eu llygaid. Safai dros warineb a safonau'r oes y maged ef ynddi, mewn ysgolheictod a moes fel ei gilydd, a mawr iawn ac arhosol yw'r bwlch ar ei ôl.

J. E. Caerwyn Williams (1912–99)

Teyrnged a draddodwyd yn ei angladd yng Nghapel y Morfa, Aberystwyth, 12 Mehefin 1999, ac a gyhoeddwyd yn *Y Traethodydd*, Hydref 1999

Yr wyf yn hyderu y maddeuwch imi os methaf â chadw rheolaeth lwyr ar fy nheimladau yn ystod y deyrnged fer hon. Yr oedd yr Athro Caerwyn Williams yn un o'r rhai a'm derbyniodd yn las-fyfyriwr i Adran Gymraeg Coleg Bangor yn 1945, ac ef a'm penododd yn ddarlithydd yn yr adran honno yn 1955. Fe fu'n Bennaeth Adran arnaf am ddeng mlynedd, ac wedi hynny fe fuom yn gyd-weithwyr yn Aberystwyth am yn agos iawn i ddeng mlynedd ar hugain. Ef yn anad neb oedd fy mentor ar hyd y blynyddoedd, ac os oes unrhyw sglein yn digwydd bod ar y gwaith yr wyf yn ei wneud, iddo ef y mae'r rhan fwyaf o'r diolch. Ac fe allai llawer iawn ohonom ym myd ysgolheictod Cymraeg a Cheltaidd ddweud yn union yr un peth amdano. Mewn cyfarfod o ysgolheigion Celtaidd o fwy nag un wlad yn Llundain ddydd Mercher diwethaf [9 Mehefin 1999], y peth cyntaf a wnaeth y Cadeirydd, yr Athro William Gillies o Brifysgol Caeredin, oedd galw am ddau funud o ddistawrwydd er parch i Caerwyn.

Fe'i ganed ar Wauncaegurwen yn 1912, yr hynaf o dri o blant. Brodor o'r Groeslon, sir Gaernarfon, oedd y tad, a oedd wedi mudo i faes glo'r De i chwilio am waith a phriodi yno. Yr oedd Caerwyn yn treulio llawer o'i wyliau yn y Groeslon, ac felly y daeth i adnabod John Gwilym Jones a Thomas Parry, a ddaeth yn gyfeillion oes iddo. Er mai Deheuwr ydoedd, yr oedd yn teimlo ei fod hefyd yn perthyn i'r Gogledd – 'Ynof mae Cymru'n un', chwedl Waldo Williams – ac yr oedd Caerwyn yn caru Cymru gyfan yn angerddol. Cafodd addysg ardderchog yn Ysgol Sir Ystalyfera ac wedyn yng Ngholeg y Brifysgol, Bangor, lle y graddiodd gydag Anrhydedd uchel mewn Lladin yn 1933

a chyda'r Anrhydedd uchaf mewn Cymraeg yn 1934. Wedyn bu'n ym-
chwilio yn yr Adran Gymraeg, gan ennill ei radd MA yn 1936 am batrwm
o draethawd ar ddau destun crefyddol Cymraeg Canol, arwydd sicr
o'r ysgolheictod cynhwysfawr a oedd i'w nodweddu o hynny ymlaen.
Bu'n brentis darlithydd am gyfnod yn yr Adran Gymraeg cyn mynd i
Ddulyn yn 1939 i barhau â'i astudiaethau yno, cyfnod ffurfiannol iawn
yn ei hanes. Dychwelyd i Gymru yn 1941 a dod i Aberystwyth i'r
Coleg Diwinyddol Unedig ac ennill ei radd BD yn 1944 gyda rhagor-
iaeth mewn Groeg a Hanes yr Eglwys, cyn treulio'r flwyddyn ddilynol
yn y Bala yn dysgu bugeilio wrth draed David Phillips a Griffith Rees.
Erbyn 1945 yr oedd wedi treulio un mlynedd ar bymtheg mewn prif-
ysgolion a sefydliadau cyffelyb ac wedi ennill pedair gradd wych iawn
mewn ystod eang o bynciau.

Nid oes ryfedd o gwbl felly i Ifor Williams, ei hen athro ym Mangor,
ei wahodd y flwyddyn honno i ymuno â'r Adran Gymraeg fel darlithydd,
er i'w hyfforddiant fel gweinidog yr efengyl adael stamp annileadwy
arno: ar lawer cyfrif, gweinidog yr efengyl mewn swydd 'seciwlar'
ydoedd ar hyd ei oes. Y flwyddyn ddilynol fe'i priodwyd ef â Gwen
Watkins o Abertridwr ger Caerffili, ond yn fuan wedyn darganfuwyd
ei fod yn dioddef gan y dicáu, a bu raid iddo dreulio mwy nag un
cyfnod o rai misoedd ar y tro yn sanatoriwm Llangwyfan. Yr oedd
hwn yn brawf enbyd ar briodas ifanc, ond fe'i gwrthsafwyd yn
fuddugoliaethus gan y ddau ohonynt, a byth er hynny amhosibl meddwl
am Caerwyn heb Gwen: mae'n gwbl sicr na fyddai wedi cyflawni
traean o'r hyn a wnaeth oni bai am ei hymgeledd cariadus hi. O fewn
wyth mlynedd o'i benodi'n ddarlithydd, yr oedd Caerwyn yn Athro a
Phennaeth yr Adran ym Mangor, ac fe ffynnodd yr Adran yn ddirfawr
dan ei lywodraeth ddoeth a gofalus: yr oedd yn Bennaeth Adran
ardderchog. Yn 1965 fe'i perswadiwyd gan y Prifathro Thomas Parry
i symud i Aberystwyth yn ddeiliad cyntaf y Gadair Wyddeleg newydd,
ac fe lanwodd honno hefyd hyd yr ymylon am bedair blynedd ar ddeg:
hyd y gwn i, un cyfnod sabothol yn unig a gafodd yn ystod ei yrfa, ym
Mhrifysgol Califfornia Los Angeles a Phrifysgol Harvard yn 1968–69.

Wedi ymddeol yn 1979 fe fu'n llywyddu – nid oes un gair arall yn bosibl – y Ganolfan Uwchefrydiau Cymreig a Cheltaidd newydd a sefydlwyd gan Goleg Aberystwyth yn 1978 ac a drosglwyddwyd i Brifysgol Cymru yn 1985: ef hyd y diwedd oedd prif warantwr safonau ysgolheigaidd y Ganolfan, ac fe ellir dweud yr un peth am *Eiriadur Prifysgol Cymru* y bu'n Olygydd Ymgynghorol iddo er 1970. Yr oedd hyn ar ben ei lafur golygyddol enfawr yn golygu'r *Traethodydd* ac *Ysgrifau Beirniadol* o 1965 ymlaen, *Studia Celtica* o 1966 ymlaen a chyfres *Llên y Llenor* o 1983 ymlaen: ar wahân i'r *Traethodydd*, Caerwyn ei hun a sefydlodd bob un o'r cyfnodolion neu'r cyfresi hyn. Gan y gymuned ysgolheigaidd ryngwladol – er nad, ysywaeth, gan y Wladwriaeth – fe gafodd gydnabyddiaeth deilwng: derbyn graddau DLitt Er Anrhydedd Prifysgol Genedlaethol Iwerddon yn 1967 a Phrifysgol Cymru yn 1983, ei ethol yn Gymrawd yr Academi Brydeinig yn 1978 ac yn Aelod Mygedol o Academi Frenhinol Iwerddon yn 1989, yr olaf yn anrhydedd eithriadol o brin a roddodd bleser mawr iddo. Llawn mor arwyddocaol ydyw iddo gael ei ethol yn Llywydd yr Academi Gymreig yn 1988, yn olynydd i Griffith John Williams, Kate Roberts a John Gwilym Jones.

Y mae'r ffaith olaf hon yn pwysleisio mor syfrdanol o eang, yn ogystal â dwfn, oedd dysg a diwylliant Caerwyn. Yr oedd ganddo feistrolaeth lwyr nid yn unig ar fanylion astrusaf ieitheg ac ieithyddiaeth, ond hefyd ar feirniadaeth lenyddol gan gynnwys theori lenyddol. Pan ychwanegir at hynny'r ffaith fod ganddo wybodaeth drwyadl nid yn unig o'r ieithoedd Brythonig – y Gymraeg, y Llydaweg a'r Gernyweg – a'u llenyddiaethau, ond hefyd o'r ieithoedd Goedelig – yr Wyddeleg a Gaeleg yr Alban yn arbennig – a'u llenyddiaethau hwy, fe welir ar unwaith y fath ysgolhaig cawraidd yr ydym yn gorfod ffarwelio ag ef fore heddiw.

Amhriodol yma fyddai i mi fanylu ar ei gannoedd cyhoeddiadau – efallai y ceir cyfle i wneud hynny mewn man arall – ond cystal imi nodi iddo sgrifennu'r llyfr safonol ar draddodiad llenyddol Iwerddon (fe'i cyhoeddwyd deirgwaith hyd yn hyn, mewn tair iaith wahanol), ac iddo draethu'n ddisglair olau ar bob cyfnod yn hanes llenyddiaeth

Gymraeg, gan gynnwys y cyfnod modern. Y cyfnod cynnar a'r cyfnod canol oedd ei hoffter mwyaf, mae'n debyg, a phan ymgymerodd y Ganolfan Uwchefrydiau â golygu gwaith Beirdd y Tywysogion – 12,600 o linellau tra astrus – fe arolygodd ein golygiad ni bob llinell, yn ogystal â chynhyrchu cyfrol swmpus ei hun gyda chymorth Dr Peredur Lynch. Hyd y diwedd bron iawn, yr oedd yn gweithio'n ddiymarbed ar lyfr mawr ar waith Beirdd y Tywysogion ar y cyd â Dr Ann Parry Owen. Yn gwbl nodweddiadol, yn y cofnod amdano'i hun yn *Who's Who*, prin y mae'n sôn o gwbl am y llafur gorchestol hwn.

Y mae hyn yn dod â ni, yn olaf, at y dyn ei hun. Dyn hynod wylaidd a diymhongar ydoedd, er ei fod hefyd yn sicr iawn ei farn ar bynciau ysgolheigaidd ac academaidd. Yr oedd yn ddyn gyda'r hawsaf nesáu ato, ac yr wyf yn sicr i mi fynd ato gannoedd o weithiau ar hyd y blynyddoedd gyda phroblemau mawr a mân, personol yn ogystal ag academaidd: nid wyf yn credu imi erioed ddod oddi wrtho heb dderbyn cyngor ystyriol a doeth, a oedd fel arfer yn dangos y ffordd orau o ddatrys y broblem. Ac fel yr awgrymais ar y dechrau, yr hyn a oedd yn wir amdanaf i, yr oedd yn wir hefyd am ugeiniau lawer o'i fyfyrwyr a'i gyd-weithwyr. Petaech yn gofyn imi ddewis dim ond un gair i'w ddisgrifio, y gair hwnnw fyddai: grasol.

Wrth goffáu'r Parch. Athro David Williams yn 1927, fe ddywedodd un o ragflaenwyr Caerwyn yn ei Gadair yn Aberystwyth, y bardd mawr Thomas Gwynn Jones:

Honiad yw ffydd o diffoddwyd y ddawn
a'r daioni oedd ef.

O safbwynt lled-amheuol yr oedd Gwynn Jones yn llefaru. O safbwynt mwy ffyddiog fe allwn ddweud gyda sicrwydd mawr *na* ddiffoddwyd, ac na ddiffoddir, y ddawn a'r daioni oedd John Ellis Caerwyn Williams.

John Gwilym Jones (1904–88): y llenor a'r academydd

Sylwadau a draddodwyd yng nghyfarfod coffa John Gwilym Jones, 10 Rhagfyr 1988, ac a gyhoeddwyd yn *Y Traethodydd*, Ebrill 1989

Fe welais John Gwilym Jones ddiwethaf un wythnos ar ddeg i heddiw, yn yr ŵyl a drefnwyd gan yr Academi Gymreig i'w anrhydeddu ef a'r diweddar Alun Llywelyn-Williams. Y noson cynt buasai cyfarfod arbennig ym Mhlas Menai, gyda'r Athro Gwyn Thomas yn cyflwyno ei bortread gwych a thra phersonol ef o John Gwilym, ac yna John Ogwen a Maureen Rhys yn consurio rywfodd ddigwyddiad theatrig hudolus a diangof er clod iddo. Yr oedd John yno ac wedi ei blesio. Yr wyf yn cofio dweud wrtho, "R ydych chi'n sylweddoli nad edmygedd yn unig sy'n cael ei fynegi yma heno, ond hefyd serch'; ac yntau'n ateb yn syml, 'Ydw.' Y bore wedyn, gan ei fod yn gwybod fod Luned a minnau ar fin mynd i America, fe roddodd nodyn yn fy llaw ac arno enwau cyfeillion iddo yn Utica, talaith Efrog Newydd, ac yn Rochester, talaith Minnesota, lle yr ymgeleddwyd ef wedi'r ddamwain car erchyll a gafodd yno flynyddoedd yn ôl. Ac yn America yr oeddem pan glywsom am ei farw. Yr oeddwn wedi teleffonio f'ysgrifenyddes brynhawn Llun ar ryw berwyl arall a hithau wedi clywed y newydd ar y radio ac yn dweud wrthyf. Wedyn y cofiais am eiriau Goronwy Owen yn Virginia pan glywodd am farw Lewis Morris:

> Cyd bai hirfaith taith o'r wlad hon – yno
> Hyd ewynnog eigion,
> Trwst'neiddiwch trist newyddion
> Ni oludd tir, ni ladd ton.

Fe dreuliasom y Sul dilynol gyda Mr Vaughan Jones a'i wraig Rose yng nghapel Moreia, Utica, lle yr oedd gan John lawer o ffrindiau a lle y bu llawer o siarad atgofus a hiraethus amdano'r Sul hwnnw. Yr oeddem ein dau yn ei chyfrif yn rhagluniaethol ein bod wedi gallu treulio'r Sul cyntaf ar ôl clywed am farw John yng nghwmni cyfeillion cywir iddo.

Yr wyf yn falch odiaeth erbyn hyn fod yr Academi Gymreig, diolch i'w threfnydd Siân Ithel, wedi llwyddo i gynnal ei chyfarfod teyrnged i John tra oedd eto'n fyw. (Dyna oedd y bwriad yn achos Alun Llywelyn-Williams hefyd, ond ysywaeth fe'i cipiwyd ef ymaith oddi wrthym cyn i'n cynlluniau ddwyn ffrwyth.) Yr oedd John yn un o aelodau cychwynnol yr Academi, ac ef oedd ei Llywydd o 1986 ymlaen. Dau lywydd yn unig a fuasai ganddi o'i flaen ef: Griffith John Williams, o bosibl hanesydd llenyddol mwyaf Cymru, a Kate Roberts, brenhines y nofel a'r stori fer. Y mae'r ffaith i John gael ei ethol i'w ddilyn hwy yn dangos yn eglur y fath feddwl uchel oedd gan ei gyd-aelodau ohono.

Yr oedd, wrth gwrs, yn ŵr eithriadol o amryddawn: fe fydd y siarad a ddigwydd yma brynhawn heddiw yn dangos hynny'n glir. Eto ei lenyddiaeth greadigol oedd ei gyfraniad mawr i fywyd Cymru, ac yn enwedig ei ddramâu. Ynghyd â Thwm o'r Nant a Saunders Lewis yr oedd yn un o'r tri dramodydd mwyaf a gafodd Cymru hyd yn hyn – ac ni hoffwn orfod dweud p'run o'r tri oedd y mwyaf ychwaith! Rhwng *Y Brodyr* (1934) ac *Yr Adduned* (1979) fe gyfansoddodd gyfanswm o bymtheg drama wreiddiol, gan gynnwys *Y Tad a'r Mab* (1959), *Hanes Rhyw Gymro* (1964) a *Ac Eto Nid Myfi* (1976). Yng nghwrs ei yrfa fel dramodydd fe welir datblygiad amlwg mewn techneg: o theatr naturiolaidd y dramâu cynnar, drwy arbrofi Brechtaidd llwyddiannus y cyfnod canol, ymlaen at draethu llawer mwy symbolaidd y cyfnod diweddar lle y'i ceir yn tynnu'n helaeth ar dechneg radio a theledu a ffilm (fe sylwasoch mor rhwydd y troes *Ac Eto Nid Myfi* yn ddrama deledu yn nwylo meistraidd Mr Siôn Humphreys). Ac eto drwy'r holl newid technegol y mae'r thema waelodol yn aros yr un: dilema'r gymdeithas Gymraeg, Anghydffurfiol, ddiwylliedig, weddol esmwyth ei byd yng ngafael y broses fall a elwir yn secwlareiddio, ac ymdrech unigolion mwy sensitif na'i gilydd yn y gymdeithas honno i ddod i adnabod eu dilema ac i ddysgu byw rywfodd gydag ef – er ei fod yn gyfryw ag i beri fod hunan-laddiad yn demtasiwn parhaus i rai ohonynt. Efallai fod y tyndra rhwng y naill genhedlaeth a'r llall, sy'n digwydd mor aml yng ngweithiau John Gwilym, yn fynegiant ac yn ddrych o'r dilema. Rhyfedd mor awgrymog ohono hefyd ydyw rhai o'i deitlau: *Y Tad a'r Mab*, heb sôn am yr Ysbryd Glân; *Tri Diwrnod ac Angladd*, nid angladd a thridiau mewn bedd ac wedyn atgyfodiad!

Nid oes amheuaeth yn fy meddwl i nad yw hon yn thema o arwyddocâd cyffredinol ac o'r pwys mwyaf, ac fe'i trinnir gan John Gwilym gyda meistrolaeth eglur a chynyddol. (Yr un thema yn y bôn yr aeth Mr Emyr Humphreys i'r afael â hi yn y gyfres fawreddog o nofelau y rhoddwyd iddi'r teitl cyffredinol 'The Land of the Living'.) Ac er nad o'r un safbwynt yr edrychaf i ar bethau ag a wnâi John Gwilym, y mae'n amhosibl imi beidio â chydnabod ac edmygu y gamp theatrig aruchel y mae corff ei ddramâu yn ei chynrychioli.

Rhaid peidio ag anghofio'r rhyddiaith hithau: *Y Dewis* (1942), *Y Goeden Eirin* (1946), *Tri Diwrnod ac Angladd* (1979), yn ogystal â phennod gyntaf wefreiddiol nofel anorffen a gyhoeddwyd i ddechrau yn rhifyn haf 1957 *Yr Arloeswr* ac a ailgyhoeddir yn rhifyn Rhagfyr 1988 *Taliesin* – a'r ddau gylchgrawn, gyda llaw, yn cael eu llywio gan yr un golygyddion, sef yr Athro Bedwyr Lewis Jones a Mr R. Gerallt Jones! Y mae rhyddiaith John Gwilym lawn mor ardderchog o'i bath ag ydyw ei theatr; a'r un themâu sy'n cael eu harchwilio yn ei nofelau a'i straeon byrion ag yn ei ddramâu, a hynny gyda medr dihafal. Y mae'r modd y gwneir i amrywiaeth arddull adlewyrchu amrywiaeth mŵd, yn arbennig yn y straeon byrion, yn orchestol.

Eto yn y pen draw, wrth gwrs, bardd oedd John Gwilym, er na chyhoeddodd yr un llinell o farddoniaeth erioed, hyd y gwn i. (Fe fu raid iddo fenthyg englyn gan y pen-englynwr Mr Derwyn Jones ar gyfer *Tri Diwrnod ac Angladd*.) Yr oedd ganddo glust bardd at rythmau iaith, a llygad bardd i ganfod delwedd a fyddai nid yn unig yn ddrych o brofiad ond hefyd yn gallu cyfannu'r elfennau croes mewn profiad. Efallai mai hynny yn y pen draw sydd yn egluro crynder a chyflawnder a chyfoeth ei waith. Nid oes dim amheuaeth na bydd y gwaith hwnnw byw, ac y cyfrifir John Gwilym Jones mewn cenedlaethau i ddod yn un o lenorion mawr yr ugeinfed ganrif. Eto cysur rhannol yn unig ydyw hynny i ni, ei gyfeillion, yma heddiw, sydd mor ymwybodol o absenoldeb un yr oedd ei bresenoldeb a'i gwmni bob amser yn anwyldeb ac yn hyfrydwch pur.

Cofio Gwyn Walters (1922–93)

O'r *Cylchgrawn Efengylaidd*, Gaeaf 1993/94

Am ryw reswm prin gyffwrdd a wnaeth fy llwybrau i a rhai Dr Gwyn Walters ym mlynyddoedd cynnar Mudiad Efengylaidd Cymru, er fy mod yn gwybod yn iawn amdano fel arweinydd galluog, pwerus a di-dderbyn-wyneb. Yr wyf yn falch odiaeth felly imi gael y cyfle i'w adnabod ef a'i wraig Mair, a'u plant Gwenfair a Meirwyn hefyd, yn ystod y flwyddyn sabothol a dreuliodd Gwyn a Mair yng Nghymru – yn Aberystwyth yn bennaf – yn 1986–87.

Ar waethaf y sôn amdano gynt fel gŵr llym a chaled braidd, fe'i cefais i ef yn berson hydeiml ac annwyl iawn: mae'n amlwg fod y blynyddoedd yng nghwmni Mair wedi gwneud lles dirfawr iddo! Eto yr oedd yr un mor ysol ei sêl dros yr efengyl a thros y ffordd fwyaf effeithiol o'i chyfathrebu yn yr oes hon – dyna, wrth gwrs, oedd ei faes proffesiynol fel Athro uchel ei barch yng Ngholeg Gordon-Conwell ym Massachusetts. Sylwodd yn fanwl ar fywyd crefyddol Cymru tra bu yma, a chrynhoi ei argraffiadau yn y gyfrol dra gwerthfawr *Unwaith Eto 'Nghymru Annwyl* (1987). Carai Gymru, ei llenyddiaeth a'i cherddoriaeth yn ogystal â'i thraddodiad crefyddol, yn angerddol, ond ni chaniatâi golwg glir ei ffydd iddo ei delfrydu fel y gwna rhai alltudion.

Fe'i gwelsom olaf pan oeddem yn ymweld â'r Taleithiau Unedig yn ystod hydref 1988. Nid anghofiwn fyth y croeso a gawsom gan y teulu. Gwelsom ogoniant yr hydref yn Lloegr Newydd yn eu cwmni ac ymweld â safleoedd hanesyddol megis Plymouth. Yn bwysicach fyth cawsom eu cwmni dros y Sul, a Gwyn yn pregethu mewn eglwys yr oedd yn weinidog dros dro arni. Yr oedd yn ddiamau'n bregethwr mawr, wedi ei ddonio'n eithriadol ac wedi cysegru'i holl ddoniau i wasanaeth yr efengyl.

Yn sail i'r cwbl yr oedd defosiwn personol dwfn: yn wir, yr oedd ef a'i deulu'n batrwm o'r hyn y gellir ei alw'n dduwioldeb Calfinaidd. Gwnaeth ddiwrnod ardderchog o waith, yng Nghymru ac yn y Taleithiau Unedig, ac er iddo adael bwlch mawr ar ei ôl, yn enwedig yng nghalonnau ei deulu a'r rhai a gafodd y fraint o'i adnabod yn dda, diolch sy'n weddus bellach am y cwbl ydoedd a'r cwbl a wnaeth.

A Severe Mercy (Sheldon Vanauken)

Adolygiad ar Sheldon Vanauken, *A Severe Mercy* (Hodder & Stoughton, 1977), a gyhoeddwyd yn *Y Cylchgrawn Efengylaidd*, Tachwedd/Rhagfyr 1978

Hunangofiant ysbrydol yw'r llyfr hwn. Gan hynny y mae'n perthyn i fath o lenyddiaeth ac iddo dras anrhydeddus yn hanes yr eglwys, o *Confessiones* Awstin Sant ddechrau'r bumed ganrif hyd at (er enghraifft) *Surprised by Joy* C. S. Lewis yn ein dyddiau ni. Yn y Gymraeg cafwyd cyfieithiadau'n gynnar o hunangofiannau John Bunyan (1737) a Vavasor Powell (1772), ac yna doreth o enghreifftiau gwreiddiol gan Gymry o ddechrau'r bedwaredd ganrif ar bymtheg ymlaen: daw eiddo John Thomas, Rhaeadr Gwy (1810) a Thomas Jones o Ddinbych (1820) i'r cof yn syth. Enghraifft nodedig o'r ugeinfed ganrif yw *Fy Mhererindod Ysbrydol* (1938) E. Keri Evans. Ni ddylai'r math hwn o lyfr ymddangos yn ddieithr inni felly.

Eto y mae *A Severe Mercy* ymhell o fod yn enghraifft nodweddiadol o'i fath. Yn un peth y mae'r bererindod ysbrydol ynghlwm wrth stori serch o ddwyster anghyffredin. Peth arall, fe fu i C. S. Lewis ran allweddol yn nhröedigaeth yr awdur ac y mae amryw lythyrau ganddo wedi eu cynnwys yn y gyfrol. Fe gynhwyswyd hefyd amryw ddarnau o farddoniaeth gan yr awdur ei hun a chan eraill, ac y mae rhai o'r cerddi hyn yn gofiadwy iawn. Yn wir, y mae hyfrydwch y sgrifennu yn nodwedd ar y llyfr drwyddo draw.

Portread hudolus o gartref yr awdur yw'r bennod gyntaf, yn dwyn ynghyd atgofion am ei fachgendod uchelwrol yng nghefn gwlad Virginia ac am ei gyfarfyddiadau cynnar â'i wraig Jean – a oedd, gyda llaw, o dras Cymreig. Adroddir hanes eu serch yn llawn yn yr ail bennod, 'The Shining Barrier', ac ni ellir darllen y bennod heb ryfeddu at ei burdeb a'i lwyredd. Eu cyd-fyw drwy'r rhyfel ar y Môr Tawel, drwy gyfnod yn y brifysgol yn Yale a thrwy gychwyn gyrfa'r awdur fel darlithydd yng Ngholeg Lynchburg, Virginia, yw thema'r drydedd bennod – ond ei bod yn cynnwys hefyd gamre cyntaf Jean tuag at y ffydd Gristnogol. Erbyn y bedwaredd bennod y mae'r ddau yn Rhydychen: daw Jean yn fuan yn Gristion a chyn hir fe'i dilynir gan yr awdur, wedi i C. S. Lewis (drwy ohebiaeth) ysgubo ymaith lawer o'i anawsterau meddyliol. Eu bywyd fel Cristnogion yn Rhydychen yw mater y bennod nesaf, a C. S. Lewis bellach yn gyfaill personol (yr oedd yr adolygydd hefyd yn aelod o'r cwmni yno).

Erbyn y chweched bennod, 'The Barrier Breached', y mae'r ddau yn ôl yn Lynchburg ac yn ceisio mynegi eu ffydd newydd yn eu bywydau, yn fwy llwyddiannus yn achos Jean na'r awdur; cyn diwedd y bennod cawn wybod iddi gynnig ei bywyd i Dduw yn gyfnewid am ei sancteiddhad ef a gwybod hefyd ei bod, o fewn ychydig fisoedd, yng ngafael afiechyd marwol. Ei misoedd olaf a'i marwolaeth hardd yw testun y seithfed bennod, sy'n anodd iawn ei darllen heb lygaid llaith. Yn yr wythfed bennod, 'The Way of Grief', ceir hanes ymgais yr awdur i ddygymod â'i golled trwy ail-fyw pob munud bron o'u bywyd gyda'i gilydd. Ei ymgais i ddeall ei brofiad yw thema'r bennod nesaf, lle y dyfynnir llythyr godidog gan C. S. Lewis yn cynnwys y frawddeg, 'You have been treated with a severe mercy', sy'n rhoi teitl i'r bennod ac i'r llyfr. Yn y bennod olaf, 'Epilogue: The Second Death', cofnodir breuddwyd hynod a hefyd ymdeimlad yr awdur ei fod ef a Jean bellach yn ymbellhau oddi wrth ei gilydd – ond nid, wrth reswm, am byth.

Ni all crynodeb moel fel yr uchod roi unrhyw syniad digonol am gyfoeth y llyfr hwn. Fe allwn anghytuno ag ambell bwyslais ynddo, ond anodd fyddai i neb wadu nad oes ynddo bortread o sant hynod iawn a deunydd myfyrdod di-ben-draw ar serch, ar ffydd, ar y berthynas rhwng y ddau, ac ar ras dihysbydd ac annirnad Duw yng Nghrist.

Er cof am Jean Vanauken

O'r *Cylchgrawn Efengylaidd*, Hydref 1960

Aeth Jean ymaith oddi wrthym
I'r fan lle mae'i thrysor a'i chalon
Lle saif ei Brawd a'i Brenin
Ynghanol ei lachar lu.
Llawn, llawn yw ei llawenydd yno,
Y mae'r Olwg yn llenwi'i chalon,
A dagrau'i diolch yn disgyn
Dros lendid newydd ei gwedd.

Ond gwag ydyw'n bywyd hebddi, gwag
I Van ac i ninnau a'i carodd.
Pa fodd yr anghofiwn yn hir
Wên eglur ei hwyneb?
(A'r groes gudd yn y galon.)
Hi ydoedd cannwyll ein cwmni,
Halen ein diflas bridd,
'R oedd ei chariad yn aelwyd gynnes,
Ei ffydd yn fwyd ar ein ffordd.

Boed ein lle gyda hi yn ein diwedd
Yn y wledd loyw, yn y cylch cyfan:
Onid tirion fydd ei chroeso i'r cylch ac i'r wledd?

Ond diwaelod o hyd ydyw moroedd ein hiraeth.

R. Geraint Gruffydd

Dr Elwyn Davies (1908–86)

Teyrnged a draddodwyd yn ei angladd yn Llandeilo, 22 Medi 1986, ac a gyhoeddwyd yn *Annual* Cymdeithas y Cyn-Fyfyrwyr, Prifysgol Cymru, Aberystwyth, 1987

Yr wyf yn ei chyfrif yn fraint anghyffredin cael dweud gair yma heddiw yn angladd Dr Elwyn Davies, er mor brudd y gorchwyl. Y mae ein cydymdeimlad fel cynulleidfa yn llwyr gyda Mrs Nan Davies, ei unig chwaer a oedd yn agos iawn ato ac yn gyson ei gofal amdano, a chyda'r perthnasau eraill oll.

Ganed Elwyn Davies 20 Medi 1908 – fe fu farw felly ddeuddydd cyn cyrraedd ei ddeunawfed pen-blwydd a thrigain – ym Mhlas-marl ar gyrion Abertawe lle yr oedd ei dad, yr hyglod Barchedig Ben Davies, yn weinidog ar y pryd cyn iddo symud i Landysul yn 1914. Yn Abertawe ac yn Llandysul, felly, y treuliodd Elwyn Davies ei fachgendod a'i lencyndod hyd nes i'r teulu symud drachefn i Landeilo, yn 1924. Yr oedd ei dad a'i fam, yn eu ffyrdd gwahanol eu hunain, yn ddeuddyn nodedig iawn, ac fe fagasant deulu nodedig: Nan yr hynaf, Elwyn, Hywel a gafodd yrfa ddisglair fel Pennaeth Rhaglenni BBC Cymru, ac Alun a gafodd yrfa yr un mor ddisglair fel hanesydd y cyfnod modern – anodd meddwl am deulu a wnaeth fwy o gyfraniad i fywyd Cymru wedi'r Ail Ryfel Byd na hwn. Addysgwyd Elwyn yn Ysgol Sir Llandysul i ddechrau – ac yr oedd hyd ddiwedd ei oes yn siarad gyda pharch a hoffter am yr ysgol honno – ac yna, pan symudodd ei dad i Landeilo i weinidogaethu, yn Ysgol Sir Llandeilo, lle bu'r Athro Emeritws Stephen J. Williams yn athro Cymraeg arno.

Yn 1926 ymaelododd â Choleg Prifysgol Cymru, Aberystwyth a phenderfynu astudio Daearyddiaeth dan yr enwog H. J. Fleure. Disgleiriodd yn y pwnc, graddio ynddo gyda Anrhydedd uchel yn 1929 ac yna, wedi blwyddyn o hyfforddiant fel athro ysgol, penderfynu ymchwilio

dan gyfarwyddyd Fleure. Pan symudodd Fleure i Gadair Ddaear-
yddiaeth Prifysgol Manceinion yn 1930 gwahoddodd Elwyn Davies
i'w ddilyn ac yn 1934 fe'i hapwyntiwyd yn Ddarlithydd Cynorthwyol
ac yna'n Ddarlithydd ym Mhrifysgol Manceinion. Rhwng 1932 ac
1937 enillodd raddau ymchwil MA Prifysgol Cymru ac MSc a PhD
Prifysgol Manceinion. Dau o'i ddiddordebau ymchwil yr adeg hon,
gyda llaw, oedd symudiadau tymhorol defaid yng Nghymru (pwnc y
dychwelodd ato mewn erthygl bwysig yn ddiweddar) a hefyd fesur
pennau ar gyfer arolwg Fleure o deipiau hilyddol Cymru, ac yr oedd
ganddo lawer stori ddifyr i'w hadrodd am ei helyntion yn ceisio mesur
pennau (nid bob amser yn llwyddiannus) ar hyd a lled y wlad. Yr oedd
yn amlwg yn ddaearyddwr ac anthropolegydd addawol iawn.

Daeth yr Ail Ryfel Byd a chyfnewidiadau mawr i'w fywyd. Yn 1940
priododd fyfyriwr iddo, merch ddisglair iawn o'r enw Margaret Dunlop
o Bury yn swydd Gaerhirfryn, a bu'r briodas yn un hynod hapus er na
fu plant: fe fu marw Dr Margaret yn 1982 yn ergyd ysigol i Elwyn er
iddo ymdrechu'n galed, yn ôl ei arfer, i guddio'i alar. Y flwyddyn wedi
iddo briodi fe'i secondiwyd i fod yn aelod o Adran Wybodaeth Gudd
Staff y Llynges, ac yng Nghaergrawnt y treuliodd weddill y rhyfel: un
o'i gyd-weithwyr yno, gyda llaw, oedd y diweddar Syr Idris Foster. Yn
1945, yn hytrach na dychwelyd i Fanceinion, ac yn hytrach na derbyn
gwahoddiad taer i ymuno â staff Adran Ddaearyddiaeth Ysgol Economeg
Llundain, ymgeisiodd am swydd Ysgrifennydd Cyngor Prifysgol
Cymru yng Nghaerdydd (swydd a olygai hefyd fod yn Ysgrifennydd i
Fwrdd Gwasg y Brifysgol ac i Fwrdd Gwybodau Celtaidd y Brifysgol
heblaw am ddyletswyddau eraill), ac fe'i cafodd hi, er cryn syndod
iddo'i hun.

Gwasanaethodd Elwyn Davies y Brifysgol am ddeunaw mlynedd, a
chyfnod nodedig o wasanaeth ydoedd. Bu'n Ysgrifennydd hynod
effeithlon i'r Cyngor – yr oedd wrth gwrs yn weinyddwr tan gamp – ond
efallai iddo gael mwy o bleser personol yn ei waith dros Fwrdd y Wasg
a'r Bwrdd Gwybodau Celtaidd. Ymddangosodd amryw o gyhoeddiadau
a chyfresi pwysig o'r wasg tra bu'n Ysgrifennydd, gan gynnwys ei

Gyfarwyddiadau i Awduron (1954) a'i *Restr o Enwau Lleoedd* (1957) tra defnyddiol ef ei hun: ac yr oedd yn ymddiddori'n wybodus a deallus – a chwaethus – yng ngolwg llyfrau yn ogystal a'u cynnwys. Bu'n gefn mawr i'r Bwrdd Gwybodau Celtaidd hefyd, a thrwy hynny i Adrannau Cymraeg a Hanes Cymru y gwahanol golegau. Mae'n weddus cofio mai tra bu ef yn Ysgrifennydd y ffurfiwyd Uned Olygyddol *Geiriadur Prifysgol Cymru* a dechrau cyhoeddi'r gwaith mawr hwnnw, a hefyd gynnal yr Ail Gyngres Astudiaethau Celtaidd Rhyngwladol yng Nghaerdydd yn 1963, cyngres y golygodd y gyfrol *Celtic Studies in Wales* ar ei chyfer. Ef yn ogystal biau'r clod am gychwyn y symudiad i gael i Gymru sefydliad ymchwil Cymreig a Cheltaidd tebyg i'r un a gawsid eisoes yn Iwerddon, ac yr oedd yn ffynhonnell pleser dwfn iddo yn ystod ei flynyddoedd olaf fod y breuddwyd hwnnw yn cael ei sylweddoli.

Nid rhyfedd i'r Brifysgol gydnabod ei wasanaeth gwiw iddi drwy ddyfarnu iddo radd LLD Er Anrhydedd yn 1964. Yn 1963, fodd bynnag, fe'i gwahoddwyd i fod yn Ysgrifennydd Parhaol Adran Gymreig y Weinyddiaeth Addysg yn Llundain, yn olynydd i Syr Ben Bowen Thomas – ac anrhydedd pur nodedig oedd hwnnw. Derbyniodd y gwahoddiad ac o fewn y flwyddyn yr oedd teitl ei swydd wedi ei newid yn Ysgrifennydd Addysg Cymru yn yr Adran Addysg a Gwyddoniaeth, a'i swyddfa bellach yng Nghaerdydd. Yn yr un flwyddyn, 1964, y daeth Syr Goronwy Daniel yn Ysgrifennydd Parhaol cyntaf y Swyddfa Gymreig. Yn ei swydd newydd enillodd Elwyn Davies barch dibrin y gweision suful a'r Gweinidogion y bu'n gweithio â hwynt. Gellir bod yn sicr fod ei swyddfa tra oedd ef yn bennaeth arni yn cael ei rhedeg yn dra effeithlon, a gellir bod yn sicr hefyd fod anghenion addysgol Cymru (gan gynnwys, bid siŵr, yr angen am addysg trwy gyfrwng y Gymraeg) yn cael eu cadw'n gyson gerbron llygaid ceidwaid pwrs y wlad. Serch hynny, wedi deng mlynedd ar hugain bron mewn prif-ysgolion, yr oedd Elwyn Davies yn ei chael yn anodd i gydymdeimlo'n llwyr ag ethos y Gwasanaeth Suful a chyda pheth gollyngdod yr ymddeolodd yn 1969 a symud i fyw i Ddinbych-y-pysgod – dewis Dr Margaret, gyda llaw, er bod Elwyn yn falch o gydsynio â hi.

Ymddeol i Elwyn Davies oedd cychwyn ar gyfnod o wasanaeth newydd a dygn. Yr oedd eisoes wedi bod yn aelod o Bwyllgor Pilkington ar Ddarlledu 1960–62 ac o Gomisiwn yr Amgueddfeydd a'r Orielau 1960–64, a gofalu ar y ddeugorff fod anghenion Cymru'n cael y sylw a oedd yn ddyledus iddynt. Yn awr gallodd ymroi i wasanaethu sefydliadau academaidd Cymru, er na ddylem anghofio chwaith ei dymor fel aelod ac Is-Gadeirydd y Comisiwn Ffiniau Llywodraeth Leol dros Gymru (aelod 1974–79, Is-Gadeirydd 1978–79). Y mae'r rhestr o'r sefydliadau dysgedig Cymreig a wasanaethodd yn un faith: Amgueddfa Genedlaethol Cymru (aelod o'r Llys 1957–86 ac o'r Cyngor 1959–86), Coleg Prifysgol Cymru, Aberystwyth (aelod o'r Llys 1965–86 ac o'r Cyngor am yr un cyfnod yn union), Prifysgol Cymru ei hun (aelod o'r Llys 1966–86), Coleg Meddygol Cymru (aelod o'r Cyngor 1978–86). I'r rhain i gyd rhoddodd ei amser a'i egni a'i fyfyrdod, a chyngor diogel yn ei bryd, cyngor a fawr berchid bob amser. Ond rhaid pwysleisio yma ddau sefydliad yn arbennig. Bu'n Gadeirydd Pwyllgor Amgueddfa Werin Cymru, Sain Ffagan, o 1974 hyd ei farw, a llywio'n ddi-feth y sefydliad hwnnw – yr wyf yn siŵr y byddai ei Guradur, Mr Trefor Owen, yn cytuno â mi – gan ddadlau ei achos yng Nghyngor yr Amgueddfa Genedlaethol pan fyddai raid. Ac wedyn dyna Lyfrgell Genedlaethol Cymru: fe fu'n Drysorydd iddi 1959–64, yn Is-Lywydd 1970–77 ac yn Llywydd o 1977 hyd ei farw. (Fel Llywydd fe fu hefyd yn cadeirio sawl corff llyfrgellyddol Cymreig ac yn cynrychioli'r Llyfrgell y tu allan i Gymru.)

Bu'n Llywydd nodedig iawn i'r Llyfrgell Genedlaethol: yr oedd yn ysgolhaig a chan hynny'n deall pwysigrwydd ffynonellau gwybodaeth, yn llyfrau ac yn llawysgrifau (ar gefn hynny yr oedd yn ddaearyddwr a chan hynny'n deall pwysigrwydd mapiau); yr oedd yn hen gyhoeddwr a oedd yn ymhyfrydu yng nghrefft a chelfyddyd y llyfr printiedig; ac yr oedd wrth gwrs yn weinyddwr o'r radd flaenaf. Wedi symud i Aberystwyth yr oedd yn defnyddio'r Llyfrgell yn gyson ac yn adnabod aelodau'r staff yn dda. Bydd fy rhagflaenydd fel Llyfrgellydd, Dr David Jenkins, a'm holynydd, Dr Brynley Roberts, yn cytuno â mi ei fod bob amser yn fawr ei ofal dros y sefydliad, yn barod a diogel ei gyngor yn y dirgel, ac yn yr amlwg yn llywio'r gweithgareddau gyda medr ac urddas anghyffredin. Yr wyf yn siŵr yr edrychir yn ôl ar ei dymor fel Llywydd fel un o'r disgleiriaf yn holl hanes y Llyfrgell.

I grynhoi, ynteu. Dyn nodedig iawn yr ydym yn cyfarfod i'w gladdu heddiw, dyn a wasanaethodd ei genedl drwy gydol ei oes yn ddiymarbed ac mewn modd tra ffrwythlon. Fe wnaeth hynny heb erioed dynnu sylw ato'i hun; dyn preifat iawn oedd, yn caru'r encilion ac yn drwgdybio cyhoeddusrwydd. Yn wir fe rôi'r argraff i rai ei fod yn berson braidd yn oeraidd ac anodd nesáu ato. Ond unwaith y deuech i'w adnabod fe welech y fath gamargraff oedd hynny. Yr oedd mewn gwirionedd yn ddyn tyner iawn ei deimladau a chynnes iawn ei galon, ac yn un a oedd yn mawr hoffi cwmni ei gyd-ddynion – yr oedd ganddo gronfa ddihysbydd o straeon am y bobl ddiddorol yr oedd wedi dod ar eu traws yn ystod ei yrfa, ac nid fel y mae'r byd yn barnu yr oedd ef yn eu barnu chwaith. A siarad yn bersonol fe'i cefais yn gefn anghyffredin imi, yn fy swydd bresennol yng Nghanolfan Uwchefrydiau Cymreig a Cheltaidd Prifysgol Cymru yn ogystal â f'un flaenorol: yn ystyriol ei farn, yn ddi-flewyn-ar-dafod ei feirniadaeth pan oedd angen, ond bob amser yn driw i'r carn. Ni allai neb fod wedi dymuno cael gwell cyfaill. Ac fe hoffwn bwysleisio eto nad anghofiodd erioed y graig y naddwyd ef ohoni. Yr oedd dylanwad yr aelwyd yn Llandysul a Llandeilo arno drwy gydol ei oes. O'r ddau – ei dad a'i fam – er mor ddawnus dyn oedd ei dad yr wyf yn credu'n sicr mai ei fam a wnaeth yr argraff ddyfnaf arno, gyda'i deall praff a'i ffydd seml a chynnes, un o blant Diwygiad 1904. Sawl gwaith y clywais ef yn dweud nad oedd ond diwygiad arall a ddeuai â Chymru i'w lle, gan gytuno yn hynny o beth â deuddyn mor annhebyg i'w gilydd â Dr Saunders Lewis a Dr D. Martyn Lloyd-Jones. Diolch i Elwyn Davies am y cwbl a wnaeth ac yn arbennig am yr hyn ydoedd. Fe fydd ei enw'n perarogli yn ein plith a'i weithredoedd yn aros ar ei ôl.

'E. D.'
(Dr Evan David Jones, 1903–87)

Teyrnged a gyhoeddwyd yn y cylchgrawn *Llais Llyfrau*, Haf 1987

Anodd meddwl, hyd yn oed yn awr, fod Dr E. D. Jones wedi ein gadael. Ble bynnag yr aech yn nhref Aberystwyth fe'i gwelech ef yn cerdded yn brysur ar ryw neges neu'i gilydd, a'i gyfarchiad yn siriol bob amser. Bu'n ffyddlon ryfeddol i gyfarfodydd y Ganolfan Uwchefrydiau Cymreig a Cheltaidd yr wyf yn Gyfarwyddwr iddi: yn wir, yr oedd yn bresennol mewn seminar yno lai na deuddydd cyn ei farw. A'r un fyddai tystiolaeth llawer iawn o sefydliadau a chymdeithasau'r dref. Fe gyfrannodd hyd yr eithaf, a hyd y diwedd.

Mab fferm o Langeitho ynghanol yr hen sir Aberteifi oedd E. D. (felly yr adwaenid ef gan bawb), ac yno y'i ganed 6 Rhagfyr 1903. Yn ffermwr y bwriadwyd iddo yntau fod, ond oherwydd eiddilwch corff cafodd fynd yn hwyr i Ysgol Sir enwog Tregaron, a disgleirio yno. Daeth o Dregaron i Goleg Prifysgol Cymru, Aberystwyth, a'i fryd ar fod yn athro ysgol. Graddiodd mewn Llenyddiaeth Gymraeg gydag Anrhydedd Dosbarth Cyntaf yn 1926 ac mewn Hanes gydag Anrhydedd Ail Ddosbarth (Adran I) yn 1927: T. Gwynn Jones oedd ei Athro yn y naill bwnc a T. Stanley Roberts yn y llall. Wedyn treuliodd y flwyddyn ddisgwyliedig yn hyfforddi fel athro ysgol, ond prin fod ei galon yn y gwaith. Yn 1928 cafodd ddychwelyd i'r Coleg am flwyddyn yn Fyfyriwr Ymchwil Syr John Williams a dechrau ymchwilio i weithiau'r bardd mawr o'r bymthegfed ganrif, Lewys Glyn Cothi. Wedi blwyddyn o ymchwil, fodd bynnag, fe'i hapwyntiwyd yn Gynorthwywr Archifyddol ar staff Adran Llawysgrifau a Chofysgrifau Llyfrgell Genedlaethol Cymru ac yno yr arhosodd am ddeugain mlynedd gron (er i'w hen Athro, T. Gwynn Jones, warafun iddo fynd yno ar y dechrau). Daeth yn Ddirprwy Geidwad ei Adran yn 1936, yn Geidwad yn 1938 ac yn

Llyfrgellydd yn 1958. Gwasanaethodd flwyddyn dan y Llyfrgellydd cyntaf Syr John Ballinger (a edmygai'n fawr ac a fu'n gryn ddylanwad arno) ac yna trwy gydol tymhorau Syr William Llewelyn Davies (1930–53) a Syr Thomas Parry (1953–58) cyn dod yn Llyfrgellydd ei hun.

Bu'n was di-ail i'r Llyfrgell: yn ystod ei gyfnod yno tyfodd (yng ngeiriau'r Athro R. M. Jones) yn 'un o bennaf ysgolheigion ein cenedl', yn balaeograffydd ac archifydd o'r radd flaenaf, yn ŵr eithriadol wybodus ymhob agwedd ar lenyddiaeth a hanes Cymru, yn un a allai sefyll yn gyfysgwydd â'i gymheiriaid o wledydd eraill ni waeth pwy fyddent; ac eto mynnodd gysegru'r ddysg ddofn hon yn gyntaf peth i wasanaeth y Llyfrgell a'i darllenwyr. Ni chyhoeddodd erioed y *magnum opus* ar Lewys Glyn Cothi a oedd yn rhwydd o fewn ei gyrraedd, er i gyfrol gyntaf y *Gwaith* casgledig ymddangos yn 1953 a *Detholiad* hynod ddefnyddiol yn 1984, heblaw amryw isgynhyrchion gwerthfawr eraill. Gwell ganddo oedd paratoi rhestrau a chatalogau'n disgrifio casgliadau'r Llyfrgell ar gyfer darllenwyr, a llunio nodiadau ac erthyglau esboniadol i'w cyhoeddi'n bennaf (er nad yn unig) yng *Nghylchgrawn* y Llyfrgell, a ddechreuodd ymddangos yn 1939 ac a olygwyd ganddo tra oedd yn Llyfrgellydd: yn wir clywais ef yn dweud â balchder unwaith fod ganddo ryw gyfraniad neu'i gilydd ymhob rhifyn o'r cyfnodolyn hwnnw o 1939 hyd nes y bu raid iddo fynd yn olygydd arno yn 1958 (ac ni bu llawer o ball ar y cyfraniadau wedi hynny chwaith). Y mae'r gyfres faith ar 'The Brogyntyn Welsh Manuscripts' (1948–53), yn enwedig, yn arweiniad gwych a difyr i fyd copïo llawysgrifau yng Nghymru yn ystod yr unfed ganrif ar bymtheg a'r ail ar bymtheg. Gellir gweld ei olygyddiaeth o *Cylchgrawn Cymdeithas Hanes a Chofnodion Sir Feirionnydd* o 1953 hyd ei farw, ac o'r ychwanegiadau arfaethedig at y *Bywgraff-iadur* hefyd, yn fynegiannau pellach o'r un ysfa lywodraethol i fod o gymorth i ddarllenwyr ac ysgolheigion. Ac nid trwy'r gair printiedig yn unig y bodlonai'r ysfa hon, ond trwy lythyr ac ar lafar yn ogystal; gallai llawer un ddweud amdano fel y dywedodd Syr Thomas Parry yn rhagair *Gwaith Dafydd ap Gwilym* (1952), un o gampweithiau eglur ysgolheictod Cymraeg yr ugeinfed ganrif:

Flynyddoedd yn ôl, cyn bod yr un catalog swyddogol o'r llawysgrifau ychwanegol sydd yn y Llyfrgell, rhoes ef imi restri cyflawn o gerddi Dafydd ap Gwilym yn y llawysgrifau hynny, peth a arbedodd imi oriau diderfyn o chwilota. Mwy na hynny, dro ar ôl tro fe roes imi gyfarwyddyd a barn ddiogel wedi eu seilio ar ei wybodaeth eang ef ei hun o'r llawysgrifau Cymraeg.

Dylanwad Ballinger, y mae'n ddiau gennyf, a barodd i E. D. ymwadu ag ef ei hun yn academaidd fel hyn. Gellir amau a fu hynny bob amser er lles iddo ef ei hun, ond yn sicr bu er lles dirfawr i bawb arall.

Heblaw gwasanaethu'r Llyfrgell fel archifydd ac ysgolhaig fe'i gwasanaethodd hefyd, o raid, fel gweinyddwr, er ei bod yn amheus a oedd gweinyddu bob amser wrth ei fodd. Beth bynnag am hynny, fe gafodd ei Adran pan oedd yn Geidwad, a'r Llyfrgell pan oedd yn Llyfrgellydd, arweiniad pendant a diogel ganddo, ac fe ffynnodd y rhan a'r cyfan dan ei law. Pan oedd yn Geidwad y Llawysgrifau a'r Cofysgrifau, fe ychwanegwyd yn helaeth at gyfoeth casgliadau archifyddol ei Adran, fel y sylwodd y Ceidwad presennol, Mr Daniel Huws, yn ei deyrnged wych yn *The Independent*, 21 Mawrth 1987. Pan oedd yn Llyfrgellydd, yn 1965, y trosglwyddwyd y Llyfrgell o ofal uniongyrchol y Trysorlys i fod yn rhan o gyfrifoldeb y Swyddfa Gymreig, a bu'r datblygiad hwnnw'n sail i dwf nodedig at ddiwedd cyfnod E. D. a thrwy gydol cyfnod ei olynydd Dr David Jenkins, nes i ffrwd arian cyhoeddus ddechrau sychu tua diwedd yr 1970au.

Nid rhyfedd i E. D. dderbyn myrdd o swyddi a adlewyrchai'n deg y parch a delid iddo mewn cylchoedd llyfrgelyddol ac archifyddol, ac mewn cylchoedd academaidd ehangach yn ogystal. Noder yn unig yma iddo fod yn Llywydd i'r 'Cambrians' (y 'Cambrian Archaeological Association') 1962–63, i Gymdeithas Emynau Cymru 1967–79, i'r Gymdeithas Lyfryddol Gymreig 1968–85, ac i Gymdeithas Bob Owen 1976–87; iddo feithrin y Cyngor Llyfrau Cymraeg o'i gychwyniadau cynnar a dod yn Gadeirydd arno 1968–70; ac iddo feithrin Coleg Llyfrgellwyr Cymru yr un modd a dod yn Gadeirydd ei Lywodraethwyr 1968–74. Yr oedd cael llenwi'r swyddi hyn ac eraill yn anrhydedd ar lawer cyfrif ond nid oedd yr un ohonynt heb ei chyfrifoldeb. Pleser nodi felly i anrhydeddau mwy digymysg ddod i'w ran yn ogystal: y CBE yn 1965, LLD Er Anrhydedd Prifysgol Cymru yn 1972, FLA Er Anrhydedd yn 1973 ac yn olaf, ychydig ddyddiau cyn ei farw, Cymrodoriaeth Er Anrhydedd Coleg Llyfrgellwyr Cymru, a ddyfarnwyd hyd yn hyn yn unig iddo ef a'r diweddar Alun R. Edwards.

Heblaw am ysgolheictod a'i broffesiwn, ymdeimlai E. D. yn ddwfn hefyd â galwad Cymru ac â galwad y ffydd Gristnogol. Yr oedd yn Gymro brwd a gwlatgar a phleidiai bob achos cenedlaethol yn eofn a di-dderbyn-wyneb: yn wir, aeth i beth helynt ddechrau'r 1970au wrth geisio casglu arian gan Ustusiaid Heddwch er mwyn talu dirwy un o arweinwyr Cymdeithas yr Iaith, ond ni fennodd hynny ddim arno. O ran ymlyniad crefyddol, yr oedd yn Annibynnwr trwy fabwysiad ac o argyhoeddiad, a gwasanaethodd eglwys Seion, Baker Street, Aberystwyth, yn ddi-fefl drwy gydol ei yrfa, nid yn unig fel ei Hysgrifennydd o 1938 hyd ei farw (a'i phen blaenor, petai gan yr Annibynwyr y fath swydd) ond hefyd fel athro yn ei hysgol Sul ac aelod ffyddlon o'i dosbarth beiblaidd wythnosol. Cwbl briodol oedd i Undeb yr Annibynwyr Cymreig ei ethol yn Llywydd yn ystod 1974–75, ac er nad oedd yn dda o gwbl o ran ei iechyd y flwyddyn honno, mynnodd fynd i gyfarfodydd yr Undeb a thraddodi ei araith lywyddol. Gymaint oedd ei brysurdebau fel y gellid tybio mai ychydig o hamdden a oedd ganddo, ond rywfodd daeth o hyd i amser i ddatblygu'n ffotograffydd gwych (ffrwyth y diddordeb hwn oedd y gyfrol *Victorian and Edwardian Wales* a ymddangosodd yn 1972); ac yn sicr fe ymgeleddai ei lyfrgell odidog, a'i ardd gymen, gyda'r gofal manylaf.

Er mai o Langeitho wledig y deuai, priododd E. D. yn 1933 ferch i gapten llong o Aberystwyth, Eleanor Anne Lewis. Bu'r briodas yn ffynhonnell nerth a chysur iddo drwy gydol ei fywyd. Ganed mab, Glyn, yn 1935 ac ef bellach [1987] yw Pennaeth Gwasanaethau Llyfryddol Llyfrgell Sir Dyfed (a'i wraig Mary yw Ysgrifenyddes Bersonol y Llyfrgellydd Cenedlaethol presennol). Estynnwn ein cydymdeimlad dwfn â'r teulu oll yn eu colled, ond gan ddiolch iddynt yr un pryd am wneud yn bosibl yrfa o wasanaeth dilychwin a diymarbed a gyf-oethogodd fywydau pawb a'i hadnabu, a bywyd y genedl gyfan yn ogystal. A dyfynnu ei hoff Lyn Cothi:

> Heb law, heb lywiwr,
> Yr ŷm, bob rhyw ŵr,
> Heb filwr o ŵr
> Â thrugaredd.

Rhiannon Francis Roberts (1923–89)

Teyrnged yn *Y Bangoriad* (cylchgrawn Cymdeithas Cyn-Fyfyrwyr
Prifysgol Cymru, Bangor), 1990, ynghyd â rhannau o anerchiad
a gyhoeddwyd yn *Y Traethodydd*, Ebrill 2006

Ganed Rhiannon Francis Roberts yn 1923 yn y Bala, yn blentyn cyntaf un o weinidogion amlycaf yr Hen Gorff yn ystod hanner cyntaf yr ugeinfed ganrif, David Francis Roberts, a'i wraig nid llai hynod nag ef, Sarah Jane (née Davies). Cyn hir ganed tri brawd i Rhiannon, sef Iolo, Geraint ac Emyr. Buasai ei thad yn fyfyriwr ym Mangor, a naturiol oedd iddi hi, a dau o'i brodyr, ei ddilyn. (Fe fûm yn gyd-fyfyriwr â hi am flwyddyn ym Mangor – er ei bod hi'n uchel iawn yn hierarchi'r myfyrwyr a minnau'n isel iawn.) Cafodd Rhiannon yrfa anarferol o ddisglair yno, gan raddio yn y Dosbarth Cyntaf yn Lladin (1944) ac yna yn y Gymraeg (1945). Er bod yr Adran Ladin yn awyddus i'w chael yn fyfyriwr ymchwil, at yr Adran Gymraeg y troes a chychwyn ar waith ar gyfer traethawd MA ar 'Fywyd a Gwaith Dr John Davies, Mallwyd' dan gyfarwyddyd Thomas Parry. Ond bu ei thad farw yn 1945, a chan ei bod yn awyddus i helpu ei brodyr â'u cyrsiau addysg, rhoddodd Rhiannon y gorau i'w gwaith ymchwil amser-llawn ac ymuno yn 1946 ag Adran Llawysgrifau'r Llyfrgell Genedlaethol lle yr arhosodd nes iddi ymddeol yn 1983. Serch hynny, cwblhawyd y traethawd yn 1950, ac y mae'r erthyglau a seiliwyd arno yn allweddol i'r ddealltwriaeth newydd o'r Dadeni Cymreig a dyfodd yn ystod ail hanner yr ugeinfed ganrif. Y mae erthyglau a nodiadau eraill o'i gwaith yr un mor werthfawr, ac felly hefyd ei llyfryn *Hanes Capel Tegid, Y Bala* (1957) y cychwynnwyd ei sgrifennu gan ei thad.

Fel y dywedais, Thomas Parry oedd cyfarwyddwr traethawd MA Rhiannon yn Adran Gymraeg Bangor. Yr oedd yntau'n Lladinydd – darlithiai mewn Lladin yn ogystal â Chymraeg yn ystod ei swydd gyntaf yng Ngholeg Caerdydd – ac yr oedd yntau wedi llunio traethawd MA campus yn 1929 ar y gramadegydd dyneiddiol pwysig Dr John Davies o Aberhonddu, 'Siôn Dafydd Rhys', a oedd genhedlaeth yn hŷn na John Davies o Fallwyd: y mae'n hawdd credu i draethawd Thomas Parry fod yn ganllaw defnyddiol i Rhiannon wrth iddi baratoi ei thraethawd ei hun. Y mae holl rinweddau mawr ysgolheictod Thomas Parry i'w gweld yn eglur yn nhraethawd Rhiannon: nid yn unig ddysg eang a thrylwyr ond hefyd allu eithriadol i gyfundrefnu'r ddysg honno ac i fynegi ei chasgliadau mewn arddull eglur a diwastraff. Y mae'n amlwg iddi gael mentor cydnaws ynddo ef, ac iddo ef gael disgybl teilwng ynddi hi.

Yr oedd Rhiannon yn ysgolhaig godidog, ond yr oedd meddwl am wneud unrhyw arddangosiad o'i dysg yn atgas ganddi. Ni chwenychodd o gwbl fri fel ysgolhaig ei hun. Yn hytrach ymroddodd i wasanaethu'r cyhoedd ysgolheigaidd, yn nhraddodiad gorau'r Llyfrgell Genedlaethol. Gwnaeth hyn mewn dwy ffordd yn bennaf: drwy safon aruchel ei gwaith catalogio (er enghraifft, ar lawysgrifau Iolo Aneurin Williams ac ar gasgliad gwerthfawr Creirfa'r Methodistiaid Calfinaidd); a thrwy ateb yn fanwl-ofalus ymholiadau di-rif darllenwyr. Y mae'r nodyn 'Cyfeiriadau G. J. Williams at "IAW" ' a gyhoeddodd yn rhifyn gaeaf 1982 *Cylchgrawn Llyfrgell Genedlaethol Cymru* yn cynrychioli i'r dim gyfraniad Rhiannon: trwyadl ddefnyddiol a chwbl ddiymhongar. A gwelid yr un ysbryd gwasanaeth yn ei hymwneud â'i chyd-fforddolion yn gyffredinol, a hynny mewn llawer cylch. Mae'n hawdd meddwl fod Dameg y Samariad Trugarog yn Efengyl Luc wedi cael dylanwad cynnar ac arhosol arni. Pan oeddwn yn Llyfrgellydd y Llyfrgell Genedlaethol o 1980 ymlaen, ganddi hi yn aml y cawn wybod gyntaf am unrhyw aelod o'r staff a oedd yn sâl neu mewn trybini; a bu'n dda wrth lawer allu pwyso arni yn y dydd blin. Anwylid a pherchid hi gan bawb, a gedy fwlch enfawr ar ei hôl.

Roy Stephens (1945–89)

Teyrnged a draddodwyd yn ei angladd yng Nghapel y Morfa, Aberystwyth, 9 Tachwedd 1989, ac a gyhoeddwyd yn *Y Faner*, 24 Tachwedd 1989

Ganed Roy Stephens ym Mrynaman yn 1945. Collodd ei dad pan oedd yn ddeg oed a mam ddewr a'i magodd ef a'i frawd a'i chwaer: yr oedd ef, fel y mae ei frawd a'i chwaer, yn dra ymwybodol o'i ddyled difesur i'w fam. Wedi gyrfa lwyddiannus iawn yn Ysgol Ramadeg enwog Dyffryn Aman fe ymunodd fel Ysgolor â Choleg y Santes Catrin, Caergrawnt, a graddio'n uchel oddi yno mewn Cemeg – ac ennill, gyda llaw, liwiau'r Brifysgol mewn Gymnasteg Olympaidd. Fe fu'n ymchwilio mewn Cemeg Ffisegol am flwyddyn, yna'n dysgu gwyddoniaeth fel athro ysgol uwchradd am dair blynedd cyn troi at yrfa mewn gweinyddiaeth brifysgol, gan ymuno â Chofrestrfa Coleg Prifysgol Cymru, Aberystwyth, yn 1971.

Tom Arfon Owen oedd y Cofrestrydd ar y pryd ac Emrys Wynn Jones y Dirprwy Gofrestrydd, ac anodd meddwl fod ysgol weinyddu well yn unman. Dan eu hyfforddiant hwy tyfodd Roy yn weinyddwr tan gamp, fel y gwn i o brofiad fel Deon Cyfadran yn ogystal â Phennaeth Adran yn ystod y cyfnod hwnnw. Ond fe dyfodd hefyd yn ysgolhaig Cymraeg, dan arweiniad dihafal yr Athro D. J. Bowen yn bennaf, a than ei gyfarwyddyd ef fe enillodd radd MA ac yna radd PhD Prifysgol Cymru am olygu gwaith Wiliam Llŷn, yr olaf o benceirddiaid mawr y cyfnod canol. Mwy na hynny, fe ddechreuodd ymhél â'r gynghanedd ei hun a datblygu'n fardd medrus odiaeth yn y mesurau caeth.

Yr oedd yn un o sylfaenwyr, ac yn Ysgrifennydd cyntaf, Cymdeithas Barddas, sydd bellach wedi tyfu'n bren praff y mae adar y nef yn dod i nythu yn ei gangau! Ef, wrth gwrs, oedd awdur *Yr Odliadur* haeddiannol enwog, y llyfr cyntaf i'w gynhyrchu ar gyfrifiadur yn y gwledydd hyn. Yn ystod y cyfnod hwn hefyd y cyfarfu ag Elan Closs Roberts a'i pherswadio i'w briodi; a'r briodas honno wedyn, yn enwedig pan ddaeth Angharad a Wiliam, oedd gwaelod a sylfaen ei fyw; yr oedd y ddau yn gweddu'n rhyfeddol i'w gilydd, eu doniau'n gyfartal er yn wahanol.

Dechrau'r 1980au, a minnau bellach yn y Llyfrgell Genedlaethol, yr oedd amgylchiadau newydd yn gorfodi cyfnewidiadau gweinyddol arnom, ac awgrymwyd fy mod yn cael cynorthwywr personol. Yn garedig iawn cytunodd y Coleg i ryddhau Roy am ddwy flynedd ac felly y daeth ef ataf. Elwais yn fawr iawn nid yn unig ar ei allu a'i ddoethineb fel gweinyddwr ond hefyd ar ei ddawn hynod ym myd cyfrifiaduron, gan fod y Llyfrgell erbyn hynny yn y broses o gyfrifiaduro ei chatalog. Soniais am ddoethineb Roy: un arwydd o hynny oedd y ffaith ei fod yn benderfynol nad oedd fyth am ymyrryd ohono'i hun â thiriogaethau'r tri Cheidwad a'r Ysgrifennydd, prif swyddogion y Llyfrgell: cysgod i mi ydoedd, meddai, a dim mwy. Rhyngddo ef a Mrs Mary Jones, f'Ysgrifenyddes Bersonol, ysgafnhawyd fy maich yn sylweddol yn ystod y blynyddoedd hynny, a dim ond ar ôl i'w gyfnod gyda mi ddod i ben y sylweddolais yn llwyr gymaint yr oedd wedi ei gyflawni. Un peth a wnaeth Roy a Mary – er mai fi a gafodd y clod, mae'n ofnus – oedd gosod ar ei draed Bwyllgor Dathlu Pedwarcanmlwyddiant y Beibl Cymraeg, a wnaeth waith mor wych ar gyfer dathliadau'r llynedd [1988]: yn gwbl nodweddiadol, glynu wrth yr hen gyfieithiad o'r Beibl a wnâi Roy, ac nid oedd ganddo lawer iawn i'w ddweud wrth y cyfieithiad newydd.

Pan adawodd y Llyfrgell, nid mynd yn ôl i'r Gofrestrfa a wnaeth, ond yn hytrach ymuno ag Adran Efrydiau Allanol hyglod y Coleg, dan yr Athro Walford Davies. Gyda chefnogaeth ac anogaeth yr Athro Davies sefydlodd Roy gyfres o Ysgolion Haf Celtaidd llwyddiannus. Ond mynnodd Roy hefyd sefydlu dan nawdd yr Adran Efrydiau Allanol gadwyn o ddosbarthiadau dysgu'r cynganeddion a fu'n hynod lwyddiannus: cafwyd mwy nag un gyfrol o gynhyrchion y dosbarthiadau hyn, a mwy na hynny fe gafwyd prifardd, Idris Reynolds, bardd Cadeiriol Eisteddfod Genedlaethol Llanrwst [1989], a fu'n hael ei gydnabyddiaeth i addysg ac ysbrydiaeth Roy.

Gŵr hynod iawn oedd Roy Stephens, ac i'r sawl a oedd yn ei adnabod, gŵr annwyl iawn hefyd. Prin y cyfarfûm i â neb galluocach. Yr oeddwn yn teimlo y gallwn ofyn iddo wneud unrhyw beth bron, ac y dôi i ben ag ef yn raenus rywfodd. Fe groesodd yn rhwydd y wal – ddiadlam yn ôl y dyb gyffredin – sy'n rhannu'r ddau ddiwylliant, y gwyddonol a'r dyneiddiol. Yr oedd yn gwbl gartrefol yn y ddau fyd. Yn ystod y misoedd olaf arwrol, a wnaed yn bosibl yn unig trwy ofal cwbl ddiymarbed Elan, yr oedd yn mynnu darllen papurau biocemegol astrus er mwyn deall yn union beth oedd yn digwydd iddo. Ac eto, er mor hyddysg ydoedd mewn cemeg a chyfrifadureg, mewn gwyddoniaeth a thechnoleg, ar y Gymraeg yn ei disgleirdeb ac ar bobl y gosododd ei serch yn bennaf.

Ac ar bobl yn fwy fyth: ar ei ffrindiau yr oedd yn driw ryfeddol iddynt, er anghytuno'n aml (ac yr oedd yn anghytunwr da, yn ŵr cwbl annibynnol ei farn!); ac ar ei deulu'n anad neb. Gydag Elan a'r plant yr oedd yn hoffi bod, ac atynt hwy yr oedd yn brysio adref o bob dosbarth ac o bob pwyllgor. Tipyn yn groes-graen ganddo oedd bod i ffwrdd yn hir oddi wrthynt. Wrth gydymdeimlo'n ddwys ag Elan ac Angharad a Wiliam a Mrs Stephens a Brian a Rhian, fe allaf eich sicrhau fod pawb ohonom a gafodd fraint cyfeillgarwch Roy yn cyfranogi i gryn fesur o'ch galar mawr chwi heddiw.

Englynion i gyfarch yr Athro Per Denez
ar ddyfarnu iddo radd
DLitt Er Anrhydedd Prifysgol Cymru

O'r *Traethodydd*, Ionawr 1987

Per Denez, pa ryw dannau – a diwniwyd
    Yn d'enaid o'r dechrau
    Er datgan cof dy fro frau
    A'i di-ri galfarïau?

Yn Douarnenez dirionwen, – yn nrysi
    Tref Roazhon gymen
    Yr heliaist ti yr heulwen,
    A'th Lydaw heb law, heb len.

Penmeistr iaith fad dy dadau – a nwyfiant
    Eu hynafiaid hwythau,
    Pennaf rhagfur dy bur bau
    A'i Doethur – bydd wych, dithau!

R. Geraint Gruffydd

Emyr Roberts (1915–88)

Teyrnged a ymddangosodd yn *Y Faner*, 13 Mai 1988, wedi ei chyfuno â'r ysgrif 'Emyr Roberts: Portread' yn y gyfrol o ddarlleniadau dyddiol o waith Emyr Roberts, *Dyddiau Gras*, gol. John Emyr (Pen-y-bont ar Ogwr: Gwasg Efengylaidd Cymru, 1993)

B u farw'r Parch. Emyr Roberts yn Ysbyty Glan Clwyd, Bodel-wyddan fore Llun, 2 Mai 1988, yn 73 mlwydd oed, a'i gladdu'r dydd Gwener canlynol ym mynwent Maeshyfryd, Y Rhyl. Yng Nghwm-y-glo ger Llanberis y ganed ef, yn 1915, yn un o naw o blant i dad o chwarelwr a mam ddarbodus o'r un cyff – brawd iddo oedd Idris Roberts, un o newyddiadurwyr pennaf y Gymru Gymraeg tan ei farw cynnar yn 1974. Bychan oedd incwm y teulu, ac wedi cyfnod yn Ysgol Uwchradd Bryn'refail bu raid i Emyr yntau fynd yn chwarelwr yn Chwarel Dinorwig yn llanc pedair ar ddeg oed, gan ymhyfrydu'n ddiweddarach yn yr ehangu ar ei brofiad o fywyd a gawsai wrth wneud hynny.

Ymhen rhyw saith mlynedd ymglywodd â galwad – aneglur ar y pryd – i'r weinidogaeth gyda'r Methodistiaid Calfinaidd. Treuliodd flwyddyn yng Ngholeg Clwyd ac yna ymuno â Choleg Prifysgol Gogledd Cymru, Bangor, yn 1936. Disgleiriodd yno nid yn unig yn ei ddewis bwnc, sef Cymraeg, ond hefyd mewn Hebraeg, fel bod ei Athro yn y pwnc hwnnw, H. H. Rowley, wedi ei annog i geisio am ysgoloriaeth i efrydu'r iaith ymhellach yn yr Almaen, gyda golwg ar ddarlithio arni yn nes ymlaen. Ond yr oedd galwad y weinidogaeth yn gryfach nag atynfa bywyd academaidd, a sut bynnag yr oedd wrth ei fodd yn astudio'r Gymraeg wrth draed meistri megis Ifor Williams, Thomas Parry a Robert Williams Parry. Daeth yn gyfeillion â Williams Parry, a hyd ddiwedd ei oes ef oedd ei hoff fardd.

Wedi graddio'n uchel yn y Gymraeg yn 1940 aeth ymlaen, yn ôl y drefn yr adeg honno, i astudio diwinyddiaeth am dair blynedd ar gyfer ei radd BD (a chael J. E. Daniel yn un o'i athrawon), ac yna i Goleg y Bala am flwyddyn o gwrs bugeiliol. Erbyn hynny gellid tybio ei fod yn ysu am gael ymaflyd yng ngwaith y weinidogaeth, a bu'n weinidog mawr ei lafur ac uchel ei barch yn Nhudweiliog yn Llŷn (1944–47), Trefor yn Arfon (1947–57), a'r Rhyl ar arfordir Clwyd (1957–82) am gyfanswm o ddeunaw mlynedd ar hugain. Ymddeolodd yn 1982 a pharhau i fyw yn y Rhyl.

Yn 1944, tra oedd yn Nhudweiliog, priododd Grace Williams o Rostryfan a bu iddynt ferch a dau fab: Glyneth, Dafydd a John. Ynddynt hwy, ei fab-yng-nghyfraith a'i ferched-yng-nghyfraith a'i wyrion y câi ei lawenydd daearol pennaf trwy gydol ei oes. Yr oedd yn neilltuol o hoff o blant. Pwysai arnom yn aml i fynd draw i'r Rhyl i'w weld ef a Grace, nid yn gymaint er mwyn cael ein cwmni ni ond er mwyn cael cyfle i fynd â'r plant i'r 'Marine Lake'! Anwylaf yr atgofion am yr ymweliadau hynny heddiw, a gofidio na fuasem wedi derbyn yn amlach ei wahoddiadau taer ef a Grace.

Anodd cyfleu mewn geiriau hynodrwydd cymeriad a phersonoliaeth Emyr Roberts. Yr oedd yn un o'r personau mwyaf cyflawn a chytbwys a adnabûm erioed, ac yn un o'r rhai caredicaf hefyd: bu o help mawr i mi mewn mwy nag un cyfwng personol. Petawn yn gorfod dewis un ferf i'w ddisgrifio, y ferf honno fyddai *pefrio*. Yr oedd yn pefrio gan gynhesrwydd personol cynhenid a'i amlygai ei hun ble bynnag y trôi, yn y byd a'r betws fel ei gilydd; a rhan fawr o'r cynhesrwydd personol hwnnw oedd hiwmor difalais ond cwbl anfygadwy. Meddai hefyd ar dreiddgarwch meddyliol anghyffredin iawn – peth y tueddai ef i'w fychanu – a'i galluogai i sugno maeth o weithiau cewri diwinyddol yr oesoedd a'i gyflwyno'n fwyd hawdd ei dreulio i'w braidd, ar lafar ac mewn ysgrifen. Ond nid golau'r deall yn unig oedd ganddo ond golau'r awen hefyd: er nad oedd yn fardd, ymatebai – dan addysg Robert Williams Parry yn wreiddiol, o bosibl – â'i holl gyneddfau i

farddoniaeth dda, a chyfrannai hynny'n aml ansawdd arbennig o
hudolus i'w ryddiaith.

Eithr nid y tri pheth hyn gyda'i gilydd – cynhesrwydd personol, gallu
meddyliol, awen bardd – sy'n egluro'r llewyrch arbennig a gydgerddai
gydag Emyr Roberts ble bynnag yr âi, ond yn hytrach bedwerydd
peth, sef ei ffydd grefyddol. Daeth honno iddo drwy dröedigaeth pan
oedd yn weinidog yn Nhrefor, ac yn ei golau hi fyth wedyn y gwelai
fywyd a byd a dyn. Fe wnaeth ei ffydd newydd ei Feibl a'i Lyfr Emynau'n
gyfrolau newydd iddo, ac ni pheidiodd ag ymborthi arnynt yn feunyddiol
weddill ei oes. Pennaf nodwedd y ffydd hon oedd rhyfeddod at drugaredd
anesboniadwy Duw yn ymostwng i waredu'r pechadur truan Emyr
Roberts – a phob pechadur truan arall – drwy ymgnawdoliad a marwol-
aeth ei Fab, Iesu Grist. Yng ngafael y rhyfeddod hwn ni allai lai na
synnu a gresynu at y grefydd lugoer, yr agnosticiaeth wacsaw a'r
hedonistiaeth ddifeddwl a welai o'i gwmpas ym mhob man, a dweud
ei feddwl yn blaen amdanynt – ond bob amser gyda'r amcan o adennill
ac nid collfarnu. Gwnaeth hyn nid yn unig o'i bwlpud ond ar ysgrifen
hefyd.

Fel y mae'r berthynas â Robert Williams Parry yn awgrymu, yr oedd
Emyr Roberts yn llenor wrth reddf. Bu'n gyfrannwr cyson i'r *Cylch-
grawn Efengylaidd* o'r cychwyn bron, ac ef rhwng 1960 ac 1971 oedd
ei Brif Olygydd: un o freintiau mawr bywyd Dr Gaius Davies a minnau
oedd cael bod yn gynorthwywyr iddo yn y cyfnod hwnnw. Ysgrifau a
ymddangosodd gyntaf yn *Y Cylchgrawn Efengylaidd* oedd cynnwys y
gyfrol *Y Ffydd a Roddwyd* a gyhoeddwyd yn 1957 a'r gyfrol *Cyrraedd
Trwy'r Glustog* – daw'r teitl o soned fawr Williams Parry, '1937' – a
gyhoeddwyd yn 1971. Detholiad o'i ysgrifeniadau a'i bregethau wedi
eu torri'n ddarnau cymharol fyr ar gyfer darllen beunyddiol yw'r gyfrol
Dyddiau Gras, a gyhoeddwyd dan olygyddiaeth ei fab, John Emyr, yn
1993. Os byth y daw Cymru at ei choed yn grefyddol yr wyf yn
credu'n sicr y deuir i anwylo fwyfwy y tair cyfrol hyn, a'r gyfrol riniol
a enillodd iddo Fedal Ryddiaith Eisteddfod Genedlaethol Dyffryn

Clwyd yn 1973, *Mae Heddiw Wedi Bod: Cofiant Cyfaill.* Pan ddaeth yr Eisteddfod Genedlaethol i'r Rhyl yn 1985, cwbl briodol oedd mai ef oedd Cadeirydd ei Phwyllgor Llên ac awdur y braslun dengar o hanes llenyddol yr ardal yn Rhaglen y Dydd. Yr oedd ei gariad at Gymru, pa mor ymwybodol bynnag ydoedd o'i ddiffygion, yn danbaid a diwyro.

Fel y mae'r cysylltiad â Mudiad Efengylaidd Cymru yn awgrymu, yr oedd iddo argyhoeddiadau crefyddol cryfion. Yr oedd yn un o golofnau'r Mudiad o'r blynyddoedd cynnar, er cased oedd ganddo bwyllgora, a mawr brisid nid yn unig ei gyfraniad llenyddol ond hefyd ei bregethu (a oedd yn aml yn wefreiddiol), ei weddïo (a oedd bob amser dan eneiniad) a'i gyngor hirben a doeth. Ond nid amharai'r cysylltiad hwn ddim â'i deyrngarwch di-ildio i'w enwad ei hun, na chredai ei fod wedi llwyr ymwrthod â'i wreiddiau diwygiadol; a gwrthwynebai – yn llwyddiannus, fel y mae'n dda gallu dweud – y duedd tuag at ymwahaniaeth a oedd yn ymddangos yn y Mudiad yn ystod yr 1970au a'r 1980au. Ni chwenychodd ef ddyrchafiad enwadol o gwbl, ond fe'i gwnaed yn Llywydd Henaduriaeth Dyffryn Clwyd yn 1966.

Eithr ailbethau yn ei olwg oedd ymlyniad wrth nac enwad na mudiad. I Dduw a'i Fab, ei Waredwr, yr oedd ei deyrngarwch pennaf; a thrwy'r gwreichioni ymenyddol ac awenyddol, a thrwy'r chwerthin mawr, gallech synhwyro bob amser y cymundeb di-dor â'r Tad a'r Mab drwy'r Ysbryd, a barai i chwi sylweddoli'n eglur iawn ar ba Graig yr adeiladodd ei fywyd. Yr oedd i mi yn batrwm o'r hyn y dylai Cristion o Gymro fod, ac yn arwydd o'r hyn a allai eto ddigwydd yn ein plith petaem ond yn ymateb i'r galw sydd arnom. Diolch i Dduw amdano, a diolch i Grace a'r plant hefyd am ei amgylchynu â chariad a llawenydd tra bu inni'r fraint o'i gael yma gyda ni. Ac yn awr y mae'n llewyrchu arno oleuni tragwyddol.

R. Tudur Jones (1921–98)

Teyrnged a ymddangosodd yn *Y Traethodydd*, Hydref 1998

P an glywais am farw disymwth Tudur ar 23 Gorffennaf 1998, y geiriau a ddaeth yn ddigymell i'm meddwl oedd yr adnod hysbys honno o Ail Lyfr Samuel (3:38): 'Oni wyddoch chwi i dywysog ac i ŵr mawr syrthio heddiw yn Israel?' Yn ystod y dyddiau wedi ei farwolaeth y mae gwirionedd y geiriau hyn, o'u cymhwyso ato ef, wedi ei argraffu ei hun yn ddyfnach, ddyfnach ar fy meddwl. Bu ei gyfraniad i'n bywyd cenedlaethol mor enfawr fel y byddai angen cyfrol, onid cyfrolau, i wneud rhywbeth tebyg i gyfiawnder ag ef. Mewn ysgrif fer fel hon, ni ellir gobeithio gwneud mwy na chyfeirio at rai o brifannau ei yrfa.

Dechreuodd yr yrfa honno ar 28 Mehefin 1921 yng nghynefin ei hynafiaid yn Eifionydd, ond cyn hir symudodd y teulu i'r Rhyl lle y gweithiai ei dad ar y rheilffordd. Yn y Rhyl felly y cafodd ei addysg gynradd ac uwchradd, a bu'n ffodus yn ei athrawon: cofiai'n arbennig am S. M. Houghton, ei athro hanes yn yr Ysgol Uwchradd. Cyfaill ysgol iddo, a chyfaill oes wedi hynny, oedd Emyr Humphreys, ein nofelydd mwyaf. Bu Tudur yn ffodus hefyd yn y fagwraeth grefyddol a dderbyniodd yng nghapel Carmel yr Annibynwyr dan weinidogaeth y Parch. T. Ogwen Griffith. Eithr mewn cyfarfod efengylu ym Mhafiliwn y Rhyl y daeth iddo'r profiad a gyfrifai ef yn dröedigaeth.

Yn ddeunaw oed aeth i Goleg Prifysgol Gogledd Cymru, Bangor, gydag Ysgoloriaeth a graddio dair blynedd yn ddiweddarach gydag Anrhydedd Dosbarth Cyntaf mewn Athroniaeth, dan ofal yr Athro D. James Jones. Yno y cyfarfu â Gwenllian Edwards o Borthmadog, a astudiai Ffrangeg: fel y darganfu fy ngwraig ar ddamwain yn ddiweddar, fe ganodd Eifion Wyn dri englyn cymen iddi hi i'w chroesawu i'r byd (*O Drum i Draeth*, 1929, t.30). Wedi graddio'n BA ymunodd Tudur â

Choleg Bala-Bangor, athrofa ddiwinyddol yr Annibynwyr, a bu yno am dair blynedd, yn astudio Hanes yr Eglwys ac Athroniaeth Crefydd yn bennaf, gyda'r Prifathro John Morgan Jones yn ei hyfforddi yn y naill bwnc a'r Athro J. E. Daniel yn y llall; graddiodd yn BD gyda Rhagoriaeth yn y ddau bwnc yn 1945. Yr oedd y Prifathro'n ddisgybl i Adolf Harnack a'r Athro i Karl Barth, a daeth yn amlwg yn fuan mai llwybr yr Athro (er nad yn anfeirniadol) y mynnai Tudur ei ddilyn.

O Fangor trodd am Goleg Mansfield, Rhydychen, ac ymaelodi â'r Brifysgol drwy Gymdeithas y Santes Catrin (Coleg S. Catrin bellach). Nathaniel Micklem oedd Prifathro Coleg Mansfield ar y pryd, ond cyfarwyddwr ymchwil Tudur oedd yr hynod Ganon Claude Jenkins, Athro Brenhinol Hanes yr Eglwys yn y Brifysgol. Y pwnc a ddewisodd ar gyfer ei draethawd ymchwil oedd bywyd a gwaith Vavasor Powell (1617–70), un o brif arweinwyr Piwritaniaeth Gymreig blynyddoedd canol yr ail ganrif ar bymtheg; gellir tybio i'r Dr Thomas Richards, Llyfrgellydd lliwgar Coleg Bangor a'r awdurdod pennaf ar y Mudiad Piwritanaidd yng Nghymru, ddylanwadu rhyw gymaint ar y dewis hwn. Cwblhaodd ei draethawd mewn chwe thymor, sef yr amser lleiaf posibl a ganiatâi'r ystatudau, a graddio'n DPhil yn 1947. Nid dyna derfyn ei addysg, fodd bynnag, oherwydd treuliodd semester gyntaf y flwyddyn academaidd 1947–48 yng Nghyfadran Ddiwinyddiaeth Brotestannaidd Prifysgol Strasbourg, hen gynefin Martin Bucer (a John Calfin, dros dro) ac un o ganolfannau allweddol y Diwygiad Protestannaidd yn Ewrop. Fe'i profodd Tudur ei hun yn gynrychiolydd godidog yn yr ugeinfed ganrif i'r Brotestaniaeth uniongred brofiadol a goleddai Martin Bucer a Vavasor Powell fel ei gilydd.

Wedi dychwelyd i Gymru, priodwyd ef â Gwenllian fis Ebrill 1948, a bu ei chefnogaeth hi iddo, a'i ddibyniaeth ef arni, yn llwyr fyth er hynny. Ganed iddynt bum plentyn, sef Nest, Rhys, Geraint, Meleri ac Alun. Dilynodd y tri mab eu tad i'r weinidogaeth, a bu'r merched hwythau yr un mor driw i argyhoeddiadau eu rhieni. Yr oeddynt yn deulu eithriadol o glòs a llawen, ac ergyd anaele iddynt oedd marw cynnar Rhys, er iddo ef a hwythau gael eu cynnal yn rhyfeddol yn y prawf tanllyd hwnnw. Yn fuan wedi priodi ordeiniwyd Tudur yn weinidog ar Eglwys Annibynnol Seion, Baker Street, Aberystwyth. Bu yn Seion am ddwy flynedd a hanner eithriadol o lewyrchus, ac yna fe'i galwyd yn ôl i'w hen goleg, Coleg Bala-Bangor, i fod yn Athro Hanes yr Eglwys, yn olynydd i'r Dr Pennar Davies, a symudasai i Goleg Coffa Aberhonddu; yr un pryd darlithiai ar Hanes yr Eglwys yn Ysgol Ddiwinyddol Coleg Prifysgol Gogledd Cymru (a'i hetholodd yn Athro Er Anrhydedd yn ddiweddar). Gyda marw disyfyd y Prifathro Gwilym Bowyer yn 1965, penodwyd Tudur yn olynydd iddo, yn Brifathro Coleg Bala-Bangor, ac arhosodd yn y swydd honno hyd nes iddo ymddeol yn 1988. Cystal ychwanegu y gallasai'n hawdd fod wedi symud i borfeydd llawer iawn brasach dros y ffin, ym maes addysg ddiwinyddol yn ogystal ag mewn meysydd mwy secwlar megis newyddiaduraeth, ond yng Nghymru, gyda'i bobl ef ei hun a chyda'i fyfyrwyr, y mynnodd aros. Cystal ychwanegu hefyd iddo gael ei anrhydeddu nid yn unig â Chadeiryddiaeth Undeb yr Annibynwyr Cymraeg yn 1986–87 ond hefyd â swydd Cymedrolwr Cyngor Eglwysi Rhyddion Lloegr a Chymru yn 1985–86 ac â Llywyddiaeth Cymdeithas Annibynwyr y Byd yn 1981–85. Yr oedd, pan fu farw, yn Llywydd y Cynghrair Efengylaidd yng Nghymru, ac yn uchel iawn ei barch yng nghynghorau'r mudiad hwnnw. Bu'n gefn mawr i Fudiad Efengylaidd Cymru o'r cychwyn cyntaf.

Braslun a geir uchod o yrfa gŵr a wasanaethodd ei oes a'i genedl yn ddiwyd fel gweinidog, fel Athro a Phrifathro coleg diwinyddol, ac fel arweinydd eglwysig nodedig o alluog; yr oedd hefyd yn un o bregethwyr grymusaf ei gyfnod (yr wyf yn cofio hyd heddiw y bregeth gyntaf a glywais ganddo, ar Galatiaid 6:7, yn Seion, Baker Street, Aberystwyth yn ystod 1949). Ond nid yw hyn oll yn dweud yr hanner am gyfraniad Tudur Jones. Ar wahân i filoedd yn llythrennol o ysgrifau newyddiadurol – cyfrannodd dros un cant ar bymtheg i'r *Cymro* yn unig – y mae ei lyfryddiaeth yn cynnwys ymhell dros dri chant o eitemau, a phedair ar ddeg o'r rheini'n gyfrolau swmpus, ynghyd â thua'r un nifer o lyfrynnau llai eu maint. Ei gyfrol fawr gyntaf oedd *Congregationalism in England 1662–1962* (1962), a'i sefydlodd ar unwaith fel un o haneswyr blaenaf y traddodiad Anghydffurfiol yn yr ynysoedd hyn, ac a'i gorfododd hefyd i feistroli holl rychwant hanes yr eglwys ym Mhrydain o ddyddiau Vavasor Powell hyd heddiw. Yn ei gyfrolau *Hanes Annibynwyr Cymru* (1966) a *Vavasor Powell* (1971), cyflwynir mêr ei astudiaethau cynharach gyda chyfuniad trawiadol o dreiddgarwch meddwl a hyfrydwch arddull: y mae'r ddau lyfr yn glasuron o'u bath. Dychwelyd at ddiwinyddiaeth fel y cyfryw a wnaeth yn ei ddwy gyfrol nesaf, *Yr Ysbryd Glân* a *Diwinyddiaeth ym Mangor 1922–1972* (y ddwy yn 1972); disgrifiwyd y naill gan yr Athro R. M. Jones fel 'y gwaith defosiynol prydferthaf a llawnaf yn y Gymraeg yn y ganrif hon' (*Y Cylchgrawn Efengylaidd*, Gwanwyn 1992), ac y mae'r llall yn ymgais wiw i ddarlunio'r gymuned ddeallusol yr oedd ef yn rhan ohoni ac a fawr werthfawrogai, er na chytunai bob amser â phopeth a ddywedai pob un o'i haelodau!

O tua chanol yr 1970au ymlaen, gwelir symud pendant ym maes diddordebau academaidd Tudur tuag at y cyfnod diweddar, er na chollodd ddim o'i hen feistrolaeth ar weithiau a gweithredoedd y Piwritaniaid a'r Anghydffurfwyr cynnar. Tyst o hyn yw'r gyfrol bwysig *Yr Undeb: Hanes Undeb yr Annibynwyr Cymraeg 1872–1972* (1975) a'r gwaith a ystyriaf i ei *magnum opus*, *Ffydd ac Argyfwng Cenedl: Cristionogaeth a Diwylliant yng Nghymru 1890–1914* (dwy gyfrol, 1981 ac 1982). Tyst arall yw'r gyfres o ysgrifau arloesol ar yr hyn y gellir ei alw yn wareiddiad Methodistaidd Cymraeg, y cesglir rhai ohonynt ynghyd yn y gyfrol *Grym y Gair a Fflam y Ffydd* (1998). Nid yw'r cyfrolau *Ffynonellau Hanes yr Eglwys: Y Cyfnod Cynnar* (1979) a *The Great Reformation* (1985, ail argraffiad 1997) ond yn arddangos ei feistrolaeth ddiymdrech ar holl faes hanes yr eglwys o'r cychwyn cyntaf. Yr hyn a welwn yn y gweithiau hyn i gyd, ac yn y llu llyfrynnau ac erthyglau a gyhoeddodd, yw hanesydd eglwysig o'r radd flaenaf wrth ei waith, hanesydd eglwysig sydd hefyd yn digwydd bod, yn enwedig yn ei lyfrau a'i ysgrifau Cymraeg, yn llenor o'r coethaf. Nid rhyfedd iddo ennill gradd DD Prifysgol Cymru yn 1968, ac i'r un brifysgol ddyfarnu iddo radd DLitt Er Anrhydedd yn 1986. Y mae'n debyg na fyddai wedi dymuno cael ei anrhydeddu gan y Wladwriaeth ond y mae, yn fy marn i, yn sen ddifrifol ar yr Academi Brydeinig nad etholodd ef yn Gymrawd. Yr wyf yn falch iawn na wnaeth yr Academi Gymreig yr un camgymeriad.

Ni fyddai, mae'n debyg, wedi dymuno cael ei anrhydeddu gan y Wladwriaeth am ei fod yn genedlaetholwr Cymreig (a heddychwr) o argyhoeddiad: rhannai ef ac Emyr Humphreys yr ymlyniadau hyn o'u llencyndod. Cyfrannodd hyd eithaf ei allu i Blaid Cymru, gan sefyll etholiadau ar ei rhan ym Môn yn 1959 ac 1964 a golygu ei newydd-iadur Cymraeg *Y Ddraig Goch* am un mlynedd ar ddeg gron rhwng 1963 ac 1974. Myfyrdod ar genedlaetholdeb o safbwynt athronyddol a diwinyddol a geir yn ei gyfrol Saesneg swmpus, *The Desire of Nations* (1974), a gyflwynodd i Elinor ac Emyr Humphreys.

Soniodd T. H. Parry-Williams yn dyner unwaith am chwaer iddo a oedd wedi marw:

> ... Ymgeledd am ffawd ein teulu ni
> Oedd unig angerdd ysol ei byw a'i marw hi.

Tybed beth oedd 'unig angerdd ysol' byw a marw Robert Tudur Jones? Ffawd y teulu yn sicr, ond nid ei deulu ef ei hun yn unig (er cymaint yr anwylai hwnnw) ond teulu Duw yng Nghymru a thrwy'r byd. Er mwyn gwasanaethu'r teulu hwnnw y cysegrodd ei alluoedd meddyliol a mynegiannol cwbl anghyffredin a'i nerth corfforol dihysbydd bron: mewn cyfweliad pur ddadlennol â Dr Gwyn Davies yn *Y Cylchgrawn Efengylaidd* (Haf 1991), soniodd am weithio 'o naw y bore tan hanner awr wedi hanner nos bob dydd (ar wahân i fis Awst) am ddeugain mlynedd', fel petai hynny'r peth mwyaf arferol dan haul! A'r tu ôl i'r ymadroddiad arwrol hwn, yr oedd argyhoeddiad yn deillio o brofiad:

> Sôn yr ydys am y grym sy'n meddiannu'r galon; y cyswllt ffydd â'r Duw a greodd bopeth ac sy'n ein gwaredu oddi wrth drychineb ein pechod drwy aberth Crist ac sy'n ein sancteiddio

trwy eneiniad yr Ysbryd Glân. A dyma felly sydd i reoli ein popeth (*Teyrnas Crist a'r Tywyllwch yng Nghymru*, 1994, t.24).

Felly'n wir y bu hi yn ei hanes ef. Wrth chwilio cofnod ei ddarlith *Duw a Diwylliant: Y Ddadl Fawr, 1800–1830* (1986) ar gyfrifiadur y Llyfrgell Genedlaethol, fe sylwais mai'r allweddair ar y cofnod oedd 'Iachawdwriaeth'. Dyna allweddair a weddai i fywyd Tudur ar ei hyd.

Amhosibl peidio â galaru amdano, fel cyfaill annwyl yn ogystal ag fel un o brif amddiffynwyr y Ffydd yng Nghymru yn ystod ail hanner y ganrif ddiffaith a aeth heibio. Ond y mae'n sicr na fynnai ef inni alaru megis rhai sydd heb obaith. Credai'n ddiysgog ym mhenarglwyddiaeth rasol Duw. Fel y dywedodd gydag argyhoeddiad mawr ar ddiwedd y portread teledu ohono a ailddarlledwyd wedi iddo farw, 'Duw piau'r gair olaf!' Yn y frwydr, diolchwn am ryfelwr glew a aeth o'n blaen. *Soli Deo gloria.*

J. Elwyn Davies (1925–2007)

Teyrnged a ymddangosodd yn *Y Cylchgrawn Efengylaidd*, Hydref 2007

Bu farw'r Parchedig John Elwyn Davies (Elwyn o hyn ymlaen) brynhawn Sul, 29 Gorffennaf 2007, yng nghartref preswyl Brynderwen yng Nghaerfyrddin, ac yntau wedi dathlu ei benblwydd yn ddwy a phedwar ugain ryw ddeufis ynghynt. Buasai ef a'i wraig Mair yn briod am un mlwydd ar bymtheg a deugain, ac y mae'n amheus a fu erioed bâr ffyddlonach i'w gilydd: ni allai Elwyn fod wedi cyflawni ond cyfran fechan o'r hyn a gyflawnodd oni bai am gefnogaeth ddiysgog Mair. Yr oedd yr un ffyddlondeb yn union yn nodweddu agwedd eu plant, ynghyd â'u cymheiriaid, at eu rhieni: Alun, Gwen, Hywel, Siân, Rhiain ac Emyr; yn nhŷ Rhiain a'i gŵr Parry yng Nghaerfyrddin y cafodd Elwyn a Mair gartref cysurus a phob gofal yn ystod eu blynyddoedd olaf gyda'i gilydd.

Yn Nherfyn, Rhostryfan, hen gartref ei dad, y ganed Elwyn 26 Mai 1925. Ganed ei frawd Gwylfa bedair blynedd yn ddiweddarach, ond fe'i collasom ef bum mis o flaen Elwyn – coffa da iawn amdano. Yn nhref Caernarfon yr oedd y teulu'n byw, fodd bynnag, gan mai yno y gweithiai'r tad, Mr Robert George Davies: mae gennyf gof amdano fel person arbennig o hynaws, ac felly hefyd ei fam (Mary Jarvis cyn priodi), ond ei bod hi'n ogystal yn berson hirben a chanddi allu trefniadol amlwg. Yng Nghaernarfon y cafodd y bechgyn eu haddysg, yn Ysgol Gynradd y Bechgyn i ddechrau ac yna yn Ysgol Ramadeg Syr Hugh Owen. Yr oeddynt yn ddisgyblion digon addawol i gael eu derbyn yng nghyflawnder yr amser yn fyfyrwyr yng Ngholeg Prifysgol Gogledd Cymru, Bangor, Elwyn yn 1943 a Gwylfa yn 1947. Buasai'r teulu'n addoli yng Nghaernarfon yn Eglwys Pen-dref i ddechrau ac yna yng nghapel Salem yr Annibynwyr.

Erbyn 1943 yr oedd Elwyn a'i fryd ar y weinidogaeth gyda'r Annibynwyr ac fe'i derbyniwyd i Goleg Bala-Bangor (coleg diwinyddol yr enwad ym Mangor) gyda'r bwriad o astudio Diwinyddiaeth yno wedi graddio yn y Celfyddydau; y Gyfraith, ar y llaw arall, oedd dewis faes Gwylfa. Perchid gallu ac ymroddiad Elwyn o'r cychwyn, a chyn hir fe'i gwnaed yn Llywydd yr SCM, sef Mudiad Cristnogol y Myfyrwyr, y gymdeithas Gristnogol fwyaf llewyrchus o ddigon ym Mangor ar y pryd. Fel Llywydd yr SCM y trefnodd wedi'r rhyfel i gasglu parseli o fwyd a dillad i'w hanfon at y bobl a ddioddefai gyni dychrynllyd ymhlith adfeilion yr Almaen. Yn ôl ei dystiolaeth ei hun, tra oedd wrth y gwaith clodwiw hwn, fe'i hargyhoeddwyd o falchder ysbrydol, a'r argyhoeddiad hwnnw'n arwain at ei dröedigaeth efengylaidd mewn encil yn ystod gwyliau'r Pasg 1947. Graddiodd yn BA gyda gradd IIi mewn Athroniaeth yr haf hwnnw, a chychwyn ar ei astudiaethau diwinyddol ar gyfer ei radd BD. Bu mewn cynhadledd i fyfyrwyr Cristnogol yn Oslo yn ystod yr haf, a chael ei herio a'i ysbrydoli gan ferch ifanc o Gristion, Ingeborg Zieseche, a oedd yn marw o'r dicáu ac eto'n para'n ffyddiog a llawen; bu hefyd yn yr Almaen yn ymweld â rhai o'r bobl a helpwyd drwy'r ymgyrch gasglu parseli.

Pan ddychwelodd Elwyn i'r Coleg ym Mangor fis Hydref 1947, yr hyn a âi â'i fryd bellach oedd efengylu. Trefnodd encil ym Mhlas-y-nant, Betws Garmon fis Ionawr 1948, a daeth amryw byd ohonom – gan gynnwys fy ngwraig a minnau – i gofleidio'r ffydd Gristnogol yn ei chyflawnder yn ystod yr encil hwnnw; pa mor herciog bynnag fu ein cerddediad wedi hynny, ni allwn fyth ddiolch digon i Elwyn am ein gosod ar ben y ffordd. Trefnodd ymgyrch yn y Bala yn ystod Pasg 1948 a greodd argraff ddofn ar y gymdogaeth gyfan. Cyn diwedd 1948 yr oedd *Y Cylchgrawn Efengylaidd* wedi ei gychwyn, ac yr oedd pabell yn enw'r *Cylchgrawn* ar faes Eisteddfod Genedlaethol Dolgellau, 1949. O dipyn i beth denodd Elwyn ato nifer o gyd-weithwyr tra galluog ac ymroddedig, megis Emyr Roberts, T. Arthur Pritchard, Harold Jones, Emily Roberts, Gwilym Humphreys, Geraint Morgan a Herbert Evans, ac enwi detholiad o'r rhai amlycaf yn unig.

Erbyn y flwyddyn academaidd 1949–50 yr oedd Elwyn yn ei chael yn fwyfwy anodd i wneud cyfiawnder â'i waith academaidd, yn rhannol am fod galw parhaus arno i gynghori ymholwyr ynglŷn â materion ysbrydol. Cyn diwedd y flwyddyn rhoddodd y gorau i'w astudiaethau ar gyfer ei radd BD a phenderfynu derbyn galwad i fugeilio Eglwys Jerwsalem yr Annibynwyr ym Mlaenau Ffestiniog. Nid ofn gwaith academaidd a oedd arno – soniodd y cawr hwnnw o ysgolhaig, y diweddar Athro J. E. Caerwyn Williams, am 'ddoniau meddyliol ac ysbrydol arbennig y Parch. Elwyn Davies' – ond ymdeimlad na ellid mo'i anwybyddu â galwad uwch. Cafodd ei ordeinio a'i sefydlu yn weinidog Jerwsalem ddiwedd Medi 1950 a bu yno am bum mlynedd, yn fawr ei ddylanwad ar yr eglwys a'r ardal. Chwe mis wedi'r ordeinio a'r sefydlu fe'i priodwyd â Mair Eluned Humphreys, a fuasai'n gydfyfyriwr ag ef ym Mangor, merch y Parchedig James Humphreys, Rhosllannerchrugog, un o dywysogion Eglwys Bresbyteraidd Cymru, a'i wraig Rachel. Crybwyllwyd eisoes y fath lawenydd ac atgyfnerthiad a ddug y briodas hon, ynghyd â genedigaeth eu chwe phlentyn, i Elwyn.

Wedi pum mlynedd yn Jerwsalem, agorwyd drysau newydd o flaen Elwyn a'i deulu. Yn 1955 cafodd ei benodi'n Ysgrifennydd Teithiol yr IVF (cyfundeb undebau efengylaidd y prifysgolion) yng Nghymru, a chyfuno hynny â swydd Ysgrifennydd Cyffredinol Mudiad Efengylaidd Cymru, swydd y bu ynddi am bymtheng mlynedd ar hugain. Erbyn 1955 yr oedd y Mudiad wedi ymffurfio, a chylchoedd ei weithgarwch wedi eu diffinio i raddau pell. Ym mis Mehefin 1955 symudodd Elwyn a'r teulu i fyw i'r Bala, gyda chymorth teulu graslon Pantyneuadd (y cyntaf o amryw deuluoedd a fu'n gymwynasgar mewn dull cyffelyb). Ymhen llai na blwyddyn yr oedd Mair Jones o Langennech hithau wedi symud i'r Bala i ymgymryd â'r gwaith swyddfa: bu ei chyfraniad hi a Brenda Lewis, a ymunodd â'r staff yn 1964, i dwf y Mudiad newydd yn amhrisiadwy. Bu'r teulu, a swyddfa'r Mudiad, yn y Bala am saith mlynedd, a chael llety cyn y diwedd mewn ystafelloedd ym mhlastai bychain Eryl Aran a Bryn-y-groes.

Yna, yn 1962 symudodd Elwyn a'i deulu i Gwmafan ger Port Talbot a'r swyddfa i Station Road, Port Talbot. Gwahoddwyd Elwyn i fod yn weinidog rhan-amser ar Eglwys Seion yr Annibynwyr, Cwmafan, a bu'r teulu'n byw ym mans y capel cyn symud i Flaen-y-wawr, Pen-y-bont ar Ogwr, nad oedd nepell o bencadlys newydd y Mudiad ym Mryntirion, Pen-y-bont. Gyda'r symudiad hwn daeth galwad bellach iddo fod yn weinidog rhan-amser ar Eglwys Free School Court ym Mhen-y-bont, lle yr arhosodd am un mlynedd ar ddeg: yng Nghwmafan a Phen-y-bont (ac am gyfnod byr ym Mhontarddulais hefyd) gadawodd ei ôl yn ddwfn ar y cynulleidfaoedd y bu'n eu bugeilio. Ei brif gyfrifoldeb yn ystod y cyfnod hwn, fodd bynnag, oedd llywio ac arolygu twf y Mudiad Efengylaidd, gyda help amryw gyd-weinidogion a chyd-aelodau staff hynod ymroddedig a galluog. Dan ei law fe ffynnodd y seiadau, yr ymgyrchoedd efengylu, y cynadleddau, y gwersylloedd, y cyhoeddiadau a'r siopau llyfrau, ac yn 1985 agorwyd Coleg Diwinyddol Efengylaidd Cymru ym Mryntirion, ac Elwyn am flynyddoedd yn Llywydd y Coleg. O dipyn i beth fe ddaeth y neges efengylaidd yn hyglyw trwy'r wlad, er nad oedd yr ymateb yn ddim byd tebyg i'r hyn yr oedd Elwyn yn dyheu amdano.

Chwaraeodd ei ran yn y byd efengylaidd ehangach hefyd, gyda chefnogaeth a chyngor parod Dr Martyn Lloyd-Jones a fu'n gyfaill pur iddo ar hyd y blynyddoedd. Am dair blynedd (1969–72) bu Elwyn yn Llywydd y 'British Evangelical Council' – cofiaf y Canon Michael Green yn holi amdano'n gynnes pan ymwelai ag Aberystwyth – a threuliodd ef a Mair gyfnodau bendithiol yn gweinidogaethu yn y Wladfa, yn Awstralia (ddwywaith) ac yn y Taleithiau Unedig. Ar un olwg cynrychioliai'r Mudiad yr adwaith nerthol yn erbyn rhyddfrydiaeth ddiwinyddol a oedd yn un nodwedd ar fywyd eglwysi Protestannaidd y Gorllewin o ddiwedd y Rhyfel Byd Cyntaf ymlaen, ond cyfunai â hynny bwyslais cyson ar yr agwedd brofiadol ar y neges a'r bywyd Cristnogol: Methodistiaeth Galfinaidd yn wir! Cofiaf bennaf lladmerydd yr adwaith hwn yng Nghymru, yr Athro J. E. Daniel, yn fy holi'n fanwl am yr hyn a ddigwyddodd ym Mangor dan arweiniad

Elwyn ddiwedd 1947 a dechrau 1948, a llawenhâi'n fawr o glywed yr
hanes: yr oedd yn amlwg fod ganddo barch mawr tuag at Elwyn.

O safbwynt dynol gellir dweud â chryn sicrwydd mai creadigaeth
Elwyn yn bennaf oedd Mudiad Efengylaidd Cymru, ac nid am lawer
o arweinwyr crefyddol y gellir dweud fod eu gweledigaeth wedi ei
chorffori mewn mudiad a oedd yn parhau i ledaenu eu neges ymhell
wedi i'w cyfnod hwy ddod i ben. Eto f'argraff i erioed oedd nad oedd
Elwyn yn arbennig o hoff o weinyddu a phwyllgora a gwleidydda (yn
ystyr eglwysig y gair). Yr wyf yn amau iddo gael y trafodaethau am ail-
strwythuro posibl y Mudiad yn ystod yr 1970au a'r 1980au yn broses
na châi fawr ddim diléit ynddo, er iddo lywyddu dros y cyfnewidiadau
a ddilynodd yn ddoeth a grasol. Prif hyfrydwch Elwyn erioed oedd
myfyrio ar genadwri'r Beibl – yn enwedig ei hoff Efengyl Ioan – ac yna
gyfleu ffrwyth ei fyfyrdod i gynifer o bobl ag a ddymunai wrando arno.
Yn aml iawn wrth glywed Elwyn yn traethu, yr oedd y gwrandawr yn
ymwybodol ei fod yn drwm dan eneiniad yr Ysbryd Glân. Yn wir, fel
Dr Martyn Lloyd-Jones o'i flaen, yr oedd yn anfodlon esgyn i bulpud
heb ymdeimlo â'r eneiniad hwnnw ar ei ysbryd ei hun. Cofiaf ganmol
un o bregethwyr Cynhadledd Gymraeg y Mudiad wrtho un tro, ac
yntau'n cytuno fod ei bregeth gystal ag y gellid ei chael 'heb yr
eneiniad'! Agwedd arall ar yr un meddylfryd oedd ei gred gyndyn nad
oedd dim ond Diwygiad arall a ddeuai â Chymru at ei choed yn ysbrydol.
Yr oedd yn byw ac yn bod yng nghwmni gwirioneddau mawrion yr
efengyl a'r rheini'n faeth i'w feddwl ac i'w ysbryd.

Symudodd Elwyn a Mair i Heulwen, Pen-y-cae, Port Talbot yn
1992 ac oddi yno i Ar-y-bryn, Parc Penllwyn, Caerfyrddin yn 1997.
Fel y nodwyd ynghynt, cartref eu merch, Rhiain, a'i gŵr Parry oedd
Ar-y-bryn, a hwy a ofalodd amdanynt – yn orchestol – o'r adeg honno
ymlaen. Dwy flynedd ynghynt yr oedd Rhiain a Parry wedi colli, drwy
ddamwain drychinebus, eu mab bychan Dafydd Elwyn, a bu hwn yn
ergyd o'r trymaf i Elwyn a Mair yn ogystal ag i Rhiain a Parry a'u dwy
ferch fach. Daeth colledion eraill i'w rhan gyda threigl y blynyddoedd.
Buasai Dr Martyn Lloyd-Jones, mentor Elwyn ar lawer cyfrif, farw yn

1981 a'i gyfaill hoff Emyr Roberts yn 1988; felly hefyd gyfaill mawr arall, T. Arthur Pritchard, yn 1997. Flwyddyn cyn hynny cawsai Elwyn wybod gan yr arbenigwr yn Ysbyty Treforys, Dr Richard Weiser, fod Clefyd Parkinson arno, ond y gwneid popeth a ellid i reoli'r symptomau. (Tystiodd Dr Weiser wrth Mair wedi marw Elwyn fod ei ysbryd tangnefeddus, a'i ddewrder wrth wynebu ei salwch, wedi gwneud argraff arhosol arno.)

Serch hynny ni fu'r blynyddoedd olaf heb eu huchelfannau yn hanes Elwyn. Gwelwyd cyhoeddi ei anerchiadau i Gynhadledd Gymraeg y Mudiad Efengylaidd 1996, *O! Ryfedd Ras*, yn 1998: cyhoeddiad arbennig o werthfawr. Ac yn 2001 dathlodd Elwyn a Mair eu priodas aur. Drwy'r amser, fodd bynnag, yr oedd Mair hithau'n dioddef yn gynyddol gan wynegon y cymalau, a olygodd gyfres o lawdriniaethau poenus. Eto fe'u cefais hwy ill dau bob amser yn llawen a siriol, ac er i Elwyn gael cwymp yn 2003 yr oedd yn rhaid cael llawdriniaeth i gywiro ei ddrwg-effeithiau, ac er i'w glefyd effeithio o bryd i'w gilydd ar eglurder ei feddwl, tystiolaeth ei fab Hywel yw iddo barhau yn ef ei hun, 'yr un hen Elwyn', hyd y diwedd. Bu'n dyst ffyddlon i'w Arglwydd am dros drigain mlynedd wedi'r ymwneud tyngedfennol a fu rhwng y ddau adeg Pasg 1947, ac y mae gan gannoedd lawer yng Nghymru le i ddiolch i'w Duw am Elwyn, ac am Mair.